U0882099

北京丰台年鉴

2013

北京市丰台区地方志编纂委员会

中华书局
2013

图书在版编目（CIP）数据

北京丰台年鉴．2013/北京市丰台区地方志编纂委员会编．
—北京：中华书局，2013.12
ISBN 978—7—101—09908—9

Ⅰ.北…　Ⅱ.北…　Ⅲ.丰台区—2013—年鉴
Ⅳ.Z521.3

中国版本图书馆 CIP 数据核字（2013）第 310445 号

责任编辑：朱　慧

北京丰台年鉴（2013）
北京市丰台区地方志编纂委员会编
*
中 华 书 局 出 版
（北京市丰台区太平桥西里 38 号　100073）
http://www.zhbc.com.cn
E-mail:zhbc@zhbc.com.cn
廊坊市金虹宇印务有限公司
*
787×1092　1/16　22 印张　32 插页　546 千字
2013 年 12 月第 1 版　　2013 年 12 月第 1 次印刷
印数：1300 册　　定价：120.00 元

ISBN 978—7—101—09908—9

北京市丰台区地方志编纂委员会

顾　　问：李超钢
主　　任：冀　岩
常务副主任：李军会
副 主 任：孙军民　吕跃进　周大春
委　　员：杨　杰　李俊辰　丛威青　文姜丽　钟克珍
徐　颖　王建斌　薛　红　张旭明　王珮琦
高文娟　汝玉虎　周新春　张立新　刘少华
胡春溪　李秀瑛　李　屹　李　岚　李东明
吴神赋　于临溏　隆　重　刘　郦　李春滨
肖文燕　刘怀生　王　虹　张　杨　李小娟
李靖生　韩　伟　张小龙　马士有　梁彦梅
苏　军　王京荣　杨　浚　王忠新　金志雄
李　异　谷　卫　左兰萍　冯树海　董化斌
吴永利　李庆荣

《北京丰台年鉴》编辑部

主　　编：冀　岩
副 主 编：李军会
执行副主编：李庆荣　吴永利
编　　辑：孙红妹　邵爱丽　司瑞友　金正东　左曙毓
欧阳煜　王艳梅　孙艳霞

编 辑 说 明

一、《北京丰台年鉴》是一部综合性资料性工具书和史料文献。在丰台区委、区政府领导下，由区地方志编纂委员会主持编纂。

二、本年鉴以马列主义、毛泽东思想、邓小平理论、“三个代表”重要思想和科学发展观为指导，坚持以经济建设为中心，坚持实事求是的原则，与时俱进，开拓创新，科学地反映客观情况。

三、本年鉴从2002年开始，逐年编辑出版。当年出版的年鉴全面汇集上一年度丰台区各项事业、行业等诸方面新发生的重大事件、新情况和重要的文献信息，为各级领导提供可资参考的依据，为各个行业提供有价值的资料，为各方面人士了解、熟悉和研究丰台提供最新信息。

四、本年鉴以详记区属各系统、各单位为主，略记驻区部分中央、市属单位的情况。

五、本年鉴采用文章、条目等体裁，以条目为主，用规范的语体文、记述体直陈其事，文字力求言简意赅。

六、本年鉴文字内容设有特载、大事记、政党团体、政权政协、政法军事、农村经济和农业、工业、商贸服务业、高新技术产业、综合经济管理、财政税务审计、金融、城市建设和管理、交通邮电、科技教育、文化体育卫生、社会、街乡（镇）、人物、附录等一级栏目，一级栏目下设二级栏目，二级栏目下设分目，分目下设条目。

七、本年鉴收有2012年内丰台区党、政、军、民主党派、团体、街乡（镇）、部分企业负责人名录及驻区部分单位负责人名录，所列职务均以2012年内任职为限，其中有任免情况的分别予以说明，同时收有获得国家（中央部委）、市奖励与荣誉称号的单位和个人名单和获得高级职称的人员名单。

八、本年鉴选入的文章、条目均由各部门、各单位确定专人撰写，并经主管负责人审核。统计资料由区统计局提供，照片由各单位提供。

九、本年鉴反映2012年1月1日至12月31日期间的情况，文内一般直书月、日，不再写年份。

十、本年鉴由区地方志办公室《北京丰台年鉴》编辑部负责编辑、文字加工和版面设计。在编辑出版过程中得到了全区各单位及各方面的大力支持和热情帮助，在此一并表示感谢。由于编辑水平所限，疏漏和不足之处恳请读者批评指正。

领导关怀

2012年4月3日胡锦涛等党和国家领导人到园博会参加首都义务植树

2012年11月30日习近平总书记到蒲黄榆社区卫生服务中心参加艾滋病日活动

9月1日市委书记郭金龙、代市长王安顺到北京十二中进行考察

7月17日市委常委、组织部部长吕锡文到北京汽车博物馆调研

2月23日副市长苟仲文“两会”前检查中油蓝天燃油销售有限公司油库

9月17日首都文明办领导考察创区环境

1月19日卫生部副部长刘谦到区慰问“全国优秀乡村医生”傅振生

4月17日市政协领导到区调研农村经济体制改革情况

7月30日国务院督导组到区检查房产交易情况

3月9日市科委主任闫傲霜到园博调研

11月6日区委书记李超钢视察嘉特美大厦南侧广场和开阳路整治情况

9月3日区长冀岩进行中秋、国庆节前安全生产工作大检查

9月5日区人大常委会主任王苏维到地税局检查工作

8月2日区政协主席李昌安到长辛店视察安置房工程

6月26日区委副书记于长辉出席禁毒宣传活动

9月10日区委常委、副区长刘宇到地税局调研工作

区委宣传部长顾晓园参加西罗园街道“庆国庆迎十八大 奋进争创文明区”的文艺活动

7月23日区委常委、组织部部长霍连明到基层调研

8月2日副区长张婕接收水灾捐款

1月2日副区长李军会节前慰问困难群众

重大会议

11月21日北京市丰台区第十五届人民代表大会第二次会议

1月9日中国人民政治协商会议北京市丰台区第九届委员会第二次会议

3月19日丰台区2012年农村工作会

3月3日丰台区社区“两委”换届选举工作会

2月6日丰台地税局2012年度工作会

8月22日药监“三品一械”市场安全保障工作动员会

3月7日丰台区2012年安全生产工作会

党建掠影

1月8日园林绿化局党风廉政建设工作检查

11月6日《光辉典范——抗战时期中国共产党党风廉政建设》专题展览开幕式

6月6日中关村丰台园召开建园20周年大会

12月22日广电中心党员参观中国电影博物馆

4月10日教育系统领导干部大讲堂培训讲座

民主党派

3月4日丰台民进妇委会庆三八活动

11月18日民进区工委参加区委统战部庆“十八大”演出

11月18日民进西片联合支部召开学习党的十八大精神座谈会.

7月20日党派提案答复会

10月31日民盟丰台区工委与区委办局联合开展党派提案调研

11月13日民盟与四街道一乡联合召开南中轴发展战略调研座谈会

11月24日民盟丰台区工委经济、科技支部成立大会

文明创建

6月18日供电公司开展共产党员服务队“六进三送”活动

6月6日共青团丰台区团员代表会议

4月5日社区青年汇参加植树活动

5月30日“张勇”创新工作室被认定为市百家职工创新工作室

6月8日园区人才交流洽谈会

6月9日区运动会广电中心方队入场

6月15日明春苑社区地震应急志愿者招募

6月21日危险化学品事故应急救援演练

政法军事

4月13日检察院送温暖送法律送服务

5月17日检察业务技能实训暨案件汇报专题培训

11月7日检察院举办第七届实案控辩赛

2月10日对社会关注的卡片招嫖案公开宣判

5月31日东高地巡回审判点启动仪式

10月18日法官到王佐镇庄户村巡回审理一起房屋腾退纠纷案

3月8日丰台公安分局领导检查“两会”代表住地外围警卫工作

6月6日丰台公安分局领导到杜家坎进京车辆检查站指导工作

7月6日丰台公安分局举行辅警队伍成立暨启动仪式

6月13日国家国防教育办公室副主任郭增奎到区检查国防教育

10月10日人武部组织召开军事设施保护暨国防工程维护管理工作部署会

7月26日“7·21”特大暴雨受灾群众自发慰问救灾官兵

城管 监察

10月9日地税局召开创先争优经验交流大会

6月27日综投公司系统举办“我身边的先锋表彰座谈会”

9月24日执法“中秋 国庆”节前市场巡查

9月6日丰台分局文艺小分队到长辛店地区开展慰问演出活动

7月27日城管大队长辛店镇分队在张家坟吕村排水河两侧拆除违法建筑

12月14日城管大队卢沟桥乡分队在七里庄地铁站出口扫雪

7月1日丰台区药品安全百千万工程宣传活动

城建 绿化

中关村科技园丰台园诺德中心

三联市场（环境整治项目）

6月2日广电中心团员参加“净化环境美化家园”活动

10月11日区领导现场查看中小河道治理规划

9月1日万源西里社区绿化工程

7月23日绿色工地整治效果

9月26日雨洪水利用工程——庄户

8月12日南苑乡槐房村的千亩槐园

5月13日石榴庄城市休闲公园

科技 教育

12月19日首医附中自救科普讲座

12月19日荷花知识讲座

1月11日丰台区“全国科普工作统计”培训会

4月13日科委知识产权进乡镇

10月18日召开2012年丰台区中高考表彰会

6月14日解决随迁子女入学问题

10月12日北京教育科学研究院丰台实验小学落成典礼

9月13日北京电子学院庆祝建校65周年校庆活动

4月12日首都经济贸易大学代表大会

文化一览

9月19日长辛店冬枣节开幕

3月30日丰台区“幸福街道 幸福社区”启动仪式

5月15日三兴汽车公司团委团员拓展活动

8月3日南苑北京国际露营公园

8月23日“ 知民情 解民忧 ”大比武、大练兵活动

3月29日马家堡街道小剧场成立

9月23日右安门体协参加“卢沟桥醒狮杯”8公里接力赛获得第二名

6月2日中国禁毒志愿者汽车万里行新闻发布暨“中国禁毒万里行临时邮局”揭牌仪式

9月1日第二十届北京种子大会现货交易会

5月15日在翠林文化广场成功启动百姓周末大舞台活动

友好往来

8月15日中韩嘉宾为展览剪彩

6月28日首都经济贸易大学与美国北卡州立大学签订合作谅解备忘录

10月21日台湾抗日志士亲属为抗日战争纪念馆捐赠文物仪式

目 录

特 载

大事记

政党 团体

政权　政协

政法 军事

商贸　服务业 155

高新技术产业

综合经济管理

财政　税务　审计

金　融

城乡建设和管理

交通　邮电

科技　教育

文化　体育　卫生

社 会

街　乡(镇)

人　　物

统计资料

附　　录

特 载

李超钢同志在区委十一届四次全会上的工作报告

（2013 年 1 月 4 日）

同志们：

这次全会的主要任务是，认真学习贯彻落实党的十八大精神和中央经济工作会议、市委十一届二次全会精神，总结 2012 年工作，研究部署 2013 年工作任务。下面，受区委常委会委托，我向全会作工作报告。

一、过去一年的工作

2012 年是本届区委的届首之年。一年来，在市委、市政府的领导下，常委会围绕“建设经济繁荣、社会文明、人民幸福新丰台”的发展目标，牢牢把握“稳中求进”的工作要求，把方向、议大事、抓关键、破瓶颈。召开常委会 43 次，专题会 67 次、进行专题调研 47 次，深入学习贯彻党的十八大和市第十一次党代会精神，进一步明确区域发展思路；研究出台了加强科技创新能力建设和首都文化强区建设、加强廉政风险防控管理、加强人才工作、加快河西地区建设发展等实施意见以及促进丰台经济发展和金融产业发展等政策；建立了城乡结合部地区环境和社会建设协调委员会、园博会筹办总指挥部、河西薄弱村帮扶等工作体制机制；推进了丽泽、园区等重点功能区建设；加强了对城南行动计划实施和棚户区、老旧小区改造等重大工程项目的统筹调度；加强了十八大安全保障、“7·21”抢险救灾、首都文明区创建和环境建设年等重点工作的组织领导；加强了民主法治建设，支持人大、政协工作；重视干部队伍建设，加大了干部选任、选拔、培养力度。经过全区上下奋力拼搏，2012 年，全年预计实现地区生产总值 920 亿元，同比增长 9.2%。实现地方公共财政预算收入 68.6 亿元，同比增长 12.8%。主要经济社会发展指标均实现年初确定的目标，增速大多超过全市平均增速，形成了“心齐、气顺、风正、劲足”的发展局面。

一年来，主要开展了以下几方面工作：

（一）区域经济平稳较快发展，提高了综合实力

重点功能区建设得到加强。丽泽金融商务区南区拆迁收尾工作基本完成，长城资产等八个项目实现开工，北区基本完成集体企业拆迁，诚通财务、长城国融投资管理公司等一批新兴金融机构入驻丽泽，新增注册资本金 262 亿元，产业聚集效应初步显现。科技园区实现开复工面积 127 万平方米，蒙西华中铁路股份、上药北方投资等超亿元项目落户，园区实现技工贸总收入 2850 亿元。永定河绿色生态发展带和青龙湖—长辛店会展旅游区建设加快推进，完成永定河生态文化新

区综合规划方案,宛平城晓月岛城市设计及景观概念设计取得阶段性成果,世界种子大会主场馆开工建设。深化南中轴和大红门时尚创意产业集聚区空间规划和产业发展研究,为发展首都高端商务中心区夯实基础。

发展方式不断转变。产业结构持续优化。出台促进经济发展综合政策意见,发挥产业引导资金作用,提高产业发展水平。预计第三产业实现增加值702亿元,同比增长10.7%。其中,现代服务业增加值占全区GDP的51.6%,比上年提高3.3个百分点,经济增长质量、效益明显提高。消费和社会投资拉动作用突出。完成社会消费品零售额825亿元,同比增长11.7%。累计完成固定资产投资636亿元,总量居全市第三。其中,民间投资完成368.9亿,同比增长50%,占总投资额的58%,区域吸引力和发展活力显著增强。创新能力明显提高。承担国家级"火炬计划"项目4项,实现科技成果转化50项,技术合同交易额位居全市第二,专利授权数量连续三年保持高位增长,居城六区第一。

(二)城南行动计划全面完成,改变了丰台面貌

实现三年计划圆满收官。以确保城南行动计划收官为目标,强化统筹领导,强化任务调度,强化项目督查,顺利完成了41项年度重点项目建设。经过三年不懈努力,城南行动计划任务超额完成。提升了基础设施水平,轨道交通线新增7条,建设里程达到72公里。主次干路和支路修建24条,新增建设里程54.6公里。提速了区域发展,固定资产投资年均增长19.2%,GDP年均增速15.7%,地方公共财政预算收入年均增速25.2%。金融、高新技术等主导产业对地区生产总值贡献率达到74%。加强了高端要素聚集,引进注册资本金亿元以上企业112家,注册资本金达到574.5亿元,高端发展能力进一步增强。

主动争取新三年计划更大支持。抓住市里出台城南行动计划第二阶段的机遇,立足提升区域发展能力,培育自身造血机制,在第一阶段的基础上,积极争取更多项目落户丰台。深入研究当前丰台发展需求,提前梳理需要实施项目,主动与相关部门对接,实现90个项目纳入行动计划,总投资额达到1300亿元,使丰台依然成为新三年城南行动计划最大的受益者。

(三)着力统筹城乡发展,加快了城市化进程

加强统筹产业发展。强化重点功能区辐射带动作用,明确了各乡镇与重点功能区对接路径。卢沟桥乡与丽泽对接,成立丽泽金都控股公司,实现融合发展。花乡与园区对接,将部分土地与招商引资统一纳入园区管理。南苑乡与南中轴、大红门对接,进一步实现产业优化升级。长辛店镇与园博会对接,大力发展旅游产业。王佐镇与种子大会对接,依托中国农业大学人才和科技优势,加快籽种产业发展,为打造种业之都奠定基础。

加快推进河东城市化。进一步深化了产权制度改革。明确了48个行政村城市化路径和时间安排,三路居、四合庄等村完成了农转居民主程序。8个重点村回迁房建设全面开工。征地工作稳步推进,夏家胡同和西局等村土地已具备上市条件。

着力增强河西发展能力。成立河西地区建设发展领导小组,实施加快河西地区发展意见,安排重点项目34个,投资138.4亿元,加大基础设施、产业培育、民生保障等项目投入。建立区领导牵头负责、相关部门定向联系、镇领导包村负责的工作机制,实施经济薄弱村帮扶工作,7个村集体经济总收入为1700余万元,同比增长9%。

(四)加强生态文明建设和文化建设,提升了发展品质

全面加快园博会筹办。成立园博会筹办总指挥部,下设办公室、七个分指挥部和运营管理中心,分别由区级领导挂帅,并从全区范

围内抽调精兵强将充实各分指挥部。建立总指挥部调度会制度，全面推进筹办工作。各项建设工作全面开展，已完成拆迁186万平方米，实现绿化397.2公顷，完成投资约160亿元，园外道路计划建设24.5公里，已建成16.5公里。永定塔、主展馆、园博馆三大标志性建筑全部封顶，展园建设、重点绿化基本建成。周边主干道建设、轨道交通铺设和水电气热等基础设施建设基本完成，周边环境建设推进顺利。加大宣传力度，策划组织了近20次专题宣传活动，提高了园博会知晓率。确定了第九届中国(北京)国际园林博览会吉祥物，完成了展会期间文化活动安排方案。赞助商、特许经营、场地经营和票务工作有序推进。完成了志愿者招募并启动了培训工作。制定了日常安保、接待服务、游客服务等各项工作预案。园博会筹办进入最后冲刺阶段。

深入开展首都文明区创建和环境建设年活动。为提高区域发展形象和发展品质，提升人民群众幸福感、满意度，深入开展了首都文明区创建和环境建设年活动。突出了针对性，针对环境建设、文明程度存在的突出问题，开展各项主题活动。突出了群众性，广泛动员群众参与，按照每月一个主题、每周一个活动的要求，开展了创建文明区“八大”系列活动。突出了惠民性，从群众最关心的环境和秩序入手，按照“确保整洁、力求美观、保持有序”的要求，组织实施了“百日行动”、“城市清洁日”等环境战役；集中力量开展了美化、绿化、亮化工程，率先在首都完成平原造林任务，打造了丰台速度；大力整治环境秩序，遏制违法建设，在首环办“城市环境建设”考评中，我区取得城区第二名的好成绩，人民群众对环境的满意度不断提高。

积极打造区域文化亮点。“卢沟晓月”中秋晚会首次实现两岸四地同步直播，北京国际铁人三项赛成功举办，活动影响享誉海外。“周末百姓大舞台”、“2012丰台时尚戏曲文化节”等丰富多彩的群众文化活动广泛开展。“相声乐苑”、“周末场演出”等惠民文化活动深入人心，群众精神文化生活更加丰富。

(五)民生保障和社会建设不断增强，提高了人民群众幸福感

保障和改善民生成效显著。新增就业3.4万人，城镇登记失业率控制在1.89%，城镇居民人均可支配收入3.4万元，同比增长11%，农村居民人均纯收入约1.85万元，同比增长12%，城乡居民收入增幅首次高于GDP增幅。南苑棚户区安置房全部开工建设，累计3000余户居民办理了入住手续。长辛店棚户区改造工程实现启动。老旧小区综合整治工作成果显著，保障房开工1.8万套，竣工1.1万套，完成情况居全市首位。新增幼儿园12所，缓解“入园难”问题，新建改建北京十二中科丰校区等办学场所，创建全国示范社区卫生服务中心，继续办好社区卫生机构，基本公共服务能力得到加强。

社会管理水平不断提升。新建“一刻钟”社区服务圈128个，方便了群众生活。开展“知民情、解民忧”大比武、大练兵活动，提高了社区工作者联系群众、服务群众能力。继续推广“劝导队”、“村规民约”、“自管会”等经验，总结和义街道社区事务民主协商做法，充分发挥群众在社会管理创新中的主体作用。建立了网络舆情督查制度，对微博、论坛等网络平台涉及丰台的事件迅速响应、积极应对、重点解决、及时反馈，提高了城市管理水平。

安全稳定工作不断加强。启动多层次、全方位、全天候的防控网络，形成立体化防控体系，增强了人民群众安全感。深入开展各级领导干部大接访活动，在街乡镇及相关委办局设立了信访接待站，建立了信访特派员制度，把矛盾吸附在当地，化解在基层。采取针对性措施，落实涉日维稳工作。按照“盯住重点人、看住重点地区、防住重点矛盾”的要求，开展“十大专项行动”，强化重点人教育稳控，推进重点矛盾纠纷化解，加强社会面防

控,启动了战时工作机制,形成了安保维稳工作大格局,实现了"大事不出、小事也不出"的目标,服务保障了党的十八大顺利召开。

抢险救灾工作胜利完成。面对百年一遇的"7·21"特大自然灾害,应急到位,救灾得力,重建及时。第一时间组织精干力量,做好救助帮扶工作,全力保证受灾群众生活安全。以最快速度出台救灾政策和措施,实施街道、乡镇对口支援,先后组织向灾区运送、发放各类救灾物资14万余件(份),迅速启动灾后重建工作,完成1000余套安置房建设,把党和政府的关怀和温暖及时送到受灾群众中去。

(六)创新和加强党的建设,提升了执政能力

基层党组织战斗堡垒作用不断增强。深入开展创先争优活动,树立了在全市工作中做到评比榜上有名、考核名列前茅、指标高于平均的工作标准,形成了争创一流、不甘落后的风气。扎实推进"基层组织建设年"活动,在机关党组织中开展了"三进三服务"活动和机关文化建设,在农村党组织中开展了"察民情、听民声、解民忧、帮民富"活动,基层党组织开展工作的能力全面提高。实施了"非公有制企业党建推进工程",在实现党的工作全覆盖基础上,新增党员1529名,新建党组织376个,组织覆盖程度大幅提升。

党内民主进一步扩大。完成了出席党的十八大和市第十一次党代会代表的推荐选举工作。进一步落实和完善区、乡镇党代表任期制,推进社区党代表任期制工作。全区288个社区完成"两委"换届工作,社区直选比例达到22%。全区65个行政村完成党组织换届工作,全部实行了"公推直选"。

人才工作成绩突出。统筹全区各类人才队伍建设,有序引进各领域103个急需紧缺人才。制定人才政策,设立人才发展资金,加大人才服务力度,为优秀人才提供趸租住房、子女入学入托等服务,形成了全方位、立体化人才服务工作机制和体系。

反腐倡廉建设成效明显。坚决贯彻落实"标本兼治、综合治理、惩防并举、注重预防"的工作方针,针对重点项目、重点领域、重点岗位开展了专项检查与整治。加强了对农村大额资金的监督管理,建立了征地补偿费动态管理机制,引入第三方中介机构,加强对农村集体经济组织经济责任审计。以规范权力运行为核心,开展了清权确权工作,共清理职权3442项,有效排除了各类廉政风险隐患。继续保持惩治腐败的高压态势,严肃查处了各类违纪案件。

积极支持人大、政协依法履行职能,认真办理代表、委员议案、建议、提案,加强统一战线工作,出台《加强党外代表人士队伍建设的实施意见》,顺利完成妇联、青联、残联、文联、科协等群团组织换届工作,群团组织工作领域进一步拓展,驻区部队积极参与救灾和重大活动,双拥共建成果丰硕。

在总结工作成绩的同时,常委会也清醒地认识到我们存在的不足,主要有以下几个方面:一是在破解影响区域发展的瓶颈和难题上办法还不够多;二是在加快重点功能区建设和招商引资等工作的统筹力度上还有待于进一步加大;三是在做群众工作上还需要进一步深入。对于这些问题,我们必须在今后的工作中认真对待,并切实加以解决。

根据中央和市委有关要求,区委常委会每年向全委会报告工作时,要专题报告年度干部选拔任用情况并接受民主评议。会前已将书面材料下发给大家,下面就2012年干部选拔任用工作情况作简要报告。2012年区委常委会高度重视干部选拔任用工作,严格执行《党政领导干部选拔任用工作条例》,坚持民主、公开、竞争、择优和德才兼备、以德为先、注重实绩、群众公认的原则,积极推进干部人事制度改革,健全完善干部选拔任用机制,着力提高处级领导班子和领导干部整体素质。全年共调整处级干部407人,其中提拔183人。在提拔的183名干部中,正处级

领导干部26人,副处级领导干部86人,非领导职务71人,35岁以下年轻干部35人,女干部72人,少数民族干部7人,非中共干部8人。一是围绕大局,服务全区科学发展。围绕区级换届做好人事调配,及时做好换届后处级领导干部的调整工作,先后提拔党政正职领导干部13人,交流党政正职14人。着眼重大任务提供人员保障。根据园博会筹备工作需要,组建了包括一室七部在内的第九届园博会丰台区运营管理委员会(丰台筹办总指挥部),抽调200余名干部充实到园博会各部门。紧扣发展需要抓好日常调整。加大干部交流力度,强化班子整体功能,激发干部队伍活力。二是树立导向,激发干部工作热情。坚持在城乡环境建设中考察干部,在维护稳定中考验干部,在解决民生问题中识别干部,在重大项目建设中发现干部。坚持人才到基层培养,干部从一线选拔的理念。把在基层干的好的干部"选上来",把潜力大的机关年轻干部"派下去"。全年从街道、乡镇提拔干部36人。从市区选派20名优秀干部到街道、乡镇任职。对长期在艰苦地区工作的干部给予高度关注,对5名援疆援蒙干部进行提拔任职。对任职时间比较长、工作实绩比较突出,但因年龄和职数因素未能提拔到领导岗位的干部,给予解决待遇。全年核定处级非领导职务共71人,其中,调研员13人,副调研员58人,比去年增加了32人。三是竞争择优,加大公开选拔力度。着眼事业发展,注重梯队建设,优化干部结构,坚持把公开选拔、竞争上岗作为干部选拔的重要方式。全年通过竞争性选拔产生42名处级干部,占新提拔干部总数的37.5%,是历年规模最大的一年。首次组织了正处级领导职位以及科级职位的竞争性选拔。选拔中注重丰富考试内容,改进考试方法,将民主测评结果、干部任职经历和工作业绩纳入综合评价内容,进一步突出从考知识到考能力、考素质的导向,增强了竞争性选拔的实效性。四是改革创新,规范干部选任程序。继续推进初始推荐提名工作创新,扩大选人用人视野。在区委委员、候补委员、区属各单位党政领导范围内,对20个党政正职职位人选进行差额推荐提名。认真落实全委会征求意见和常委会票决干部制度,对20个拟调整的正处级领导干部,在全委会闭会期间书面征求了委员意见。对246名干部实行了任用票决。进一步规范讨论决定干部的程序和方法。注重干部任用决策的民主,坚持干部任前廉政调查制度,对拟提拔任职干部在任用前征求了区纪委和相关部门意见,确保选准人用好人,提高了干部选拔工作水平。五是从严管理,健全干部监督机制。在全区开展组织工作满意度调查,认真查找问题,研究对策,加以改进。严格执行《党政领导干部选拔任用工作追究办法(试行)》等四项监督制度,认真开展"一报告两评议"和党(工)委、党组书记离任检查,加大对主要领导的监督力度。不断健全完善信访举报、"12380"电话举报和网上举报"三位一体"的举报网络,畅通反映问题的渠道,加大查处力度,积极营造风清气正的选人用人环境,提高选人用人满意度,在去年的全区满意度调查中平均得分为82.56分,比上年提高了3.35分。

二、2013年工作面临的形势

2013年是对区域经济社会发展具有特殊而重要意义的一年,主要表现为以下三个基本特点。

2013年是全面深入贯彻落实党的十八大精神的开局之年。十八大提出了在新的历史条件下夺取中国特色社会主义新胜利的一系列新思想、新观点、新论断,全面建成小康社会的目标、"五位一体"的发展格局以及国内生产总值和国民收入都要翻一番的要求,符合科学发展的新形势,顺应人民群众的新期待。新一届中央领导集体对贯彻落实十八大精神、做好今年工作提出了新要求,市委也作出了新部署,这些都为我们建设经济繁荣、社会文明、人民幸福新丰台提供了重大的机遇。

2013年是全力以赴举办北京园博会之年。园博会将历时半年,预计1700万人次入园,规模大、时间长、涉及面广,是首都继成功举办奥运会后迎来的又一国际盛事,也是丰台区历史上第一次举办如此大规模、高规格的重大活动,不仅是一次展示我国园林艺术发展的盛会,也是首都科学发展、建设绿色北京成果的汇报会,将是全国瞩目的焦点、首都关注的热点,也必然是我们今年工作的重点。办好一届"高水平、有特色"、"化腐朽为神奇"的无与伦比的国际园林盛会是我们光荣的使命。

2013年是实施"十二五"规划关键之年。今年是"十二五"规划中期评估之年,据测算,今后三年,要完成"十二五"确定的目标任务,地区生产总值需年均增长9.3%以上,固定资产投资需12%以上,消费品零售额需12.7%以上,地方公共财政预算收入需11.2%以上,城乡居民收入分别需5.6%和8.8%以上。对比去年数据,只要保持不低于去年的发展势头,完成地方公共财政预算收入、城乡居民收入等指标应该是没有问题的,但地区生产总值、消费品零售额等指标则需要加快进度,确保实现"时间过半、任务过半",这是我们必须承担的历史的责任。

做好全年工作,要分析判断好我们面临的形势和困难。

一是复杂经济形势的压力。今年,国际经济形势依然错综复杂、充满变数,世界经济低速增长态势仍将延续。国内经济增长下行压力和产能相对过剩的矛盾可能会有所加剧,企业生产经营成本上升和创新能力不足的问题还将同时存在,经济发展和资源环境的矛盾依然十分突出。首都经济运行正处在政策刺激、投资增长向创新驱动、内生增长转变的过程,经济增速在一定程度上会呈现出适应性的调整回落。我区还处在大发展、大建设阶段,内需尚未形成,创新能力仍需加强,产业聚集度不高,经济发展主要还是靠投资拉动,在这样的经济发展形势和条件下,要实现今年目标,面临比较大的压力。

二是资金保障的压力。今年投资领域依然"热点多、规模大、战线长",园博会举办和种子大会筹办要按时完成,城南行动计划第二阶段要全面启动,重点功能区建设要加速推进,重点村城市化、平原造林、河道治理、棚户区改造、老旧小区综合整治等民生保障和环境改善项目要加快实施,资金需求量很大。初步梳理,要有约60亿元的资金保障建设任务,还需要偿还债务103亿元,但今年总财力测算只有135.1亿元,资金缺口很大,压力巨大。

三是任务叠加的压力。举办园博会是全区工作重中之重,必然牵扯我们大部分人力、物力、财力和精力。但是,很多工作也误不得、拖不得、慢不得。保增长不能误、惠民生不能拖,城市化不能慢,重点功能区建设不能等,重大工程项目不能延,时间有限,资源有限,人员有限,任务又多重叠加,需要我们在有限的工作范围内,最大限度地去挑战极限,难度很大。

四是区县竞争的压力。面对热火朝天、争相发展的局面,各区县都在抢占制高点,都在抢政策、抢资源、抢人才、抢资金,竞争更加激烈。去年我区GDP总量达到920亿元,增速为9.2%,在城六区居第三位,在严峻的经济形势下取得这样的成绩难能可贵。但我们更要清醒地认识到,基数比我们大的西城、朝阳和海淀,增速也分别达到9%、9.9%和9.4%,与我们持平,甚至比我们还快,追赶他们的步伐难度加大。同时,平谷、大兴、昌平、延庆、门头沟等区都保持着两位数的增长,势头强劲,追赶我们的速度越来越快,压力和挑战日益增大。

在看到困难的同时,我们也要看到发展

所面临的积极有利因素。总体来讲，包括以下六个方面：

*一是宏观政策的影响力。*从国家层面看，宏观经济取向延续“稳中求进”的主基调，中央将出台增加并引导好民间投资、增强消费对经济增长的基础作用、加大基础设施公共投资力度、改革完善结构性减税、适当扩大社会融资总规模、保持贷款适度增加、增强创新发展驱动力等政策，将会给我们创造宽松的发展环境。从首都层面看，市委、市政府提出的南部崛起和大力发展实体经济等战略决策，以及即将出台的首都经济圈发展规划，都将对丰台的发展带来有利影响。

*二是园博会的带动力。*初步估算，1700万游客将给园博会带来20亿元以上的直接消费。同时，对周边休闲旅游产业带动作用也会非常明显。此外，通过举办园博会，丰台的知名度、美誉度将得到极大提升，形成难以估量的无形财富，我们将会实现经济效益和社会效益的双丰收。

*三是新城南行动计划的推动力。*即将出台的城南行动计划第二阶段共有建设项目232个，计划投资2700亿元，其中丰台区实施项目约90个，实现投资约1300亿元。新城南行动计划重心放在重点功能区建设，放在产业项目发展，放在民生事业改善，重点由“输血”变为“造血”，这与我们当前发展阶段高度契合，可以说恰当其时。城南行动计划第二阶段的实施将使丰台进一步提升发展能力，全面提升区域发展品质，丰台将再次成为最大受益者。

四是重点功能区的聚集力。“一轴两带四区”经过多年的建设与发展，对区域经济的贡献率越来越大。特别是丽泽和园区的开发建设成效显著，丽泽正在从建设期向贡献期转变，园区正在从平稳发展向加速升级转变。今年，丽泽的开发建设将全面提速，园区的“东扩西进”将实现新的突破，这将吸引更多的高端功能、高端产业和高端人才聚集到丰台，为整个区域的发展增添巨大的活力。

*五是重大工程建设的辐射力。*随着首都第二机场和丰台火车站的开工建设，中小河道治理、平原造林等一批重大工程的陆续实施，必将吸引更多的投资、项目、资金汇聚我区，带来设施的改善、环境的提升和就业的增长，其辐射带动作用将会充分释放，为区域发展提供新的动力。

*六是资源释放的吸引力。*今年将是我区资源加快释放的一年。从供地角度来看，具备供地条件的土地面积将达到200公顷左右，区位优越，目前追着要地的企业非常之多。只要我们有针对性地做好土地入市和招商工作，就能吸引一批有实力的企业，注入高端发展要素，提升区域发展实力。此外，随着京广高铁通车，珠三角经济区、首都经济圈、长株潭、武汉城市圈、中原经济区等五大经济板块连接起来，关系更为紧密，进入同城时代，经济要素将会空前活跃，丰台区发展优势将会进一步凸显，吸引力将会进一步增强。

总体判断，机遇和动力大于挑战和困难，我们要以“自信、自力、自强、自律”的工作状态，将优势转化为成果，将机遇转化为行动，将压力转化为动力，努力开创丰台科学发展新局面。

自信，经过多年的“蓄势”，丰台已经具备良好发展基础，未来几年丰台将处在快速发展阶段，自信就是要清醒认识丰台所处的历史方位，牢牢把握历史机遇，对丰台发展充满自信。自力，就是要在利用好外因的基础上，充分发挥好内因作用，以依托自身力量为前提，以挖掘自身资源为根本，以强化自身努力为保障，自力更生，把美好发展蓝图变成美好发展现实。自强，打铁还需自身硬，要有过硬的政治品格、能力本领、精神状态，奋发图强，追求卓越，以此来适应新形势、新要求，以此来实现人民群众的新期待、新愿望。自律，要严于律己，各项工作都要严格要求、严格标准、严格管理，做奋勇争先的表率，做廉洁自律的表率。

三、2013年重点工作

2013年,区委工作的总要求是:深入学习和全面贯彻落实党的十八大、中央经济工作会议、市委十一届二次全会精神,坚持以邓小平理论、"三个代表"重要思想、科学发展观为指导,围绕建设经济繁荣、社会文明、人民幸福新丰台的目标,以提高经济增长质量和效益为中心,稳中求进,开拓创新,扎实工作,在更高水平上统筹推进经济建设、政治建设、文化建设、社会建设和生态文明建设,全面提高党的建设科学化水平,努力实现经济持续健康发展和社会和谐稳定。

2013年,全区经济社会发展的主要目标是:做到经济发展速度与经济增长质量和效益同步,居民收入增长和经济发展同步,城市发展与民生改善同步。具体是,地区生产总值增长9%以上,迈上1000亿元台阶,万元GDP能耗下降3.5%,地方公共财政预算收入增长10%以上,城镇居民收入和农民人均纯收入增长10%以上,全社会固定资产投资增长12%以上,社会消费品零售额增长12%以上,城镇登记失业率控制在2.5%以内。

2013年工作,概括起来就是要"围绕中心、把握重点、突破瓶颈、打造特色"。

(一)围绕中心,办一届有特色、高水平的园博会

办好北京园博会是我们今年工作的中心任务。要提升办会的生态理念、文化含量、形象影响,使园博会成为美丽北京的靓丽名片。

借助园博会全方位提升区域发展水平。举办园博会是丰台历史上千载难逢的发展机遇。园博会的举办,不仅是改善区域发展环境、提升区域发展形象的舞台,更重要的是全面提升我们工作水平,使丰台站在一个新的历史起点上、实现更快、更好、更高发展的平台。要借助园博会举办,大力巩固首都文明区创建和环境建设年成果,进一步提升丰台环境建设水平,进一步提升区域文明程度,要以美丽的微笑、热情的服务、优美的环境,展现丰台全新形象。要借助园博会举办,践行绿色生态发展理念,加速转变经济发展方式,大力整合旅游资源,全面提升旅游服务能力和水平,优化商业网点布局,提升消费带动能力。要借助园博会举办,发挥对周边区域带动作用,引导河西地区积极发展生态休闲产业,拓宽增收和就业渠道,实现富民惠民目标。要借助园博会举办,锤炼出一支作风过硬、能力一流的高水平干部队伍。

举全区之力做好园博会举办各项工作。园博会举办关系到丰台和首都的形象,要做到完美无缺。筹备工作要全面就绪,3月底前做到万事俱备。全面完成场馆、展园以及周边道路、轨道交通和市政配套服务设施建设。做好周边绿化美化工作,并积极协调市有关部门和周边地区,创造一流的景观环境。大力开展宣传活动,加强全媒体形象推广,形成立体化宣传攻势,做到逐步升温,高潮迭起,贯穿始终,吸引全社会的目光聚焦园博。加强多元化市场开发,完成一批影响力大、社会效益好的合作项目签约。加快展陈布置,提升文化内涵,打造文化盛宴。试运营期间要精益求精,开园前要做到整装待发。筹办总指挥部要做好向运营团队的工作转变,试运营期间要查漏补缺,力求完美。狠抓接待细节,做好园博会接待计划和开闭幕式的活动安排。狠抓安全保障,认真梳理流程、环节,对可能引发安全问题的交通路段、聚集区域、时间节点和重要环节要胸有成竹,做好预案。举办期间要尽善尽美,全程要做到精彩绝伦。运营中心要组织到位,调度得当,保证园博会运转有序。接待服务要贴心周到,让宾客乘兴而来,满意而归;文化活动要特色鲜明,绚丽多彩,引人入胜;志愿服务要春风盈面,彬彬有礼,无微不至;安全保卫要一丝不苟,滴水不漏,万无一失。园博会正向我们走来,我们要办一届展现美丽北京、美丽丰台的

生态文化盛会，向市委、市政府和全市人民交出一份满意答卷。

(二)把握重点，开创丰台发展新局面

1. 提升经济增长质量和效益

中央和市委强调要把经济增长质量和效益放在突出位置来抓，我们要加快调整产业结构，提高产业整体质量。

要着力加强产业结构调整。目前，我区三次产业比重为0.1:23.5:76.4，相对来说比较合理。但是从产业内部看，优势产业集中度不强，对区域经济的支撑能力不足，对区域经济发展贡献率不高。今年，我们要借助中央和市委出台加大产业结构调整政策的机遇，加快传统产业优化升级，推动产业高端发展，做大做强轨道交通、高新技术、金融、文化创意、商务服务等五大产业，强化主导产业对区域经济整体增长的支撑带动作用。

要着力加强重点功能区建设。丽泽金融商务区要“快”字当头。开发建设要快，全面完成土地一级开发，加快土地供应。加快中华财险、中国通用等项目开工建设，实现开复工面积400万平方米。基础设施要快，年内实现3条主干路、地下交通环廊、变电站等市政基础设施开工建设。招商引资要快，瞄准新兴金融机构，优中选优，要引进25家亿元以上金融机构入驻，加快产业集聚。形成效益要快，严格合同签订，确保拿地企业真正把业务和税收留在丽泽。对长城资产、晋商联合等已经拿地的企业，要争取其尽快把业务转移到丽泽，形成税收贡献。科技园区要“好”字优先。招商引资要好，瞄准产业集聚，突出“招大”、“引强”、“选优”，实现60家千万元以上企业入驻。做好应急救援产业园、应急救援创新园规划，实现产业园年内开工建设。加快中国通号集团和北京交控科技通信和信号控制产业落户园区，建设国内领先的通信信号产业集群。积极创建国家级轨道交通产业集群示范基地，推动“轨道交通安全控制系统产业基地”项目落地，促进轨道交通产业进一步聚集。创新发展要好，依托总部基地品牌优势，吸引创新要素和人才聚集，提高创新发展能力。做好技术服务，通过搭建“生物医药实验资源共享平台”等工作，促进企业技术交流与合作。做好资金服务，为企业量身定做融资产品，解决企业发展的资金瓶颈问题。服务要好，完善政策体系，优化发展环境，增强对企业的吸引力。增强主动服务意识，特别是对于应急救援装备这类主要由社会投资的项目，要主动服务对接，让项目尽快落地生效。今年，园区要实现开复工面积100万平方米以上，固定资产投资50亿元，留区税收要突破20亿元，增长18%。南中轴、大红门地区要“优”字为重。规划要优，结合首都第二机场建设，进一步明确南中轴区域功能定位，优化空间规划，夯实发展基础。升级要优，着力提升现有业态优化升级，坚决禁止盲目开发、随意开发，保护宝贵的土地资源。青龙湖—长辛店会展旅游、生态休闲区、永定河绿色生态发展带要“特”字为上。产业要有特色，紧紧抓住举办园博会的机遇，大力发展绿色产业和都市型现代农业，着力推动生态休闲等特色产业发展。景观要有特色，发挥生态优势，挖掘文化内涵，打造特色景观，提升区域吸引力。消费要有特色，适应时代发展，研究消费需求，吸引更多市民到河西观光旅游，打造特色消费品牌。三四环都市型产业发展带要积极打造面向都市、服务市民的休闲产业发展空间。

要着力增强内生活力和动力。要开展商业布局规划研究，重点研究功能区周边商业配套布局，轨道交通站点周边商业布局，新建住宅小区居民服务业布局。要加强政策支持，出台促进特色街区、特色商圈发展政策，积极打造特色商业品牌；出台商务楼宇管理政策，积极引导商业服务业集聚发展。提升区域商业发展层级。引进知名商业品牌，推进奥特莱斯、永旺、净雅、中影等大型项目开工开业。着力提升特色商业街区发展品质，通过建立行业协会,加强行业发展统筹,提升万丰路、方庄餐饮街品牌影响力。积极推动靛厂路、大成路、马家堡等商业街区形成规模。着力创新商务模式,通过推动新发地、大红门等大型市场电子交易平台建设,提升传统业态发展水平。

2. 狠抓第二阶段城南行动计划的实施

要统筹安排,抢占先机,抓好第二阶段城南行动计划的实施,强化政府引导,扩大社会投资,不断壮大区域发展实力。

积极推动项目早日见效。重点区域方面,安排20个重点项目,305亿元的投资,加快通用时代、长城国富、三洲能源科技中心、海格通信导航园等重点项目开工建设,促进高端要素向重点功能区聚集,增强区域"造血"机能。民生领域项目,安排19项重点项目,投资25亿元,确保丰台二中东校区、北京十二中文体综合楼等项目实现开工建设,科技体育馆主体工程等项目基本完成,政务中心、检察院技侦楼等项目启动开工,增强区域公共服务能力。基础设施建设,安排新建、续建项目47项,总投资60亿元。全面启动种子大会会址周边道路及丰台火车站、地铁8号线三期的开工建设,打通南苑棚户区和重点村道路微循环,全年实现主次干路及支路竣工11条,进一步增强区域发展的承载力。生态环境建设,安排19个项目,投资41亿元,确保河西再生水厂全面开工,辖区5条河道和干路桥区积水点汛期前完成治理工作,提升生态发展和城市管理水平。

3. 促进人口资源环境协调发展

牢固树立生态文明理念,注重人口资源环境的协调发展,创造优美城乡环境。

要推动人口总量下降结构优化。着力解决好人口资源环境协调发展问题,力争通过对房地产结构的调整,产业结构的优化,违法建设的控制和地下空间的整治,全年流动人口总量减少10万左右,控制在50万左右,使人口规模、结构与经济社会发展相适应,与丰台资源环境承载相适应。

要立足解决百姓身边环境问题。立足提升群众对环境的满意度,开展环境建设巩固年活动,在巩固环境建设年成果,坚决防止环境反弹和违法建设重生的基础上,着力解决社区周边和群众身边的环境问题,消除环境死角,打造景观亮点。年底要组织开展评比活动,展示各街乡镇环境建设成果。继续保持平原造林的"丰台速度",圆满完成8000亩平原造林任务。按照市政府加强中小河道治理和四年水利大会战工作要求,提高河道行洪能力。提升城乡绿地建设水平,打造绿地景观,增强休闲功能,构筑美丽丰台的靓丽风景。

4. 加速推进城乡一体化

要进一步加大城乡统筹力度,推动农村城市化进程,加快农村地区产业优化升级,提升农村公共服务和管理水平。

要推动农村城市化进程。加快河东城市化。加强对城市化工作的整体设计,逐村研究制定工作方案。稳步推进乡镇产权制度改革,规范农村经济组织运行。完成大井、六圈、果园和重点村等16个村整建制农转居工作。加强重点村城市化工程建设,推进8个重点村土地供应,实现100公顷土地具备供地条件。加快回迁房建设进度,年内竣工60%以上,完成大红门、西局等4个村农民搬迁上楼工作。加快重点村产业项目落地,做好项目对接和前期手续办理,尽快启动开工建设。强化河西地区发展能力。加快实施交通、能源等基础设施项目建设,加大产业扶持力度,安排50%以上的产业引导资金支持河西产业发展。继续落实经济薄弱村帮扶政策,实现7个薄弱村农民纯收入增长14%,高于全区5个百分点。

提升农村地区产业发展水平。建立指导农村产业发展领导体制,出台农村产业发展指导意见。建立农村地区产业准入机制及产业招商联席会议制度,乡镇党委政府要切实负起领导责任，与发改、规划、商务、投资促进、工商等部门加强沟通，严把产业落地关，提升服务业发展质量。

提升农村公共服务和管理水平。着力缩小河东与河西、城市与农村的差距，加大对农村地区教育、卫生、文化等公共服务设施建设投入力度，加快农村“一刻钟”服务圈建设。加强对转居社区服务与管理，继续推广“趸租式”和“社区物业式”管理经验，提高农村地区社会管理水平。

5. 加快文化强区建设

发挥文化引领作用，加大公共文化服务设施建设，大力发展文化产业，促进文化大发展大繁荣。

加强文化引领。在全区开展“书香丰台”阅读活动，通过推荐阅读书目，组织交流研讨、专题讲座等形式，大力弘扬北京精神，推进公民思想道德建设，全面开展社会主义核心价值体系教育。巩固首都文明区创建成果，继续深入开展“公共文明引导日”、“环境文明行动从我做起”等活动，增强市民文明意识，大力提升社会文明程度。

健全公共文化服务体系。创新工作思路，积极吸纳社会资金，推进文化服务中心建设。加快街乡镇和社区文化服务设施建设，开展方庄数字文化中心试点建设，打造“六型社区”和“一刻钟”公共文化设施服务圈，提高基层文化服务能力。结合北京建都860周年，大力保护和开发丰台历史文化资源。在全区开展“一街(一乡)一品”文化创建活动，丰富群众文化生活，争创群众文化品牌。

发展文化创意产业。积极实施文化创意产业大项目引领战略，加快推进卢沟桥文化创意产业集聚区规划落地实施，积极引进北斗文化商务应用创新平台等重大项目，积极促进北京国家数字出版基地落户丰台，积极推动南方传媒产业园区和南方文化金融大厦等项目开工建设。充分发挥“卢沟晓月”文化旅游节品牌效应，丰富中秋文化产业链条。结合园博会举办和花乡花卉产业集团组建，打造园林花卉品牌。发挥汽车博物馆和科技体育馆的作用，筹划主题活动，活跃汽车文化。

6. 不断增进人民福祉

围绕人民群众最关心、最直接、最现实的利益问题，守住底线、突出重点，着力解决群众需求，办好看得见、摸得着、感受得到的好事实事，使人民群众生活得更加幸福。

要千方百计提高城镇居民收入和农民人均纯收入 。确保城乡居民收入分别增长10%以上，保持与经济发展同步。保障劳动者合法权益，确保城乡居民劳有所得。不断创新体制机制，让集体经济组织以土地和拆迁补偿款入股的方式参与区域发展，增加农民财产性收入。

要积极改善人民居住条件。完成南苑棚户区改造，实现长辛店棚户区改造全面开工，开展东铁营横七顺八条地区老旧平房区改造前期工作。对老旧小区和简易楼改造成熟一栋，改建一栋，优化居住环境。加快推进保障性安居工程的施工进度，力争竣工一批，入住一批，实现轮候家庭的应保尽保。

要想方设法稳定和扩大就业。提高农民就业水平。依托园博会、种子大会、平原造林等重大项目，挖掘开发3000个以上绿色就业岗位，为农民提供更多的就业机会。将河东全部农村劳动力纳入城镇就业失业管理系统。在河东推广三路居的就业职业化模式，在河西推广庄户公交村、大灰厂就业班车的就业组织化模式，加强针对性培训，提高农民就业能力，全面提升农民就业水平。推动失业人员稳定就业。出台政策，加大补贴力度，鼓励驻区单位优先招用区内失业群体。以我区被确定为全国“中心城市家庭服务体系建设工作联系点”为契机，推广宛平家庭服务行业职业化模式，吸引和鼓励失业人员从事家庭服务业。鼓励自主创业。完善区创业联席会制度，建立创业基地，组建“青年创业联盟”,构建自主创业“绿色通道”,激发广大青年创业热情。

要努力提高基本公共服务品质。加大教育投入,继续改善办学条件,增加学位供给,着力解决好入园难、入学难问题。大力支持北京十二中等优质教育资源建设,加快人大附中、北京十一学校等项目建设步伐,提升办学质量,加强职业教育中心学校、少年宫等特色教育品牌建设,办好人民满意的教育。促进医疗资源合理布局,发挥社区卫生服务中心基本保障作用,完善多级医疗卫生保健网络。加快天坛医院,口腔医院、304 医院等项目建设和落地,扩大区域优质医疗资源。

要不断强化社会保障水平。积极推动社会保障体系继续向均衡普惠式发展,推进社会保险扩面征缴工作。要积极应对人口老龄化问题,从居家养老入手,建立多元化的养老体系。重点保障低收入群众基本生活,发动辖区单位,借助社会力量,创新结对模式,提高帮扶水平,让广大人民群众特别是弱势群体能够更多地感受到社会的关心、关怀和关爱。

要有效维护社会安全稳定。开展综治工作基层基础建设年活动,完善社会治安综合治理领导责任制体系建设,加强群防群治组织队伍建设,大力整治治安重点地区,着力加大对“十桥一线”等区域整治力度,六里桥要治“乱”,木樨园要治“黑”,刘家窑要治“脏”,不断优化区域治安秩序、交通秩序、环境秩序、经营秩序,切实提高群众安全感和满意度。以群众工作统揽信访工作,畅通群众诉求表达渠道,全面落实街乡镇、委办局领导干部接待日制度及定期下访、约访制度,定期排查化解矛盾,提高初信、初访化解率,着力清理旧账化解积案,通过矛盾的排查化解,服务决策、服务基层、服务群众。

(三)突破瓶颈,为保障全年工作顺利推进扫清障碍

做好全年工作,要未雨绸缪,着力破除瓶颈制约因素。

1.抓好资金保障。全力以赴“争”,主动加强与上级部门的沟通协调,争取把我区的重点项目列入市级各部门工作计划,努力争取各类专项资金支持。千方百计“融”,加强与金融机构合作,积极争取信贷支持;加快土地出让,增加土地出让收益;完善国有资本经营管理中心融资平台建设,增强融资能力。创新渠道“引”,研究制定鼓励和引导社会资本投资基础设施的政策,形成政府引导、社会投资、市场运作的建设开发机制,加快推进重点项目建设。

2.强化招商引资。创新机制,改变分散割裂、单打独斗的招商模式,整合资源信息,建立产业库、项目库、资源库等数据库,搭建招商信息统一发布平台和机制。拓宽渠道,大力推行中介招商、以商招商、产业链招商等形式,建立专业化、市场化的招商运作机制。突出重点,围绕主导产业,重点瞄准世界 500 强、国内 100 强企业,努力引进一批综合实力强、发展前景好的优质企业,今年要引进注册资本超过亿元企业 60 家以上。落实责任,制定招商引资工作考核办法,投资促进局要担负牵头责任,丽泽金融商务区、科技园区和各乡镇要发挥主体作用,共同推进招商目标实现。

3.推动自主创新。充分发挥科技型中小企业创新基金、专利转化资助资金、科技三项费等资金引导、扶持和带动作用,支持鼓励企业加大研发投入,促进 60 个科技成果项目转化落地。完善科技创新工作机制,充分发挥首都科技条件平台丰台工作站、科技孵化器等平台作用,进一步整合科技资源,实现资源共享。鼓励产业联盟、技术联盟等中介组织建设,为自主创新和成果转化提供专业化服务。以“丰台科技园生物医药产学研联盟”、“军民融合创新园”为基础,引导企业和高校、科研机构形成协作共赢、创新发展的产学研合作方式。

(四)打造特色,形成走在首都发展前列的工作亮点

突出优势,努力形成一批走在首都发展前列的工作亮点。

1. 做好世界种子大会筹办工作。世界种子大会各项筹备建设工作已进入冲刺阶段。要加快施工进度,确保场馆、酒店、周边配套设施年底全面建成。加快会务筹备,完善承办方案,积极开展宣传和招商工作。依托种子大会举办,制定种业发展扶持政策实施细则,深化与中国农业大学的合作,加快推进世界种子大会展示基地升级改造和种子质量检验实验中心建设,努力为首都打造种业之都作出贡献。

2. 全面加快戏曲文化中心建设。戏曲是丰台独具特色的文化资源。加快戏曲文化中心建设,是填补国内文化产业空白,推动文化创意产业高端发展的重要载体。今年,我区"戏曲文化中心"建设工作要全面提速,落实主体,确定选址,启动建设,全力打造戏曲主题博物馆、传统戏曲剧场、戏曲主题公园相结合,戏曲创作、戏曲演出、特色旅游相结合的戏曲文化产业集群。

3. 全面深化"发现丰台之美"主题活动。要在全区深入开展"发现丰台之美"主题活动,将其作为建设美丽丰台的重要载体。要"展丰台之美",组织动员广大群众探寻丰台历史底蕴和自然美景,拿起画笔、按下快门,发现丰台的美,记录丰台的美,宣传丰台的美,用丰台之美凝聚人心、振奋精神。要"比丰台之美",在街乡镇、社区(村)开展景观大赛和寻找"最美丰台人"活动,比景美、比人美,用丰台之美美化家园、净化心灵。要"创丰台之美",从自身做起、从小事做起,创造美、热爱美、维护美、弘扬美,建设美丽丰台。要让"发现丰台之美"主题活动,成为展示丰台之美的窗口,热爱丰台之美的基石。

4. 不断加强社会建设。在继续推广"劝导队"、"村规民约"、"自管会"、"社区事务会商会制度"等经验做法基础上,加以总结提炼,建立完善发动群众、组织群众、动员群众的社会动员机制,引导群众在城乡社区治理、基层公共事务和公益事业中自我管理、自我服务、自我教育、自我监督。深化"知民情、解民忧"大比武、大练兵活动,开展"最美社工"评选活动,提高基层社会工作者服务群众的能力。培育发展社会组织,建立区级社会组织项目库,建立3所专业社会工作机构,打造15个商务楼宇工作站示范点。推进网格化社会服务管理体系建设,提升城市管理的精细化、信息化水平。完善网络舆情监督制度,建立各部门、各街乡镇联动反应机制,使网络平台成为我们社会管理的助推器。

四、全面提高党的建设科学化水平

要突出抓好制度建设、作风建设、群众工作和基层组织建设,不断提升党的建设科学化水平。

1. 加强党的十八大精神宣讲。抓好学习培训,要通过举办各种形式的培训班、研讨班,组织广大党员干部认真学习党的十八大精神。集中开展宣讲活动,组织"两新组织十八大精神宣讲团"、"来京建设者宣讲团"等深入基层、高校、社区、农村、企业开展面对面宣讲。各街乡镇、各部门要把学习宣传贯彻党的十八大精神作为头等大事来抓,精心组织学习活动,使党的十八大精神家喻户晓,深入人心。

2. 加强制度建设。要深化党内民主制度建设。坚持民主集中制,完善党委议事和决策机制,严格执行重大问题集体决策制度,确保决策的科学性。推进乡镇党代表任期制,开展党代表常任制试点工作。试行基层党代会代表提案制度。深化社区党代表任期制,探索机关党代表任期制。要加强反腐倡廉制度建设。坚持标本兼治、综合治理、惩防并举、注重预防方针,以风险防控作为反腐败工作的着力点。从近几年丰台腐败案件中查

找漏洞,分析原因,有针对性地完善相关制度,用制度预防腐败。加大党风廉政建设责任制、"三重一大"等制度的落实力度,确保反腐败工作取得实效。加强工程项目建设、农村城市化进程等重点领域、重点环节、重点部门廉政风险防控,加快"政企分开,管办分离"体制改革和工作推进力度,从根本上铲除滋生腐败现象的温床。

3. 做好群众工作。要把群众工作作为今年党建工作的重要内容,建立十项群众工作制度,密切干群关系。建立经常性群众观点教育制度,开展群众路线的教育实践活动,教育干部牢固树立群众观点。建立党员领导干部联系群众制度,密切联系群众,改进工作作风。建立辖区单位党员联系本辖区群众的制度,拓宽群众工作的途径和渠道。建立人大代表联系群众制度,拓宽民意反映渠道,增加民意表达机会。建立群众参与社会事务决策的议事协商制度,让群众成为社区事务决策的主人。建立党代表列席各级党委会制度,提高党委决策的民主化、科学化水平。建立居民群众参与社区事务管理的动员组织制度,充分发挥群众参与社会管理的基础作用。建立为民办实事制度,加强服务型街道、服务性乡镇、服务型社区、服务型村委会建设。建立媒体、网络、热线等群众反映问题的响应落实和反馈制度,主动接受监督,把负能量转化为正能量。建立社区、农村党组织、自治组织每年向居民、农民报告工作,街道、乡镇领导班子向群众报告工作制度,以人民群众满意不满意作为衡量地区工作和干部工作的标准。

4. 加强作风建设。区领导要带头贯彻落实中央关于改进工作作风、密切联系群众的有关规定,为全区干部做出表率。要深入调查研究,密切联系群众。建立区领导基层联系点制度,建立调研日制度,深入基层、深入群众。要切实改进文风。提高文件质量,做到主题明确、言简意赅、确保落实。精简文件数量,注重实效。提高文件流转效率,严格执行公文处理规定,确保政令畅通。要改进会风。减少各类会议活动,严格控制会议时间,简化会议流程,力戒空话、套话,提高会议效率和质量。各委办局、街乡镇主要领导要增强执行力,坚决整治拖沓作风,落实区委、区政府工作部署要快、要实,不打折扣。要增强凝聚力,坚决摒弃各行其是作风,推动工作要有大局观、全局观,要形成工作合力。要增强战斗力,坚决克服软弱作风,开展工作要敢冲、敢闯、敢干,争创一流,百折不挠,完成任务。

5. 加强组织建设和干部队伍建设。深化干部人事制度改革,促进竞争性选拔工作常态化,加大领导干部公开选拔力度。发挥党员主体作用,定期开展党性分析和民主评议活动,增强组织活力,服务保障重点工作开展。强化农村基层党组织带头人建设,做好农村村委会换届工作,选强配齐村"两委"班子。坚持并完善村级组织负责人向上级党组织汇报工作制度和接受党员群众评议制度,强化对村级组织负责人的监督考核。加强非公组织和"两新"组织党建工作,进一步扩大党组织的覆盖面。

6. 加强人才队伍建设。大力推进人才发展规划和人才政策落实,把各方面优秀人才集聚到丰台发展事业中来。发挥区人才工作领导小组成员单位的主体作用,扎实推进人才发展规划确定的重大任务,全力实施"158"人才工程。构建人才政策兑现机制,确保政策有效衔接、落实到位。

大力推进社会主义民主政治建设。支持和保证人民群众通过人民代表大会行使权力,发挥人大联系群众、反映民意、解决矛盾的民主渠道作用,更好地体现人民的意志,维护人民的利益。充分发挥人民政协作为协商民主重要渠道作用,更好协调关系、汇聚力量、建言献策、服务大局。坚持依法治区,树立法治理念,保证有法必依、执法必严、违法必究，营造良好的法治环境。加强国防动员和后备力量建设，关心支持驻区部队建设，提高双拥共建水平，巩固军政军民团结。

同志们，2013 年将是丰台发展史上不平凡的一年，党的十八大为我们指明了前进的方向，市第十一次党代会明确了我们的奋斗目标。让我们紧密团结在以习近平同志为总书记的党中央周围，在市委、市政府的正确领导下，解放思想、开拓创新、求真务实、攻坚克难，扎实开展各项工作，为建设经济繁荣、社会文明、人民幸福的新丰台，为首都建设中国特色世界城市，为全面实现十八大确定的奋斗目标作出更大的贡献！

李超钢同志在区委十一届四次全会上的总结讲话

（2013 年 1 月 4 日）

同志们：

今天，我们用了一天时间召开区委全会。上午，冀岩同志传达了市委十一届二次全会精神，我代表区委常委会作了工作报告，同时，根据市委要求，组织开展了区级领导班子和领导干部考核测评以及 2012 年度干部选拔任用工作"一报告两评议"。下午，大家进行了分组讨论，对区委常委会的工作报告、全会决议草案进行了认真审议。会议圆满完成各项预定任务。

这次会议非常重要，明确了今年区委工作的方向和重点。要完成全年各项工作，需要全区领导干部抓住机遇、埋头苦干，克服困难、顶住压力，以优良的作风高质量地完成全年的工作目标和任务。

*一是要以强大的执行力推动工作落实。*各单位、各部门要迅速贯彻落实此次会议精神，把思想和行动统一到区委的决策和部署上来。要按照全会要求，确定本部门、本单位的工作目标、工作任务和工作要求，制定工作具体推进方案，逐项分解细化区委确定的各项任务，逐一制定落实推进的具体措施，逐一明确责任单位和责任人，切实增强效率意识和责任意识，抓进度、抓落实，确保各项工作有计划、保质保量地顺利完成。

*二是要以扎实的作风去动员组织群众。*新一届中央领导集体高度重视党的作风建设，身体力行，率先垂范，为全党作出了榜样。前两天，区委、区政府刚刚下发了改进工作作风、密切联系群众的实施意见，对区级领导班子成员提出了具体要求。各部门、各单位也都在按照区委的统一要求，陆续制定各自的实施意见。全区领导干部要将贯彻落实此次全会精神与转变工作作风结合起来，进一步发扬密切联系群众的优良传统，深入基层、深入一线、深入群众，统一思想、凝聚共识，动员辖区各单位，动员全区广大人民群众共同投入到今年的各项工作之中，形成全区上下合力攻坚的良好氛围。

*三是要以一流的标准争创佳绩。*在贯彻落实市十一次党代会精神的会议上，区委明确了要以全新的理念、全新的视野、全新的标尺考量工作，提出了"走在前列"的发展标准。全区各部门和各单位要超前谋划、锲而不舍，主动作为、争创一流，结合区委今年的工作任务，以可能达到的最高标准提高工作质量，争取各项指标好于或高于全市平均水平，争取在全市各项评比表彰中榜上有名、名列前茅，争取在全市各个系统工作中力争先进、不甘落后。

同志们，这次全会之后，我区即将召开区人大、区政协"两会"，这是全区人民政治生活中的一件大事。前一阶段，我们围绕开好"两会"做了大量工作，为会议顺利召开奠定了很好的基础。现在"两会"在即，要再接再厉，做好"两会"相关工作，真正把"两会"开成深入贯彻落实党的十八大精神，团结民主、求真务实、鼓舞人心、催人奋进的大会，更好地动员全区人民在推动繁荣、文明、幸福新丰台建设中作出新的贡献。1 月中下旬，市人大、市政协"两会"也马上就要召开，将要产生新一届市人大、市政府、市政协领导班子，我们要坚决按照市委的要求，贯彻市委的部署，做好服务保障等各项工作，确保市“两会”的顺利召开。

还有一个月左右，就是中国人民的传统节日春节了。全区各级各部门都要按照中央和市委的要求，结合丰台区实际，认真安排好春节期间的各项工作。各级领导干部都要深入基层走访看望慰问困难群众，解决好群众生活中的困难和问题。要加强矛盾排查调处，抓好重点地区、场所，重点行业、企业的安全管理，抓好交通安全、食品安全、烟花燃放安全。要安排好节日期间水、电、气、热和市场供应，组织丰富多彩的文化活动，让人民群众过上安全、欢乐、祥和的节日。要严格落实中央和市委的要求，改进工作作风，加强廉洁自律，坚决制止铺张浪费和奢侈享乐行为，大力弘扬艰苦奋斗、勤俭节约的作风，切实抓好节日期间的党风廉政建设。

北京市丰台区人大常委会工作报告

——2013年1月9日在丰台区第十五届人民代表大会第三次会议上

丰台区人大常委会主任　王苏维

各位代表：

我受丰台区第十五届人民代表大会常务委员会委托，向大会报告工作，请予审议。

2012年的主要工作

2012年，区人大常委会在中共丰台区委领导下，认真执行第十五届人大一次会议决议和大会批准的各项任务，紧紧围绕全区经济社会发展的工作大局，认真履行宪法和法律赋予的职责，使人大工作有了新的发展。一年来，筹备召开2次人民代表大会会议。召开7次常委会会议，审议了31项议题，听取和审议“一府两院”16个专项工作报告，提出了13个方面共151条审议意见；依法作出了4项决议、决定；依法任免地方国家机关工作人员103人次。召开9次主任会议，听取“一府两院”2个专项工作报告。为坚持和完善人民代表大会制度，依法保障和促进全区经济建设、政治建设、文化建设、社会建设以及生态文明建设作出了积极贡献。

一、围绕大局，发挥优势，促进城南行动计划全面落实

北京市城南行动计划的制定和出台，是发挥人民代表大会制度优势，促进首都均衡发展的一次实践成果。此计划共涉及丰台区78个建设项目、总投资1293亿元。城南行动计划的实施，加强了我区城市基础设施建设，夯实了区域发展基础，改善了城乡环境，提高了人民生活质量。

2012年是落实城南行动计划的收官之年，也是本届人大开局之年。区第十五届人大一次会议将“继续推进重点项目的落实，确保城南行动计划任务圆满完成”列入大会唯一议案，进行重点督办。

（一）改进调研方式，坚持集中视察与专题调研相结合。常委会认真研究制定议案督办方案，进一步健全议案督办组织领导格局，着眼于覆盖项目、突出重点、强化督办、务求实效，对涉及全年城南行动计划中的33个重点项目逐一调研分析。先后多次组织常委会组成人员、议案领衔代表、部分人大代表等，深入项目建设现场，开展集中视察、检查和调研，提出意见和建议，支持和督促区政府有关部门加快建设进度。同时，区人大各工作委员会依据自身职能，组织部分委员和人大代表就落实城南行动计划涉及的相关单位和项目，进行专题座谈调研，共同研究解决项目推进中的具体问题和困难，有力地推动了城南行动计划的落实。

（二）改进督办方式，坚持重点监督与整体推进相结合。常委会紧紧抓住我区筹办第九届中国（北京）国际园林博览会的契机，把园博会建设项目作为议案督办的重中之重，积极开展了重点监督、持续监督。针对项目建设时间紧、任务重、标准高的特点，把督办工作贯穿到项目建设全过程，督促政府有关部门正确处理时间、质量、安全的关系，保障园博会建设工程顺利推进。同时，常委会回应社会关切，把城南行动计划涉及的老旧小区改造、水系治理、道路交通等建设项目，作为改善民生和事关丰台长远发展的战略性、基础性工作，从整体上把握，统筹安排，加强督办推进，对于进一步增强区域承载能力，改善人民群众生活发挥了积极作用。

(三)改进审议方式，坚持会议审议与跟踪督办相结合。常委会把提高会议审议质量作为议案督办的重要环节，在会前充分调研论证的基础上，分别召开常委会会议和主任会议，充分发扬民主，认真听取和审议区政府关于议案办理情况的工作报告，向区政府提出了进一步加大对重点项目组织协调力度、集中力量解决难点问题、着力谋划第二阶段城南行动计划的意见和建议，形成审议意见书交区政府研究办理，并加强对审议意见书的跟踪督办工作。区政府高度重视审议意见，进一步完善措施，细化方案，加大工作力度，截止2012年底，涉及丰台区的78个项目累计实现投资1310亿元。

北京市即将出台的《促进城市南部地区加快发展第二阶段(2013—2015年)行动计划》，涉及丰台区约90个建设项目，计划投资约1300亿元。区人大采取多种方式，广泛征求人大代表和群众的意见，充分听民意、集民智，为区政府编制和落实第二阶段城南行动计划，奠定了群众基础。

二、强化职能，突出重点，切实增强监督工作成效

加强对“一府两院”工作监督是宪法赋予人大常委会的重要职权。常委会认真贯彻执行监督法，把事关丰台改革发展稳定的重大事项作为监督重点，深化监督职能，提高监督实效，推动“一府两院”依法行政、公正司法。

(一)加强对经济工作的监督。常委会围绕加快推进“一轴两带四区”建设和城南行动计划落实，不断加强对财政预算、决算和预算执行情况的监督审查，深入区综合经济管理部门，重点就全区社会投资规模预测、建设项目资金供需和功能区建设等情况进行专项调研，增强经济监督工作的前瞻性、针对性。加强对审计部门的监督，对审计整改情况及时提出意见和建议。把人大预算监督工作和区政府建立预算绩效管理制度统一协调起来，推动本区预算绩效管理工作逐步制度化。常委会认真听取和审议区政府关于南苑棚户区改造项目信托融资事项的报告，并做出决定，缓解了资金难问题。开展对区级大额资金管理和使用情况的工作调研，积极探索监管工作的新方法、新途径。全年安排两次常委会，听取和审议区政府关于2012年国民经济、社会发展计划和预算执行情况及2013年国民经济、社会发展计划草案和预算草案的预先审查报告，提出了进一步抓好重点功能区建设、扩大消费需求、着力调整优化产业结构和保障改善民生、加强财政预算管理等意见和建议。区政府认真落实审议意见，积极采取应对措施，全区经济社会发展呈现了良好态势。

(二)加强对农村城市化工作的监督。区人大召开主任会议重点听取区政府关于整建制撤村建居工作情况的报告，督促区政府进一步完善领导体制和工作机制，落实乡村主体责任，积极争取市级政策支持，全面加快我区农村城市化进程。围绕重点村改造、农村水务建设等工作，对第七十五届世界种子大会筹办、园博湖综合治理，以及马草河、丰草河和水衙沟等水系治理情况进行视察检查，提出了意见和建议。围绕影响农村经济持续发展、经济落后村帮扶、民生改善等问题，多次组织代表开展专项调研，与村“两委”班子座谈研讨，促进农民就业、农户增收。

(三)加强对贯彻实施法律法规工作的监

督。按照市人大常委会的工作安排,区人大常委会坚持市、区、乡镇三级代表共同参与,上下联动,采取集中视察、明查暗访等方式,先后对《中关村国家自主创新示范区条例》、《北京市公共场所禁止吸烟的规定》、《北京市全民健身条例》和财经、教育、交通等方面的法律法规在我区贯彻实施情况进行了检查,针对检查中发现的问题提出7个方面的意见和建议,形成执法检查报告,转交区政府整改落实,促进了政府依法行政。

(四)加强对司法工作的监督。常委会重点听取和审议了区法院关于实施专业审判工作、区检察院关于民事审判监督工作情况的报告,对区法院和区检察院自觉接受人大监督,深入推进社会矛盾化解、社会管理创新、公正廉洁司法等工作给予肯定,就进一步健全相关制度、加强人才队伍建设、提高工作效率等方面提出了意见和建议。坚持上下联动、全员参与的调研机制,充分发挥律师网络平台的作用,在街乡镇、代表联组和律师队伍中广泛征求司法工作意见和建议,认真归纳,反馈区法院、区检察院,收到明显成效。对2011年常委会审议区法院执行工作、区检察院诉讼监督工作审议意见书进行了跟踪检查,“两院”依法向常委会报告了落实情况。

认真落实《北京市丰台区第十五届人民代表大会第一次会议关于贯彻实施法制宣传教育第六个五年规划的决议》,弘扬法治精神,推进法治实践,督促“一府两院”履行职责,落实依法治区的各项任务,推动全区形成学习法律、遵守法律的环境。

召开主任会议,专题听取区政府关于开展廉政建设和反腐败工作情况的报告,提出了意见和建议。

三、以人为本,关注民生,努力维护人民群众切身利益

常委会坚持民生优先,围绕群众关心的热点难点问题,依法督促政府认真落实民生保障,完善公共服务,提高管理水平,使发展成果惠及全区人民。

(一)切实促进公共文化建设发展。常委会分别召开区政府相关委办局和各街乡镇、社区村座谈会,深入调研,广泛听取各方面意见,了解全区文化建设发展现状。集中视察了区文化产业建设和基层公共文化及体育设施规划、建设、使用情况。认真听取和审议区政府关于文化建设情况的工作报告,提出了进一步完善公共文化服务体系,加强文化基础设施建设,加大经费投入,加快文化产业重点项目建设的意见和建议,形成审议意见书交政府研究办理。区政府依法制定了落实区人大审议意见书的工作方案并组织实施。

(二)切实支持政府提高服务管理水平。常委会深入调研了我区总结推广的“四化”入户民情图、一刻钟社区服务圈等典型做法;视察了十二中科丰校区、天坛医院迁建等区政府为民办实事折子工程项目;检查了我区关于促进教育均衡发展、劳动就业和社会保障、养老服务、维护残疾人合法权益等工作进展情况,及时向区政府通报,推动工作进一步落实。常委会听取区政府关于加强和创新社会管理、创建首都文明区工作情况的报告,支持区政府以创建首都文明区为载体,进一步加强社会服务管理,不断提升群众文明素质和区域文明程度。重视发挥代表的专业优势,分别组织代表就加强城市执法、食品药品安全、缓解入学难停车难等问题开展专题调研,提出阶段性治理意见,促进了政府服务管理工作。

在2012年“7·21”特大自然灾害面前,区人大代表发挥密切联系群众的桥梁纽带作用,积极参与抢险救灾,踊跃为受灾群众提供帮助,及时反映群众诉求,用实际行动践行“人民选我当代表,我当代表为人民”的履职承诺。

(三)切实解决群众来信来访问题。把办理群众来信来访作为了解社情民意、化解社会矛盾的重要渠道。坚持信访接待日和信访联席会议制度，定期研究信访工作。对重点信访人和重要信访件，常委会领导亲自接待、阅批和督办。对群众反映涉及“一府两院”的信访问题，及时沟通协调，推动问题解决。各街乡镇都建立了人大代表参与化解地区社会矛盾的工作机制。区人大全年受理群众来信125件次，来访50余人次，办结率100%。

四、探索实践，深化服务，充分发挥代表的主体作用

人大代表是人民代表大会的主体，代表工作是人大的基础性、经常性工作。常委会认真研究新时期代表工作的特点和规律，积极探索有效形式和实现路径，保障代表依法行使职权。

（一）精心组织学习，提升代表素质。常委会针对换届后新任代表多的特点，开展了多层次、多形式、多内容的学习活动。落实代表学习制度，采取集中学习、联组学习、邀请专家辅导等方式，分阶段、有重点的组织代表先后学习《宪法》、《监督法》、《代表法》等法律法规，以及人大业务理论知识和人大代表履职典型事迹。坚持为代表订阅《中国人大》、《北京人大》、《新丰台》报等刊物，按时发送文件、信息等内部学习材料；汇总区有关委办局印发的内部刊物和工作信息，提供给代表参阅；举办市区人大代表履职学习班，介绍履职经验；开设“代表风采”网站栏目；开展代表工作交流等。全年共组织各级各类法律、区情讲座60次，市、区人大代表参加学习1100多人次，依法履职能力和综合素质得到提高。

（二）积极搭建平台，丰富代表活动。常委会和各人大街道工委、代表联组、乡镇人大重视拓宽代表知情、知政、督政渠道，积极反映政情、区情、社情和代表之声、群众之声，开展了生动和富有成效的代表活动。组织代表视察园博会建设工地和区城市规划馆、北京汽车博物馆，增加代表对丰台区发展的全面了解；邀请代表参加常委会、“一府两院”和各工作委员会开展的视察、调研、座谈等重大活动；及时向代表通报全区重点工作推进和全区经济社会发展情况；推荐46名代表担任“一府两院”特约监督员和公众评议员；安排市区代表参与中组部民意调查会和区“司法行政开放日”、“警营开放日”、旁听法院案件审理等活动；有计划安排全体代表在本届内列席一次常委会会议。全年共组织各类代表活动215次，参加代表3100多人次，在活动中代表提出84条意见和建议，有效改进了“一府两院”有关部门的工作。

（三）建立长效机制，强化建议督办。年初，区四大家领导联合召开人大建议、政协提案办理工作会，加强了建议、提案办理工作的领导。常委会坚持把建议督办贯穿到政府办理工作全过程，推动建立了《丰台区办理人大建议政协提案专项资金管理办法》和长效增长机制。把代表建议办理工作纳入政府年度行政效能考核。这些举措为提高建议办理质量提供了制度、资金支撑。发挥建议督办工作格局作用，将事关民生、对社会有一定影响、办理难度较大的建议，由常委会领导牵头督办；实施“一把手工程”，对承办建议较多的单位和难点问题进行重点督办，协调解决。邀请领衔代表参与督办，并开通建议办理网络查询系统，便于代表及时掌握情况，提出新的意见和建议。区第十五届人大一次会议期间代表提出268件建议，均按法定期限办理完毕，推动解决了市政基础建设、民生改善等一批群众普遍关心的热点难点问题。

（四）重视制度建设，保障代表履职。常委会认真总结代表工作经验和有效做法，从实际工作出发，先后制定了《加强区人大代表与人民群众联系的若干意见》、《人大代表接待日制度》、《人大代表列席常委会会议制度》；修订了《加强和改进代表工作的意见》、《人大街道工委组织代表活动办法》等制度。为代表依法履职提供了制度保障，进一步规范了代表履职行为。

按照全市换届选举工作总体部署,区人大常委会认真组织了北京市第十四届人大代表的选举工作。期间,深入了解掌握代表资源情况,做好代表候选人推荐的相关工作,认真筹备,精心组织,召开了区第十五届人大二次会议,依法选举产生了市第十四届人大代表68名,实现了基层一线和妇女代表比例有所上升、领导干部代表比例有所下降的"两升一降"目标。

市、区人大代表协助市人大常委会完成了对《中华人民共和国环境保护法修正案》、《北京市食品安全条例》等14部法规草案的征求意见工作。配合市人大做好关于开展村民自治工作、北运河流域丰台段水系综合治理等情况的调研、考察工作。积极为市人大丰台团代表发挥作用提供服务保障,一年来,组织市人大丰台团代表集中开展4次活动,市人大代表在市人代会上提出涉及丰台重点区域、重点工程建设等方面建议49件,为加快丰台发展发挥了重要作用。

五、加强领导,跟进指导,推进人大街道工委、代表联组和乡镇人大工作深入开展

结合人大街道工委、代表联组和乡镇人大工作特点,建立并落实常委会领导联系基层和工作片区制度,有针对性地加强领导和工作指导。

召开人大街道工委主任工作经验交流会,对人大街道工委年度工作提出指导性意见;组织街乡镇人大办公室主任和代表联组联络员集中学习培训;建立服务代表工作网络,健全街道和社区联系代表接待站,完善人大街道工委各项工作制度;支持人大街道工委、代表联组充分发挥职能作用,为代表履职提供良好的服务保障。

坚持乡镇人大主席工作例会和乡镇人大主席列席常委会会议制度;组织乡镇人大主席参加市、区人大学习活动;围绕加强乡镇人大建设、发挥乡镇人大作用等主题开展座谈研讨;编撰《人大法规制度汇编》,进一步规范乡镇人大工作;指导乡镇人大开好人民代表大会,支持和推动乡镇人大工作不断取得新进展。

六、求真务实,锐意进取,着力加强常委会自身建设

加强自身建设,是有效推进人大工作的基础和保障。常委会高标准、严要求,切实加强常委会及机关建设,不断提升人大工作水平。

(一)加强学习调研,团结务实高效的作风得到强化。以建设"学习型"机关为着力点,坚持学习制度,组织常委会组成人员和人大机关干部认真学习党的十八大精神以及市、区党代会精神,学习法律法规和人大业务理论知识,不断深化坚持党的领导、人民当家作主、依法治国有机统一的认识。坚持把人大各项工作建立在深入实际、深入基层、深入群众的基础上,围绕事关丰台发展的重大问题,加强和改进工作作风,解决实际问题。完成了21篇工作调研报告,并抓好调研成果的转化。加强干部的教育管理,派出机关干部到外地挂职,到农村锻炼,为年青干部健康成长创造条件。扎实开展"创先争优"教育和"三进两促"实践活动,努力在人大机关营造团结活泼、严谨务实、积极向上的良好环境。

(二)抓好组织建设,常委会及机关工作质量得到提高。组建了新一届常委会工作机构。选举产生了机关党总支和机关工会、妇委会。修订印发《丰台区人大常委会机关建设规章制度汇编》,进一步明确细化常委会各委室工作职责,规范了常委会、主任会的议事规则和机关工作程序,为常委会和各委室开展工作提供了组织、制度保障。认真做好区人大各类会议和活动的服务、保障工作。

(三)加大宣传力度,人大工作的影响力得到增强。重视人大信息员队伍建设,改进人大网站版面，办好《人大在线》电视专题栏目。坚持正确的舆论导向，加强与市级媒体的联系，充分发挥人大信息、人大网站、人大在线、人大专栏“四个一”的宣传阵地作用，大力宣传人民代表大会制度、人大工作及“一府两院”接受工作监督情况，总结推广人大街道工委、代表联组和乡镇人大工作好做法、好经验，以及代表依法履职典型事迹，为人大依法开展工作营造了良好氛围。

各位代表，常委会工作取得的成绩，离不开市人大常委会的指导和区委的正确领导，离不开全体代表的共同努力，离不开“一府两院”、驻区单位、社会各界和全区人民的大力支持。在此，我代表区人大常委会，向所有关心、支持、帮助人大工作的同志们、朋友们，表示衷心的感谢和崇高的敬意！

回顾一年来的工作，我们也清醒地看到：监督工作的方式、措施需要进一步改进；为代表依法履职提供服务保障的工作水平需要进一步提升；常委会自身建设需要进一步加强。

2013年的主要工作

2013年，是学习贯彻党的十八大精神的开局之年，也是我区实施第二阶段城南行动计划的起始之年。在新的一年里，区人大常委会将在区委的正确领导下，坚持以科学发展为主题，以加快经济发展方式转变为主线，以推动民主法治建设为根本任务，全面贯彻落实党的十八大、市区党代会精神，认真执行本次大会决议，依法履行各项职能，夯实基础，突出重点，注重实效，努力开创人大工作新局面。

一、关于监督工作

常委会认真履行宪法和法律赋予的职权，牢固树立法治理念，运用法治思维和法治方式开展监督工作。

围绕全区发展大局和中心工作确定监督内容，重点听取和审议区政府关于第二阶段城南行动计划落实、重点功能区建设、园博会建设运行等情况的工作报告。着眼加快我区经济发展方式转变，建立科学民主依法的公共财政制度，加强对政府全口径预决算工作的监督审查，听取和审议区政府关于2013年国民经济、社会发展计划和预算执行情况及2014年国民经济、社会发展计划草案和预算草案的预先审查报告。立足推动农村城市化建设，听取和审议我区农村集体经济产业持续发展和资金、资产、资源使用管理情况的工作报告。紧紧抓住事关群众切身利益和社会关注的民生事业发展，加强对我区公共文化配套设施建设、区域教育资源配置、南苑和长辛店棚户区改造等工作的视察调研和检查，听取和审议区政府关于我区社区卫生服务工作情况的报告。着力建设法治政府，认真听取区政府关于“六·五”普法教育落实情况的工作报告，组织开展执法检查工作，推进依法治区。持续推动司法工作的公平正义，听取和审议区政府关于构建大调解格局，促进社会和谐稳定的工作报告。结合推进我区生态文明建设，选定调研课题，开展有效监督。继续加强对代表议案办理情况的督办工作。进一步提高常委会会议审议质量，改进会议决议执行工作，更加注重实效。

二、关于代表工作

认真贯彻落实代表法，把规范、支持和服务保障代表依法履职，密切代表同人民群众的联系作为基础性工作，使代表履职与常委会工作有机统一，更好地发挥代表的主体作用。完善代表工作格局，形成由常委会统一负责，代表联络室综合协调，人大各委室充分发挥作用，街乡镇人大代表工作机构密切协同的服务保障格局，促进全区代表工作有序开展。修订完善《加强区人大代表与人民群众联系的若干意见》，促进常委会组成人员和人大代表改进作风，密切联系人民群众。改进代表活动方式,广泛组织代表参加视察、执法检查、调研、列席常委会和工作委员会会议,进一步提高代表闭会期间活动的质量和实效,加强和改进代表建议督办工作,完善落实分类分层督办工作机制,提高办理实效。落实政情、区情通报会制度,保障代表知情知政。加强代表学习,提高代表履职水平。精心组织市人大丰台团代表的活动,做好市人大代表的服务保障和联络工作,注重发挥市区两级代表的整体作用。

三、关于街、乡镇人大工作

贯彻落实区人大常委会街道工作委员会通则,充分发挥人大街道工委的基础作用,保证宪法、法律、行政法规和区人大常委会决议、决定的执行。坚持人大街道工委和人大街道工委办公室各项工作制度,完善组织工作网络,健全为代表服务的工作机制,使人大街道工委工作更加规范化、制度化。按照有人员、有职责、有标识的“三有”标准,完善人大代表社区接待站,延伸为代表服务的工作链条,拓展服务功能,提升保障水平。

高度重视乡镇人大工作,研究制订《丰台区人大常委会关于进一步推进乡镇人大工作的指导意见》,促进乡镇人大自身建设。完善区人大联系乡镇人大的工作机制,落实乡镇人大主席例会和列席常委会会议制度,加强工作交流和学习研讨。把握区人大与乡镇人大在监督工作方面的结合点,加强上下联动,提高监督实效。

四、关于常委会自身建设

加强思想政治建设,确保人大工作坚定正确的政治方向。紧密联系人大工作实际,深入学习领会党的十八大报告提出的一系列新思想、新观点、新论断,开展系列研讨活动,坚定道路自信、理论自信、制度自信,增强常委会组成人员依法履职的责任感和使命感。加强调查研究,克服形式主义,改进会风文风,厉行勤俭节约。按照党的十八大要求,着力建设“学习型、服务型、创新型”机关。继续完善各项规章制度,进一步规范人大各项工作。认真做好人民代表大会会议、常委会会议、主任会议等组织协调和服务保障工作。加强机关干部队伍建设,不断提高干部的思想和工作水平。加强信访工作。重视宣传工作,进一步提升人大工作影响力。

各位代表,党的十八大向全党全国人民发出了为全面建成小康社会而奋斗的伟大号召。丰台区正处于加快发展、强势崛起的关键时期。让我们在区委的坚强领导下,高举中国特色社会主义伟大旗帜,坚持党的领导、人民当家作主和依法治国的有机统一,紧紧依靠全区人民,以更加振奋的精神、更加务实的作风、更加优异的成绩,把我区人大工作提高到一个新水平,为建设经济繁荣、社会文明、人民幸福的新丰台而努力奋斗!

北京市丰台区人民政府工作报告

——2013年1月8日在丰台区第十五届人民代表大会第三次会议上

丰台区区长 冀 岩

各位代表：

现在，我代表丰台区人民政府，向大会报告政府工作，请予审议，并请区政协委员提出意见。

一、2012年工作回顾

在市委、市政府和区委的正确领导下，在区人大、区政协的监督、支持下，区政府深入贯彻落实科学发展观，完成了区十五届人大一次会议确定的各项任务，在建设繁荣、文明、幸福新丰台的道路上迈出了坚实步伐。

——区域经济实力显著增强。初步预计，全区实现地区生产总值920亿元，增长9.2%；全社会固定资产投资636亿元，增长15%；社会消费品零售额825亿元，增长11.7%；地方公共财政预算收入68.6亿元，增长12.8%。主要经济指标增速高于全市平均水平，区域经济呈现质量好、速度快的发展态势。

——城南行动计划顺利完成。涉及丰台的78个项目累计实现投资1310亿元，超额完成任务。轨道交通线新增7条，建设里程达72公里，运营里程达44.8公里；修建主次干路和支路24条，新增里程54.6公里，群众出行更加方便。完成卢沟桥再生水厂、南苑医院改扩建等一批水电气热能源项目和重大民生工程，公共服务能力显著增强。

——城乡环境面貌不断改善。大力开展“城乡环境建设年”活动，市容卫生、城市秩序明显改善。继续保持遏制和拆除违法建设高压态势，新生违法建设基本实现零增长。超额完成平原造林任务，建成10个特色园林和城市休闲公园，新增90公顷绿色滨水景观，城市绿化覆盖率提高了2.5个百分点，区域环境品质进一步提升。

——人民群众得到更多实惠。区财政在民生事业上累计投入76亿元，占公共财政预算支出的50.5%，社会保障覆盖面不断扩大，教育、医疗、养老等基本公共服务水平进一步提升。开工建设保障性住房1.8万套，竣工1.1万套，超额完成全年任务。南苑棚户区安置房竣工5800套，3100户居民喜迁新居。长辛店棚户区安置房实现开工建设。老旧小区综合改造惠及2万户，供热管网改造惠及3.2万户。城乡居民收入分别增长11%和12%，首次高于GDP增幅。

——园博会筹办工作进展顺利。组建第九届园博会丰台区运营管理委员会。三大标志性建筑(永定塔、主展馆和园博馆)主体结构封顶，118个展园建设初具规模，绿化景观、公共服务配套设施等工程完成90%，京周新线等周边道路主体完工。

一年来，区政府立足首都城市功能拓展区定位，全面落实城南行动计划，围绕实现区域经济社会平稳健康发展，重点做了以下工作：

(一)着力转变发展方式,区域经济结构更加优化。制定《关于促进丰台经济发展的综合政策意见》,建立丰台区产业升级联席会议制度,促进高端产业发展。科技、金融、商务服务等支柱产业对地区生产总值贡献率达74%。完成18家“三高”企业退出任务,引导24家传统工业企业启动技术改造,实现万元GDP能耗下降3.5%的目标。加大招商引资力度,新引进注册资本千万元以上企业536家,其中亿元以上企业53家。投资结构进一步优化,民间投资同比增长50%,占固定资产投资的58%。消费对经济增长的拉动作用进一步增强,全区新增大型商业设施76万平方米,商贸业留区税收同比增长19.9%,旅游消费同比增长12%。科技创新能力不断提高,出台《关于加强丰台区科技创新能力建设的若干意见》,承担国家级“火炬计划”项目4项,国家重点新产品项目5项,实现科技成果转化50项,专利授权增长率和技术合同登记额在全市名列前茅。

(二)加速推进重点功能区建设,高端产业聚集更加明显。丽泽金融商务区建设全面提速,北区集体企业拆迁基本完成;南区完成土地一级开发148公顷,实现供地67公顷,长城资产等8个项目开工建设。累计引进亿元以上企业45家,注册资本金509亿元,实现税收3.82亿元,金融产业聚集效应逐步显现。丰台科技园区加速“东扩西进”步伐,东区三期、西区Ⅰ拆迁基本完成,实现开复工127万平方米;引入注册资本千万元以上企业77家,其中亿元以上企业13家;实现技工贸总收入2850亿元。世界种子大会主场馆已开工建设。北宫国家森林公园被评为“全国最具影响力森林公园”。

(三)全面加强城市建设管理,人民生活环境更加宜居。地铁10号线二期开通试运营,7号线、14号线建设进展顺利,北宫南路、万源北路等20条城市道路建设加快推进。制定了全区河道治理规划,对蟒牛河等11条河道进行清淤疏浚。河西再生水厂开工建设、草桥燃气热电厂基本完工,生活垃圾循环经济园渗沥液处理厂建成使用,13个小区电网配电设施完成改造。认真落实治理交通拥堵各项措施,完成流动人口动态监测调查,开展三环新城等重点地区地下空间清理整治,积极推进生活垃圾无害化处理。加强大气污染控制,完成10个砂石场清场工作,超额完成燃煤锅炉改造和老旧机动车淘汰任务,主要污染物浓度平均下降3.2%。完成刘家窑桥等35处重点区域环境整治和绿化美化工程,对68处街巷胡同、107个社区(村)进行景观改造,建成精品大街30条、精品社区40个,城乡环境面貌更加整洁靓丽。

(四)稳步推进城市化进程,城乡发展更加协调。8个重点村城市化工程取得重大进展,撤村转居工作稳步推进,集体经济产权制度改革进一步深化,农村城市化步伐明显加快。制定丰台区种业发展规划,启动种子展示基地和国际种子检测实验室建设,筹建种业基金和种子交易所,成立北京花乡国际花卉有限公司。建立农村基础设施维护与管理长效机制,提高农村公益岗位就业人员补贴标准,增加环境片林和荒山造林养护费,农民得到更多实惠。出台《加快河西地区发展实施意见》,建立经济薄弱村帮扶机制,投入19.2亿元用于河西地区重点项目建设,努力促进河东河西协调发展。王佐镇、花乡榆树庄村被确定为“北京市可持续发展实验区”。

(五)着力保障和改善民生,群众生活更加幸福。为民办理的40件实事全部完成。全区新增就业3.4万人,促进转移就业5200人,城镇登记失业率创历史新低。五项保险参保人数增长16%,城镇居民基本医疗保险等保障政策惠及24.9万人。将6870户城乡低收入群众纳入低保范围,近4万名80周岁以上老年人和5000多名残疾人享受政府购买的居家养老和助残服务。引进4所名校合作办学,扩大了优质教育资源。完成校舍综合改造32.5万平方米，为全区中小学统一配备保安。新增幼儿园12所，入园难问题逐步缓解。深化医药卫生体制改革，成立258个家庭医生式服务团队，方庄社区卫生服务中心被评为全国示范社区卫生服务中心，艾滋病综合防治示范区建设走在全国前列。“卢沟晓月”中秋晚会首次实现两岸四地同步直播，北京国际铁人三项赛等大型文化体育活动成功举办，“莲花池荷花节”被评为全国公园优秀文化活动。新建、改造4个文化广场，举办公益性演出800场次。汽车博物馆被认定为全国科普教育基地。新建便民菜店22个、设置再生资源回收站点102个，基本金融服务覆盖355个社区（村），群众生活更加便利。

（六）不断加强和创新社会管理，社会秩序更加和谐。大力加强社会主义核心价值观和思想道德建设，认真践行“北京精神”，大力推进首都文明区创建，4个村、10条街被评为“首都文明示范村”和“首都文明示范街”。总结推广“市民劝导队”等经验做法，动员组织群众参与社区建设管理。积极开展“知民情、解民忧”大比武、大练兵活动和“幸福街道、幸福社区”创建工作，建成“一刻钟社区服务圈”示范点150个，覆盖200余个社区，惠及125万人。加大政府购买服务力度，支持社会组织开展志愿服务活动，培育扶持专业社会工作机构，惠及群众40余万人次。统筹做好人口与计划生育工作，加强和创新流动人口服务管理，全区登记流动人口数量同比下降6.4%。在街乡镇设立信访派出机构，建立信访特派员制度，有效解决了一批影响区域发展稳定的社会矛盾。开展“护航”和“打非治违”专项行动，推动消防安全“四个能力”建设，全面落实食品药品安全责任，安全生产事故起数和死亡人数同比分别下降16.2%和15.3%。森林防火工作连续12年被评为市级先进单位。开展“十大专项行动”，圆满完成党的十八大等重大活动安保任务。统筹资金2.2亿元，打造人防、物防、技防三位一体社会治安防控体系，建成综治维稳三级联动视频监控信息共享系统。严厉打击各类违法犯罪行为，人民群众安全感进一步提高。

各位代表，一年来，我们认真执行区人大及其常委会决议，认真办复人大代表议案、建议和政协委员提案520件，解决了一批群众关注的热点难点问题。注重政治协商，积极听取各民主党派、工商联、无党派人士和人民团体的意见建议，主动接受社会各界监督。全面加强为驻区单位、部队和企业服务力度，不断加强对口支援和经济合作。认真做好“六五”普法工作。稳步推进基层民主政治建设，圆满完成第八届居委会选举。国防教育不断深入，军政军民关系进一步巩固。民族团结进步创建活动深入推进，妇女、儿童事业健康发展，残疾人社会保障水平进一步提高，工会、共青团等人民团体在社会管理中发挥了积极作用，侨务、外事、对台、档案、保密、地方志等工作取得新成绩。

特别是面对“7·21”灾情，我们万众一心、沉着应对，迅速开展救援、抢险和善后处置工作，紧急转移1.4万人，向灾区运送救灾物品14万件，捐款750余万元，仅用8天时间建成1200套安置房，使受灾群众得到妥善安置。

各位代表！过去一年的成绩来之不易。在此，我代表区政府，向奋斗在各条战线上的全区广大干部群众，向给予政府工作大力支持的人大代表、政协委员，向各民主党派、工商联、人民团体和社会各界人士，向驻区单位和驻区人民解放军、武警部队官兵，向所有关心支持丰台发展的海内外朋友，表示崇高的敬意和衷心的感谢！

在总结成绩的同时，我们也清醒地认识到面临的问题，主要是：高端产业集群发育不够充分，三次产业内部结构还需进一步优化；区域发展不平衡、不协调、不可持续的问题仍然存在，促进河东河西协调发展、加快农村城市化任务依然艰巨；城乡环境有待进一步改善,城市精细化管理任务依然繁重;基础设施、教育医疗等公共服务承载力与人民群众的需求还存在差距;转变政府职能,改进工作作风还需要下更大力气。对于这些问题,我们要高度重视,深入分析,采取有力措施,切实加以解决,决不辜负人民的期望。

二、2013年工作任务的建议

2013年是全面贯彻落实党的十八大精神的开局之年,是实施"十二五"规划承前启后的关键一年,是第二阶段城南行动计划的启动之年。区政府工作的总体要求是:深入学习贯彻党的十八大、中央经济工作会议和市委十一届二次全会精神,坚持以邓小平理论、"三个代表"重要思想、科学发展观为指导,紧紧围绕主题主线,以提高经济增长质量和效益为中心,稳中求进,开拓创新,全力举办好第九届中国(北京)国际园林博览会,全面实施第二阶段城南行动计划和"一轴两带四区"发展战略,进一步强化创新驱动,加快城乡一体化步伐,加强生态文明建设,提高城市精细化管理水平,着力保障和改善民生,实现经济持续健康发展和社会和谐稳定,努力建设繁荣、文明、幸福新丰台。

2013年全区经济社会发展的主要预期目标是:地区生产总值增长9%以上;全社会固定资产投资增长12%以上;社会消费品零售额增长12%以上;地方公共财政预算收入增长10%以上;城镇居民人均可支配收入和农民人均纯收入分别增长10%以上;城镇登记失业率控制在2.5%以内;万元GDP能耗下降3.5%。为了实现上述目标任务,要重点推进以下工作:

(一)全力以赴办好园博会,充分展示"绿色北京"新成果

园博会历时半年,预计1700万人次入园,是首都成功举办奥运会后迎来的又一国际盛事,也是丰台第一次举办如此大规模、高规格、长时间的重大活动。我们要举全区之力,办一届展现美丽北京、美丽丰台的生态文化盛会。

高质量完成工程建设。3月底前,完成永定塔、园博馆、主展馆布展,完成水、电、气、通信等设施和临时停车场建设,京周新线、北宫路、梅市口路西延等主干道建设全面完工,地铁14号线西段建成通车。大力提升绿化景观,创造一流的景观环境。

高标准做好开园准备。完成展会运营、环境保障、交通保障、安全保障及应急处置预案等方案的制定,并组织开展演练。试运营期间,要狠抓工作细节,精心做好服务接待计划和开闭幕式活动安排。加强全媒体形象推广,综合利用新闻、广告、推介活动等多种宣传形式,营造浓厚的园博氛围。

高水平举办各项活动。深入挖掘园博会文化内涵,拓展园博会旅游项目,吸引全社会聚焦和参与园博。组织开展园博戏曲文化节、"园博城市周"等大型文化活动,做好特许商品销售、票务等商业市场运营。举办期间,文化活动要特色鲜明、绚丽多彩,服务接待要贴心周到、礼仪周至,安全保卫要周全到位、万无一失。

(二)加快"一轴两带四区"建设,拓展高端产业集聚发展新空间

坚持特色发展,突出主体功能,充分发挥重点功能区对高端产业的聚集作用,加快形成多点支撑、各具特色的产业发展格局。

丽泽金融商务区要全面完成土地一级开发工作,确保供地90公顷,累计实现开复工400万平方米。全面启动基础设施建设,加快西站南路南延等3条主干路建设,开工建设金中都路等13条次干支路,完成丰草河治理工程,开工建设220千伏变电站和集中供冷项目。加快华能资本等企业入驻,新引进注册资本亿元以上企业25家,加速金融产业和新兴金融机构聚集。

丰台科技园区要加快推进西区土地一级

开发，实现东三期供地20公顷，开复工面积100万平方米以上。推动轨道交通安全控制系统产业基地项目落地，打造国家级轨道交通产业集群示范基地。依托科技园西区空间资源优势，打造军民融合创新基地，推动新材料、高端装备制造等战略性新兴产业跨越发展。全年引进注册资本千万元以上企业60家，形成高技术产业集群。

实施永定河绿色生态发展带建设专项规划，推进青龙湖—长辛店会展旅游、生态休闲区建设。高效率推进世界种子大会场馆及周边道路等配套设施建设，确保年底前大会主场馆实现运营。紧紧把握首都建设第二机场和南苑机场搬迁契机，结合地铁8号线建设，深入研究南中轴和大红门时尚创意产业集聚区的功能定位和空间规划，争取列入市级重点功能区，为长远发展打下坚实基础。

(三)坚持“双轮驱动”，增强经济内生发展新动力

以提高经济增长质量和效益为中心，进一步强化创新驱动，大力发展符合区域功能定位的优势产业，注重发挥消费对经济增长的基础作用，力争在加快转变经济发展方式上有新作为。

强化“双轮驱动”创新作用。深入推进科技体制改革，继续实施创新人才聚集培养工程，积极争取国家、北京市对企业技术创新的资金支持，探索和培育以企业为主体、以市场为导向、产学研用相结合的技术创新体系。深化知识产权服务平台、科技企业孵化平台建设，提升高新技术产业培育能力。鼓励引导企业加大科技成果转化力度，资助科技项目130个，促进成果转化60项。开工建设新兴际华应急救援科技产业园，加快全国应急救援科技创新基地建设。深化文化体制改革，制定实施文化与科技、旅游等相关产业融合发展的意见。加快制定卢沟桥文化创意产业集聚区规划实施方案，启动宛平城文化旅游功能区建设。加快推进国家北斗文化创新项目落地，吸引文化创意企业聚集。

进一步扩大内需促进消费。加强对存量商业设施的改造提升，加大对特色商圈的扶持引导，加强全区商业布局研究，塑造现代商业品牌。引进奥特莱斯等国际国内先进商业业态和知名品牌，提升高端消费服务能力。推进新发地、大红门等大型市场电子交易平台建设，促进电子商务发展。推动国有企业改革，加快国有商业资产重组，打造餐饮、超市零售连锁品牌。健全扩大消费需求的体制机制，举办第四届丰台购物节、美食节等促销活动，推动万丰路等特色街区建设，拉动居民消费增长。加强消费维权网络建设，构建消费纠纷多元解决机制，营造良好消费环境。

加大招商引资工作力度。组建专业招商队伍，整合招商资源，建立部门信息交流和项目会商机制，完善市场准入部门一站式服务，提高招商质量和效益。通过鼓励主导产业发展的政策，盘活存量楼宇资源，为优质业态企业落地提供承载空间。利用京港洽谈会、金博会等专业展会，加强招商宣传，提升区域知名度。全年引进注册资本千万元以上企业580家，其中亿元以上企业60家。

(四)不断提高城市建设管理水平，展示区域发展新形象

全面实施第二阶段城南行动计划，有效破解各类城市管理难题，进一步改善城乡环境面貌，提升城市精细化管理水平。

加快基础设施建设。配合做好丰台火车站、地铁8号线等项目前期工作，完成京良路(丰台段)等跨区通道建设，建成马家堡西路南延等城市主干路，启动通久路、槐房北路等道路建设，提升区域路网通行能力。开工建设郭公庄输变电工程，加快推进长辛店等地区电力设施改造，提高供电保障能力。加大老旧供热管网改造力度，继续推进生活垃圾循环经济园等垃圾处理设施建设，增强公共服务设施承载能力。

提升区域环境面貌。开展“城乡环境巩

固年”活动,着力解决群众身边的环境脏乱问题。加大街乡镇自管街巷胡同保洁力度,扩大专业化保洁范围,提高清扫保洁水平。严格落实“双发现、双制止、双拆除、双考核”机制,继续保持控违拆违高压态势。加强对无照经营、黑车的治理力度,规范户外广告管理,着力改善城市环境秩序。实施京周新线、京港澳桥区等重要节点景观提升工程,加强对轨道交通、铁路沿线等“第一印象区域”环境综合治理,着力提升区域景观形象。

提高城市管理水平。抓好交通拥堵治理,对芳城路等15条道路进行大修,实施丰益桥等10处交通拥堵点改造,完成光彩北路等15处道路交通设施完善工程,方便群众出行。设置107个公共自行车站点,投放3000辆自行车,倡导绿色出行。进一步提升北京南站地区管理水平。全面启动“智慧丰台”建设,完成信息化城市管理系统升级改造,确保重点功能区和公益性文化场所无线宽带接入信号全覆盖。加强地下空间安全管理,进一步推进人防工程和普通地下室清理整治,大力推进人防工程公益化利用。积极探索人口疏解政策、途径和方法,科学调控人口规模和结构,继续稳定低生育水平。

(五)加大统筹城乡力度,实现城乡一体化新发展

坚持城乡统筹,以河东河西协调发展为目标,以推进农村城市化改造工程为重点,促进城乡产业融合,在率先形成城乡一体化发展新格局方面有更大作为。

加快农村经济转型升级。建立农村地区产业准入机制和产业引导目录,将农村产业发展、招商引资纳入全区统筹范围。引导农村产业用地向重点功能区集中,最大限度发挥土地效益。继续办好第21届北京种子大会,完成种子展示基地升级改造,建成国际种子检测实验室。整合南苑国际汽车露营公园资源,建设都市休闲旅游产业园。依托榆树庄图书物流中心,加快建设国家数字出版基地。

加快推进农村城市化进程。完成8个重点村企业腾退,实现供地100公顷,回迁房竣工30万平方米。完善河东地区环境和社会建设工作机制,制定符合城乡一体化的农村社区服务管理标准。完成高立庄等16个村整建制农转居工作。将河东48个行政村劳动力纳入城镇就业管理系统,使农村劳动力享受城镇促进就业的优惠政策,加快农民向“四有”新市民转变。

加快促进河西地区发展。充分发挥河西地区生态优势,加大政策、资金倾斜力度,支持河西地区特色产业发展。继续落实经济薄弱村帮扶政策,实现7个经济薄弱村农民纯收入增长14%以上。开发就业岗位3000个,增加农民就业班车,实现由“送岗到人”向“送人到岗”转变。继续加大对河西地区基础设施和公共服务设施建设投入力度,缩小河东河西差距。

(六)加强生态文明建设,构建宜居美丽新家园

着力推进低碳发展、绿色发展、循环发展,把生态文明建设融入到经济社会发展各个方面,不断提高生态文明水平,建设天蓝、地绿、水净的美丽家园。

加强环境污染治理。实施最严格的能耗和环保标准,建立资源消耗、环境损害、生态效益考核办法和奖惩机制。编制环境保护综合规划,加大对节能降耗等领域的支持力度,推动重点耗能和污染企业技术改造,全面推广太阳能等可再生能源应用,降低碳排放水平。在170个垃圾分类达标小区开展专业化管理。抓好施工扬尘管控,完成燃煤锅炉清洁能源改造、老旧机动车淘汰和主要污染物总量减排任务,大气主要污染物浓度下降2%。

提高水资源水环境承载力。实施最严格的水资源管理制度,全力做好节水型社会创建工作。确保河西再生水厂(一期)投入运

行,加快长辛店第二、第三水厂建设。完成九子河等中小河道治理和小哑叭河、佃起河整治工程,抓好14条区管河道、24条乡管河道清障工作,提高河道行洪能力。完成7处下凹式泵站升级改造任务,确保汛期城市运行安全。

加快森林绿地建设。完成平原造林8000亩、屋顶绿化1.5万平方米、便民绿化工程10公顷,实施二三四环路绿地景观提升工程98公顷。建立保护发展森林资源目标责任制,加强7300公顷林地、650公顷专业绿地的养护管理。创建4个花园式单位、3个花园式社区、1个首都绿色村庄。

(七)切实保障和改善民生,努力让人民群众过上更加美好新生活

坚持民生优先导向,多谋民生之利,多解民生之忧,持续改善人民群众生活,努力实现"两个同步"、"两个倍增"的富民目标。

努力为群众提供更稳定的工作。坚持实施更加积极的就业政策,实现新增城镇就业3.4万人,帮扶城镇登记失业人员和农村劳动力就业2万人,完成1.8万名城乡劳动力技能培训任务,培养新型农民4000人。完善多渠道扶持创业机制,鼓励失业人员自主创业。积极开发公益性就业岗位和家庭服务业,帮助弱势群体就业。加大对重点行业吸纳失业人员的补贴力度,推动城镇失业人员稳定就业。

努力为群众提供更可靠的社会保障。继续加大各项社会保险征缴力度,城镇职工五项社会保险参保率达到98%,城乡居民养老、城镇居民医疗保险参保率分别达到96%和94%以上。提高退休人员养老金和各类参保人员医疗费报销水平。认真落实城乡低保和低收入家庭各项救助政策,建立扶困救助信息管理平台,充分调动社会资源,开展扶困救助活动。启动残疾人职业康复中心建设,为1000户残疾人家庭实施无障碍设施改造。制定养老设施建设规划,积极引进社会资源建设养老设施,新增养老床位1000张。

努力办好让群众更满意的教育。认真落实北京市中小学建设三年行动计划,加强骨干教师队伍建设,解决好来京务工人员随迁子女入学问题,促进义务教育均衡发展。十二中科丰校区投入使用、东校区开工建设,加快推进人大附中丰台学校、北京十中槐树岭校区等重点项目建设。新增幼儿园学位500个。推动校外教育特色发展、民办教育规范发展、职业教育品牌发展,加强特殊教育、社区教育和成人教育,完善终生教育体系,积极创建学习型城区。

努力为群众提供更高水平的医药卫生服务。启动丰台区公共卫生大楼和长辛店医院二期建设,开工建设天坛医院。继续深化医药卫生体制改革,筹建丰台区医院评审委员会,提升医疗卫生机构服务品质。大力实施药品安全"百千万工程",创建国家药品安全示范区。推进幸福家庭工程,加快人口与家庭健康服务中心建设。进一步完善重大疾病防控和卫生应急体系,积极创建国家慢性病综合防治示范区和卫生应急示范区。

努力让群众享受更舒适的居住条件。开工建设各类保障性住房1.1万套,竣工交用1.2万套,基本实现轮候家庭全覆盖。完成南苑棚户区改造,开工建设长辛店棚户区安置房57万平方米,竣工11万平方米。积极推进东铁营老旧平房区改造。开工建设河西地区安置房45万平方米。完成30个老旧小区128万平方米综合改造任务,探索建立老旧小区改造后的长效管理机制,努力提升各类小区物业服务管理水平。

(八)加强和创新社会管理,营造和谐稳定新局面

按照社会管理工作"四个加快"的要求,深入推进社会管理体制改革,创新服务管理模式,加大文化惠民力度,积极化解社会矛盾,最大限度增加和谐因素,最大限度减少不和谐因素,确保社会安全稳定。

提高社会服务管理水平。深入推进网格化社会服务管理新模式。总结推广劝导队、自管会、日巡制等经验,健全居民群众参与社区事务管理的动员组织和议事协商制度。切实加强基层民主政治建设,依法组织第九届村民委员会选举。继续开展"六型社区"创建工作,力争实现社区办公用房全部达标,所有社区纳入"一刻钟社区服务圈"。成立区级社会组织服务中心和3所专业社会工作机构,购买30个公共服务项目,扶持100个社区社会组织开展志愿服务活动。继续开展"知民情、解民忧"大比武、大练兵活动和"最美社工"评选,不断提高社区工作者服务群众的能力和水平。

丰富群众文化体育生活。加快建设中国戏曲文化中心,丰台科技体育馆主体结构完工,启动区文化中心、方庄市民数字文化中心等文体设施建设,打造万芳亭公园等3个主题文化广场。做好"我的丰台·我的家"等系列文化惠民工程,开展"一街一品"、"一村一品"评选活动。实施宛平城、福生寺修缮工程。全力办好北京国际铁人三项赛等国际赛事和醒狮越野跑品牌赛事,大力开展全民健身体育节等活动,创建体育生活化达标社区85个。扩大"卢沟晓月"中秋文化旅游节影响力,努力打造全国中秋文化品牌。

提升城市文明程度。大力弘扬"北京精神",巩固文明城区创建成果。构建文明志愿者服务工作体系,积极推进"巾帼建功"、"五好文明家庭"等主题创建活动。广泛开展"最美丰台人"和"发现丰台之美"活动,利用"北京丰台"官方微博、"前线·丰台在线"手机报等新媒体,展现丰台魅力。全力争创"全国双拥模范城"六连冠。

做好安全稳定工作。深入推进"平安丰台"建设,充分发挥"红袖标"志愿者作用,推广站巡制、驻区制等经验,建设367个公共区域监控点位,完善专群结合、群防群治的社会综合治理防控体系。完善信访工作体制机制,畅通民意诉求表达渠道,加强矛盾纠纷排查化解。加快推进应急物资综合储备库建设,提高应急处置能力。完善食品安全三级监管网络体系,加强食品安全管理。继续开展"打非治违"专项行动,加大宣传教育和隐患排查治理力度,确保人民群众生命财产安全。

各位代表,面对新形势、新任务,区政府要进一步增强忧患意识、创新意识、宗旨意识和使命意识,坚持为民、务实、清廉,切实加强自身建设。

我们要主动接受人大的依法监督和政协的民主监督,自觉接受舆论监督和社会监督,认真听取各民主党派、工商联、无党派人士和人民团体的意见建议。完善与人大代表、政协委员联系制度,切实办理好各级各类议案、建议和提案。深入贯彻落实《国务院关于加强法治政府建设的意见》,全面做好"六五"普法工作,认真做好行政复议工作,不断加强行政执法监督,全面提升依法行政工作水平,努力打造法治政府。

我们要认真落实中央关于改进工作作风、密切联系群众的八项规定,切实改进文风、会风、学风,着力整治慵懒散奢等不良风气。从群众反映最强烈的问题抓起、从群众最不满意的地方改起、从群众最盼望的事情做起,不断增强为民办实事的针对性和实效性,努力做到与人民心心相印、与人民同甘共苦、与人民团结奋斗,努力建设人民满意的服务型政府。

我们要深入推进惩治和预防腐败体系建设,加强廉政风险防控管理,全面落实廉政建设责任制,加大从源头上防止和治理腐败力度。大力推进政务公开,增强政府工作的透明度,让权力在阳光下运行。认真抓好政府工作人员廉洁自律,坚持有案必查、有腐必惩,切实做到干部清正、政府清廉、政治清明。

各位代表,人民对美好生活的向往,就是我们的奋斗目标!让我们紧密团结在以习近平同志为总书记的党中央周围，认真学习贯彻党的十八大精神，高举中国特色社会主义伟大旗帜，以邓小平理论、“三个代表”重要思想、科学发展观为指导，在市委、市政府和区委的坚强领导下，倍加珍惜千载难逢的发展机遇，倍加珍惜政通人和的大好局面，振奋精神，开拓进取，真抓实干，为建设经济繁荣、社会文明、人民幸福的新丰台而努力奋斗！

中国人民政治协商会议北京市丰台区第九届委员会常务委员会工作报告

——2013年1月7日在政协北京市丰台区第九届委员会第二次会议上

李昌安

各位委员：

我受政协北京市丰台区第九届委员会常务委员会委托，向大会报告一次会议以来的工作，请予审议。

一、2012年工作回顾

2012年是九届区政协的开局之年。一年来，在中共丰台区委的领导下，区政协坚持以邓小平理论、“三个代表”重要思想和科学发展观为指导，坚持团结民主两大主题，围绕区委、区政府中心工作，以建设“活力、有为、务实、和谐”的丰台政协为目标，突出“基础建设年”这一重点，较好地履行了政治协商、民主监督、参政议政职能，圆满完成了区政协九届一次全会所确定的各项目标和任务，实现了在传承中发展、在开拓中前进，为建设“经济繁荣、社会文明、人民幸福的新丰台”做出了积极贡献。

(一)突出主题，统一思想，坚定前进方向

根据新形势、新任务对人民政协的新要求，区政协积极组织各参加单位和全体委员，认真学习中国特色社会主义理论、统一战线和人民政协理论，学习中央、市区委有关文件精神，学习中共十八大会议精神，落实区委总体部署，常委会充分吸收委员建议，汇集各方智慧，进一步明确思路和目标，夯实了共同奋斗的思想基础。

确定基本思路。坚持理清工作思路，统一工作步调。常委会落实区十一次党代会部署，结合政协工作实际，将“三新三有三坚持”作为区政协今后五年工作的基本思路。即：更加卓有成效地履行职能，大力拓展政治协商新领域，做到政治协商有方；积极探索民主监督新形式，做到民主监督有力；努力创造参政议政新途径，做到参政议政有为。坚持正确的政治方向，不断开拓政协工作的新局面；坚持落实科学发展观，全力助推我区现代化建设；坚持与时俱进，全面推进政协整体工作。通过确定基本思路和路径，将区委要求、政协使命与委员有效履职相贯通，做到内化于心、外化于行。

明确总体目标。坚持以共同目标统一思想。新一届常委会立足长远、深入思考、广纳群言，及时制定区政协《关于进一步提高履行职能水平的意见》，将构建“活力、有为、务实、和谐”的区政协作为工作目标。力求通过认真践行“爱国、创新、包容、厚德”的北京精神，创新履职形式，构建活力政协；发挥自身优势，构建有为政协；强化作风建设，构建务实政协；突出两大主题，构建和谐政协。以总体目标统揽五年工作，全面推进实施。

提出年度主题。坚持一年一主题、梯次推进的工作方法。常委会统筹谋划长远与现实，结合届首之年新形势、新特点，将“基础建设年"作为2012年的工作主题,明确了强基础,抓规范,建制度,强化自身建设的工作任务。通过夯实思想基础、强化履职基础、筑牢工作基础,切实提升服务大局、促进发展的水平和能力,努力开创政协工作的新局面。

(二)围绕中心,服务大局,提高履职实效

坚持党和政府工作推进到哪里,政协工作就跟进到哪里,各方智慧和力量就汇聚到哪里的要求,始终做到围绕中心不偏向,服务大局不游离,自觉融入发展、参与发展、服务发展。

政治协商取得了新成果。全委会议围绕政府工作报告、推进"十二五"规划落实等重大问题进行协商讨论,积极提交大会发言,许多有价值的意见建议得到采纳。将"加快河西地区建设发展"作为常委会重点协商议题。主席牵头,各民主党派、工商联参加,创新形式,将协商议题分解为四个专项课题,展开大规模调研,就"河西地区建设发展模式"、"发挥重大产业项目引领和带动作用"、"推进河西地区重点基础设施建设"以及"加大民生建设力度"等涉及河西发展的关键性问题,形成四篇协商议政专题调研报告。协商会上,常委们与区委书记、区政府主管副区长和有关部门集中协商,各党派、工商联负责人进一步作了说明,达成高度共识。区委、区政府领导认为,区政协联合各民主党派、工商联和各界人士、广大政协委员提出的宝贵意见和建议,内容丰富,切实可行,具有很强的前瞻性、战略性和针对性,对于进一步加快河西地区的建设发展将发挥重要的作用。

民主监督丰富了新内容。建立健全民主监督机制,畅通民主监督渠道,力求民主监督的实效。一是规范了监督制度。实施《关于加强特约监督员管理工作的办法(试行)》,确保了特约监督工作的制度化、规范化和程序化。与区公安分局等单位建立了委员民主监督长效机制,定期组织委员听取情况通报,实地考察工作情况。二是推进了专项监督。组织教育民主监督小组委员对区校外教育工作开展民主监督,就校外教育发展和校外教育资源整合、管理提出了意见和建议;同时,对中考、成人高考等进行了监督巡视。增强对财政民主监督工作力度,监督小组委员直接参与财政绩效考评工作,变定期监督为日常监督,使监督的内容更深入、方式更规范。三是加强了效能监督。推荐了61名委员,到全区21个单位担任特约监督员。通过定期听取情况通报、随机进行明察暗访、重点开展调查研究等形式,及时就聘任单位存在问题提出意见建议,为聘任单位效能建设做出了积极贡献。

参政议政展现了新成效。以政协专门委员会为依托,围绕区委、区政府中心工作及重点项目,确定三个重点领域,组织委员、各民主党派和工商联开展全面调研、研讨活动。形成了《关于积极推进中国戏曲文化中心建设的调研报告》,从加快进度、整合资源、突出特色、建设队伍、加强宣传等五个方面,提出了意见建议;形成了《丰台区环境建设与管理调研报告》,从调控流动人口数量、改革环境管理体制、严格落实责任制以及强化群防群治机制等方面,有针对性地提出了意见建议;形成了《关于丰台区"一刻钟社区服务圈"建设工作的调研报告》,提出了加强领导和协调、完善"社区服务中心"机制、加大资金投入和调配力度等意见和建议。以上调研报告均以常委会建议案的形式,提交区委、区政府,得到了区委、区政府领导的重视和批示办理。

(三)发挥优势,开拓创新,助推区域发展

始终坚持把实现好、维护好、发展好人民群众的根本利益,作为政协工作的出发点和落脚点,注重实效,不断创新履行职能的基础性工作。

加强提案办理工作。落实中共中央办公厅、国务院办公厅《关于进一步加强人民政协提案办理工作的意见》(中办发〔2012〕13号)要求,区委、区政府将政协提案办理工作首次纳入政府行政效能考核体系。创新提案工作方式,采取“多方办理”、“会商办理”、“现场视察办理”、“邀请委员座谈办理”等模式,使提案办理更加富有成效、充满活力,有效促进了提案办理工作的开展。重点督办了《关于努力打造园区经济航母,提升服务水平,推动丰台区经济又好又快发展的建议》、《关于进一步完善丰台区科技创新服务体系的建议》等8个党派、团体提案。九届一次会议以来立案的236件提案,承办单位全部办结,有效解决了一批群众关注的热点难点问题。

积极反映社情民意。精心搭建“政协委员话发展”平台,组织开展了“委员话城乡建设”、“委员话河西发展”等专题研讨,从优化经济结构、加快城乡一体化建设、永定河绿色生态发展带建设、园博会建设等重大问题积极议政建言。围绕人民群众关心的住房、劳动就业、教育文化、医疗卫生、环境保护、社会保障、生产和食品药品安全等民生问题反映社情民意。一年来,共编发社情民意信息60期,原中央政治局委员、北京市委书记刘淇以及市、区委和市、区政府各级领导批示达45件次,有效促进了一批改革发展任务的推进、一批惠民利民举措的落实。区委书记李超钢同志专门批示指出:从“政协委员话发展”信息中,感受到广大政协委员参政议政的饱满热情,获得了许多改进工作、推动发展的真知灼见。希望政协继续做好这项工作,也希望各部门、各单位重视政协委员的建议,不断提高工作的水平。在十一届市政协优秀信息评比表彰中,区政协首次荣获信息工作先进单位称号。

主动创新服务形式。一是着力发挥委员地区活动组独特优势。完善了8个委员地区活动组的领导机制、责任分工和活动主题,使地区活动组成为参政议政的新渠道、联系基层的新桥梁。二是首次举办“丰台区政协服务企业,助推发展对接会”。通过企业介绍情况、推介产品,政府部门解读政策、对接服务,搭建了政企沟通、联系和服务的平台,受到了企业的欢迎、得到了政府部门的认可。三是发挥协调作用。参与全区中心任务及重点工程的组织调度工作,统筹协调政府职能部门和街乡(镇),全面推进首都文明区创建、城乡环境建设、重点村城市化改造等各项任务的落实。四是自觉履行社会责任。特别是在“7·21”自然灾害发生后,朱凤昌、薄成书、王吉雷等一批政协委员自觉履行所承担的社会责任,积极投身抗灾救灾工作,用实际行动诠释了政协委员的意义。

加大宣传工作力度。充分发挥《丰台政协》网、《政协信息》以及报刊、电视等宣传平台作用。开展理论与实践研究工作,相继在《人民政协报》刊发了6篇文章;撰写理论研讨文章,2篇文章获市政协优秀论文奖,并在北京市政协理论研讨会上介绍了经验。在丰台有线电视推出《政协视窗》栏目10期,编发《政协信息》78期,全面反映了政协工作成果,彰显了广大委员履职尽责、无私奉献的风采,树立了人民政协的良好形象。进一步发挥文史资料“存史、资政、团结、育人”的作用,出版了《丰台文史资料合辑》。汇集各民主党派文章、专门委员会调研报告和委员调研成果,编印了第二十二辑《咨议建言集》。

(四)团结民主,和谐共进,凝聚发展合力

坚持突出界别特色,发挥政协优势,引导各党派、各族各界人士,把智慧和力量集聚到实现丰台科学发展的各项目标任务上来。

营造合作共事氛围。重视发挥各民主党派、工商联、无党派代表人士的作用。各项工作积极主动沟通协商,相关事项酝酿过程听取意见。主动邀请联合开展调研、视察、座谈等活动。认真听取、反映并积极推进各项意见建议的落实。营造出求同存异、体谅包容、融洽和谐、生动活泼的良好氛围。定期走访、联系党派团体,召开党派团体负责人座谈会,不断巩固团结合作的政治基础,增强了感召力和向心力。

凝聚社会各界力量。致力于培育界别活动品牌，促进界别活动创新开展，组织成立了丰台区政协戏剧家联谊会。贯彻落实党的民族、宗教政策，做好对台工作，加强与各界、各部门的联系与沟通。开展了“绿色引领生活，和谐助推发展”民族团结林养护活动；举办了台海形势报告会。对宗教场所实地调研，协调参与三大宗教节日活动，了解了信教群众需求，帮助解决了一些实际困难。

加强多方联络联谊。以“携手合作、共谋发展”为主题，举行了第十三届企业家联谊会，委员中的企业家与区政府有关职能部门领导认真座谈、广泛交流，取得丰硕成果。邀请北京英联邦协会、中国前外交官联谊会到我区参观访问。组团参加了京九沿线省(市)、区政协工作第十六次研讨会。开展了“感知新丰台，共谋新发展”台商服务日活动、台胞中秋联谊活动。接待了北京市政协、天津市政协、广西钦州市政协等单位领导来我区考察工作。通过这些活动，宣传了丰台，交流了经验，增强了联系。

(五)健全制度，完善机制，强化自身建设

加强学习，健全制度，完善机制，做到内强素质、外树形象，不断夯实政协工作基础。

丰富形式，增强学习效果。实行专题领学。针对换届后新委员较多的特点，组织新一届委员集中开展学习和履职培训，邀请全国政协理论研究会、海协会、市委研究室等部门的领导和专家给全体委员、各党派和团体作专题辅导报告，请区发展改革委、社会工委、规划分局等部门主要领导介绍区情、通报工作，为委员知情明政、更好履职创造了条件。开展系统研学。举办落实市、区十一次党代会精神系列研讨会，集中开办暑期学习班，开展学习贯彻中共十八大精神专题学习研讨，使广大委员统一了思想、明确了职责。在实现丰台科学发展的重大决策部署上产生了共鸣、求得了共识。探索互动联学。由区政协领导与区政府有关职能部门负责人、政协专门委员会及委员和街、乡(镇)负责人一起，就专题内容边学边议，深化了对重点问题的认识、对发展路径的把握。学习中，委员们坚持理论联系实际，积极主动就学习中共十八大精神、践行科学发展观、推动民主政治建设等内容撰写心得体会、发表履职感言。

完善制度，提升履职效能。年初，常委会结合自身实际，及时制定了《关于进一步加强自身建设的意见》，要求常委会成员做好“六个表率”，即做加强理论学习的表率、开拓创新的表率、求真务实的表率、服务群众的表率、团结协作的表率、清正廉洁的表率，为委员开展工作起到引领和示范作用。认真吸纳历届政协工作经验，结合市、区工作的要求，相继补充和修订完善了《常务委员会工作规则》、《主席会议工作规则》、《专门委员会工作通则》、《提案工作条例》、《委员地区活动组实施办法》、《党组会议规则》以及八个专门委员会的工作细则等二十余项涉及会议、调研、提案、专委会和政协机关工作的规则，使制度建设适应形势发展、适应工作要求，更富有操作性。高度重视委员履职的行为规范，制定发布《委员守则》，提出了提高政治思想素质、严格遵守“政协章程”等十项行为准则。完善了《提案工作指南》，进一步规范了提案选题、调研、撰写和工作流程要求。试行了对委员履职综合考评，激发了委员认真履职、积极奉献的主动性和自觉性。

提高效能，加强机关建设。深化政协机关创先争优活动，着力提高服务和协调能力，为政协委员履行职能提供优质高效的服务保障。一是注重学习提升能力。坚持丰富学习形式，创新学习方法，健全学习制度，先后组织机关干部参加各类专题学习研讨活动12次，使学习成果及时转化为指导实践和推动工作的强大动力。二是注重团结汇聚合力。在政协各专门委员会和工作室，倡导发挥团队精神，顾全大局、团结协作，互相支持、互相补台。探索实施了联合课题组机制，有效增强了各专门委员会和工作室之间的协调配合意识。三是注重服务提高效率。抓好机制和制度建设,完善了机关“三重一大”、财务管理、公文处理、车辆使用、机要保密等方面的制度规定,理顺了工作,提高了效率和服务水平。制定了《区政协机关工作规则》,实施了联系委员、服务委员、精细化管理等一系列加强机关作风建设的重要举措,进一步提升了政协机关的凝聚力、服务力和执行力。

一年来,我们始终坚持围绕中心,服务大局,较好地完成了各项工作任务,得到了区委、区政府及有关部门、社会各界的充分肯定。特别是在学习方法上赋予了新形式,在研究问题的触角上步入了新层次,在关注民生上涉及了新领域,在工作机制上形成了新格局,在履职作用发挥上搭建了新平台。这些实践与探索,为进一步提高政协工作的科学化水平奠定了基础。

回顾一年来的工作,我们深刻体会到,区政协要体现价值、发挥作用、有所作为,就必须坚持中国共产党的领导,牢牢把握人民政协工作的正确方向;必须坚持围绕中心、服务大局,在推进市、区中心工作中找准自身的位置;必须坚持与时俱进,在推动创新发展、提高政协工作科学化水平中探索前进的道路;必须坚持发挥委员的主体作用,激发委员履职的热情,增强政协工作的生机与活力;必须坚持在异中求同、同中求异,充分发挥自身特点和优势,促进和谐发展;必须坚持打牢基础,推动政治协商、民主监督、参政议政的制度化、规范化、程序化建设,不断开展新实践、进行新创造、积累新经验、取得新突破、做出新成绩!

各位委员,九届区政协一年来所取得的成绩,得益于北京市政协的精心指导,是中共丰台区委正确领导和区政府大力支持、各有关部门密切配合的结果,是全区各民主党派、工商联、无党派人士、各人民团体和全体委员共同努力的结果。在此,我谨代表九届区政协常务委员会,向关心支持政协工作的各级领导、各族各界人士表示衷心的感谢!向区政协各参加单位和全体政协委员表示崇高的敬意!

在肯定成绩的同时,也应清醒地看到,区政协工作与区委的要求、形势的发展、社会各界的期望还有一定差距。一是制度建设有待进一步巩固和完善;二是界别作用有待进一步发挥;三是作风建设有待进一步加强。这些在今后的工作中要不断加以完善和提高。

二、2013年工作思路

2013年是深入贯彻中共十八大精神、开启新征程的起步之年,是实施“十二五”规划承上启下的重要一年,是首都新三年“城南行动计划”开局之年,更是加快推进新丰台建设的关键一年。区政协总体工作要求是:认真学习贯彻十八大精神,以邓小平理论、“三个代表”重要思想、科学发展观为指导,把握中共丰台区委第十一届四次全会的要求,坚持“三新三有三坚持”的基本思路,围绕构建“活力、有为、务实、和谐”丰台政协的目标,突出作风建设,努力在创新、发展、提高中发挥积极作用,为建设“经济繁荣、社会文明、人民幸福的新丰台”贡献智慧和力量。

(一)加强学习,进一步夯实思想基础

学习好、宣传好、贯彻好中共十八大精神,为实现中共十八大确定的奋斗目标和工作任务而努力奋斗,是当前和今后一个时期人民政协的首要政治任务。重点做好以下工作:

突出学习重点。以学习贯彻中共十八大精神为核心,把思想理论建设放在重要位置,认真组织引导政协委员深入学习贯彻中共十八大以及市、区委相关会议、文件精神,运用好协商民主这一重要制度,不断增强对中国特色社会主义的政治认同、目标认同和感情认同。

坚持学用结合。把深入学习领会中共十

八大精神同增强做好人民政协工作的责任感和使命感结合起来，同落实区委建设“三个丰台”的战略目标结合起来，同加强人民政协自身建设结合起来，筑牢共同思想基础，凝聚助推发展的精神力量。

注重能力提升。以中共十八大精神为指导，结合委员履职，认真组织开展提案办理、特约监督、社情民意等方面的专题培训工作，提高委员履职能力和水平。认真总结政协工作经验，加强人民政协应用型理论研究，努力探索新时期人民政协履行职能、发挥作用的新路径，立足前瞻性、把握前沿性、突出时代性。

（二）突出职能，进一步推进协商民主

增强民主协商的实效性。政治协商活动的组织要更加周密有序，协商成果要得到及时办理和反馈，协商的重要事项要得到督办落实，真正做到协商于决策之前及决策之中。

深入进行重点议题协商。按照中共十八大报告提出的“推动社会主义文化大发展大繁荣”、“建设有中国特色社会主义文化强国”的发展目标，落实区委关于建设首都文化强区的总体要求，将“推进文化强区建设”确定为与区委、区政府的年度重点政治协商议题。围绕精神塑造、品牌打造、体系铸造的文化建设发展格局，精心组织，深入调研，做到立论可取、建言可信、献策可用。

积极实行提案办理协商。深入贯彻落实中共中央办公厅、国务院办公厅《关于进一步加强人民政协提案办理工作的意见》精神，落实区政协《提案工作条例》要求，加强与区委、区政府和各承办部门的协商沟通，推动提案办理协商，合力促进提案办理落实。创新提案办理督办方法，坚持“先面商、后办理”。坚持领导领衔督办、专委会调研督办、区委、区政府考核督办等形式，同时对提案办理开展跟踪督办，切实提高提案办理质量和水平。

认真组织其他协商活动。围绕区委全会和区政府工作报告提出的重大任务确定专题协商议题，努力推动区委、区政府重大决策部署的落实。进一步强化与区委、区政府有关部门的对口联系，发挥委员地区活动组作用，组织政协各参加单位、专门委员会和政协委员，围绕全区发展中的重点、难点问题开展对口协商。充分发挥政协界别的民主渠道作用，通过界别协商扩大社会各界有序政治参与。发挥政协联系广泛的优势，开展基层民主协商，引导群众正确认识和处理各种利益关系，促进社会各阶层和不同利益群体之间的团结和谐。通过多种协商形式，为推进全区经济、政治、文化、社会和生态文明建设凝心聚力。

（三）发挥作用，进一步增强履职实效

牢记“人民政协为人民”的宗旨。不断推进政协工作触角向基层延伸、向一线延伸，多建睿智之言，多献务实之策，切实增强委员的履职实效。

深入开展调查研究。坚持把调查研究作为政协参政议政的谋事之基、成事之道。积极围绕转变发展方式、重点功能区建设、城乡一体化推进、生态文明建设、公共服务体系建设以及文化建设、基层民主政治建设等全区性工作大局，确定重点调查研究课题。要深入基层、深入实际、深入群众，通过重点调研课题，把参政议政与委员视察考察、专题研究、为社会服务等各项活动有效衔接，统筹安排。要把理论与实践相结合，现实性与政策性相结合，提出有创造性的思路、可操作性的对策，以增强调研成果的科学性和预见性，提高调研成果的质量和水平。

积极反映社情民意。坚持把关注民生作为第一职责，在服务民生、改善民生、保障民生中扩大影响力。关注民生、了解民情、集中民智、反映民意，结合涉及群众切身利益的就业、教育、医疗、住房、养老以及生态环境、食品药品安全等热点和难点问题，深入基层，了解真实情况，反映社情民意，发挥“直通车”的作用。

扎实进行民主监督。坚持把群众关心、社会关注的领域作为民主监督的切入点,全面落实区政协《关于加强特约监督员管理工作的办法(试行)》,积极支持特约监督员履行监督职责,加强与被监督单位的经常性联系,开展特约监督工作情况的督促检查,切实增强特约监督工作实效。在进一步强化对财政、教育工作专项监督的基础上,积极探索其他方面专项监督的形式和方法,不断拓宽监督渠道和途径。

认真组织视察考察。围绕构建"一轴两带四区"发展格局、全区经济社会发展中的重大项目建设、人民群众普遍关注的重大问题,组织委员开展视察活动。要以加强协调配合为依托,以发挥职能作用为手段,以转化视察成果为目标,充分发挥政协上通下达的渠道优势,为区委、区政府决策提供参考。

(四)注重创新,进一步提高工作活力

创新是政协工作永葆生机的源泉。要坚持以改革创新精神,积极探索,勇于实践,使政协工作永葆生机和活力。

创新工作理念。适应人民政协工作的新形势、新要求,在全体委员中弘扬勤于学习、注重积累的进取精神,忠于职守、知难而进的敬业精神,乐于奉献、通力协作的团队精神。通过弘扬"三种精神",凝聚人心、汇集力量,展现委员履职尽责的良好形象。

完善激励机制。着眼于充分发挥委员主体作用,积极探索建立委员履职考评制度,结合委员提出或参与撰写提案,参加调查研究,反映社情民意,为民办实事和做出突出贡献,参加或出席有关会议和活动等内容,定期进行总结和报告,表彰和鼓励先进,提高委员履职的积极性和自觉性。

丰富履职形式。进一步拓展和完善"委员话发展"、政企对接会、产品推介会、企业家联谊会等有效载体。探索增强协商议政实效的新举措、提高提案办理效果的新途径、反映社情民意信息的新渠道、拓展界别活动的新路径、发挥专委会作用的新形式,使委员履职活动富有成效。

注重凝心聚力。坚持"长期共存、互相监督、肝胆相照、荣辱与共"的方针,加强同民主党派和无党派人士团结合作,促进思想上同心同德、目标上同心同向、行动上同心同行。多渠道、多形式、多领域地加强同港澳台侨人士的联络联谊,最大限度地调动海内外各方面力量,促进丰台建设发展。协助区委、区政府宣传、落实党的民族宗教政策,帮助和支持各宗教团体加强自身建设,增进宗教关系的和谐。

(五)转变作风,进一步加强自身建设

搞好自身建设是政协履行职能的重要基础。制定实施区政协"关于开展作风建设年工作的意见",以作风建设为抓手,全面推进政协履行职能的制度化、规范化、程序化建设,不断提高政协工作的科学化水平。

发挥常委会示范带动作用。区政协常委会成员要在作风建设活动中,自觉主动为全体政协委员作好表率。要引领学习之风。以学习宣传贯彻中共十八大精神为重点,强化学习,广泛涉猎,学以致用,努力成为勤于学习、善于学习和勇于创新、善于创新的表率,奠定坚实的思想理论基础。要树立群众观念。保持高度的自律意识,切实增强为民办事的主动性和自觉性,加强同各方面人士的联系,最大限度地调动各方积极因素。多做协调关系、化解矛盾、理顺情绪、鼓舞士气的工作,为丰台的崛起凝心聚力。要秉承务实理念。在工作中做到重实际、说实话、办实事、求实效,更加全面地把握区情,更加准确地了解民意,更加科学地提出决策意见和建议。

发挥委员履职主体作用。以学习求精、履职求新、作风求实为着力点,全面加强政协委员的作风建设。以思想建设为基础,强化政策理论、专业知识的学习,打牢履行职责的思想和能力基础。倡导和鼓励委员强化履职意识、拓展履职渠道、创新履职方法、丰富履职内容，进一步激发委员履职的积极性和创造性。组织引导委员深入基层、深入群众、深入实际，在实践中探索、总结、提高，切实增强政治协商、民主监督、参政议政的本领。进一步发挥政协专刊、《政协视窗》和《丰台政协》网站作用，切实做好委员履职宣传，展现委员履职风采。

发挥机关服务协调作用。以打造"三型机关"为核心，强化机关作风建设。创建学习型机关。把学习作为开展工作的前提，作为提高自身素质的基础，作为一项长期的任务坚持好、落实好。通过学习，增强机关干部的大局意识、政治意识，提高分析判断能力、开拓创新能力，以饱满的政治热情投身人民政协事业中去。创建团结型机关。协调处理好各方面关系，形成互相学习、互相帮助、互相支持的融洽氛围。充分发扬民主作风，广泛听取群众意见，真正形成合作共事、商量办事的良性运行机制。创建服务型机关。要进一步提高机关服务的规范化、精细化水平，对委员活动和会议精心策划，注重细节，不断增强工作的创新性、预见性、实效性。进一步加强廉政勤政建设，使政协机关工作更加团结民主、风清气正。

各位委员，中共十八大胜利召开，全面开启了坚定不移走中国特色社会主义道路、全面建成小康社会的新征程。实现丰台科学发展、强势崛起，我们正在疾步前行。让我们在市政协的指导下，在中共丰台区委的领导下，抓住新机遇，迎接新挑战，实现新跨越，在建设"繁荣、文明、幸福新丰台"的伟大实践中积极作为、贡献力量！

大事记

2012年丰台区大事记

1月

8日 新发地首届年货购物节开幕。

19日 卫生部副部长刘谦带队,到丰台区王佐镇南岗洼村卫生所,慰问了全国优秀乡村医生傅振生等医务工作者,并赠送了医疗设备。

30日 第九届北京园博会园区市政工程开工。园区市政工程是北京园博会的基础建设工程,是展园建设、展会运营的重要保障。

2月

15日 首地大峡谷入围“北京十大商业品牌”。

21日 市委书记刘淇就“践行北京精神,加快绿色北京建设,全面提升城市环境质量”到丰台调研。

27日 丰台区获“全国双拥模范城”称号,实现全国双拥模范城“五连冠”。

▲ 丰台科技园区创业中心成为首批“北京市国际科技合作基地”。

3月

8日 北京丽泽金都科技发展有限责任公司成立。该公司由北京丽泽金都置业有限公司与北京建工集团控股有限责任公司共同出资成立,分别占公司股权的51%和49%。

14日 新疆维吾尔自治区领导到丰台考察新疆商户经营生活情况。

17日 丽泽金融商务区新青海大厦举行奠基仪式。

27日 全国首个合同纠纷巡回审判点在区工商分局启动,标志着区工商分局与区人民法院共同建立的经济合同争议行政调解与司法调解衔接机制正式确立,此举将为合同纠纷解决探索新路径。

29日 北京市首家由村集体经济组织作为第一股东筹建的小额贷款公司——北京金鹏丽行小额贷款股份有限公司成立,该公司由卢沟桥乡三路居村组建。

30日 中国长城资产管理公司项目在北京丽泽金融商务区奠基。

▲ 北京丽泽金融商务区招商服务专线“400—695—9988”正式开通。

▲ 丰台科技园创业服务中心与南开大学签署高校战略合作协议。这是与该中心签订战略合作协议的第6所高校。

4月

3日 党和国家领导人胡锦涛、吴邦国、温家宝、贾庆林、李长春、习近平、李克强、贺国强、周永康等,到第九届园博会园区参加义务植树活动。

10日 中央综治委委员、全国妇联党组

书记、副主席、书记处第一书记宋秀岩等中央社会管理创新调研组一行到丰台卢沟桥街道长安新城社区进行考察。

13日 千灵山景区索道正式运营。千灵山索道为单线双人吊厢式循环索道，全长1869米，落差395米。索道运行速度为每秒1米，游客只需28分钟即可登上极乐峰山顶。

18日 第九届中国（北京）国际园林博览会吉祥物在京发布。吉祥物“园园”运用北京市市花“月季”为设计元素，融合了现代手法和传统的、民族的表现元素，有力展现了“绿色交响 盛世园林”的主题。

25日 第三届（绿色）美食文化节开幕。

5月

5日 举行丰台区文明交通月活动启动仪式。活动以“文明丰台、绿色出行”为主题。

8日 举行“首都军事文化创意产业示范园”合作签约仪式。

17日 中国铁物（中国铁路物资股份有限公司简称“中国铁物”）大厦奠基仪式在丽泽金融商务区举行。

17日至21日 北京国际数独大奖赛在丰台南宫举行。来自美国、德国、捷克、斯洛伐克、波兰、丹麦、日本、菲律宾、台湾等14个国家和地区的52名数独选手参赛。

22日 丰台区参加第十五届科博会及2012中国金融论坛，分三个展位展示了科技园区、丽泽金融商务区和园博会。通过参加本届科博会，进一步聚焦和放大重点区域的宣传推介效应，吸引优质企业、项目以及其他投资机构入区合作与发展。区长冀岩在金融论坛上作了《天赋丽泽 共赢发展》主题发言。

31日 太平桥街道“莲·心·桥 社会文明践行团”正式成立。

▲ 丰台区公安消防支队西站特勤中队指导员王伟当选全国特级好民警。全北京市共有4名民警当选。

6月

6日 丰台科技园区举办建园20周年系列活动。

11日 国家民族事务委员会主任杨晶，副主任罗黎明、陈改户，中央民族大学党委书记鄂义太、校长陈理等领导到丰台区察中央民族大学新校区建设。区委书记李超钢陪同考察。

12日 北京市第三届职业技能大赛在二七轨道交通装备有限责任公司举办开赛仪式。

13日 吉林省延边歌舞团赴中国运载火箭技术研究院慰问演出。

15日至17日 第九届园博会参展2012年北京国际旅游博览会，并获得组委会颁发的最佳展台奖。

17日日 新丽泽金融商务区控股有限公司组建。新丽泽控股公司由国资中心、卢沟桥乡中都投资公司与三路居、东管头、马连道、菜户营四个村共同组建，将全面参与丽泽金融商务区的开发建设。

19日 举办“驻京中外知名企业投资丰台行”活动。

1日至30日 开展创建首都文明区“低碳生活你我他垃圾减分月”活动。

7月

12日 以“多彩丰台，欢乐消夏”为主题的“丰台2012·消夏旅游节”开幕，消夏节持续到8月31日。

13日 丰台区政府与中国农业大学举行全面合作签约仪式。

21日至22日 21日上午至22日凌晨，北京市遭遇自1951年有气象记录以来最强暴雨。丰台区连续降水超16小时，平均降水量240.1毫米，最大356毫米。

30日 “寻根之旅——相约北京”夏令营开营。来自美国21世纪学会、纽约北京同乡会、中国旅美科技协会的31名华裔学生相聚丰台,参加为期5天的寻根之旅活动。

8月

4日　市委书记郭金龙到丰台调研河道疏浚整治及水系规划建设情况。

28日　成寿寺派出所成立。这是丰台区新添的户籍派出所。

▲　区政府作出决定,授予在“7·21”特大自然灾害中勇救被困群众的北京久安建设投资集团有限公司河西再生水厂项目部“见义勇为先进集体”称号。

9月

1日　市委书记郭金龙,市委副书记、代市长王安顺等领导到北京十二中参加开学典礼。

2日　举办第26届卢沟桥醒狮越野跑“诺德杯”比赛。

8日　第十六届中国国际投资贸易洽谈会在厦门国际会展中心开幕,丰台区参加并就整体投资环境、丽泽金融商务区、丰台科技园区和北京园博会进行了重点推介。

12日　中国证监会纪委书记、市政府金融顾问黎晓宏,中国证监会行政中心主任黄智等领导到丰台进行调研。

10日至13日　第20届北京种子大会在丰台举办。

16日　2012北京国际铁人三项赛在丰台青龙湖公园举办。

19日　加纳共和国国家人口委员会主席安德鲁·阿库图率队到丰台进行参观考察。

30日　举办“天涯共此时——卢沟晓月2012中秋晚会”。

▲　2014年世界种子大会会务标识正式确定,其中大会口号为“小种子,大梦想”;会徽为“世界种子大会”英文缩写“WSC”变形构成的中文“丰”字;吉祥物为经过拟人化设计的一颗绿色种子“丰丰”。

▲　北京汽车博物馆和丰台区档案馆成为市级爱国主义教育基地。

10月

3日　代市长王安顺带队到新发地市场调研节日期间农产品供应情况。

7日　9月20日至10月7日,举办“卢沟晓月”中秋文化节活动,活动的主题为“花好月圆,幸福丰台”。

13日　市委书记郭金龙,市委副书记、代市长王安顺到丰台进行调研。

19日　住建部副部长仇保兴带队调研园博园建设情况。

22日至25日　国内首次中欧房车与营地旅游高级培训论坛在丰台举行。

26日　丰台科技体育馆开工奠基。该馆建筑面积1.2万平方米,主要包括比赛服务区、教学培训区、俱乐部区和国际模型展览区。

11月

4日　北京市首个检察官法律服务志愿者基地落户方庄地区紫芳园社区。

21日至23日　召开丰台区第十五届人民代表大会。会议选举产生了北京市第十四届人民代表大会正式代表68名。

30日　中共中央总书记、中央军委主席习近平到丰台蒲黄榆社区卫生服务中心石榴园分中心的北京市社区药物维持治疗第七门市部,看望艾滋病患者,参加艾滋病防治志愿者培训交流活动。

▲　北京汽车博物馆被中国科协命名为全国科普教育基地,示范期为2012至2016年。

12月

3日　丰台区与中国建筑股份有限公司签署战略合作协议。

11日　丰台区首个青年创业联盟成立。

20日至23日　丰台区参加了第七届中国北京(国际)文化创意产业博览会。

▲　北京丽泽金融商务区参加第十一届中国国际住宅产业博览会。

政党　团体

中国共产党丰台区委员会

【概　况】 2012年丰台区常委会围绕“建设经济繁荣、社会文明、人民幸福新丰台”的发展目标，牢牢把握“稳中求进”的工作要求，把方向、议大事、抓关键、破瓶颈。召开常委会43次，专题会67次、进行专题调研47次，深入学习贯彻党的十八大和市第十一次党代会精神，进一步明确区域发展思路；研究出台了加强科技创新能力建设和首都文化强区建设、加强廉政风险防控管理、加强人才工作、加快河西地区建设发展等实施意见以及促进丰台经济发展和金融产业发展等政策；建立了城乡结合部地区环境和社会建设协调委员会、园博会筹办总指挥部、河西薄弱村帮扶等工作体制机制；推进了丽泽、园区等重点功能区建设；加强了对城南行动计划实施和棚户区、老旧小区改造等重大工程项目的统筹调度；加强了十八大安全保障、“7·21”抢险救灾、首都文明区创建和环境建设年等重点工作的组织领导；加强了民主法治建设，支持人大、政协工作；重视干部队伍建设，加大了干部选任、选拔、培养力度。经过全区上下奋力拼搏，2012年，全年预计实现地区生产总值920亿元，同比增长9.2%。实现地方公共财政预算收入68.6亿元，同比增长12.8%。主要经济社会发展指标均实现年初确定的目标，增速大多超过全市平均增速，形成了“心齐、气顺、风正、劲足”的发展局面。

重点功能区建设得到加强。丽泽金融商务区南区拆迁收尾工作基本完成，长城资产等八个项目实现开工，北区基本完成集体企业拆迁，诚通财务、长城国融投资管理公司等一批新兴金融机构入驻丽泽，新增注册资本金262亿元，产业聚集效应初步显现。科技园区实现开复工面积127万平方米，蒙西华中铁路股份、上药北方投资等超亿元项目落户，园区实现技工贸总收入2850亿元。永定河绿色生态发展带和青龙湖—长辛店会展旅游区建设加快推进，完成永定河生态文化新区综合规划方案，宛平城晓月岛城市设计及景观概念设计取得阶段性成果，世界种子大会主场馆开工建设。深化南中轴和大红门时尚创意产业集聚区空间规划和产业发展研究，为发展首都高端商务中心区夯实基础。

发展方式不断转变。产业结构持续优化。出台促进经济发展综合政策意见，发挥产业引导资金作用，提高产业发展水平。预计第三产业实现增加值702亿元，同比增长10.7%。其中，现代服务业增加值占全区GDP的51.6%，比上年提高3.3个百分点，经济增长质量、效益明显提高。消费和社会投资拉动作用突出。完成社会消费品零售额

825亿元,同比增长11.7%。累计完成固定资产投资636亿元,总量居全市第三。其中,民间投资完成368.9亿,同比增长50%,占总投资额的58%,区域吸引力和发展活力显著增强。创新能力明显提高。承担国家级"火炬计划"项目4项,实现科技成果转化50项,技术合同交易额位居全市第二,专利授权数量连续三年保持高位增长,居城六区第一。

以确保城南行动计划收官为目标,强化统筹领导,强化任务调度,强化项目督查,顺利完成了41项年度重点项目建设。经过三年不懈努力,城南行动计划任务超额完成。提升了基础设施水平,轨道交通线新增7条,建设里程达到72公里。主次干路和支路修建24条,新增建设里程54.6公里。提速了区域发展,固定资产投资年均增长19.2%,GDP年均增速15.7%,地方公共财政预算收入年均增速25.2%。金融、高新技术等主导产业对地区生产总值贡献率达到74%。加强了高端要素聚集,引进注册资本金亿元以上企业112家,注册资本金达到574.5亿元,高端发展能力进一步增强。

主动争取新三年计划更大支持。抓住市里出台城南行动计划第二阶段的机遇,立足提升区域发展能力,培育自身造血机制,在第一阶段的基础上,积极争取更多项目落户丰台。深入研究当前丰台发展需求,提前梳理需要实施项目,主动与相关部门对接,实现90个项目纳入行动计划,总投资额达到1300亿元,使丰台依然成为新三年城南行动计划最大的受益者。

加强统筹产业发展。强化重点功能区辐射带动作用,明确了各乡镇与重点功能区对接路径。卢沟桥乡与丽泽对接,成立丽泽金都控股公司,实现融合发展。花乡与园区对接,将部分土地与招商引资统一纳入园区管理。南苑乡与南中轴、大红门对接,进一步实现产业优化升级。长辛店镇与园博会对接,大力发展旅游产业。王佐镇与种子大会对接,依托中国农业大学人才和科技优势,加快籽种产业发展,为打造种业之都奠定基础。

加快推进河东城市化。进一步深化了产权制度改革。明确了48个行政村城市化路径和时间安排,三路居、四合庄等村完成了农转居民主程序。8个重点村回迁房建设全面开工。征地工作稳步推进,夏家胡同和西局等村土地已具备上市条件。

着力增强河西发展能力。成立河西地区建设发展领导小组,实施加快河西地区发展意见,安排重点项目34个,投资138.4亿元,加大基础设施、产业培育、民生保障等项目投入。建立区领导牵头负责、相关部门定向联系、镇领导包村负责的工作机制,实施经济薄弱村帮扶工作,7个村集体经济总收入为1700余万元,同比增长9%。

全面加快园博会筹办。成立园博会筹办总指挥部,下设办公室、七个分指挥部和运营管理中心,分别由区级领导挂帅,并从全区范围内抽调精兵强将充实各分指挥部。建立总指挥部调度会制度,全面推进筹办工作。各项建设工作全面开展,已完成拆迁186万平方米,实现绿化397.2公顷,完成投资约160亿元,园外道路计划建设24.5公里,已建成16.5公里。永定塔、主展馆、园博馆三大标志性建筑全部封顶,展园建设、重点绿化基本建成。周边主干道建设、轨道交通铺设和水电气热等基础设施建设基本完成,周边环境建设推进顺利。加大宣传力度,策划组织了近20次专题宣传活动,提高了园博会知晓率。确定了第九届中国(北京)国际园林博览会吉祥物,完成了展会期间文化活动安排方案。赞助商、特许经营、场地经营和票务工作有序推进。完成了志愿者招募并启动了培训工作。制定了日常安保、接待服务、游客服务等各项工作预案。园博会筹办进入最后冲刺阶段。

深入开展首都文明区创建和环境建设年活动。为提高区域发展形象和发展品质,提升人民群众幸福感、满意度，深入开展了首都文明区创建和环境建设年活动。突出了针对性，针对环境建设、文明程度存在的突出问题，开展各项主题活动。突出了群众性，广泛动员群众参与，按照每月一个主题、每周一个活动的要求，开展了创建文明区“八大”系列活动。突出了惠民性，从群众最关心的环境和秩序入手，按照“确保整洁、力求美观、保持有序”的要求，组织实施了“百日行动”、“城市清洁日”等环境战役；集中力量开展了美化、绿化、亮化工程，率先在首都完成平原造林任务，打造了丰台速度；大力整治环境秩序，遏制违法建设，在首环办“城市环境建设”考评中，我区取得城区第二名的好成绩，人民群众对环境的满意度不断提高。

积极打造区域文化亮点。“卢沟晓月”中秋晚会首次实现两岸四地同步直播，北京国际铁人三项赛成功举办，活动影响享誉海外。“周末百姓大舞台”、“2012丰台时尚戏曲文化节”等丰富多彩的群众文化活动广泛开展。“相声乐苑”、“周末场演出”等惠民文化活动深入人心，群众精神文化生活更加丰富。

保障和改善民生成效显著。新增就业3.4万人，城镇登记失业率控制在1.89%，城镇居民人均可支配收入3.4万元，同比增长11%，农村居民人均纯收入约1.85万元，同比增长12%，城乡居民收入增幅首次高于GDP增幅。南苑棚户区安置房全部开工建设，累计3000余户居民办理了入住手续。长辛店棚户区改造工程实现启动。老旧小区综合整治工作成果显著，保障房开工1.8万套，竣工1.1万套，完成情况居全市首位。新增幼儿园12所，缓解“入园难”问题，新建改建北京十二中科丰校区等办学场所，创建全国示范社区卫生服务中心，继续办好社区卫生机构，基本公共服务能力得到加强。

社会管理水平不断提升。新建“一刻钟”社区服务圈128个，方便了群众生活。开展“知民情、解民忧”大比武、大练兵活动，提高了社区工作者联系群众、服务群众能力。继续推广“劝导队”、“村规民约”、“自管会”等经验，总结和义街道社区事务民主协商做法，充分发挥群众在社会管理创新中的主体作用。建立了网络舆情督查制度，对微博、论坛等网络平台涉及丰台的事件迅速响应、积极应对、重点解决、及时反馈，提高了城市管理水平。

安全稳定工作不断加强。启动多层次、全方位、全天候的防控网络，形成立体化防控体系，增强了人民群众安全感。深入开展各级领导干部大接访活动，在街乡镇及相关委办局设立了信访接待站，建立了信访特派员制度，把矛盾吸附在当地，化解在基层。采取针对性措施，落实涉日维稳工作。按照“盯住重点人、看住重点地区、防住重点矛盾”的要求，开展“十大专项行动”，强化重点人教育稳控，推进重点矛盾纠纷化解，加强社会面防控，启动了战时工作机制，形成了安保维稳工作大格局，实现了“大事不出、小事也不出”的目标，服务保障了党的十八大顺利召开。

抢险救灾工作胜利完成。面对百年一遇的“7·21”特大自然灾害，应急到位，救灾得力，重建及时。第一时间组织精干力量，做好救助帮扶工作，全力保证受灾群众生活安全。以最快速度出台救灾政策和措施，实施街道、乡镇对口支援，先后组织向灾区运送、发放各类救灾物资14万余件(份)，迅速启动灾后重建工作，完成1000余套安置房建设，把党和政府的关怀和温暖及时送到受灾群众中去。

基层党组织战斗堡垒作用不断增强。深入开展创先争优活动，树立了在全市工作中做到评比榜上有名、考核名列前茅、指标高于平均的工作标准，形成了争创一流、不甘落后的风气。扎实推进“基层组织建设年”活动，在机关党组织中开展了“三进三服务”活动和机关文化建设，在农村党组织中开展了“察民情、听民声、解民忧、帮民富”活动，基层党组织开展工作的能力全面提高。实施了“非公有制企业党建推进工程”，在实现党的工作全覆盖基础上，新增党员1529名，新建党组织376个，组织覆盖程度大幅提升。

党内民主进一步扩大。完成了出席党的十八大和市第十一次党代会代表的推荐选举工作。进一步落实和完善区、乡镇党代表任期制，推进社区党代表任期制工作。全区288个社区完成“两委”换届工作，社区直选比例达到22%。全区65个行政村完成党组织换届工作，全部实行了“公推直选”。

人才工作成绩突出。统筹全区各类人才队伍建设，有序引进各领域103个急需紧缺人才。制定人才政策，设立人才发展资金，加大人才服务力度，为优秀人才提供趸租住房、子女入学入托等服务，形成了全方位、立体化人才服务工作机制和体系。

反腐倡廉建设成效明显。坚决贯彻落实“标本兼治、综合治理、惩防并举、注重预防”的工作方针，针对重点项目、重点领域、重点岗位开展了专项检查与整治。加强了对农村大额资金的监督管理，建立了征地补偿费动态管理机制，引入第三方中介机构，加强对农村集体经济组织经济责任审计。以规范权力运行为核心，开展了清权确权工作，共清理职权3442项，有效排除了各类廉政风险隐患。继续保持惩治腐败的高压态势，严肃查处了各类违纪案件。

积极支持人大、政协依法履行职能，认真办理代表、委员议案、建议、提案，加强统一战线工作，出台《加强党外代表人士队伍建设的实施意见》，顺利完成妇联、青联、残联、文联、科协等群团组织换届工作，群团组织工作领域进一步拓展，驻区部队积极参与救灾和重大活动，双拥共建成果丰硕。

重要活动

【李超钢冀岩同志调研平原造林工程进展情况】　2月11日，李超钢、冀岩同志围绕“落实北京市平原地区百万亩造林工程”主题，到卢沟桥乡西局村、花乡纪家庙村、南苑乡槐房村进行调研。高朋、孙军民、刘宇、张建国同志一同调研。

(朱子砚)

【市领导到丰台进行调研】　2月21日，刘淇同志在李超钢、冀岩同志陪同下，围绕“践行北京精神，加快绿色北京建设，全面提升城市环境质量”主题，到南苑乡槐房村植树绿化地块现场进行调研。市领导李士祥、牛有成、陈刚、夏占义，区领导孙军民、刘宇、张建国陪同调研。

(朱子砚)

【中共丰台区第十一届委员会第三次会议召开】　4月18日，中国共产党北京市丰台区第十一届委员会第三次会议召开。会议投票确定了丰台区出席北京市第十一次党代会代表候选人预备人选；表决通过了丰台区委关于召开党代表会议的决议。

(朱子砚)

【中国共产党北京市丰台区代表会议召开】　4月19日，中国共产党北京市丰台区代表会议召开。会议选举叶青纯、马振川、于长辉、王苏维、尹志强、刘庆春、孙培云、李军、李异、李昌安、李超钢、李富国、张勇、陈建、岳华真、段佩举、姜东升、顾晓园、徐长秀、高文娟、郭若云、郭燕红、霍连明、冀岩同志为出席中国共产党北京市第十一次代表大会代表。

(朱子砚)

【李超钢、冀岩同志调研老旧小区改造情况】　4月21日，李超钢、冀岩同志带队到丰台街道北大街南里社区和西罗园街道马家堡68号院调研老旧小区改造情况。孙军民、刘文洪同志一同调研。

(朱子砚)

【文明交通月启动仪式举行】　5月5日，创建首都文明区“文明丰台 绿色出行”文明交通月启动仪式举行。市委宣传部副部长、首都文明办主任陈冬、市公安局公安交通管理局副局长高军，区领导李超钢、冀岩、王苏维、李昌安、顾晓园、孙军民出席。

（朱子砚）

【市、区领导出席科技园区建园20周年大会】 6月6日，市、区领导出席科技园区建园20周年大会。市委常委、中关村科技园区管理委员会党组书记赵凤桐，副市长苟仲文，市政协副主席傅惠民，科技部火炬中心主任赵明鹏、中关村科技园区管委会主任郭洪，区领导李超钢、王苏维、李昌安、孙军民、张婕出席。

（朱子砚）

【区领导与驻区制造企业代表座谈】 7月18日，李超钢、冀岩、王苏维、李昌安同志就“贯彻落实全国科技创新大会和市第十一次党代会精神，推动企业成为科技创新主体，增强企业自主创新能力”主题，与驻区制造业企业代表进行座谈。高朋、孙军民、刘宇同志一同出席。

（朱子砚）

【李超钢指导受灾地区抢险】 7月22日，李超钢同志到南苑棚户区、京开高速玉泉营桥、杜家坎环岛等受灾严重地区实地察看指导抢险救灾工作。于长辉、顾晓园、孙军民、刘宇同志一同参加。

（朱子砚）

【开展“八一”建军节慰问活动】 7月27日，李超钢同志到装甲22团和装甲兵工程学院开展“八一”建军节前走访慰问活动。于长辉、孙军民、朱继明、刘文洪同志一同参加。

（朱子砚）

【市领导察看抢险救灾工作】 7月29日，市领导李士祥、丁向阳到王佐镇西王佐村实地察看抢险救灾工作。区领导李超钢、冀岩、孙军民、张建国、刘文洪陪同察看。

（朱子砚）

【市区领导出席北京国际铁人三项赛开幕式】 9月16日，市区领导出席2012北京国际铁人三项赛开幕式。市领导刘敬民，区领导李超钢、冀岩、王苏维、李昌安、顾晓园、衡晓帆、孙军民、李军会出席。

（朱子砚）

组织工作

【概　况】 2012年全区组织工作紧紧围绕全区发展大局，牢牢抓住提高组织工作科学化水平这条主线，把握规律、锐意创新，首当其责、求真务实，各项工作都取得了积极进展和明显成效。服务大局的职能进一步发挥，结合完成重大任务、应对重大事件、抗击重大灾害进行组织动员、提供组织保障，科学设置园博会组织机构，充分发挥各级党组织和广大党员在园博会筹办、文明区创建、环境建设年、“7·21”抗灾救灾、老旧小区综合整治等重点工作中的作用，推动了组织工作与经济社会发展的深度融合。探索创新的力度进一步加大，加大竞争性选拔力度，拿出了37个副处级领导职位和22个科级领导职位面向全市和全区进行公开选拔，全年通过竞争性选拔产生42名处级干部，占新提拔领导干部总数的37.5%，推行科级干部任免票决制度，强化干部教育培训，各级领导班子和干部队伍的履职能力进一步提高；推行社区“大党委制”，开展社区工作者大比武、大练兵活动、机关党员干部“三进三服务”活动、农村基层干部“四民”活动，实施非公有制企业党建推进工程，基层党组织的凝聚力、战斗力进一步增强；制定出台丰台区优秀人才吸引聚集、项目资助、人才资金管理、住房服务等办法，人才政策和体制机制创新取得重点突破。推进重点工作的效果进一步提高，全面做好十八大代表推荐提名工作，认真开展市党代会代表、市人大代表推荐选举工作，圆满完成社区“两委”换届和农村党组织换届任务，均实现了组织意图和群众意愿的高度统一。组工干部的形象进一步提升，深入开展“一迎双争”活动，在全国组织系统先进集体和先进个人评选表彰工作中，宛平城地区工委组织部长纪颖云同志荣获了“全国组织系统先进个人”称号。不断强化首责意识，以昂扬的工作热情、严谨细致的工作作风,高标准履行职责,为新丰台建设提供了坚强组织保证,干部群众的满意度有了新的提升。

(王小伟)

【区及市党代会代表推荐选举】 年内,严格流程,逐级遴选产生了区党的十八大代表候选人推荐人选,全区3817个基层党组织参与率达到100%,100743名党员参与提名率和受教育率达99.99%。精心组织,从基层党工委提名的554名人选中逐级遴选,最终选举产生24名市党代会代表,使代表推选的每个环节充分体现民主集中,使人选具有广泛的群众基础,实现选举一次成功。选举产生68名市人大代表。

(王小伟)

【学习宣传贯彻党的十八大精神】 年内,举办处级干部学习贯彻十八大精神轮训班和农村、社区基层党组织负责人十八大精神专题培训班,通过主题宣讲、专题培训、专家讲座等多种形式,组织广大党员干部深入学习贯彻十八大和市第十一次党代会精神,切实把思想和行动统一到中央和市、区委的决策部署上来,进一步凝聚建设新丰台的共识和力量。

(王小伟)

【开展"基层组织建设年"活动】 年内,深入开展基层党组织分类定级和晋位升级工作,全区1874个基层党组织全部进行了分类定级,并通过建立《问题台帐》和《整改台帐》,实行指导组重点跟进,采取排队抓尾、定向补弱、聚焦问题等方法,67个评定为"一般"的基层党组织全部实现了晋位升级,13个评定为"较差"的基层党组织有11个实现了晋位升级。

(王小伟)

【开展"争创群众满意窗口、优质服务品牌和优秀服务标兵"活动】 年内,在与群众联系密切的84个机关、2281个窗口服务单位中开展"争创群众满意窗口、优质服务品牌和优秀服务标兵"活动,设立党员先锋岗1560个、党员责任区1694个,创建优质服务品牌294个。通过推行"三亮三比三评"工作方法,狠抓观念转变,狠抓窗口形象,狠抓服务创新,全区窗口单位和服务行业平均满意率从2011年的92.21%上升为2012年的97%,并涌现出南宫地热博览园青年党员示范岗、万泉"的士"志愿者服务队等典型。

(王小伟)

【开展群众宣讲活动】 年内,结合创先争优活动总结表彰工作,以党支部为单位,自下而上推荐提名,推出了50个先进基层党组织和100个优秀共产党员。采取"夸夸先进党组织、说说身边好党员"群众宣讲的形式,由党员群众讲述先进典型的先进事迹,达到身边人讲身边事,用身边事教育身边人的目的。

(王小伟)

【深化老旧小区综合整治项目党建】 年内,针对全区老旧小区量多面广、产权和物业情况复杂、综合整治大多带户施工等实际情况,在街道层面成立项目联合党支部,积极整合街道、社区党员干部以及楼门组长和党员志愿者力量,及时处理扰民、停车、施工质量等矛盾纠纷,真正使好事办好。丰台、和义街道的整治经验在全市会议上进行交流。

(王小伟)

【积极应对"7·21"特大暴雨自然灾害】 "7·21"过后,动员全区各级党组织迅速行动,整合辖区单位力量,积极开展救灾抢险和缮后工作,取得较好成效,得到居民群众的肯定。特别是河西两镇、两街道,相关部门党组织面对灾害,敢于担当,协调整合多方力量,充分发挥密切联系群众的优势,党员领导干部坚持靠前指挥,始终站在抢险救灾的第一线,广大党员以实际行动践行承诺,最大限度地维护了辖区安全稳定,涌现出了王佐镇党委、罗水等一批先进典型,彰显了党组织的战斗堡垒作用和共产党员的先锋本色。

(王小伟)

【开展社区工作者"知民情、解民忧"大比武、

大练兵活动】 年内，在全区社区党委、社区居委会和社区服务站范围内，广泛开展"知民情、解民忧"大比武、大练兵活动，重点围绕"知、解、比、练"四个方面，开展"我知我绘"、"我胜我赢"、"我能我行"、"我绩民评"主题活动，努力使社区工作者达到民情图绘得准、民情记得清、群众信得过的目标。努力打造一支政治素质优良、职业道德高尚、业务水平精湛、居民群众信任的社区工作者队伍，切实提高社区工作者服务群众的能力和水平，进一步夯实基层社区组织力量。

（王小伟）

【开展机关党组织"三进三服务"活动】 年内，全区机关党组织紧紧围绕"服务中心、建设队伍"两大核心任务，深入开展以"进社区、进农村、进企业，服务基层、服务群众、服务发展"活动为内容的"三进三服务"活动。有62个机关单位的227名处级干部建立了534个联系点，机关干部深入农村、社区、企业1228批次，协调解决各类问题443项。

（王小伟）

【开展农村干部"四民"活动】 年内，在农村基层干部中广泛开展以"察民情、听民声、解民忧、帮民富"为内容的"四民"活动，建立乡镇领导干部包村入户制度，完善"一卡一册一台帐"，全年，共联系村民1827人次，解决群众实际问题417件，切实增强了群众工作实效。

（王小伟）

【全面推进社区"大党委制"】 年内，明确每个社区党组织设立涵盖2－3个驻区单位的席位制委员，统筹安排276名社区民警正式进入社区"两委"担任社区席位制副书记、席位制委员和居委会主任助理职务，形成了以街道乡镇属地基层党组织为核心，以"块"为主的区域性党建工作格局。

（王小伟）

【实施"非公有制企业党建推进工程"】 年内，积极探索体制外党建工作规律，深入开展调查研究，深入破解实践难题。为解决"两个覆盖"工作中存在的"党员少"、"组建难"等问题，明确了壮大党员队伍的四种途径，探索了组建党组织的四种模式，通过协调推进、绩效考评、设立200万专项资金等机制建设和全年不间断地扎实推进，全年非公企业新增正式党员1412名，流动党员1069名，新建正式党组织457个，流动党组织89个，超额实现了区委确定的非公企业党组织覆盖率40%的工作目标。

（王小伟）

【完成社区"两委"换届工作】 年内，按照市、区委统一部署，超前谋划、积极探索，社区党组织直选率达到88.2%，高出市委要求13.2个百分点；社区居委会直选率达到22%，较上届提高20个百分点。其中，6个社区居委会采取了全体有选举权居民选举的直选方式，位列城六区第一。通过换届选举，班子学历和活力提高了、平均年龄降低了。

（王小伟）

【完善干部推荐提名制度】 年内，继续推进初始推荐提名工作创新，进一步扩大干部工作民主。在区委委员、候补委员、区属各单位党政领导范围内，对20个党政工作部门和派出机构党政正职职位人选进行差额推荐提名。对副处级干部提拔坚持广泛征求各单位党（工）委、党组意见，统筹考虑，择优推荐提名。进一步规范科级干部选拔任用程序，严格执行《丰台区党政机关科级领导职务竞争上岗暂行办法》，强化对科级干部竞争上岗工作的监督指导力度。

（王小伟）

【加大竞争性选拔力度】 年内，累计有42名处级领导通过竞争性选拔产生，占新提拔领导干部总数的37.5%。在37个副处级领导职位公开选拔中，实行反向测评和民主测评前置，进一步改进了考评方式。拿出4个正科级领导职位和18个副科级领导职位面向全区范围进行公开选拔。

（王小伟）

【竞争上岗增加演讲环节】　年内,拿出环保局局长、商务委主任两个职位在全区首次进行正处级干部竞争上岗。为提高竞争选拔的科学性,除了资格审查、笔试、面试、履历评价等环节外,进入面试的考生围绕"假如我是环保局局长(商务委主任)将如何履职"主题进行演讲,全面考察作为正职领导干部所必备的政治素养、创新观念、驾驭全局及表达能力,让能干事的考得好、作风实的出得来、能力强的选得上。

(王小伟)

【实施科级干部任免票决制度】　年内,制定出台科级干部选拔任用票决工作制度,对提交党(工)委、党组讨论任免的科级干部拟任免人选,以无记名投票方式进行票决,加强干部任免决策的民主监督,推进干部任免决策科学化。

(王小伟)

【健全干部监督制度体系】　年内,制定出台《丰台区领导干部离任交接制度》,对近十年全区涉及干部选任、干部管理、干部监督的相关制度规范进行全面梳理,形成《丰台区干部管理监督工作文件选编》。认真开展"一报告两评议"和党(工)委、党组书记离任检查,加大了对主要领导的监督力度。全面启动干部选拔任用记实管理信息系统,对职数编制、资格条件、推荐提名、组织考察、讨论决定等情况进行全程记录,健全干部选拔任用监督机制。

(王小伟)

【健全全方位、立体化人才政策服务体系】年内,制定出台《丰台区人才引进服务暂行办法》、《丰台区人才发展专项资金使用管理暂行办法》、《丰台区引进人才房租补贴暂行办法》、《丰台区区级领导联系人才制度(试行)》。加大区级财政对人才工作的投入支持力度,设立每年6000万元的全区人才发展专项资金,初步建立政府引导、用人单位为主体、社会参与的多元化人才投入机制。

(王小伟)

【面向全区公开遴选组工干部】　年内,首次采取在全区遴选的方式,通过公告发布、报名、主题发言测试、笔试、面试、业绩评价和差额考察等环节,选调了5名干部到部机关工作,壮大了机关干部队伍。

(王小伟)

宣传工作

【概　况】　2012年丰台区宣传思想文化工作围绕丰台城市形象塑造提升这个主题,服务大局,突出重点、攻坚克难,强根固基、创新发展。社会主义核心价值体系建设扎实推进,北京精神全面弘扬,市级爱国主义教育基地达到10家,区委讲师团走出丰台巡讲、广受各界赞誉;城市形象宣传推广向战略化构建、理论化提升和全景化展示方向深入演进,园博会宣传文化活动全面启动、媒体聚焦、社会升温,北京国际铁人三项赛等重大活动落地举办,"卢沟晓月"中秋晚会京港澳台四地首次同步直播,文化创意产业重大项目推进取得突破、重点行业发展更加强劲、各项经济指标持续上升,建设充满活力的首都文化强区、弘扬北京精神的文明高地和文化创新发展的新空间、新名片取得重要进展。区委宣传部获得市理论宣讲先进集体、思想政治工作优秀单位等荣誉称号。

(王　斌)

【深入扎实学习贯彻党的十八精大神】　年内,把学习贯彻党的十八大精神作为首要政治任务,广泛开展以"北京向南看——崛起的丰台"为主题的大型主题宣传展示活动和以"丰台向前看——幸福的丰台"为主题的学习宣传贯彻活动。区委通过举办动员会、报告会和六个专题研讨会,谋思路、出措施、抓落实。各级党组织理论学习中心组带头,广大党员干部群众利用各种阵地、载体和方式,学深学透、融会贯通、推动工作。全面准确、深入系统地宣传党的十八大精神,"两新组织"

等宣讲团深入区内外巡讲,区属媒体开辟专栏、专题、专版,使党的十八大精神融入实际工作、体现到各个领域,不断引向深入、形成新实践、取得新成果。

(李桂尧)

【召开创建首都文明区暨宣传思想文化工作会】 3月2日,召开丰台区2012年创建首都文明区暨宣传思想文化工作会。区委常委、宣传部长顾晓园作了题为《创建首都文明区,谋划文化大发展 助力繁荣、文明、幸福新丰台建设》的工作报告,全面回顾总结了全区2011年宣传思想工作取得的成就,并深入贯彻落实市委、区委各项指示精神,就2012年全区宣传思想文化和精神文明建设工作进行了部署,重点部署了首都文明创建工作。

(王 斌)

【宣传思想文化工作“智库”建设成果丰硕】 年内,制定《关于把丰台建设成为充满活力的首都文化强区的实施意见》。协调开展《文化品牌提升与文化产业突破》等课题研究成果近10个。协同推出《丰台报·理论(前沿)周刊》,宣传推广60多个单位的典型经验或研究成果;在《前线》、《支部生活》等理论刊物宣传推广了《更看谋略称筹幄——丰台区现代化建设进程战略解读》等10多个成功经验。《丰台城市品牌形象研究》等三篇文章荣获北京市2012年“丹柯杯”优秀研究成果二等奖。

(李桂尧)

【学习型党组织建设成效明显】 年内,举办区委区政府理论中心组学习活动19次、基层理论学习中心组“联片共学”10余场、社区周末大讲堂324场,编印学习型党组织工作简报13期,配发理论学习书籍近万册。北京第三届“学习型党组织建设”论坛我区作为区县唯一发言代表,作经验介绍。荣获“2012年度北京周末社区大讲堂组织工作先进单位”称号。

(李桂尧)

【全面推进百姓宣讲活动】 年内,“幸福生活讲师团”共宣讲720讲,2012年被市委宣传部评为最具特色的品牌活动。百姓宣讲团在区内外巡回宣讲373场,在北京市举办的百姓宣讲“双十佳”评选活动中,荣获优秀组织单位、“十佳基层百姓宣讲团”等五项大奖。

(郑宪法)

【开展丰台城市形象社会认知度调查】 年内,为准确认知丰台在公众中的整体形象,科学推进丰台区城市形象建设,委托专业公司开展了2011年度丰台城市形象社会认知度调查,对北京十六个区县和沈阳、西安、天津、武汉、上海、广州、成都等全国主要一、二线城市的常住居民及北京企业展开调查,并形成了调查报告,对丰台形象有了全面、客观的认知。

(钟媛媛)

【制订城市形象战略行动规划】 年内,制订了丰台区城市形象战略行动规划(2012~2015年)。规划将丰台的形象营销细分为“元素展现”、“文化体验”、“形象提升”三大阶段,每个阶段都有传播主题,即发现丰台年(2012年)、爱上丰台年(2013年)、幸福丰台年(2014-2015年),并设计了相应旗舰活动,即发现丰台100个美丽元素、爱上丰台的100个理由、传递丰台的100颗幸福种子,成为我区未来四年城市形象推广的指导性文件。

(钟媛媛)

【整体城市形象推广】 10月1日-16日,“发现丰台之美”大型图片展在首都博物馆举办。整个展览分为“城记”、“城景”、“城事”“城脊”“城趣”五个部分,从自然风光、人文景观、赛事活动到生活意趣等方面,呈现丰台不一样的美。该展览12月20日在区内启动了巡展,获得干部群众好评。区委宣传部系统梳理出100个左右元素,初步形成丰台城市形象核心元素矩阵。协调北京卫视,组织拍摄《今日京华》栏目、北广传媒移动电视《北京好人》栏目系列宣传片,全面展现“丰台之美”。

(钟媛媛)

【推广使用城市形象视觉识别体系】 年内,积极推动丰台城市形象识别系统在政府日常办公系统、公务活动、市政设施、区内主要公共场所、公共交通工具、区内知名企业中的广泛使用。制定《丰台区城市形象标识及宣传口号使用规范》,制作包含丰台城市形象视觉识别体系内容、使用说明等在内的电子光盘发放给各单位,推广使用丰台城市标识及口号,树立统一的丰台城市形象。

(钟媛媛)

【设立丰台区人民政府新闻发布厅】 年内,为进一步落实丰台区新闻发言人制度,在北京汽车博物馆2020报告厅设立丰台区人民政府新闻发布厅。新闻发布厅面积约320平方米,共有座位140个,分为新闻发布区、记者采访区、实时转播区、贵宾接待处和茶歇处,集新闻发布、新闻应急、宣传展示、活动组织、媒体服务等多种功能于一体。同时,区内基本建立了一套行之有效的新闻应急工作机制和流程网络,能够及时、准确发布有关信息,主动引导舆论,有力地维护区域形象。

(钟媛媛)

【推进舆情体系建设】 年内,建立网络舆情处置机制,按照舆情收集、舆情督办、舆情反馈的工作流程,拓展、丰富全区舆情工作内容、舆情工作制度,经验做法被市网管办在《互联网信息》专刊上刊发。规范舆情信息报送,定期刊发《丰台舆情》(周刊)、《媒体看丰台》(周刊)、《新华社丰台区重点舆情监测周报》(周刊)、《丰台区委宣传部舆情快报》(日刊)等信息刊物。

(赵艳霞)

【搭建全媒体外宣网络】 年内,在市第十一次党代会、践行北京精神、创建首都文明区、城南行动计划、城乡环境建设年、平原造林工程等重大工作、重大活动的新闻宣传中,深入把握各类媒体的规律,策划推出了许多颇具社会影响力的报道。全年在市级以上媒体刊发新闻稿件2000余篇,全景展现繁荣、文明、幸福新丰台的建设发展进程。

(杨 光)

【《丰台报》改版】 年内,《丰台报》完成了印刷招投标,期发行量增至9万份,同时进行了改版,在版面中增加了丰台城市形象标识及口号,增设了“曝光台”、微视角等栏目,新开设了形象宣传版以及理论、深度等周刊。8月17日,第500期《丰台报》出版发行,围绕“你的关注·我的责任,《丰台报》见证丰台崛起”的主题,开展了系列活动。

(杨 光)

【新媒体引发关注】 年内,创办“前线·丰台在线”手机报;“北京丰台”官方微博被关注度显著提升,截至年底,粉丝数达42万。小微博为民解决大问题的经验做法在《北京日报》刊发。

(杨 光)

【认真组织“7·21”抢险救援报道】 “7·21”特大自然灾害发生后,迅速行动、及时应对、不畏艰险,多次深入抢险救援第一线,挖掘先进典型、采访感人事迹,一边采访,一边救援,较好地完成了“7·21”特大自然灾害抢险救援的新闻宣传任务。期间,共采写、编辑稿件230余篇,拍摄、搜集图片450余张。

(杨 光)

【精心开展国际赛事报道】 9月16日,2012北京国际铁人三项赛在青龙湖-长辛店会展旅游、生态休闲区圆满落幕。按照精准营销、整合传播的工作思路,以丰台城市形象提升为主线,以国际化、专业化、多元化为原则,分“赛事预热期、赛事升温期、赛事沸腾期”三个阶段有序推进赛事宣传工作,形成全方位、立体化、多角度的宣传格局。通过宣传思路创新和精心组织,达到了通过举办赛事宣传城市形象,以赛事推动区域会展旅游、休闲度假和相关体育文化产业发展的目标。积极策划2012北京国际数独大奖赛的宣传报道,期间,人民日报、中央电视台、中央人民广播电台、中新社、新华网、北京日报、北京电视台等媒体刊发、转载活动相关新闻600余条次。

(钟媛媛)

【推进文化创意产业规划出台】 年内,完善

“十二五”文化创意产业规划，推进规划出台。制定《中国戏曲文化中心可行性研究报告及规划》、《卢沟桥文化创意产业集聚区发展规划》等专项规划，明确集聚区功能定位、发展思路等。研究文化创意产业专项资金使用细则和设立设计行业引导基金办法等，政策体系日益完善。

（谢允红）

【加大文化创意产业项目引进力度】 年内，完善项目储备，按照市文化创意产业专项资金申报的要求，向全区100家企业开展项目申报、文本编制的培训讲解，最终获得市文化创意产业创新发展专项资金3132万元的扶持。通过全面推介、积极引进、深入对接，成功引进了国家北斗卫星文化商务应用创新重点系列项目、华流风上文化产业集团、国家数字出版基地等项目。形成了解项目基本内容——论证选址——实地考察——专题汇报——签订框架协议的项目引进流程。

（谢允红）

【推进文化创意产业基地建设】 年内，按照文化创意产业“一轴两带四区多中心”的空间布局，有步骤、有重点、有层次地开展基地建设工作。采取“产业规划与项目引进同步”、“功能规划与空间规划对接”的思路，完成了专项规划；结合功能区产业业态发展，引进相匹配的大项目、大企业，积极与国内外龙头企业、行业引领性企业接洽，促进高端元素聚集，高端产业集聚。

（谢允红）

【推动文化创意产业网站上线】 年内，完成集政策发布、信息交流、集聚区建设、企业服务、投融资服务等于一体的文化创意产业网站的设计和上线工作，形成政府与企业、企业与企业之间双向沟通、资源共享。加紧筹建企业孵化器，形成企业引进、创业辅导、政策使用、上市辅导、境外发展指导等功能于一体的办公平台。

（谢允红）

【推动文化企业走出去】 年内，驻区企业依文、俏佳人、时代华语、龙之脊潜心打造品牌产品，开拓海外市场。俏佳人传媒股份有限公司成功并购美国国际卫视、美国大纽约侨生广播电台；北京时代华语图书股份有限公司在美国纽约曼哈顿投资成立了全资出版公司中国时代出版公司（CN TIMES INC）；龙之脊运营的对外数字化汉语网络，拥有两万多海外用户；依文时装秀在英国首次对外开放的商务官邸兰卡斯特宫举行。

（谢允红）

【举办首届文创项目推介会】 9月17日，2012年丰台区文化创意产业项目推介会召开，对南苑乡、花乡和长辛店镇等27个文创项目、地块进行重点推介，共有金融、投资、地产等87家大型企业参会，市、区相关单位领导及驻区文创企业单位代表约260人出席，30多家媒体进行报道。

（杨　战）

【参加第七届文博会】 12月20日至23日，以“文化丰台 创意未来”为主题参加第七届中国北京国际文化创意产业博览会，展位面积966平方米。展会期间总计接待观众五万余人，发放宣传材料一万七千余册，发放丰台标识纪念品近两千个，观看演出上万人、参与互动近万人，收到1056条微博留言，在中央、市级媒体发稿约40篇，获得了文博会组委会颁发的“最佳组织奖”和“最佳展示奖”。

（杨　战）

【举办各类培训班】 年内，全区各单位的40余名新任新闻发言人参加培训，基本完成全区新闻发言人的系统培训。举办文化创意产业专题研修班，围绕丰台区文化创意产业重点发展的功能区、业态，开展课题性研讨，形成调研报告。通过集中培训、日常工作交流等方式，加强了对网评员、舆情员、微博管理员、新闻联络员的培训。

（王　斌）

精神文明建设工作

【概　况】 2012年,丰台区精神文明建设工作,认真贯彻落实中央和首都文明委指示精神,按照区委、区政府、区文明委和首都文明办的工作部署,深入贯彻落实科学发展观,坚持以社会主义核心价值体系建设为根本,以创建首都文明城区为主线,以"弘扬北京精神、做文明有礼的北京人"主题实践活动为载体,全面深化群众性精神文明创建活动,核心价值体系建设、创建工作水平、市民文明素质、区域文明形象、未成年人思想建设明显加强,为建设繁荣、文明、幸福的新丰台,营造良好的政治环境、人文环境、社会环境和城市环境。

(章广伟)

【开展践行"北京精神"活动】 年内,把握全面提升全区市民群众道德水平这个核心,认真开展践行"北京精神"、弘扬"雷锋精神"、评选"身边好人"行动,有力地推动了社会主义核心价值体系建设。全区通过宣讲团、报告会、辩论赛等形式,对北京精神进行深入的解读和展示,将北京精神内存于心,外化于形,从而引领市民群众的文明方向。在创区工作中,为突出北京精神的爱国核心,认真开展了"红色记忆"活动,教育市民群众做一个爱祖国、顾大局的丰台人;为体现北京精神的创新动力,积极推广了社会管理创新,引导市民群众做一个能创新、求进步的丰台人;为展现北京精神的包容胸怀,着重吸纳了来京建设者参与宣讲活动,发动市民群众做一个能宽容、懂开放的丰台人;为塑造北京精神的厚德品质,深入推进了道德领域"诚信缺失、公德失范"突出问题专项教育和治理活动,汇聚市民群众做一个有道德、守法纪的丰台人。进一步激发了市民群众的顾全大局、求新进步、宽容开放、重德守法的时代精神和内在品质。

(章广伟)

【开展"雷锋精神"传承活动】 年内,积极弘扬团结奉献思想,以传承雷锋精神为主题,深入开展"学雷锋,讲文明、树新风、促和谐"活动,落实了学雷锋长效机制,坚持每周六开展"学雷锋志愿活动日",全区党员干部、社区居民、学雷锋志愿者等30万余人,走上街头,走进社区,帮扶困难群众,慰问空巢老人,清洁美化家园,引导交通秩序,传播文明理念,全区上下掀起了开展志愿服务,传承雷锋精神的热潮。区教委积极开展"文明丰台雷锋精神代代传"的德育工程,深刻阐释雷锋精神的时代内涵,提高了未成年人思想道德水平。开展了"学雷锋志愿者我报名"活动,共有27000多人报名成为学雷锋志愿者,362个团队成为学雷锋志愿团队,全区上下已经形成了学习雷锋精神,争做雷锋传人的思想热潮。

(章广伟)

【评选"身边好人"】 年内,发挥榜样典型作用,积极开展"我推荐、我评议身边好人"活动,18名同志被首都文明办推荐到中国文明网参加评选,赵国才(助人为乐)、杜淑香(孝老爱亲)和刘安(敬业奉献)、高铁成(见义勇为)4名同志登上"中国好人榜"。认真组织"丰台好人"评选活动,共评选出100名候选人。大力开展"身边好人"宣传活动,对全区道德模范和身边好人,采取专题片的形式,在全市公交车、地铁、长途客运站等人流密集场所滚动播放,充分树立起示范带头作用和榜样引领作用,展现了"丰台育好人、身边有好人,人人做好人"的丰台形象。

(章广伟)

【文明创建组织完善】 年内,着眼于北京建设世界城市,丰台建设成为首都城市功能拓展区,丰台强势崛起实现跨越式发展,在区第十一次党代会上,提出了创建首都文明区的奋斗目标,致力建设经济繁荣、社会文明、人民幸福新丰台。确立了"统筹兼顾、全民参与、上下联动、全面提高"的创建原则,明确了"文明丰台,幸福共享"的创建口号,完善了工作、责任、监督、激励、检查的创建机制。针对不同的工作阶段、工作任务、工作对象，实施分类指导。坚持以调研促落实、以统筹促落实、以检查促落实。把宣传发动贯穿于创区工作的全过程，充分发挥宣传工作的鼓舞力、社会舆论的影响力，群众参与的凝聚力，扩大了创建宣传的凝聚力。

（章广伟）

【文明创建宣传力度深而广】 年内，在《丰台报》开设了创区特刊，发行量由原来的3万份增加到9万份，7万份直投市民家中。加强集中宣传力度，发放了《致丰台区居民的一封信》，发放创区宣传品6类共13万份，张贴宣传海报2.8万套。加强环境宣传力度，坚持统一主题、统一模版、统一推进的原则，设计了五大类13种宣传模版，安装、悬挂、设置了各种横幅、广告、文化墙共2936块（处）；加强市民学校宣传力度，各社区（村）进行了千余场创区的专题宣讲，培训人数达80余万人；加强媒体宣传力度，丰台有线电视、丰台报开通市民热线、开设专刊专栏、举办市民论坛，加强文明创建宣传。切实把创区的目标、标准、要求和文明规范宣传到千家万户，家喻户晓，人人皆知，形成了"人人知晓、人人支持、人人参与"的创建氛围。

（章广伟）

【开展主题创建活动】 年内，坚持每月一个主题，每月一个重点，深化主题创建活动，进一步强化了提升文明素质的思想基础。通过开展志愿服务月活动，倡导了无私奉献精神；美化环境月活动，提升了环境文明意识；垃圾减分月活动，推动了低碳生活理念；文明交通月活动，推进了绿色出行行动；优质服务月活动，展现了创先争优风貌；诚信经营月活动，营造了诚实守信环境；科学健身月活动，强化了健康锻炼意识；模范引领月活动，提高了思想道德品质。通过创建首都文明区八大主题创建活动，带动了创区工作的深入开展。

（章广伟）

【开展环境文明宣传实践活动】 年内，认真开展"环境文明行动从我做起"和"垃圾减量垃圾分类从我做起"主题宣传实践活动，共开展活动20多场，累计参加20多万人次，进一步增强居民环保意识和辖区居民的文明素质。

（章广伟）

【开展秩序文明引导活动】 年内，以"公共文明引导日"和"文明出行推动日"为载体，推进"六进"活动，开展自觉排队示范站台评比活动，开展创建公共文明引导示范街创新实践活动，公共文明秩序得到有效改善。认真开展观赏文明引导行动，全年共组织2万余人参加"市民高雅艺术殿堂文明行"活动，通过参观与艺术普及教育相结合，提升广大市民文明观赏水平。认真开展党政机关、窗口行业岗位规范、职业技能、微笑服务活动，动员党政机关、窗口服务行业参与服务文明建设。

（章广伟）

【引导市民礼仪文明】 年内，开展培育文明健康的社会风尚，养成科学文明的生活方式和文明礼貌的行为习惯，做到懂礼貌、知礼仪、重礼节，引导广大市民参与礼仪文明建设。认真开展网络文明引导行动，建立"丰台区创建首都文明区"工作网站，开通"文明丰台"微博，积极创建文明网站，坚持文明办网公约，督促网站文明办网，增强了社会责任感和网络道德意识。

（章广伟）

【深化公共文明引导活动】 年内，推进公共文明引导工程，坚持每月一个活动，动员社会群众参与，形成有特色、有亮点的品牌活动，宣传树立一批有一定社会影响力的创新项目。拓展公共文明引导新领域，在轨道交通、春运场站、交通路口、旅游景点、学校门口等场所，以及元旦、春节等假日期间，积极开展公共文明引导行动，形成日常服务和特殊时期服务相结合、固定岗位和机动岗位相结合、专业队伍和社会队伍相结合的工作模式，扩大覆盖面，提高影响力。鼓励公共文明引导创新发展,开展公共文明引导服务技能竞赛、创建公共文明引导示范街(区),评选出自觉排队示范站台18个,自觉排队好市民60名,推动公文文明引导工作整体水平提升。实现公共文明引导行动全覆盖,文明引导员不断壮大,推行赛场、学校、医院、文化市场等领域文明引导,创新公共文明引导形式,利用网络宣传、微博短信等媒介,开展文明引导宣传教育活动,营造良好社会氛围。

(章广伟)

【开展城市清洁日活动】　年内,发动全区干部、职工、驻区部队官兵、群众,集中清理卫生死角、白色垃圾、小广告等,培养广大群众养成良好的市容卫生习惯。开展垃圾减分一日游、绿色校园等一系列的活动,形成垃圾减分、低碳生活的新时尚。加强工地管理,完善车辆运营把控等六项措施,强化"控违拆违"工作,共同营造整洁优美的城乡环境,推动我区全面、绿色、可持续发展。

(章广伟)

【美德少年系列工程】　年内,以家庭教育为基础、学校教育为主体、社区教育为纽带,发挥相互衔接、相互促进、相互渗透、相互协调的作用,形成了学校、家庭、社区"三位一体"的未成年人思想道德建设工作体制。成立了丰台区关心下一代工作委员会。坚持把德育工作摆在学生素质教育的首要位置,贯穿于教育教学的各个环节,在中小学校广泛开展"养成教育"、"生存教育"、"感恩教育"和"法制教育"等活动。加强德育队伍建设,进行了多系列、多层次的专题培训,建立了完善的师德建设和奖励机制。加强"千优带队"争创工程,评选表彰了丰台区十佳少先队员、百优少先队员、百优中队辅导员,成果丰硕,涌现出一批优秀的先进集体和个人。加强阵地教育,充分利用广播、橱窗、板报、文化长廊等宣传阵地,积极创设校园文化氛围,学校育人氛围得到全面提升。

(章广伟)

【开展形式多样的主题教育活动】　年内,广泛开展"爱党爱国爱首都"新童谣征集活动,共征集了新童谣2万余条,贴近实际、贴近生活、贴近未成年人,具有丰台区域特色和文化特色。开展了"童心向党"歌咏活动,我区推荐的《卢沟谣》歌曲在首都文明网展播。广泛开展"我们的节日"主题系列活动,以"网上祭英烈"为载体,全区5万余名青少年参与了网上祭英烈、网上献花、寄语留言。认真落实中小学生回社区报到制度,积极开展争当"社区小楼门长"、"文明小宣传员"、"文明小引导员"、"环保小卫士"、"爱心小使者"、"家庭小孝星"等"六小"社区文明小使者活动,共评出"社区文明小使者"8100名。青少年在活动中受到了教育,得到了提高。

(章广伟)

【开展特色品牌活动】　年内,开展了"文明示范村"、"文明示范街"、"诚信做食品一条街"等特色品牌活动,4个村、10条街被评为首都文明示范村和首都文明示范街,为区域经济、社会发展营造了文明和谐的社会氛围。

(章广伟)

【开展军(警)民共建活动】　年内,组织驻区部队,开展"创区当先锋,建设新丰台—做文明有礼的北京人"主题活动,主动参与精神文明和谐工程、文明工程、关爱工程、育人工程、荣誉工程"五项工程",积极投身于创区工作。结合军(警)民共建30周年,"八一"前,组织21个街(乡镇)和教委进行了军(警)民共建30周年图片展,充分展示了共建成果和创建成果,进一步密切了军政、军民关系。"7·21"自然灾害发生后,驻区部队5100多名官兵勇当先锋,积极参加抗洪抢险,用实际行动抒写了对党、对人民的无限忠诚。

(王永峰)

统战工作

【概　况】　2012年,丰台区统一战线工作以邓小平理论和“三个代表”重要思想为指导，全面落实科学发展观，深入学习贯彻党的十七届六中全会、市十一次党代会及中央、市委有关文件会议精神，按照区十一次党代会工作部署，紧紧围绕市、区各项重点工作，以加强党外代表人士队伍建设为重点，着力推进统战工作创新，维护社会和谐稳定，充分发挥统一战线凝聚人心、汇集力量的作用，努力为建设繁荣、文明、幸福新丰台作出贡献。

（何　伟）

【开展学习贯彻党的十八大精神活动】　年内，积极引导各民主党派、工商联、宗教团体、侨联开展形式多样的学习贯彻活动，通过组织学习会、座谈会等活动，深刻领会十八大精神实质，把思想和行动统一到十八大的要求和部署上来。同时，为庆祝党的十八大胜利召开，举办了以“思想同心 目标同向 行动同行”为主题的文艺演出活动。演出节目由统战成员参与完成，表明了全区各民主党派、人民团体、各族各界人士与中国共产党肝胆相照、荣辱与共、携手共进的信念和决心，展现出新时期爱国统一战线“大团结、大联合”的时代风貌。

（何　伟）

【加强党外代表人士队伍建设】　年内，进一步贯彻落实中央下发《关于加强新形势下党外代表人士队伍建设的意见》，广泛调研，重点了解基层单位工作开展情况及问题，听取党外代表人士的意见建议，制定下发了《中共丰台区委关于加强新形势下党外代表人士队伍建设的实施意见》（京丰发〔2012〕26 号）。立足发现、培养、使用和管理四个关键环节，抓住关键，提高工作实效。

（何　伟）

【不断推进民主政治建设】　年内，围绕“同心”思想，引导支持各民主党派、人民团体积极开展践行社会主义核心价值体系、统一战线核心理念及北京精神活动。各党派团体结合自身特点学习市十一次党代会精神，开展了系列践行活动。民革区工委组织了“北京精神——我践行”征文活动，区伊斯兰教协会举办了“同心同行同发展 爱国爱教爱丰台”爱国主义教育活动。支持民主党派认真履行参政议政职责，根据党派确定的调研课题方向，协调了 13 家涉及经济、教育、卫生等职能的政府工作部门及街乡镇，协助党派开展调研，努力为党派参政议政、民主监督提供服务。利用党派暑期学习班，向党派成员介绍区域经济形势及园博会筹建工作情况，使广大党外人士能够了解丰台，服务丰台。其中九三学社反映的有关平原造林和加大安监力度的建议，分别得到时任书记刘淇和副市长苟仲文的批示。

（何　伟）

【推进工商联和无党派人士工作】　年内，经常性的参加工商联主席会、执委会和商会会长、特邀执委联席会议，多次走访工商联会员企业，听取企业有关发展规模、生产经营情况等方面的介绍，并到研发、销售等一线部门实地考察，协调解决企业提出的问题和困难。落实中央统战部《关于加强党外知识分子联谊会建设的意见》，开展成立“丰台区党外知识分子联谊会”各项筹备工作。对全区无党派人士情况进行摸底，掌握符合知联会会员条件人选的基本情况；研究确定了知联会的机构组成、规模、理事条件及产生程序。

（何　伟）

【统战成员积极服务社会】　年内，支持统战成员共同致力于社会主义和谐社会建设。丰台区各党派团体组织了“送培下乡”、“中国环境与健康宣传周”义诊、“流动书屋”、“首都学雷锋爱民车队”等活动。“7·21”特大自然灾害发生后，统一战线成员捐款捐物达 120 余万元，多名党外代表人士参加抢险救灾和灾后重建工作。

（何　伟）

【深入开展联谊交友工作】　年内，紧紧围绕加强党外代表人士队伍建设工作，创新联谊交友方式,制定出台《中共丰台区委关于印发〈区委与党外人士交朋友方案〉的通知》(京丰发〔2012〕16号);及时调整交友名单,按照党外人士的代表性,分四个层面开展交友活动;注重创新交友平台和载体,搭建了体育、文艺、劳动、学习等四个交友平台;同时通过召开工作会、座谈会,参加党派暑期学习班,走访非公经济企业,重大节日登门拜访,面对面交流谈心,利用平台开展活动等,与所联系的党外朋友经常交流思想,增进感情。

(何 伟)

【积极开展民族宗教工作】 以宗教文化交流为主要内容,改变以往宗教团体内部学习交流的模式,邀请各民主党派、工商联、侨联的统战成员观摩学习,突出统一战线"大团结"、"大联合"的主题,创新学习形式、丰富学习内容、扩展学习对象,收到了良好的效果。区伊斯兰教协会、基督教爱国会、天主教爱国会分别以饮食文化、基督大爱、天主教文化等主题系列学习活动。加强重大节日和重要会议期间宗教场所安全检查力度,切实消除安全隐患。认真贯彻落实市委关于处理阻止"守望教会"信徒室外非法聚集的工作要求。丰台区针对"守望"专项工作打出的"组合牌",即"亲情牌"、"单位牌"、"社区牌"、"神职牌",得到了市委统战部牛有成部长的肯定。

(何 伟)

【开展民族团结进步创建活动】 年内,在工作中注重发现典型示范单位,推动创建活动深入开展,发掘和引导新发地批发市场在服务新疆少数民族商户中,以真诚尊重、真正优惠、真情关怀,努力为维族群众在京经商、学习和生活创造条件,在促进民族团结进步事业中做出了积极的贡献,得到了市委市政府的肯定。新发地农产品批发市场被评为"全国民族团结进步创建活动示范企业"。

(何 伟)

【认真做好侨务工作】 年内,支持区侨联举办"北京新侨创业发展座谈会"、海外学者团项目对接工作调研等活动,引导侨界人士发挥资源优势,为区域经济社会发展服务。积极推荐丰台区侨界人士参加中国侨联最高奖项——第四届中国侨界创新人才贡献奖的评选。严格推选程序,完成市侨联换届大会代表推选工作。推选参加市侨联换届大会的正式代表18名。推荐区侨联和8名候选人参加首都侨联工作先进集体、先进个人评选。

(何 伟)

对台工作

【概　况】 2012年区台办在区委、区政府的领导和市台办的具体指导下,认真贯彻落实市委对台工作会议精神,以持续推进两岸关系和平发展为主题,全方位争取台湾民心为主线,紧紧围绕"夯实基础、以经促政、扩大影响、培植力量"的16字对台工作方针,突出宣传教育、交流交往和协调服务三个重点,围绕中心、服务大局,圆满完成各项对台工作。

(马伟忠)

【加强对台工作机制建设】 年内,向区委常委会专题汇报了市委对台工作会议精神。区委书记、区委对台工作领导小组组长李超钢强调了对台工作的政治性、政策性和敏感性,指出对台工作要围绕全区中心工作,积极为中央对台工作和区域经济社会发展大局服务,不断开创对台工作新局面。及时对中共丰台区委对台工作领导小组及下设丰台区台胞权益保障协调小组进行了调整,以强化对对台工作的组织领导及台胞投诉协调工作,更好的为台胞提供服务。

(马伟忠)

【依托阵地开展涉台宣传教育工作】 4月,为新任科级干部培训班开设涉台宣传教育课程,邀请北京联合大学台湾研究院两岸关系研究所所长朱松岭作报告。与区教委研究并联合下发《创建青少年涉台教育基地工作方案》以指导校园创建青少年涉台教育基地工作，北京市十二中等6所中小学校被评为丰台区青少年涉台教育基地，丰台少年宫被评为北京市青少年涉台教育基地；3次参加教委赴台团组行前教育，有效促进了校园涉台工作的开展。为街乡镇主管领导等订阅国台办主管权威涉台刊物《两岸关系》，逐点走访调研34个社区（村）涉台宣传教育示范点，加强对基层涉台教育工作指导。

（马伟忠）

【组织基层涉台干部培训】 年内，联合区委社会工委对社区书记进行涉台教育工作培训，全区16个街道工委组织部长、社会工委书记，289个社区党支部负责人共计320余人参加。为基层单位配发《台湾行．早知道》、《海峡春潮》、《台湾之旅》和《宝岛台湾》等涉台音响图文资料；区台办编写《涉台工作应知应会手册》、《涉台知识问答》等涉台知识读本2000余册下发基层，有效推动了基层涉台工作的开展，同时对基层妥善处理好身边涉台事务起到了很好的指导作用。

（马伟忠）

【举办高规格的台海形势报告会】 6月，区政协、区台办联合举办台海形势报告会。邀请海峡两岸关系协会副会长王在希作了精彩报告，区政协领导、政协委员、街乡镇主管领导及统战干部、统一战线成员400余人参加。王会长报告内容详实丰富，对各级领导干部和统一战线成员正确认识台海局势和做好新时期对台工作都具有极大的现实意义和指导意义。

（马伟忠）

【举办台湾知识竞赛活动】 12月11日，举办了学习宣传党的十八大会议精神台湾知识竞赛活动。市台办副主任高振生、副区长李军会以及区委对台工作领导小组成员、各街乡镇主管领导及对台干部、34个社区（村）基层涉台教育示范点代表300余人参加。经过角逐，马家堡街道荣获一等奖、宛平街道和方庄地区荣获二等奖，花乡、新村街道、卢沟桥乡荣获三等奖。活动取得圆满成功，北京电视台进行了现场报道。

（马伟忠）

【交流交往工作取得新突破】 年内，办理因公赴台手续34批件，136人次。其中公职人员14批，84人次，非公职人员20批，52人次。区教委“两岸青少年社会教育”、区委宣传部随团赴台参加“2012海峡两岸文化创意产业展”、丰台一小随中国合唱协会入岛参访以及我区自行组织的教育、文化、社区管理等三个赴台团组，均圆满完成赴台交流任务。

（马伟忠）

【结合区域特色做好对台交流接待】 年内，圆满完成台湾台中市女子高级学校师生到十二中参访交流，接待了中央统战部、国台办引荐3批次台商到新发地批发市场考察。12月4日，应北京市黄埔军校同学会邀请，台湾眷村及台北北投区慢跑协会一行21人到右安门街道，举办了“黄埔情缘，相约北京”首届台湾眷村与北京社区交流节启动仪式。北投眷村与右安门街道东滨河社区、北投慢跑协会与右安门体育协会双双结成对子。参访期间，台湾同胞与社区居民一起推柔力球、抖空竹、学跳民族舞，互动交流现场一片欢声笑语。活动被中央电视台第《海峡两岸》栏目报道。

（马伟忠）

【举办台商服务日系列活动】 年内，结合春节、端午及中秋等中华民族传统节日，策划举办以“感知新丰台．共谋新发展”为主题的台商服务日系列活动。组织驻区台商参观南宫新农村建设及王佐镇发展成果展览，为驻区台企台商送政策、送健康，受到台商普遍欢迎。

（马伟忠）

【促成台湾地区水果免费进入新发地批发市场】 年内，台湾嘉农基金会、台湾“一国两制”研究协会先后到新发地批发市场考察后，新发地批发市场为促进两岸经贸交流，造福台湾中南部同胞,对台湾地区水果免除进场费等各项管理费用,并免费提供地段优越的储藏冷库及销售批发档口。同时无偿对水果物流及入库全程协助指导,组织批发商与其洽谈合作。并邀请北京晚报、北京电视台等主要媒体进行宣传报道,通过新发地电子交易平台免费发布产品信息。两节期间,贴有“中国台湾”和“台湾一国两制研究协会与新发地共同监制”统一标识的4批2400余箱近百吨台湾精品水果在新发地市场成功交易。切实把市台办提出南沉下移、深耕基层及推动与岛内中南部基层经贸交流与合作的工作要求落到实处。

(马伟忠)

【妥善处理台商投诉涉台突发事件】 年内,受理台商台企求助及投诉7起,涉台事务及突发事件4起,均得到妥善处理及答复。主管领导高度重视台商投诉及涉台事务,亲自走访企业及处理疑难案件,涉台投诉信件阅批率达100%,确保了区域涉台稳定。

(马伟忠)

调查研究工作

【概　况】 2012年,研究室紧紧围绕区委区政府总体工作部署,按照北京市委市政府相关工作要求,积极开展重点课题研究和专题调研,高质量完成重要文稿起草,全面加强对全区各单位调研工作指导,圆满完成了各项工作任务,整体工作水平迈上一个新台阶。

(于焕泉)

【起草重要文稿】 年内,完成了一批重要文稿的起草,主要包括《区委常委会2012年工作要点》,《区委十一届四次全会报告》,《区政府工作报告》,《李超钢同志关于传达市十一次党代会精神的讲话》,《李超钢同志在丰台区2012年上半年经济形势分析会上的讲话》,《向市委市政府领导汇报工作提纲》、《李超钢同志在区领导2012年工作研讨会上的讲话》,《李超钢同志在丰台区2012年农村工作会上的讲话》,《李超钢同志在丰台区学习贯彻党的十八大精神动员大会上的讲话》等区委区政府文件和领导讲话稿、汇报稿,更好地发挥了以文辅政的重要作用。

(于焕泉)

【开展南中轴区域发展课题研究】 年内,由丰台区委书记李超钢同志亲自主持,研究室牵头负责,与专业研究机构合作成立课题组,开展了《新机场建设背景下南中轴区域发展研究》课题调研,形成高质量调研报告,为进一步明确南中轴发展定位和发展规划,促进南中轴区域向高端化、国际化发展提供了理论依据。

(于焕泉)

【开展丰台区适度人口容量研究】 年内,由丰台区委副书记、区政府区长冀岩同志亲自主持,研究室牵头负责,与专业机构合作成立课题组,开展丰台区适度人口容量研究,为贯彻落实中央和市委人口调控工作部署,提供科学准确、可操作性强的决策依据,并将为丰台区城市、人口、土地、产业以及资源利用等规划和政策的制定和促进丰台区可持续发展提供重要的决策参考。

(于焕泉)

【开展专项调研】 年内,邀请区专家顾问马仲良老师合作开展了《方庄调查》的课题调研,充分利用其学识和社会影响力,探索解决方庄地区社会管理和城市管理难题;依托两名挂职博士,完成了《丰台区园区科技创新能力调查》和《丰台区文化创新能力调查》两篇课题成果,并得到了超钢书记的批示;结合专业机构和自身力量,完成了《丰台区“清权确权五步法”理论研究与实践》;协助完成了《和义街道民主协商会做法》、《南苑村调查》等调研报告,受到领导的高度重视。

(于焕泉)

【开展全区调研干部培训】 7月18－20日,组织了丰台区2012年调研干部培训会,全区各委办局、街乡镇以及区属企业调研干部118人参加，通过培训进一步提升调研干部整体素质和能力，培训会组织周密，气氛热烈，内容丰富，受到了参训人员的一致好评。

（于焕泉）

【指导全区各单位开展调查研究】 年初，对各单位年度课题选题方向进行指导。课题开展过程中，加大对课题进度和研究阶段成果的评价和指导，确保课题研究的正确方向。结题阶段，将优秀调研课题进行汇编，展示全区调研成果。全年共形成各单位党政主要领导调研课题成果100余篇。

（于焕泉）

【全面改版《丰台调研与决策》】 年内，为促进全区调研成果尽快转化，更好地服务领导决策，对《丰台调研与决策》刊物进行了全面改版。主要包括：出版周期方面，由月刊改为半月刊，每月至少出版两期，并根据需要和来稿情况随时增发。版面设计方面，在刊物首页增加"本期导读"，对当期内容做简要介绍，吸引读者注意力。内容设置方面，在刊登调研报告的基础上，根据最新文件精神、时政热点、新型经验，增设专刊，摘编前沿内容，供领导决策参考。稿源征集方面，采取征稿、约稿相结合的方式，广泛收集各部门完成的调研报告，对领导关注的重点、热点，涌现的新典型、新经验等，联系相关部门进行约稿或由研究室编委会采写。刊物改版后连续受到超钢书记等区领导的批示，各单位投稿积极性大大增强，刊物影响力显著提升。

（于焕泉）

老干部工作

【概　况】 2012年丰台区老干部工作深入贯彻落实科学发展观，全面落实北京市第25次老干部座谈会和丰台区2012年老干部工作会议精神，年内转发了《关于做好本市离休干部社区卫生服务工作的通知》（京组通〔2012〕39号）精神、《关于妥善解决我市企业单位离休干部住用军队住房有关问题的通知》（京组通〔2012〕68号）、《关于本市地方企业离休干部去世后一次性补助金发放有关事宜的通知》（京组通〔2012〕74号）。为贯彻落实北京市第25次老干部座谈会精神，深化离退休干部创先争优活动，区委组织部和老干部局联合下发了《关于在全区离退休干部中开展"'北京精神'我践行，创先争优乐晚年"主题活动的通知》，全区各单位组织老干部开展丰富多彩的活动，深化主题活动的内涵。东幸福街社区被评为北京市第一批"离退休干部'四就近'服务工作示范社区"。

（田　雨）

【走访慰问老干部】 年内，区委老干部局加大对老干部的走访慰问力度，代表区委、区政府分别于"春节"、"七一"及"十一"前夕，集中走访慰问了260余名老干部。"7·21"特大暴雨过后，对受灾严重的老干部进行了入户看望，共计使用资金近30万元。

（田　雨）

【为老干部解决实际问题】 年内，对丰台区原在市公费医疗报销的21名局级离休干部全部实现持社保卡实时结算；4、5月规范了离休干部的离休补贴，并进行了补发；将区老干部解困慰问资金由20万元提高到60万元，老干部专项活动经费随财政收入同步增长；落实了易地来京安置离休干部服务管理经费补助，由原来每人每年300元提高到每人每年500元，并按此标准分两次全部拨付到易地安置离休干部管理单位。

（田　雨）

【老年大学开展特色活动】 年内，区老年大学始终把弘扬中华民族优秀传统文化作为自身的责任，在开设的书法、美术、文学、音乐、计算机五大专业、27个教学班中，以传播中华民族优秀传统文化作为教学重点，老同志们在老有所学的同时，积极创作作品举办"鸟语花香，喜迎十八大"作品汇报展、"丰台区老干部喜迎党的十八大胜利召开”书画作品展;同时还与丰台区老年书画研究会共同承办“‘端午雅集’六区书画笔会”,诚邀东城、西城、大兴、房山、通州五区的老年书画研究会领导及老年书画爱好者参加,现场交流经验,互相鼓励用手中的画笔讴歌党、讴歌社会主义,继续发挥老干部作用,为祖国的繁荣富强多做贡献。

(田　雨)

【金秋艺术团参演活动】 年内,金秋艺术团合唱队参加区文委组织的“星火工程”文化下乡和“周末大舞台”文艺演出,深入社区文化广场和乡村演出32场;在“老干部喜迎元宵佳节”活动中举办了“地方戏曲专场演唱会”,在“丰台区老干部喜迎十八大庆祝重阳节”活动中举办专场文艺演出,受到老同志的一致好评;参加了由中组部、总政治部和市委联合举办的“永远跟党走”大型文艺演出;艺术团创作表演的《和谐社会点点歌》在中国第三届老年艺术节展演中荣获金奖。

(田　雨)

【晓月诗社举办各类活动】 年内,晓月诗社弘扬中国诗词文化,创作了大量的诗词楹联作品,编辑出版诗词集《卢沟吟》,歌颂党和伟大祖国;举办“纪念干部离退休制度建立30周年诗词吟诵会”,表达肺腑之情,感恩之心;举办“喜迎十八大敬老联谊会”,弘扬尊老、敬老传统美德;部分社员还深入怀柔区偏远乡村——琉璃河镇双文铺村,开展文化下乡活动,为乡镇文化站捐赠《丰台风情咏》3套、《卢沟吟》6集、《相思树》1集、国画6幅、诗词作品5幅、楹联作品7副,受到了基层群众的热烈欢迎。

(田　雨)

【组织老干部文体活动】 年内,区老干部体育活动团队的老团员们加强日常锻炼,积极参与丰台区离退休干部“胜利杯”乒乓球和台球比赛,老同志们在强身健体的同时,加强与其他区县老同志的交流,为活跃基层和社区文化生活贡献力量。期间,老干部台球队参加北京市老年人台球协会组织的第十三届“乳之宝康乐杯”台球比赛,取得了第六名的好成绩。老干部门球队在在丰台区门球协会组织的比赛中,取得了第四名的好成绩,并荣获“道德风尚奖”。举办“老干部喜迎元宵佳节”、“老干部喜迎十八大庆祝重阳节”和“‘民生工程、健康国人’百名专家全国巡讲报告会”活动。

(田　雨)

【组织老干部参观座谈活动】 年内,组织局级离退休干部前往俄罗斯、广西等地参观考察;组织企业离休干部、局级离退休干部到北戴河疗养院健康休养。与区委教工委联合为离退休干部搭建活动平台,特别邀请全区部分离退休干部党支部书记与教工委机关离退休干部党支部召开“践行‘北京精神’主题党日暨第四届乐晚年恳谈会”。通过这一系列活动的开展,深化了“‘北京精神’我践行,创先争优乐晚年”主题,推进了创先争优活动的深入开展。

(田　雨)

【纪念干部离退休制度建立30周年】 年内,为隆重纪念干部离退休制度建立30周年,进一步巩固30年来老干部工作的成果,区委老干部局转变工作作风,深入基层征求意见建议,将下基层调查研究与检查工作相结合,加大了对各单位日常落实《责任制》情况检查的力度;同时,为加大对丰台区老干部工作的宣传力度,将原《丰台老干部工作》简讯改版为《丰台老干部》报刊,报纸每月一刊,图文并茂,色彩鲜明,不仅展现全区老干部工作发展动态,而且激发了广大老干部的创作热情,增强了可读性和观赏性,广受老干部欢迎。为加强对历史资料的保存,着手编撰《光辉的足迹》——丰台区离休干部人物集;举办了老干部工作者学习班,加强培训;举办了六城区活动中心建设研讨会,加大工作交流;全区各单位也通过召开座谈会、开展征文等活动隆重纪念干部离退休制度建立30周年。

（田 雨）

【贯彻党的十八大等重要会议精神】 年内，为引导离退休干部学习好、宣传好、贯彻落实好党的十八精神，区委老干部局积极筹备召开了“丰台区离休干部学习贯彻党的十八精神专题辅导班”和“学习宣传贯彻党的十八大精神骨干培训班暨离退休干部党支部书记工作会”，聘请北大教授李茂春和区委党校副教授唐福国分别对党的十八大精神和党章修订内容进行专题辅导，切实把广大老干部的思想和行动统一到党的十八大精神上来。

（田 雨）

【加强“两项建设”工作】 年内，区委老干部党校积极发挥其政治优势，坚持每两个月举办一次形势报告会，聘请北大教授李茂春专题讲授全国“两会”热点问题和党的十七届六中全会精神，聘请区委党校常务副校长李富国就学习贯彻市第十一次党代会精神进行专题辅导；聘请区委党校副教授唐福国对区第十一次党代会报告进行专题解读。积极组织老干部开展“身体力行率先垂范，弘扬践行‘北京精神’”倡议书自愿签名和心语征集活动；“七一”前夕，举办“丰台区2012年创先争优离退休干部‘双先’表彰暨‘两项建设’工作交流会”，对区人大常委会离退休干部党支部等10个先进离退休干部党支部和陈日先等10名优秀离退休干部党员进行了表彰；为老干部党支部和“党校社区课堂”下发学习资料和光盘；承办了中组部机关离退休干部第一党支部来丰台开展的“进社区、看变化、心连心”党日活动。

（田 雨）

信访工作

【概 况】 2012年度，全区的信访工作紧紧围绕做好党的十八大信访维稳工作这一中心任务，按照市联席会议提出的“大事不出、小事也不出”工作要求，研究制定了丰台区十八大期间分流劝反应急处置工作方案、建立了突发信访问题的应急机制；指导协调、督办各街乡（镇）及相关职能部门开展了矛盾纠纷排查预防工作，对重点矛盾和信访积案进行了集中化解，加强了重点人的转化和稳控，有效地维护了地区社会和谐稳定，实现了市、区提出的十八大安保工作目标。全面履行信访工作职能，扎实推进各项工作落实，坚持以人为本、实行关口前移，把握矛盾规律、创新体制机制，突出工作重点、注重积案化解，保障群众合法权益，维护了地区社会和谐稳定，圆满完成了“三项指标”，实现了“三无”工作目标。

（韩延春）

【党委政府重视 领导责任落实】 年内，对于较为复杂的重点信访问题，区级领导及时召集相关部门联合会商，制定切实可行的解决办法，把信访群众吸附在当地，实现大事不出区的工作目标。1月5日、8月15日，区联席会议召集人于长辉副书记，针对排查出的重点矛盾，先后两次组织召开了区联席会议进行会商，会上对区级以上重点矛盾明确了各级领导包案、主责单位和协办单位责任、完成时限。另外，各主管副区长对所包案件分别召开协调会、推进会、汇报会，有效的促进了问题解决。8月24日，李军会副区长召开所包案的17件重点矛盾推进会，听取了各责任单位情况汇报，对主体责任不明、问题复杂的，当场明确责任主体和完成时限；9月12日，刘宇副区长召集区农委和各乡（镇）领导就12件涉农信访问题召开了推进会；10月24日，刘文洪副区长召开所包案的6件涉及拆迁安置引发的信访问题推进会；10月26日，宣传部顾晓园部长就关于广电中心下属事业单位人事制度改革引发的信访问题，组织召开协调会，推进了问题的解决。由于各级领导高度重视信访工作，着眼问题解决，实现了小事不出社区（村）、一般问题不出街乡

(镇)、大事不出区的“三不出”的工作目标。

(韩延春)

【应急处置突发信访事件】 年内,落实十八大安保“十大专项行动”方案的工作要求,研究制定了十八大期间分流劝反应急处置工作方案,充分发挥信访协调化解平台的作用,及时开展了突出信访问题化解和重点人转化稳控行动,建立了突发信访问题的应急机制,协助国家和市信访办做好马家楼和久敬庄两个重点地区的分流劝返工作,有效地维护了地区社会安全稳定,保障了党的十八顺利召开。

(韩延春)

【领导干部接待群众来访制度落实】 年内,各级领导干部特别是主要领导干部严格落实定点接访、重点约访、带案下访等制度规定,带头接待来访群众、带头解决疑难复杂信访问题,带动了力量向一线倾斜、措施在一线落实、问题在一线解决,进一步巩固和发展了统一领导、各负其责、齐抓共管的信访工作大格局。年度共落实区领导信访接待日48个,接待来访群众551批涉及3169人次,其中集体访145批涉及2622人次。

(韩延春)

【区领导接待来访】 年内,区委书记李超钢到信访办接待长辛店镇李家峪村8名上访代表,听取村民反映的101所噪音扰民问题。随后带领相关职能部门前往研究制定解决方案,听取村民的意见;冀岩区长到信访办约见太平桥街道大件宿舍6名上访代表,就居民反映的因北京西站南广场修路压断污水管线,造成污水逆流问题,当场责成水务局9月20日前完成改造工程;刘宇副区长到信访人家中耐心细致的做思想工作,协调解决实际困难,使信访人深受感动,表示要积极配合政府工作,不闹访、不缠访,做个守法、文明的好市民。

(韩延春)

【落实基层机构人员编制】 年内,按照区编办和区人力社保局工作部署,年度为各街乡(镇)落实了信访办(室)的机构编制,配备了专职信访办主任1名,增加全额拨款事业编制人员2-3名,明确了工作职责,加强了基层基础工作,形成了全区信访无缝隙管理的大信访工作格局。

(韩延春)

【组建信访特派员队伍】 4月,区编办为信访办增配4名信访特派员,实行信访特派员联系街乡(镇)制度,分片包干,指导督促街乡(镇)开展信访工作,协助基层、协调有关部门共同化解矛盾纠纷,处理、督办重要信访事项。信访特派员工作机制运行良好。8月25日,原市委常委常务副市长吉林同志来区调研工作时,对丰台区信访特派员队伍建设做法给予了高度肯定,他指出:“丰台的经验成果也要其他区县来分享”。

(韩延春)

【注重排查预防及时协调化解】 年内,坚持定期排查、专项排查和每月“零报告”制度落实,注重源头预防,切实把容易引发集体上访和突发群体性事件的苗头隐患消除在萌芽状态,做到了早预防、早化解、早稳控。全年共组织开展了5次矛盾纠纷排查和2次信访重点人排查,排查出各类矛盾纠纷122件,已化解112件,化解率为91.8%;排查出信访重点人87名,已化解或转化63人,化解率为72.4%。注重源头预防,在全区建立了社区(村)、街乡(镇)和委办局及区社会矛盾调处中心三级排查体系。通过记“民情日记”的形式,摸清群众的利益诉求;通过落实突发信访问题报告和“零报告”,做到矛盾纠纷随时掌控;通过区社会矛盾调处中心接待来访群众掌控突发信访问题或重点矛盾。

(韩延春)

【开展信访风险评估 预防预警矛盾发生】 年内,围绕重点项目、重点工程、重点村整治和棚户区改造等民生改善工程,每项工作开展前信访工作提前介入,事前评估,及时发现工程项目中可能引发的信访问题,并制订工作预案。全年共召开信访评估会8次，实施重大项目信访评估12件。

（韩延春）

【区分层次梳理 逐级建立台账】 年内，按照市级部门协调、区级重点市级督办及区领导包案内部挂账（街乡镇、委办局）矛盾纠纷，逐级建立台账。“三跨三分离”矛盾，区里解决不了，申请市级帮助协调；市级督办的区级重点矛盾，由区领导包案解决；街乡镇、委办局重点矛盾（区内部挂账），由基层主要责任单位协调化解。

（韩延春）

【坚持深入一线 做到关口前移】 年内，为畅通群众信访诉求渠道，区信访工作实行关口前移，重心下移，变群众上访为领导下访，努力将矛盾化解在基层。园博园外围停车场建设、地铁14号线建设等重点工程、重大项目实施过程中，均派信访工作人员主动深入基层蹲点，少则20天，多则几个月，全面了解群众诉求，把工作做到家门口，把问题解决在当地。在“7·21”特大自然灾害中，指派2名信访特派员参加区救灾工作组，深入受灾严重的地区，把抢险救灾和听取灾民诉求同时进行，深受广大群众欢迎和好评。

（韩延春）

【热情接待群众来访 认真办理信访事项】 年内，充分发挥区社会矛盾调处中心的作用，年度共受理群众来信来访6298件涉及23732人次。其中，办理群众来信4721件涉及14355人次（联名信134件涉及9768人次）；接待群众来访1577批涉及9377人次（集体访368批涉及7686人次）。信访总量及涉及的人数与2011年（4869件涉及16992人次）同比件数上升了29.3%，人次上升了39.7%。初信办结率92.3%、初访办结率90%。

（韩延春）

【突出工作重点 协调化解疑难问题】 年内，共办理上级交办件和领导阅批件154件。其中，中央联席会交办件15件，领导阅批重点信访139件。办结率100%。

（韩延春）

【严格依法行政 实现三级终结】 年内，严格信访事项复查程序落实，推进信访事项三级终结。区信访事项复查委员会全年共受理信访事项复查申请22件，全部办结；协助市办理信访事项复核11件，收集提供相关证据材料320份，全部办结。实现了信访事项的“三级终结”。通过信访事项复查复核程序，有效的保障了信访人的合法权益，维护了和谐有序的信访秩序。

（韩延春）

【严格责任落实 强化积案化解】 年内，充分发挥区联席会议作用，整合资源，统筹协调，综合施策，对全区摸排出的信访积案和信访重点人，分别建立了台账，逐级压实责任，落实“五包”措施，采取召开重点矛盾协调会、重大问题调度会等形式，逐件制定化解措施，进行了集中化解。共动用区信访矛盾化解储备金600余万元，11件信访积案化解9件，化解率为81.8%。

（韩延春）

【建立群众工作体制】 年内，牢牢树立信访工作是党在执政条件下群众工作的重要组成部分这一理念，把信访工作放在党的群众工作的全局中去把握，以群众工作统揽信访工作，使信访工作与群众工作有机融为一体。解决好群众合理诉求。广泛开展了信访工作“三进三服务”活动，动员和组织广大党员干部带着责任和感情，践行以人为本、执政为民根本理念，把上访群众的事当作是自己的事，积极主动地做好服务，全力解决群众的合理诉求，提升人民群众的认同感；固化长效工作机制。坚持信访事项办理“四联单”、“民情民意倾听室”、律师进社区、地区人大代表参与信访接待等一系列长效工作机制的成功经验做法，及时疏导群众情绪，维护群众合法权益；努力提高服务群众的能力和水平。在全区社区工作者中开展“知民情、解民忧”大比武、大练兵活动,不断提高社区工作者做群众工作和服务群众的能力水平,努力打造一支政治素质优良,职业道德高尚,业务水平精湛,工作作风过硬、居民群众信任的社区工作者队伍;在全区开展了“领导干部与信访群众交朋友”活动,各级领导干部带着问题深入信访人家中,主动与他们交朋友,切实把思想工作做到群众心坎上,取得了良好的效果;建立考核评价制度。在农村地区建立乡(镇)领导入户包村制度、村级组织负责人述职评议制度和村基层组织考核评估制度。让乡(镇)、农村干部全面了解农民的生活状况和各种诉求,掌握第一手资料、第一手信息,让广大农民群众参与到村域发展和建设当中,真正成为主体、主人,使我们的干部更多地置身于群众的监督之下,真正地成为群众的公仆。

(韩延春)

【改善接待场所】 年初,为改善区信访来访接待场所,区政府拨专款70万元,新改建能容纳上百人的来访接待大厅,扩大了接访场所院落,设置了两个群众代表接待室和一个会议室,能同时接待三批集体访,方便了群众来访,提高了接访效率。

(韩延春)

【广泛宣传教育 维护良好秩序】 年内,5月12日至6月12日在全区范围内开展了以“包容、有序、和谐”为主题的《信访条例》“宣传月”活动。5月12日上午9点,区以卢沟桥乡万丰公园为主会场,在各街乡(镇)设立分会场启动仪式正式开始,在宣传月活动期间,各街乡(镇)信访办在社区(村)及群众来访接待场所设立了384个宣传站点,悬挂条幅1006条,设立宣传展板块474块,张贴宣传画60000张,向群众发放宣传材料78000份,发放宣传纪念品58000件(套),全区参加活动的领导(含街乡镇)230人,参加活动的党员干部20210人,参加活动的群众180000余人。通过宣传活动的开展,引导群众全面、正确理解《北京市信访条例》,理性、合法、有序地反映利益诉求,自觉依法维护信访秩序;不断增强了各级政府及相关职能部门依法行政意识、服务意识,畅通了信访渠道,提高了办事效率,有效地促进了信访秩序好转。

(韩延春)

保密工作

【概　况】 2012年丰台区保密工作紧紧围绕区第十一次党代会提出的“建设一个经济繁荣、社会文明、人民幸福的新丰台”的目标,加强组织领导、深化宣传教育、严格保密管理、依法开展检查,以高度的政治责任感、严谨的工作作风圆满完成全年各项任务,保密事业各项工作取得了长足进步。全年全区未出现失泄密事件。

(安全红)

【召开年度区委保密委会议】 2月28日,召开丰台区委保密委第一次全体会议,副区长、区委保密委副主任李军会传达中保委、市委保密委保密工作会议精神,区保密局局长、区委保密委副主任王京荣报告2011年全区保密工作开展情况,委员们讨论并通过2012年保密工作要点和《丰台区“十二五”时期保密事业发展规划》。区委常委、区委办公室主任、区委统战部部长、区委保密委主任孙军民就如何做好保密工作提出四点要求:一要提高认识,加强领导,将保密工作领导责任制落实到位;二要抓住机遇,深化宣传,不断扩大保密知识宣传的覆盖面;三要突出重点,强化检查,及时消除泄密隐患,确保全区不出问题;四要抓好队伍,夯实基础,完成保密专业培训工作,提高保密干部的业务能力。

(安全红)

【召开全区保密工作会】 3月16日,根据单位职能特点分为涉密重点单位、部委办、街乡镇、局处公司四个群体分别召开保密工作会议,会议总结了2011年全区保密工作,学习传达了中央、市区委保密委领导关于做好保密工作的主要讲话精神，部署了2012年保密工作，来自全区各单位的保密干部参加了会议。区保密局局长王京荣结合2012年全区保密工作要点，就如何完成好保密宣传、加强保密管理、全面开展保密检查等工作进行了部署。

（安全红）

【涉密企业法人培训】 3月20日，召开涉密企业法人保密工作培训。驻区内涉密企业的法人及保密干部参加了培训。区保密局结合《保密知识简明读本》对涉密人员教育培训、涉密载体清查以及涉密军工和定点复制、印刷企业的年审等工作进行了培训和工作部署。

（安全红）

【加强“两会”期间保密检查工作】 在全国“两会“期间，区保密局会同区工商分局、区商务委等单位，对辖区内的旧书交易市场和华京源再生资源回收公司等大型旧货市场进行了专项检查。共检查各类旧书、废旧印刷品万余册。同时，区保密局加强了对区政府各级门户网站上网信息的审查工作。

（安全红）

【开展工勤人员保密教育培训】 5月26日，区保密局与机关事物管理处共同组织提高工勤人员保密意识培训。来自机要交通、会议服务、安全保卫、人事财务、固定资产等多个岗位的200多名机关工勤人员参加培训。此次培训紧紧围绕机关工作人员的工作性质与特点展开，以学习《保密法》为主线，从增强保密意识、强化敌情观念、加强计算机技术防范等不同方面，用泄密案例对保密有关规定做了详细解读。

（安全红）

【市局领导调研保密普法在社区情况】 6月14日，北京市国家保密局局长陈静带队到丰台区调研并指导保密普法宣传教育在社区开展工作，区委保密委副主任、区政府办公室主任高峰，区国家保密局局长王京荣陪同调研。陈静局长一行观看了云岗街道镇岗北里社区保密宣传展板，并与区保密局、云岗街道、航天三院的负责人和社区代表就如何开展好社区百姓保密普法工作进行了座谈。高峰主任参加座谈会，并从抓规范、抓重点、抓基础、抓发展四个方面对全区保密工作提出了具体要求。

（安全红）

【开展“十八大”安保工作保密专题培训】 8月下旬，区保密局对区成立的“十八大”专项行动指挥部的全体人员进行了“迎十八大 保平安”保密专题培训，详细讲解了高科技窃密手段以及应对网络窃密和泄密的防护办法，进一步提高了全体人员做好保密的知识技能。

（安全红）

【开展迎接“十八大”保密检查】 9月7日，召开全区保密干部工作会，结合形势对开展“迎接十八大保密大检查”的意义进行了分析，同时对检查的目的、范围、内容、标准及方法等方面进行了详细部署。9月中旬以区工商分局、公安分局、文委、商务委和信息中心等单位组成的专项检查小组，严格按照检查目录要求，采取不同的检查方式，在全区开展抽查。

（安全红）

【举办全区保密干部培训班】 10月中旬，以“迎十八大、保安全、保密在行动”为主题，召开全区保密干部业务培训班暨开展网络清理检查工作部署会。全区党政机关、企事业单位的保密干部参加了培训。

（安全红）

【市网络清理检查组检查指导工作】 10月25日，市网络清理检查组对文件制发、网络使用、信息公开、网站监管等工作进行保密检查。检查组听取了区保密局局长王京荣的专题工作汇报，对区委政法委、区政府信息中心进行实地抽查，总体检查情况合格。检查组认为，丰台区保密工作树立了围绕中心服务大局的意识，保密科学技术防护和管理水平大幅提升。

(安全红)

【《保密知识简明读本》配发】 年内,为进一步加强对领导干部和涉密人员的保密教育,保密局为全区各单位配发《保密知识简明读本》3850册,做到了领导干部人手一册,涉密人员人手一册。

(安全红)

【制作安装宣传屏保软件】 年内,为加强保密知识的宣传普及,不断增强信息化条件下保密意识,区保密局制作了涉密计算机"五个禁止"和保密技术防范"20个不得"的宣传屏保软件,配发安装到全区各单位。

(安全红)

【举办初任科级班保密培训】 年内,以进一步增强保密意识、做好保密工作为主题,区保密局与区委党校共同举办初任科级班保密培训。培训列举大量生动详实的案例,对《保密法》作了深入浅出的讲解,并就大家如何在各自岗位遵守保密规定、做好保密工作提了细致的要求。

(安全红)

【动态管理保密承诺书】 年内,全区新调整的区级、处级领导干部全部及时签订了《保密承诺书》。同时将《保密承诺书》管理上移到区保密局的管理平台上,进行集中动态管理。

(安全红)

【指导企业保密工作】 年内,围绕丰台区"一轴两带四区"建设,保密局领导带队深入到丽泽金融商务区现场指导保密工作,送保密知识上门,送保密制度上门,坚定了企业做好保密工作的信心。

(安全红)

【涉密军工企业保密资格认证初审】 年内,严格按照《武器装备科研生产单位保密资格审查认证管理办法》的规定,完成了驻区军工企业申请保密资格认证初审工作。

(安全红)

【国家级考试考务保密检查】 年内,按照《国家教育考试考务安全保密工作规定》中的职责分工,充分发挥保密指导、监督、检查的职能作用,全面加强考试考务保密工作的组织领导。在全区高考、成考、中考、自考考试期间,对区考试中心及各考点校保密室启用前的物防、技防情况和责任制落实情况进行督促检查,对试卷的运输、交接、分发、封装等重点环节现场监督。

(安全红)

【政府信息公开保密检查】 全年,加大对区政府政务网和互联网络的检查力度,固定专人坚持每天对区党政机关办公平台和政府外网的网站进行检查。

(安全红)

区直机关工委工作

【概　况】 2012年区直机关工委工作紧紧围绕"服务中心、建设队伍"的工作理念,积极探索机关党建工作创新,形成了"三进三服务"与机关文化建设两项载体、机关党建协作组保障机制的工作体系(简称"两载体一机制"),得到了区委常委会的充分肯定,并经市直机关工委推荐,代表北京市在第二届全国县级机关党建工作研讨会上介绍了"两载体一机制"工作经验。一年来,各单位围绕中心抓党建,坚持业务带党建,较好地形成了上下联动、左右互动、合力推动的工作格局,形成了主要领导统领、主管领导把关、党务干部尽责的良好局面,提升了机关党建工作科学化水平。

(李　林)

【开展党内培训】 年内,邀请北京市社科联党组书记、常务副主席史秋秋同志做了题为"践行北京精神 推进区直机关文化建设"的专场报告会,机关工委系统各党组织负责人及党务干部共计约200人听取报告;召开"三进三服务"和机关文化建设工作交流推进会,由先进单位做经验发言,并邀请市直机关有关单位党支部负责人介绍工作经验和典型做法，对各单位党务负责人进行培训。组织一期入党积极分子培训，购发十八大报告和学习辅导资料，为党员教育培训提供有力支持。

（李　林）

【基层组织换届选举】　年内，注重加强机关党组织的换届选举工作。做到有计划、有部署地对基层任期届满的机关党委、总支和支部的换届选举工作进行督促、指导和检查，对基层党组织负责人缺额的及时调整充实，选好配强基层党组织领导班子队伍，确保机关党建工作运转正常。全年共改选党总支、党支部15个，充实完善组织班子4个，加强了基层组织力量。

（李　林）

【完成党员发展工作】　年内，严格按照“坚持标准、保证质量、改善结构、慎重发展”的十六字方针，积极稳妥地做好发展党员工作。共审批新党员47名，办理预备党员转正45名。

（李　林）

【加大党建宣传工作力度】　年内，在丰台有线、《丰台报》、《丰台信息》等各类媒体上进行宣传，编发了经验材料汇编和机关党建动态，其中丰台有线、《丰台报》、《丰台调研与决策》还制作刊发了专题，形成了“重点突出、连贯统一、影响广泛”的宣传工作新气象。

（李　林）

【开展“三进三服务”活动】　年内，研究制定了《关于在区直机关党员干部中广泛开展“三进三服务”活动的实施意见》并在区直机关各单位组织开展“三进三服务”活动。此项活动突出将“转变作风、强化服务”外化于行，通过一年的实践，形成了“转变作风，坚持领导带动；强化服务，立足业务推动；围绕主题，注重单位联动”的工作特点，成为了各单位对外履职尽责、攻坚克难、展示机关形象的“钥匙”。各单位开展了符合自身实际的各类活动，产生了较好的实际效果。

（李　林）

【开展机关文化建设活动】　年内，研究制定了《关于进一步加强机关文化建设的实施意见》并在区直机关各单位组织开展。此项活动强调将“提升能力 建设队伍”内化于心，通过“以学习型机关建设为切入点，打牢了基础；以提炼机关精神为关键点，丰富了内涵；以主要领导讲党课为着力点，凝聚了共识；以注重人文关怀为支撑点，提升了品质”，使机关文化建设成为各部门对内建设队伍、凝心聚力、营造和谐氛围的“路径”。各单位普遍开展了形式多样、内容丰富、成效明显的各类活动，活跃了机关文化氛围。

（李　林）

【继续完善党建协作组机制】　年内，继续完善党建协作组机制，重点突出协作组在推动“三进三服务”和机关文化建设活动过程中的作用，搭建了党组织间学习交流的平台、单位之间业务工作协作推进的平台和单位干部之间沟通联谊的平台。实践表明，党建协作组成为不可或缺的机关党建推进机制。基本经验是：要保证党建协作组顺畅有序运行，组长单位领导支持是前提；选好活动主题和内容是关键；做好活动组织协调工作是重点。

（李　林）

【开展党风廉政建设责任制和宣传教育活动】

年内，组织各单位层层签订党政廉政责任书，形成“内容明确、责任具体、上下互动、层层落实”的责任主体；举办反腐倡廉形势报告会，购买警示光盘发放到各机关党组织，利用违法违纪案件的警示片对党员干部进行廉政教育；坚持对工委系统新发展党员进行党章、党纪条规的闭卷测试制度，新发展党员全部通过了测试；查办党员违纪案件1起；办理信访举报1起。

（李　林）

【组织“真情为你服务”优质服务月活动】　年内，启动区党政机关窗口行业“真情为你服务”优质服务月活动，参加单位包括房管局、人力社保局、城管大队等窗口行业。通过“微笑服务、文明用语、规范服务和排忧解难”四项活动,达到了“四个减少”,即“办公场所规范,不合理设置减少;内部管理制度健全,违规办事现象减少;工作流程科学化,无效程序减少;党务政务公开,群众投诉率减少。”活动还对部分优秀窗口行业单位进行了宣传推介,树立了较好的社会形象。

(李　林)

【成功举办区直机关运动会】 年内,在区中心体育场成功举办丰台区创建首都文明区全民健身系列赛事开幕式暨区直机关运动会。本届运动会设有19个比赛项目,共有1500多名机关干部报名参加了各项比赛。区财政局、区房管局、区环保局、区残联分获小组第一名,机关事务管理处、区质监局、区统计局、区社工委等22家单位也取得了团体总分2－8名的好成绩。

(李　林)

【群团组织活动不断丰富】 年内,按照“党建带群建”的工作思路加强群团工作。在重要时间节点组织开展相应的活动,积极参与上级群团组织的各类活动;牵头举办了“牵手青春 缘定丰台”机关单身青年联谊活动,来自区委办、区发改委、公安分局、城管大队等20多家单位的80多名机关单身青年干部参加。

(李　林)

党校工作

【概　况】 丰台区委党校(简称党校)工作,坚持以践行科学发展观为主题,以贯彻“十二五”规划、推动丰台强势崛起为主线;学习贯彻党的十八大精神,落实《2010－2020年干部教育培训改革纲要》,实现“创新2012”党校工作目标。围绕“坚持一个主题、探索两个规律、围绕三个课题、抓好四个教育、实现五个突破、打造六个品牌”的总体思路。启动“三大”党校工作新机制,实现党校、区行政学院和区社会主义学院的同等地位、同等重要、协调发展;以上级领导调研党校工作促进党校建设;以文化研究成果,实现咨询研究新突破;以中央党校、市委党校现场案例教学为契机,探索现场教学新路径;及时调整基层党组织构成,进一步加强党校的组织建设和制度建设。全年共培训31个班次,5000余名干部。停办党校成人学历教育,1993年至2012年共培训10个专业大专、本科学员10657人。

(李树贵)

【“创新2012”教育培训的总体思路】 年内,党校坚持以践行科学发展观为主题;探索党校教育和干部成长“两个规律”;围绕树立社会主义核心价值体系、践行北京精神、助推文化强区“三个课题”;抓好理论、知识、党性和区情“四个教育”;在文化强区上实现强化意识、研究举措、提升能力、发挥功能和创新成果“五大突破”;打造红色文化、中秋文化、戏曲文化、汽车文化、园艺花卉文化和服装时尚文化等丰台文文化特色的“六大品牌”。

(李树贵)

【确定党校成立日期】 2月20日,党校成立日期确定为1959年10月16日(丰校委字[2012]10号)。党校在北京市第二轮修志工作过程中,经查阅历史资料,1959年10月16日,中共丰台区委批准成立中共丰台区委党校,同年12月举办成立大会,并参照参加过建校前期工作、前后在党校工作20余年宋业同志的口述资料。按照尊重史实,实事求是的原则,经校委会审定,党校成立时间由原来的1958年6月25日,变更为1959年10月16日。

(李树贵)

【创办“学术丰台·党校论坛”】 3月5日,党校创办“学术丰台·党校论坛”研讨会。开设专题性论坛,交流学术心得,座谈科研工作经验,阐述研究成果,为党校干部教育培训和教学服务,为区委、区政府决策服务。论坛第一期副调研员宋子成主讲,从十个方面阐述对文化的理解与认识;论坛第二期副教授徐文彩进行《“北京精神”解读》。论坛旨在搞好科研引领、示范丰富教学、助推创建名校，为党校人搭建一个增进学术交流、展示研究成果、服务丰台建设与发展、促进党校研究队伍不断壮大的平台。

（李树贵）

【于长辉到党校调研】 3月6日，区委常委、副书记、新任党校校长于长辉到党校调研。于校长听取校委会成员的工作汇报后，认为党校工作焕然一新，有了“精、气、神”。对党校建设提出长期构想、系统考虑、远近结合的整体把握，并提出四点具体要求：明确党校主阵地使命；明确工作思路，保持党性纯洁，干部教育与中央精神保持一致；抓队伍建设，进新人、调结构、控编制，用党校文化教育和影响人；工作要把方向、探规律，在有为中实现有位。

（李树贵）

【取得十五项文化研究成果】 3月20日，常务副校长李富国牵头，副校长范十月、张晓霞分头负责，组成宋子成、李晋、胡卫、李秀平、唐福国五人审核小组。以文化强区党校先行为主题，围绕大局、服务中心工作，组织教学骨干本着文化自觉、文化自信、文化自强的原则，梳理文化强区的重点难点和焦点，确定以文化强区为统领的“五大课题、十大文化”调研、科研方向，经过反复审核，确定社会主义核心价值体系、北京精神、文化强区、“文化自觉、文化自信、文化自强”、文化强区对领导干部素质的研究五大研究课题和红色文化、中秋文化、戏曲文化、汽车文化、园艺花卉文化、服装服饰创意文化、总部经济（金融）文化、会都文化、航天文化、人口文化等十大文化调研的思路和提纲。举党校之力组成15个课题组，经过3个多月的调研、研讨、撰稿、修改、审定形成15篇调研成果。校刊《一叶知秋》和市委党校《新视野》（增刊）先后刊登了15项调研成果。

（李树贵）

【“五步法”现场教学显成效】 5月17日，党校培训办、教研室创办现场教学“五步法”得到市委党校第4期区县局级领导干部研修班的采用，以丰台区王佐镇基层党建创新与实践主题进行现场教学，即“读”材料 在现场教学前，要求学员认真阅读王佐基层党建工作创新的相关文字材料，让学员明确教学目的，提出问题，强化现场教学的针对性。“看”现场 现场体验王佐基层党建的创新和成就，包括南宫世界地热博览园青年党员示范点、南宫村党组织建设宣传栏、青龙湖公园农林支部绿化示范点、千灵山产业转型示范区等，帮助学员切身体会基层党建创新给王佐镇带来的发展巨变。“讲”亮点 由教学基地负责人言简意赅讲解先锋力工程的具象化及其成就，帮助学员从理性的高度认识王佐基层党建工作的创新及意义。“议”观感 现场体验结束后，组织学员与王佐镇党委书记吴恒互动交流，帮助学员进一步认识王佐基层党建工作的创新与实践对于区域发展的重大意义，深化对“办好中国的事情，关键在党”的认识。“评”过程 市委党校党史党建部副主任李明伟教授紧扣教学主题对现场教学的全过程进行点评和升华，提炼理论意义，启迪学员思维。

（李树贵）

【推选市第十一次党代会代表】 6月28日，常务副校长李富国当选中共北京市第十一次党代会代表，成为丰台代表团25位成员之一，也是党校首位市党代会代表，代表全区各行各业的党员参加本次党代会，履行党代表的职责。作为本次党代会的亲历者感受感触最深的是从过去五年成就突出一个“高”字，今后五年部署体现一个“新”字，代表的心情洋溢着一个“喜”字。

（李树贵）

【启动“三大”党校工作新机制】 8月28日，党校启动大培训、大科研、大保障工作新机制。大培训是动员、组织、整合党校全部力量，统一思考、统一部署、统一安排干部教育培训工作,整体上形成全员抓培训、全面出成果的合力,形成一个人人有任务、人人有责任的干部教育培训大格局。大科研是紧紧围绕大培训的工作思路,创建“三个资源”、发挥“三个作用”、形成“三类成果”的科研机制和格局,完善科研组织、壮大科研队伍、拓展科研领域、创新科研成果,在进教材、进课堂、进头脑上发挥更大的作用,为干部教育培训提供更大的实践支撑。大保障是党建和后勤保障。党建保障是把党的思想建设、组织建设、作风建设、制度建设和反腐倡廉建设等融入到大培训、大科研之中,确保党建科学化水平得到提升,党组织的作用充分发挥,服务干部教育培训的能力明显增强;后勤保障是集中党校的设施设备和人力、物力、财力,全力保障干部教育培训和科研工作,做到精确、准时、高效。大培训是党校工作的核心,大科研是党校工作的基础,大保障是党校工作的关键。

(李树贵)

【接受国防部国防教育检查】 年内,党校全面落实《国防教育法》,坚持把国防教育融入到党校干部培训、教研科研、军民共建三大活动之中,开展国防教育“三融入”活动,为国防教育找抓手、赋载体、辟路径,增强国防教育的主动性、针对性、实效性。在代表北京市、丰台区接受国防部国防教育检查活动中,党校的国防教育“三融入”活动,得到国防部检查组专家和领导的肯定,“三融入”活动机制创新、方法灵活、内容充实。

(李树贵)

【参加全国党校协作组第九届年会】 10月9日,全国直辖市科教文化区党校协作组第九届年会在上海徐汇区委党校举办,主管教学副校长李秀平带队,宋子成、严榕、杨新武四位同志参加会议,共有海淀市委党校、天津南开区委党校、重庆市沙坪坝区委党校、上海市浦东新区区委党校六所党校主管教学、科研、教务领导参加。本届年会以“改革创新强动力,加强培训求实效”为主题,对如何深入贯彻落实《2010—2020年干部教育培训改革纲要》和习近平同志《在全国党校校长会议上的讲话》精神,更好地发挥党校的特色和优势,进一步增强干部教育培训的实效性展开座谈交流,研讨学习,拓展思路。

(李树贵)

党史资料征集工作

【概　况】 2012年丰台区的党史资料征集工作年内启动并组织开展了“读地方史、知丰台、爱丰台”有奖读书、党史宣讲进农村、党史宣讲进社区和送党史书刊进社区等系列党史宣传周活动。为贯彻区委关于建设学习型、服务型、创新型党组织的工作要求,区委党史办从建设学习型的团队、以先进人物为榜样坚定服务群众信念、搞好业务创新三个方面加强党史干部队伍建设。全年编辑完成了《丰台区2007年—2009年党建资料汇编》和《丰台区2010年党建资料汇编》,完成了2011年丰台区大事记的编写工作。为充分发挥《丰台党史》的宣传阵地作用,2012年第一期、第二期分别刊登了《丰台区创先争优活动回顾》,对丰台区的创先争优经验进行了全面的总结;开辟基层党建专栏,为全区各基层单位做好党建工作提供了借鉴。区委党史办支部被评为区直机关先进基层党组织。

(张国庆)

【开展有奖读书活动】 6月25日,向全区各单位下发《关于开展“读地方史 知丰台 爱丰台”有奖读书活动的通知》,要求各单位组织人员学习《丰台建设史》、《丰台改革开放30年》、《丰台党史资料汇编》、《丰台党史》等党史书刊,以撰写心得式读书笔记的形式,从物质、制度和文化三个层次阐述丰台形象、丰台文化和丰台精神。截至到7月12日,共收到读书征文300余篇。区委党史办对征文进行评选,10篇获一等奖,20篇获二等奖,30篇获三等奖。东铁匠营街道工委等单位获优秀组织奖。

（张国庆）

【为村民讲党史】 7月6日，到长辛店镇张郭庄村委会做了题为《光辉的历史—丰台党史简说》讲座，张郭庄村干部及部分党员共计32人参加。讲座从8个方面讲述了1921年至2012年丰台地区党的发展史，尤其突出二七大罢工、七七事变、农业合作化运动和丰台区城市化建设等四大主题。结合张郭庄村实际，讲授了张郭庄村发展史的闪光点，受到张郭庄村广大党员干部的认可和欢迎。

（张国庆）

【出版党史期刊】 7月13日，2012年第一期《丰台党史》正式出版。该期刊物封面采用丰台区党史上占有举足轻重地位的长辛店留法勤工俭学预备班遗址，突出期刊宗旨。内容分6个栏目，其中《关于城乡结合部村域城市化的情况调查》、《丰台区创先争优活动回顾》、《丰台商业第一街》、《对马家堡火车站及其有轨电车的考证》等都是很有深度的文章。12月31日，第二期（总第40期）出版。设有丰台经济、专题资料、历史回顾、基层党建、机关建设、坊巷钩沉6个栏目，登载了多角度再现丰台区的历史的文章14篇。

（张国庆）

【党史宣传进社区】 7月24日，到丰台街道北大街南里社区开展"党史宣传进社区"活动，为社区党员群众讲授《百年沧桑话丰台》党史课，从"辨名说义释丰台"、"近代城镇起丰台"、"各派势力夺丰台"、革命火种播丰台"、"改天换地建丰台"和"改革开放靓丰台"6个方面介绍了丰台地名的起源以及丰台区人民在党的领导下进行革命和建设的历史，同时发放了《丰台区改革开放30年》、《丰台建设史》和《丰台党史》等书刊。10月15日，为北大街社区居委会阅览室捐赠《丰台党史》、《丰台区改革开放30年》等书刊231本。

（张国庆）

【领导调研和座谈】 8月23日，市委党史研究室主任谢荫明、副主任李明圣到丰台区委党史办调研，听取党史办主任肖敬等同志关于丰台区党史工作的汇报，以及加强党史干部培训工作的建议。谢荫明同志和李明圣同志分别就下一步做好党史工作和干部培训工作提出了指导意见。丰台区委常委、组织部长霍连明对市委党史研究室领导到丰台区检查指导工作表示欢迎和感谢，并表示要按照市委党史研究室的工作部署做好工作。

（张国庆）

纪检监察工作

【概　况】 2012年区纪委、监察局内设11个职能室（中心）、3个联合纪检监察组，派出（派驻）纪检监察机构47个。全区纪检监察系统共配备纪检监察干部341人，其中专职151人，兼职190人。2012年，在市纪委监察局和区委区政府的领导下，全区纪检监察组织认真学习贯彻党的十八大精神，按照市委、市纪委和区委区政府的工作部署，紧紧围绕高端、创新、统筹、绿色、和谐"五个发展"，全面推进惩防体系建设，持续保持惩治腐败高压态势，成功查处了"3.20"、"10.26"专案要案。年底，纪委监察局被市纪委、市人力资源和社会保障局、市监察局联合表彰为案件检查工作先进单位，并荣立集体一等功。

（韩永海）

【中共丰台区纪委十一届二次全会召开】 2月15日，中共北京市丰台区第十一届纪律检查委员会第二次全体会议召开，全会充分肯定了2011年区纪委常委会的工作及全区党风廉政建设和反腐败工作，并明确2012年工作思路和主要任务。全会强调，要以落实"十二五”规划为重点,强化对中央、市委和区委、区政府重大决策部署落实情况的监督检查;要以换届后领导班子和领导干部作风建设为重点,进一步加强同人民群众的血肉联系;要以坚决惩治和有效预防为重点,全面完成惩治和预防腐败体系2008—2012工作规划任务;要以专项治理为重点,切实解决反腐倡廉建设中人民群众反映强烈的突出问题;要以“保持党的纯洁性”,“纪检监察机关要以身作则、率先垂范”为要求,加强纪检监察干部队伍思想建设、组织建设和作风建设,努力建设一支忠诚可靠、服务人民、刚正不阿、秉公执纪的纪检监察干部队伍。

(韩永海)

【促进重大决策部署贯彻落实】 年内,围绕区委区政府制定的重大决策部署进行全程跟踪监督,推进贯彻落实。重点对“一轴两带四区”、城南行动计划、园博会等82个建设项目的程序、进度、资金等方面实施监督,全程跟进园博会筹建,创新建立“监审合一”监督体系。对全区城乡环境建设、市容卫生、环境秩序、控违拆违等组织部署、责任落实、治理进度进行绩效管理考评,有效推动区委区政府决策部署的贯彻落实。

(韩永海)

【积极开展行政效能监察】 年内,突出对重点村城市化工程、平原地区造林工程、保障性住房建设管理以及城乡环境建设、校舍加固工程、烟花爆竹安全管理实施行政效能监察;加大遏制、拆除违法建设情况的监督检查力度,全程跟进非法自办幼儿园清理整治,严肃查处成寿寺小学门口暴露垃圾、马公庄违法建设问题,保持了全区新生违法建设“零增长”,有效防止了侵害群众利益案件的反弹。

(韩永海)

【持续推进廉政文化建设】 年内,以“践行北京精神,树立良好作风”为主题,采取廉政党课、党纪讲座、案例巡展等方式进行示范教育和警示教育;建立处级预提干部廉政谈话和科级领导干部任前廉政评价制度;制定《关于进一步深化廉政文化建设,创建廉洁丰台的实施意见》,创办北京清园监狱“共廉共帮共教基地”,有效推进廉政文化“六进”工程扎实开展取得成效。

(韩永海)

【强化权力制约监督】 年内,加强对领导班子和领导干部的监督,完成对17个单位的巡视;推动党政领导干部经济责任审计,稳步实施区委管理干部票决制,加强国有企业领导人员薪酬管理;稳步推进政企分开,管办分离工程,对园林、水务、市政等8个行政事业单位所属28家企业、4家二级企业,开展清理脱钩工作,深化了源头防治腐败的思路和举措。全年,全区共清理职权3442项、绘制流程图2693张、查找风险9022个、建立“三重一大”决策制度目录102个、配置权力455项,确保权力科学规范、高效廉洁运行。

(韩永海)

【持续开展专项治理】 年内,对公务用车和“小金库”问题开展专项治理,纠正处理违规公务用车168辆,严肃查处2起公款私存问题。对教育、医疗、流通等重点领域损害群众利益问题开展专项治理,实施教辅材料免单政策,社区卫生药品全面实行“零差率”销售;对银泰百货大红门公司违规向供应商、租赁经营户乱收费问题进行严肃查处。

(韩永海)

【畅通群众诉求渠道】 年内,坚持落实领导干部接访、下访制度,进一步密切党群干群关系;改进效能考评,建立效能、督查会商机制,优化公众评议调查,增设主管区领导点评环节,加强过程控制、动态管理;做好“两线”群众来信办理工作,规范办件要求、考核标准、扣分依据,提升办件质量。加强行政投诉和政风行风热线办信督查,开通全市统一受理行政投诉电话“96160”,全年办理各类投诉、建议1729件,切实维护了群众权益。

(韩永海)

【推进廉政风险防控体系建设】 年内,严格落实区委、区政府《关于进一步加强廉政风险防控管理的实施意见》,坚持以点带面,推进权力结构科学化配置、权力运行规范化监督、廉政风险信息化防控“三个体系”建设。加强区级重点权力科学配置研究,摸清权力底数,优化运行流程。对82个重大项目实施廉政风险防控项目化管理,在农村进一步推广ISO9001质量管理体系,对农村征地补偿专储账户落实情况进行专项检查。

(韩永海)

【深入推进党务公开工作】 年内,严格落实区委《关于在全区深入推进党务公开工作的意见》、《丰台区委深入推进党务公开的实施方案》,进一步完善公开内容、形式、程序、范围、时限,丰富公开载体,打造栏、屏、网公开平台,开设“丰台党建网”和区党务政务公开栏,全区建立公开栏1272块、电子显示和触摸屏633块,公开政务11635项,全区各级党组织党务公开工作全面推开。

(韩永海)

【保持查办案件的强劲势头】 年内,坚决落实区委“对腐败分子要一查到底、决不姑息”的要求,制定《信访举报工作考评办法》和《案件检查工作考核办法》,推行案件审理告知制度,健全案件线索查找、案件查处协调机制,在全市范围内先行先试信访举报和案件查办工作一体化管理办法,着力提升信访举报的初核率和案件查办的质量效益。全年,全区纪检监察组织共受理信访举报515件;新立案26件,结案17件,给予党纪政纪处分17人,其中处级5人、科级11人,移送司法机关处理4人,挽回经济损失1046.8万元。严肃查处了区民防局原局长崔爱国严重违纪违法案件,持续保持惩治腐败的高压态势。

(韩永海)

民主党派

民革丰台区工委

【概 况】 2012年,民革丰台区工委实有党员176人,发展新党员17人。根据民革北京市委和民革中央代表名额及代表产生办法,选举马列清、王奕戈、叶培红、李钟、迟岚、张楠、张兆旗、张俊峰、张鲁燕、孟涛为民革北京市第十二次代表大会代表,张兆旗和马列清当选为民革北京市第十四届委员会常委、李钟当选为委员。张兆旗当选为民革全国十二次代表大会代表。张兆旗被推选为北京市第十二届政协委员。马列清当选为北京市第十四届人大代表。王奕戈被推选为丰台区第十二次妇女代表大会代表,并当选为执委。刘海燕、李征、蔺熠被推选为丰台区第五届青年联合会委员。王奕戈被民革中央授予“民革祖统工作全国先进个人”称号。张鲁燕、康伟、秦方被评为丰台区人民法院2011年度优秀人民陪审员。区政协委员张俊峰、张少勇、王春城撰写的委员个人提案被评为九届一次区政协优秀提案,占优秀提案的30%,创民革丰台区工委的历史新高。全年继续完成四期《丰台民革之声》发行工作。

(康冬花)

【完成支部换届工作】 年内,支部换届采取组织推荐、支部推荐与毛遂自荐相结合,与培养后备干部挂钩,并在支部班子成员中配备1名新党员,加速支部班子年轻化、知识化建设。在换届中有25人分别当选5个支部委员,平均年龄42.64岁,比上届下降3个百分点;具有大学本科以上学历21人,占支部委员总数的84%。

(康冬花)

【开展调研】 年内,参政议政专委会通过对园博会会址进行实地调研,完成了"园博会会址后期利用"调研报告;对区域历史文化资源进行了调研,形成了"加快卢沟桥申办世界文化遗产"调研报告;还组织7名党员参加了区政协的四个专项课题调研。

(康冬花)

【强化学习塑形象】 年内,区工委先后围绕"学习十八大精神,助推区域全面发展"、"学习民革市委十二次大会精神,加强自身建设"、"传达市区两会精神,服务丰台发展"等开展了学习研讨活动。组织区工委委员、支部主委、部分骨干党员先后参加了"2012年丰台区民主党派工商联班子成员培训班"和"民革市委市、区两级干部培训班"及"区统一战线学习十八大报告"学习班。

(康冬花)

【信息工作】 年内,组织信息写作培训2次,信息报送参与人数达53人,共报送有效社情民意和信息95条,被民革市委及其他相关单位采用的信息62条,采用率为70%。其中张兆旗、张俊峰、皮乐为等人的11条信息被全国政协、民革中央、市委统战部和市政协采用,优秀信息比率达20%。

(康冬花)

【区政协和统战部领导来民革调研】 年初,区政协主席李昌安、副主席李新民、秘书长赵冬辰和区委统战部常务副部长李小月等领导到民革丰台区工委调研,区工委汇报了文化特色、组织建设、参政议政等特点和2012年重点工作。李小月肯定了区工委各个方面的工作。李昌安对区工委提出了把握好主题,思想上同心同德、目标上同心同向、行动上同心同行;发挥好自身优势,在参政议政上做表率;突出重点,推动两岸交流发展等三点建议。

(康冬花)

【提案的转化和落实】 年内,在"关于加快我区文化产业发展的建议"的提案答复会上,办案单位对提案中的"三四环都市产业发展带、金融文化产业、打造丽泽金融文化混合区、挖掘金中都文化"等建议给予肯定,部分建议被纳入区文化产业发展谋划中。关于《申请博物馆日中国主会场的建议》提案,开展了以"永恒记忆"为主题的"5·18国际博物馆日"宣传活动,并纳入了《园博会总体文化活动方案》之中。

(康冬花)

【组织"两新人员"培训】 结合新党员多、支部班子新成员多的情况,先后由新友党员俱乐部和组织工作专委会举办了"新党员培训班"和"新一届支部班子培训班",从民革党史、丰台民革精神、参政议政职责、撰写社情民意信息等各方面进行了培训交流。

(康冬花)

【创新祖统工作形式服务台商企业】 年内,首次与区台办、区政协民族宗侨专委会联合,举办为台商、台企健康服务活动。依托民革党员王瑞环的美康生物技术研发企业优势,聘请专家为20多位台商进行了健康保健知识普及,免费提供了价值5000余元的"胃部重大疾病检测卡"供台商台资企业人员检测使用。

(康冬花)

【"爱心卡"成为老党员的好帮手】 年内,为方便老党员就医咨询、外出旅游、法律咨询等事宜,发放"爱心卡"并为30多位70岁以上老龄党员无偿提供了数十次病情、民事纠纷咨询和赴台手续办理等服务。

(康冬花)

【举办国学知识系列讲座】 年内,乐友文体俱乐部组织开展了国学讲座,邀请有关专家为党员举办了"诗词格律"、"五经简介"等国学知识讲座,编写了"古代称谓"、"书信用语"等三篇国学常识,提高了党员的文化修养。

(康冬花)

民盟丰台区工委

【概　况】 2012年,民盟丰台区工委坚持把理论学习作为加强组织思想建设和后备干部队伍建设的重要载体来抓，贯彻落实民盟中央"人才兴盟、人才强盟"战略，稳妥地做好新盟员的发展工作，并注意抓好代表性人士和参政议政人才两支队伍的建设。3月，区工委组织工作会议相继审定通过了《民盟丰台区工委组织发展工作暂行办法》、《民盟丰台区工委发展盟员程序》、《民盟丰台区工委支部委员选举办法》等三个制度文件。全年新发展盟员8名，截止年底，区工委共有12个基层支部，盟员总数为313人。出版《丰台盟讯》四期。10月26日，原区工委秘书长郭琰调回民盟北京市委社会服务部工作，即日起，李亚一由民盟北京市委组织部调到民盟丰台区工委工作，接任工委秘书长一职。

（李亚一）

【课题调研】　年内，盟内政协委员积极参加区委区政协的"加快推进河西地区建设发展"的政治协商议题，其中张振军、杜军分别担任调研一、二组的正、副组长，在河西地区建设发展模式和产业发展战略方面提出了建设河西新区、强化区域发展战略管理、发挥重大产业项目引领带动作用等一系列建议。梁大庄应邀同时参加区政协的提案、学习和文教体卫三委的工作以及"丰台区人口资源环境承载力"课题研究。张桂敏和赵欢全程参加区政协"城乡环境建设与管理"和"一刻钟社区服务圈"专题调研，并及时将调研成果转化为信息，受到区政协的肯定。

（李亚一）

【基层组织建设】　11月24日，成立了民盟丰台经济支部，重新组建了科技支部。邀请有关专家做了《如何开展支部工作》专题辅导，并以支部为单位，逐一审议了加强、改善和调整支部建设的工作方案，对领导班子和后备干部队伍建设提出了明确要求。6月，薛明在民盟北京市第十一次代表大会上当选为民盟市委常委，张振军当选为民盟市委委员和监督委员会委员。11月，李有毅和温瀚英在区人大二次会议上被选为市人大代表。全年共选派6名中青年骨干盟员参加了区委统战部举办的"各民主党派及工商联领导干部培训班"。

（李亚一）

【信息工作】　3月，区工委召开信息工作会，对2011年信息工作进行全面总结，同时部署2012年信息工作，并表彰了信息工作先进集体和个人，编辑发行了《民盟丰台区工委2011年参政议政建言集》。全年，丰台盟员共报送信息218条，同比增长17.84%。张雪梅撰写的《制定法规政策规范中小学校对学生处分的建议》得到丰台区区长冀岩的批示。

（李亚一）

【宣传工作】　年内，组织盟员学习了中共十八大、中共北京市"十一大"、民盟中央与民盟北京市"十一大"会议精神，工委班子成员参加了区政协学习十八大精神座谈会。2月，发行了《丰台盟讯》，并正式改版为期刊。3月，召开区工委宣传工作会议，讨论并通过了《民盟丰台区第六届工委宣传工作条例》。同月，区工委举办了工委委员和支部宣传委员培训班。

（李亚一）

【社会服务】　3月至9月，开展了"情系打工子弟，爱心书屋进校园"活动，累计捐赠书籍3000多册，有1100多名学生和家长以及70多名教职工参加活动。4月7日，联合石景山区工委到顺义太阳村慰问服刑人员子女，并捐赠书籍、玩具和日常用品。12月4日，联合区司法局建立了"丰台区普法教育基地"，邀请专家开展对农民工家庭教育指导与预防欠薪宣传活动。

（李亚一）

【履行民主监督职能】　年内，梁大庄等多名盟员在担任区政府特邀教育督导员、卫生局特约监察员、区法院人民陪审员等工作中，积极参与政府部门的效能建设，认真履行民主监督职责，工作得到相关部门肯定。

（李亚一）

【表彰先进】 年内,对教育第三支部、医务第二支部等2个优秀支部及王雄心等32名优秀盟员予以表彰;授予经济,科技,教育第一、二,医务第二等5个支部"民盟丰台区工委2012年度社情民意信息工作先进集体"荣誉称号;授予赵欢等29名同志"先进个人"荣誉称号。

(李亚一)

民建丰台区工委

【概　况】 2012年,丰台民建以深入学习贯彻中共十八大精神为重点,继续深入开展科学发展观、社会主义核心价值体系、践行"北京精神"系列主题教育活动,注重在思想上抓引领、组织上抓凝聚、议政上抓落实、社会服务上抓实效、自身建设上抓规范,各项工作取得了新进展。截止12月31日,支部数为16个,会员总数为460人,全年新发展会员36人,发展率为7.4%。继续出版内部刊物《丰台民建》。

(张扬)

【配合市委完成换届工作】 按照《民建北京市委2012年市委换届工作意见》和《民建北京市委2012年换届工作实施方案》的部署及要求,在基层支部推荐的基础上,完成了十届市委委员候选人推荐人选的民主推荐工作和出席民建北京市第十次代表大会代表的选举工作,共选出代表13人。5月27日,工委主任王虹,副主任王德文、康建辉、李奇、金志雄,会员解刚、黄树森、王燕明、臧红梅、王春立、高歌、周黎明、巴根那作为代表出席了民建北京市第十次代表大会。会上,王虹当选为市委常务委员,王德文、金志雄、张婕当选为市委委员。

(张　扬)

【组织建设】 继续完成支部调整工作,协助支部理顺管理程序、活动程序,认真学习并填写好《民建北京市委支部活动手册》;按计划、分层次地对会员进行培训,积极组织相关会员参加支部主任学习班、新会员学习班;为使新任人大代表、政协委员尽快进入角色,及时举办新任委员、新任代表培训会;开展多种支部活动,通过学习座谈、参观考察、社区服务、爱心助学等活动增强支部凝聚力;加强后备干部的培养,注重发现新人、培养新人、使用新人,向民建北京市委各专委会推荐会员20名。

(张　扬)

【提案答复会】 与区经济和信息化委员会、区建设委员会合作先后举办了提案答复交流会。工委主任王虹,副主任王德文、康建辉,李奇,委员黄树森和相关会员参加了会议交流。

(张　扬)

【调研工作】 年内,全面参与政协、人大组织的专题调研,完成了《大力发展先进制造业,加快丰台产业结构的调整》和《关于促进北京种子业发展的建议》两篇调研报告。王虹、王德文、黄树森、巴根那、吴玉芳等会员分别参与了区政协"关于促进戏曲文化建设、加快河西地区建设"和丰台区"一刻钟社区服务圈"建设的调研。

(张　扬)

【信息工作】 进一步完善社情民意信息工作制度,截至11月,共报送信息76条,其中12条被民建市委采用。

(张　扬)

【宣传工作】 年内,出版《丰台民建》刊物三期。李毅、徐建勇、李向军、黄树森等会员撰写的多篇文章被《民讯》、《北京民建》等刊物和民建北京市委网站采用。选送会员的四十幅摄影作品参加"聚焦北京风貌 展现民建风采"活动,其中寇胜利、宋洪新、李毅、陈彪、刘奇江的作品获奖。

(张　扬)

【理论研究】 年内,王虹、赵二良完成的《政治协商纳入决策程序的重要性及其保障性措施研究》，王虹、赵二良、曲德龙完成的《浅议公民利益表达机制建立及公民有效政治参与》，周黎明完成的《脚踏实地、真抓实干，大力推进中国民主建国会建设》等调研报告和文章入选《同心、同德、同向、同行——民建北京市第九届委员会理论实践研究文集》；周黎明获“民建北京市委第九届理论工作贡献奖”，赵二良被评为“民建北京市委第九届理论研究优秀工作者”。

（张 扬）

【服务社会】 年内，向遭受“7·21”水灾严重的房山区捐款7100元；退休二支部慰问黄庄打工子弟学校，并捐献衣物和学习用品；民博律师事务所律师胡占全等到丰台区右安门街道玉林里社区举办“私有房产的转让、继承与赠与”义务讲座并现场法律咨询；胡占全为翠林小学学生主讲“欢度六一，健康成长，法律护航”法制宣传课；科技支部参加滴水公益贵州支教团举办的“用爱点亮希望”捐资助学活动，为贵州安顺地区多个小学建立春苗爱心食堂、操场，并送去衣物文具等。

（张 扬）

【表彰先进】 年内，民建丰台区科技支部、经济一支部、综合四支部被评选为“民建北京市委2009—2011年度先进支部”，王虹等18位会员被评选为“优秀会员”。在工委年终总结会上，对4个先进支部、23名优秀会员、5名优秀信息员、5名参政议政优秀个人和5名服务社会优秀个人进行了表彰。

（张 扬）

民进丰台区工委

【概 况】 2012年，民进丰台区工委新发展会员9人，外地（区）转入1人，总计326人，平均年龄55.3岁。全年向区委统战部推荐后备干部人选18人。年内，共召开工委及扩大会议9次；妇女工作委员会召开专题会及庆祝“三八”妇女节等活动3次；基层支部召开会议、举办活动共计33次。在2012年北京市民主党派“凝心聚力”工程总结表彰会上，区工委《实施干部培养三举措 完善后备干部选拔机制》被评为“2012年北京市民主党派基层典型经验”。年内共出版《丰台民进简讯》6期。

（王子君）

【完成支部换届工作】 年内，按照民进市委基层组织换届工作的要求，召开了主委办公会、支部主任会，印发了工委换届工作通知，各个支部按照《中国民主促进会章程》履行程序，于年底前完成了14个支部的换届工作。共有51名委员当选，其中主任委员14人、副主任委员19人、支部委员18人。

（王子君）

【参政议政】 年内，《关于实施“人才强教”战略，为实现丰台教育跨越式发展提供人才保障的建议》被评为区政协2012年度优秀提案，区工委获九届政协优秀提案集体，郑爱利获优秀信息个人表彰。由委员张锦、主委刘占良提交市政协的《关于应用北斗卫星技术支持首都医疗卫生综合服务平台建设工程的提案》，得到市卫生局的办复。孙鲁燕参与完成的民进中央提交全国政协十一届五次会议的民进组提案《关于非时政类报刊出版单位体制改革应分类稳妥进行及学术类期刊不宜推向市场的提案》被评为民进中央2012年度参政议政成果三等奖。年内，上报民进市委、区委统战部及区政协“社情民意”提案共63件，各类信息共85份。

（王子君）

【提案答复会】 7月20日，区工委提案答复会在党派楼会议室召开，区委办公室副主任杨杰主持，区政协副主席邢方岭参加。对于“关于实施‘人才强教’战略，为实现丰台区教育跨越式发展提供人才保障的建议”提案，区教委副主任和人力社保局的负责人分别给予了答复，区工委部分教育界会员也对提案办理报告提出了意见。邢方岭对此次提案答复会给予了肯定。

(王子君)

【举办暑期培训学习班】 8月16日至17日,区工委举办了新会员暑期培训学习班。民进市委副主委李焕喜和组织处处长鲁剑,区委统战部常务副部长李小月、副部长蒋旭东等领导参加了学习班。

(王子君)

【学习宣传“十八大”】 11月15日,召开主委办公会议,学习”十八大”精神。11月18日,参加了由区委统战部主办的“思想同心、目标同向、行动同行”庆祝党的十八大胜利召开文艺演出,部分会员参加了演出,民进市委副主委毛桂芬及区工委15位会员代表观看了演出。11月27日,主委刘占良、副主委于向英和会员王子君参加了市委统战部在北京社会主义学院举办的“学习贯彻党的十八大精神”报告会。12月13日,16位会员代表参加了丰台区统战人士学习党的十八大精神专题辅导报告会。

(王子君)

【为北京“7·21”洪灾灾区捐款】 年内,响应民进北京市委的号召,参加“7·21”北京受灾地区捐款活动。各支部会员纷纷奉献爱心,其中桥南支部会员高大勇向灾区捐款10万元。此次捐助区工委共计捐款10.12万元。

(王子君)

【社会服务工作】 3月,云岗支部会员、市级骨干教师付国辉两次参加北京教育学院承办的“送培下乡”活动。3月27日,十中支部会员李宏卫、陈静随学校初三部分老师一起到延庆县井庄中学支教,进行了初三英语、物理和化学的专题讲座。10月23日,民进丰台桥北支部会员、青年画家李桂林携带作品前往辽宁锦州女儿河中心小学进行助学活动,并进行义卖捐赠,将筹集的资金50万元,全部用于学校的取暖工程。

(王子君)

农工民主党丰台区工委

【概　况】 年内,区工委认真学习贯彻党的十八大精神,组织党员学习胡锦涛总书记十八大工作报告,始终与中国共产党在思想上同心同德、目标上同心同向、行动上同心同行,与时俱进,开创进取。工委现有支部10个,党员282名。发展新党员9名,其中:硕士研究生学历5名,大学学历4名。转入党员6名。年终工作总结表彰大会上,有3个支部、25名党员被工委评为先进集体及个人。

(朱桂荣)

【加强思想建设】 年内,通过举办培训班和参观学习等多种形式,加强党员思想建设,先后有26人(次)参加市委统战部、农工党北京市委、区政协、区委统战部举办的学习班。11月23日,40余人参加了由区工委举办的学习贯彻党的十八大精神学习班。

(朱桂荣)

【参加农工党北京市委十二次代表大会】 6月29日至7月2日,温智勇、高彦彬、武晋军、韩秀娟等13人代表丰台区工委参加了中国农工民主党北京市第十二次代表大会。大会选举温智勇、高彦彬为第十二届常务委员会委员。

(朱桂荣)

【参政议政】 年内,工委主任温智勇在区委召开的“加快推进河西地区建设发展”政治协商会议上就发展模式、生态建设发表了意见和建议。工委副主任高彦彬和部分党员完成了“关于北京市公立医院改革”、“一刻钟社区服务圈建设”、“促进丰台区戏曲文化中心建设”、“丰台区重点地区环境整治工作”、“体育生活化社区建设”、“加快推进河西地区建设发展”等多项调研和报告撰写工作。“关于促进我区文化建设的建议”和“关于丰台区永合庄垃圾卫生填埋场填埋气综合治理的建议”

转化为党派提案。

（朱桂荣）

【提案答复会】 8月8日，工委主任温智勇、副主任武晋军、韩秀娟、委员刘均娥、孟超、王计辰及部分党员参加了区委办召开的党派提案办理答复会。会议由区委办副主任杨杰主持，区政协副主席周大春、邢方岭出席了会议。区文委、农委、卫生局、社保局领导分别汇报了工委提出的《关于进一步加强丰台区文化惠农力度的建议》、《关于丰台区护理队伍现状的调研与建议》提案办理和落实的情况。周大春对工委参政议政工作给予了肯定。

（朱桂荣）

【第二十四届国际科学与和平周活动】 11月11日，工委主任温智勇、副主任韩秀娟、于文平及7名医学专家到丰台区王佐镇沙锅村开展第二十四届中国“国际科学与和平周”义诊活动，为近100名村民进行了诊疗、健康咨询。11月13日，工委组织农工党员医学专家高彦彬、周刚、刘国华参加了农工党北京市委举办的第二十四届中国“国际科学与和平周”活动，为北京市公安局收容所100余名公安干警进行义诊。

（朱桂荣）

【第五届中国环境与健康宣传周活动】 6月3日，与太平桥街道办事处共同在精图社区文化广场举办了“第五届中国环境与健康宣传周”义诊活动。区委统战部副部长蒋旭东，太平桥街道工委书记郗俊生，工委、街道部分领导参加了活动。工委副主任高彦彬等10名医学专家参加了义诊、咨询、健康宣传活动，发放了绿色经济与健康手册、健康咨询报宣传材料及环保袋200余份，为100余名社区居民进行了义诊。

（朱桂荣）

【社会服务】 5月5日，工委副主任武晋军、丰台一支部副主任郑华、党员刘建群参加了丰台区老科技工作者协会组织的长辛店镇大灰厂村义诊活动。5月4日，工委副主委高彦彬参加了由北京市政协、北京同仁堂集团、平谷区人民政府主办的“革命老区光明行”启动仪式暨北京市政协医卫界委员义诊活动。

（朱桂荣）

九三学社丰台区工委

【概　况】 2012年，九三学社丰台区工委在社市委和中共丰台区委的领导下，在区委统战部的直接指导帮助下，以履职强社为主线，紧紧围绕区委、区政府的中心工作建言献策。年内，发展新社员11名，截止到2012年底，区工委共有社员215名。具有高级职称的有135人，占63%。中级职称79人，占36%。现有丰台区政协副主席1名、政协常委2名、政协委员12名，平谷区政协委员1名，丰台区人大常委1名，丰台区政府特约人员7名，北京市政协委员1名，市政府特约人员1名，丰台区青联委员2名，九三学社中央委员1名，九三学社中央专业委员会主任1名、委员5名，九三学社北京市委专业委员会副主任2名、委员13名。全年共出版《丰台九三社讯》4期，发放800多份，撰写报送信息、活动稿件107篇。

（程留恩　郑成保）

【思想建设】 年内，区工委召开了工委委员扩大会议学习中共中央和中共北京市委关于加强党外代表人士队伍建设的文件精神。8月中旬，召开暑期学习班，组织社员学习了中共中央4号文件《中共中央关于加强新形势下党外代表人士队伍建设的意见》及中共北京市委第十一次党代会和九三学社北京市委第十二届代表大会精神。11月8日，区工委召开了工委主任会议，学习讨论了中共十八大报告，并于12月18日组织领导班子成员出席了区委统战部举办的学习党的十八大精神报告会。

（程留恩　郑成保）

【调查研究　参政议政】　年内，围绕区政府中心工作和区政协相关任务，深入开展调查研究工作，完成了《关于促进民间投资参与新三年“城南行动计划”的建议》、《开源汲水促投资 打造城南新丰台》、《促进丰台区戏曲文化中心建设的几点建议》、《关于环境建设与管理的思考与建议》、《关于丰台区农村饮水安全的建议》等多篇调研报告，较好地履行了参政议政的职能。

（程留恩　郑成保）

【召开成立十周年工作总结大会】　12月8日，区工委在圣地苑宾馆召开成立十周年工作总结大会。九三学社中央副主席、北京市政协副主席、九三学社北京市委主委马大龙，丰台区委常委、统战部长、区委办主任孙军民，九三学社中央常委、北京市委副主委方炎，区政协副主席李新民，九三学社北京市委秘书长刘永泰，市委统战部党派处副处长龚玉玺，丰台区委统战部副部长蒋旭东等领导出席了大会。区各民主党派、工商联的领导，支社所在单位党委领导、九三学社北京市各区(工)委的代表及丰台区社员代表共150人参加了会议。区工委主任程留恩代表区工委作了工作报告，医药卫生支社、冶金自动化研究设计院支社、首都经贸大学(西区)支社、文化艺术支社、丰台综合支社、首都医科大学支社、北京中医药大学东方医院支社、学苑出版社支社等8个先进支社及41名优秀个人获得表彰。马大龙肯定了区工委成立十年来取得的成绩，并对今后工作提出了意见。孙军民对区工委的工作也提出了希望和建议。

（程留恩　郑成保）

【加强干部队伍建设】　年内，推荐市委委员人选3名；选举社市委第十二次代表大会代表9名；推荐后备干部21名；推荐丰台区第四届“突出贡献人才”人选4人，“优秀青年人才”人选1人；推荐海淀区主委副主任公召人选1人。选拔推荐15名成员参加了九三学社北京市委2012年中青年社员暨参政议政学习班。

（程留恩　郑成保）

【参加九三学社北京市第十二次代表大会】　6月21日至23日，组织8名代表参加了九三学社北京市第十二次代表大会，区工委主任程留恩当选为社市委第十二届常务委员会委员、监督委员会委员及出席九三学社第十次全国代表大会代表，学苑出版社支社孟白当选为社市委第十二届市委委员。

（程留恩　郑成保）

【信息工作】　年初，召开委员扩大会议审议通过了《区工委信息工作暂行办法》、《区工委基层组织活动经费支持办法》及《区工委经费管理暂行办法》，加强了信息工作的规范化、制度化。4月25日，召开信息工作培训会，有6个支社进行了信息培训，受训社员达到140人左右。截止到12月底，共报送有关文章和信息107篇(章)，采用率达83%，超过上年信息总数77篇，总评成绩在九三学社北京市委区级组织中排名第一。其中主任程留恩的《关于在北京平原地区实施百万亩造林工程项目的建议》和《加大安全监管，减少重大恶性事故发生的紧急建议》信息分别得到市委书记刘淇和副市长苟仲文批示，委员刘颖撰写的《北京“营改增”可能面临的四个问题》信息得到市政协领导的批示。

（程留恩　郑成保）

【履职民主监督】　年内，九三学社界别的区人大代表、政协委员通过视察、考察、座谈会、通报会等形式，履行民主监督职能。市政府特约监察员参加了北京市政风评议、行风建设、首都文明行业考评等工作，区政府特约监察员参加了丰台区政府效能建设以及政府工作考评，法院特约陪审员及检察院特约检察员也都履行了各自的职责。

（程留恩　郑成保）

【社会活动】　4月13日，工委主任程留恩、工委委员李洁参加了区政协开展的主题为“绿色引领生活，和谐助推发展”民族团结林养护活动，并在树木上悬挂了“九三学社”养护标牌。5月27日，组织近30名成员到区城市规划展览馆和北京汽车博物馆参观，了解了丰台区的城市发展规划和汽车博物馆整体建设情况。6月15日，组织社内部分人员参加了丰台区看守所开放日活动。还参加了“北京九三王选关怀基金会”送健康行动，为15名困难社员进行了免费体检。

（程留恩 郑成保）

致公党丰台区工委

【概 况】 2012年，致公党丰台区工委在致公党北京市委和中共丰台区委的领导下，在中共丰台区委统战部的指导下，按照年初确定的工作思路和工作要点，紧紧围绕丰台区“十二五”规划中的热点、难点问题以及丰台区区情，认真履行参政党职能，各项工作均取得了进展。截止到年底，区工委共有党员69人，具有“侨、海”关系的党员约占71.4%，具有中高级以上职称党员约占91%，分布于科技、经济、法律、医卫、文化、政府机关等部门。

（王鑫磊）

【履行参政议政职能】 年内，向区政协会议提交了《关于丰台区小学现有的具有特殊教育需求学生的基本情况和教育现状的调研》党派提案，还选派党员骨干分别参加了区政协专委会组织的“关于丰台区老旧小区改造与管理”、“关于丰台区养老服务发展情况”和“关于丰台区公共文化建设”的专题调研活动。

（王鑫磊）

【加强社情民意信息工作】 年内，制订了《致公党丰台区工委社情民意信息工作制度（草案）》，成立了社情民意信息工作领导小组、社情民意信息员队伍，把社情民意信息工作作为区工委的重点工作来抓，并通过多种渠道把社情民意信息反映给市、区有关部门。主委王艳霞的《巩固今年“京交会”成果并尽早筹备2013京交会的建议》被市委统战部采纳。

（王鑫磊）

【开展学习活动】 年内，利用各种形式多次组织全区党员学习中共十八大、全国和北京市“两会”精神，学习和践行“北京精神”，学习致公党北京市八大精神等，增强了全区党员的政治素质和履行职能的责任感。

（王鑫磊）

【开展活动】 年内，开展了女性着装“色彩与搭配”讲座，举办了以“感恩母亲、祝福母亲”为主题的踏青、烧烤活动，参观了国家邮票博物馆，组队参加了“首届丰台区统战系统羽毛球比赛”并获得团体亚军，协办丰台区统一战线各界人士庆祝中共十八大胜利召开文艺演出等活动。

（王鑫磊）

【社会服务工作】 5月26日，举办了“关爱流动人口子女、喜迎六一儿童节活动”，区工委主委王艳霞、区委统战部副部长蒋旭东及区工委党员和流动人口子女近40人参加了活动。活动中，区工委党员捐赠了爱心书籍，内容涉及科普、童话、文学、教辅等多个方面，共计246册。

（王鑫磊）

群众团体

丰台区总工会

【概 况】 2012年，区总工会在市总工会和区委的正确领导下，在区政府的大力支持下，区总工会充分发挥自身的“枢纽型”社会组织作用，按照“强基础、固根本、抓重点”的工作思路，在参与加强和创新社会管理、弘扬和践行“北京精神”、开展“面对面、心贴心、实打实服务职工在基层”等工作方面积极作为，团结和带领广大职工群众积极投身“经济繁荣、社会文明、人民幸福”新丰台建设的活动中，取得显著成效。是年，有基层工会组织7512个，覆盖职工170975人，工会会员155126人。

（单　峥）

【组织建设】 年内，全面核实全国非公企业法人数据库，建立并完善信息上报、通报制度，累计新建工会组织230家，覆盖企业1673家，新发展会员1.48万人，职工入会率达到92.98%，完成会员信息采集15.25万人，信息采集率达到100%。

（单　峥）

【工资集体协商】 年内，联合区人力社保局等部门印发《关于进一步深入推进工资集体协商工作的通知》，工资集体协商指导员深入社区和企业面对面开展指导工作。有3463家企业签订工资集体协商专项合同，签订率达到82.4%，覆盖职工10.7万人。

（单　峥）

【厂务公开民主管理】 年内，根据工作需要对厂务公开协调小组进行了调整，引导各企事业单位厂务公开民主管理工作与集体协商工作机制同步建立。已建工会的公有制企事业单位厂务公开、职工代表大会建制率达到100%，已建工会的非公有制企业建制率达到77%。

（单　峥）

【工会服务体系建设】 年内，强化职工服务中心的窗口服务职能，22家工会服务站视频会议系统的安装调试工作。投入专项资金18.36万元，配备工会专职社会工作者99人。

（单　峥）

【职工互助保障】 年内，进一步健全住院医疗、重大疾病、意外伤“三位一体”的互助保障机制，增加新投保会员4415人，新投保5.63万份，实现赔付652份，赔付金额152.67万元。

（单　峥）

【“京卡·互助服务卡”】 年内，继续打造“京卡·互助服务卡”专享服务品牌，开发培育了世界花卉大观园等5个精品优惠服务项目。目前职工会员办理“京卡·互助服务卡”12.3万张，办卡率达到77%。

（单　峥）

【先进集体、先进个人评选】 年内，共有30个单位和个人获得全国五一劳动奖状、奖章，全国工人先锋号，首都劳动奖状和劳动奖章以及北京市工人先锋号；积极做好劳模服务工作，组织开展慰问劳模专场文艺演出、“五一”“劳模林”植树活动和劳模健康体检与劳模健康疗休养活动；完善劳模慰问、帮扶与应急救助机制，累计发放各类慰问金29万余元，惠及劳模76人次。

（单　峥）

【就业招聘】 年内，积极打通为职工提供就业信息服务和为辖区企业单位提供中介服务的“双向通道”，采集有效用人岗位信息1471个，求职个人信息2240个，推荐791人次；开展就业春风行动和春暖行动，共有55家单位提供各类岗位1971余个，参加求职人员近3000余人，其中163人达成用工意向。

（单　峥）

【职工技能大赛】 年内，组织“建功十二五、创新促发展”主题活动，成功举办卫生系统职工技能大赛；方庄地区、卢沟桥地区、西罗园街道等基层工会还相继开展了餐饮、电工、家政、物业等行业的职工技能大赛，开展岗位练兵和技能比赛的企事业单位覆盖面达到72%，职工参与率达到85%。深入开展“安全生产宣传大篷车”活动，广泛开展以“加强班组安全建设，提高职工安康素质，推进‘安全生产年’”为主题的“安康杯”竞赛活动，共有138家企业、5.3万名职工报名参加。

（单　峥）

【职工素质工程】 年内，深入开展“创建学习型组织、争做知识型职工”活动，继续推进职工素质建设工程，参加通用能力培训职工人次达6800人;新建北京市职工书屋13家,首都职工素质建设工程农民工技能学习基地13家,举办职工大讲堂4讲,积极推进首都农民工助推计划。

(单 峥)

【劳动争议调解】 年内,加强劳动争议调解联动机制建设,积极协调人力社保、司法、法院、信访等部门开展劳动争议调解,区劳动争议调解中心自行办理和承办市级指派法律援助案件达到407件,调解成功率达62.4%,为申请人履行金额341万元。

(单 峥)

【慰问帮扶】 年内,深入开展"面对面、心贴心、实打实服务职工在基层"活动。组织开展"温暖冬日、幸福丰台"两节"送温暖"活动,共募集捐款317万元。积极开展特困职工应急帮扶、送岗位"春风行动"和"金秋助学"等帮扶慰问,走访慰问一线职工1.2万余人次,发放各类慰问金、慰问品共计322.5万元。特别是在"7·21"特大自然灾害抢险救灾工作中,向区属28个单位的254户受灾家庭送去95万元的救助金。

(单 峥)

【职工文体活动】 年内,组织第九套广播体操比赛、职工乒乓球比赛和羽毛球比赛;"五月的鲜花"职工文艺汇演,近5千名职工直接参与了各项演出活动,百余场演出吸引了近8万名职工观看;创新开发"快乐劳动者"五一系列文化活动,为职工群众放映电影7场。

(单 峥)

【宣传工作】 年内,通过报刊、网络、电视等多种媒体的宣传报道,连续两年在《丰台报》刊发"五一"专刊,并在区有线黄金时段播放劳模事迹新闻专题片,制作刊印《丰台职工》18期。在北京电视台、丰台有线等电视媒体和《北京日报》、《劳动午报》、《工会博览》等报刊播放、刊发新闻】 150余篇。

(单 峥)

【经审工作】 年内,完成6位离任主席的经济责任审计工作,并委托会计师事务所对基层工会经费收支情况进行专项审计,查出拖欠经费189.40万元,补交经费172.73万元。

(单 峥)

共青团北京市丰台区委员会

【概 况】 2012年,共青团北京市丰台区委员会(以下简称"丰台团区委"),是年,辖区共有14岁至35岁青年81.7万人。设团委52个,团总支98个,团支部762个,团员数34039人,其中登记在册的15566人,流动团员18473人。其中,教育体系共青团系统组织队伍最大,共有团员9393人。共有专兼职团干部1070名,其中专职团干部141人。

(刘中汉)

【园博会志愿者工作】 年内,园博会人力资源部志愿者组,团区委发布了《第九届中国(北京)国际园林博览会志愿者工作方案》,征集园博会志愿者口号、徽章、歌曲和吉祥物等文化类标识体系,从全区青年社工中招募150名骨干志愿者作为园博会志愿服务岗亭管理者并完成培训,完成了与北京市92所高校对接园博会志愿者工作。

(刘中汉)

【社区青年汇建设】 年内,以长安新城社区青年汇等5家市级示范社区青年汇为抓手,选聘5名专职青年社工协助总干事开展青年汇具体工作,参与社会管理服务创新,举办羽毛球比赛、电影放映、交友联谊等活动。

(刘中汉)

【乡镇实体化大团委建设】 年内,在5个乡镇建立了卢沟桥乡万丰餐饮商业街、南苑乡大红门服装城管乐团等151家直属团组织,发挥乡镇作为共青团面向基层的"桥头堡"作用奠定基础。

(刘中汉)

【"两新"组织团建工作】 年内,充分借助非公有制企业和社会组织党建工作力量,不断建立健全“两新”组织团建工作体系。实现新增非公有制企业建团297家、社会组织建团10家,基层团组织力量不断壮大,位列全市十六区县第4位。

(刘中汉)

【平原地区造林工程】 年内,在区园林绿化部门支持下,选取卢沟桥乡西局村100亩地块作为青年林造林地址;同时获得团市委20万经费独家支持,建设完成近400平米的市唯一一处社区青年汇青年广场。是年,参与平原地区造林工程人数达3000余人次,推进面积达120亩,种植树木3000余棵。

(刘中汉)

【团区委十一届四次全委(扩大)会暨年度工作会】 3月15日,共青团丰台区十一届委员会四次全委(扩大)会议暨2012年工作会在圣地苑宾馆召开。团市委副书记杨立宪,区委常委、区委组织部部长霍连明,团市委社区部部长杨斌,团区委十一届委员会委员、区直属二级团组织单位主管领导及团干部共160余人参加会议。团区委书记王松涛向大会作了题为《围绕中心 服务青年 在建设“繁荣、文明、幸福新丰台”的进程中贡献力量 成长成才》的工作报告。

(刘中汉)

【党的十八大精神座谈会】 11月15日,团区委召开了“勇担青春使命 焕发绚丽光彩”——丰台青年学习贯彻党的十八大精神座谈会,全区机关青年干部、基层团干部、非公企业青年骨干、青年志愿者、大学生社工、村官等各领域青年代表近20人参加了会议。团区委书记王松涛、副书记乔学慧、书记助理韩松出席会议。

(刘中汉)

【青年大讲堂】 年内,团区委面向广大团员青年和团干部举办了六期丰台青年大讲堂,开办了“绿色经济转型与生态文明建设”、“新时期团干部的理想信念”、“如何做好调查研究工作”等六次专题讲座,吸引包括区青联委员、基层团干部、社区青年汇总干事、大学生社区工作者、大学生村官、驻区高校学生、“两新”组织团干部等六百余人次参加。

(刘中汉)

【青年岗位能手评比活动】 年内,团区委开展青年岗位能手活动。各基层团组织共提名推荐体制内外各领域的优秀青年65名参与评选,由区委组织部、区农委、区总工会等10余家单位组成的专家评审团队评选出20名区青年岗位能手。

(刘中汉)

【青年突击队建设】 年内,团区委组建青年突击队30余支,吸纳包括大学生社工和村官、非公企业和社会组织青年骨干、青年志愿者等团员青年1300余名,在共青团参与平原地区造林工程、创建首都文明区建设工作中发挥了积极作用。

(刘中汉)

【第十一届青少年文化节】 7月至12月,团区委举办了第十一届丰台青少年文化节。本届青少年文化节以“i青春 i丰台”为主题,以“志愿”、“文明”、“创新”、“时尚”、“活力”、“智慧”、“艺术”为关键词,策划了7项重点活动,并结合丰台区的花卉文化,以7朵鲜花寓意7项重点活动,直接参与青少年3万余人,系列活动影响覆盖青年超过15万人。

(刘中汉)

【两节送温暖活动】 年内,号召和组织各级团组织立足各自职能特点,慰问特殊和弱势青少年,在“两节送温暖”期间,各级团组织先后开展了53项形式多样的慰问活动,全区各级团组织共筹集资金、物品及志愿服务价值50余万元,发动参与活动人数3314人次,服务人数74616人次。

(刘中汉)

【捐资助学工作】 年内,筹集各类款物价值42.3万余元,捐助各类贫困在校生224人。其中,为救助帮扶“7·21”暴雨受灾青少年,自筹扶助金7万元,并发动派克兰帝公司捐赠价值10万元的童装。

（刘中汉）

【“善薪计划”活动】 年内，下发了《丰台共青团关于在全区范围内推广“善薪计划”的实施方案》，并在第十一届区青少年文化节上开展“善薪计划”推广活动，通过在各基层团组织的积极推动下，年内，共有1300名居民参与“善薪计划”。

（刘中汉）

【信息宣传工作】 年内，共刊发《团内信息》10期，收录团区委和基层信息137篇；共上报团市委工作研究及活动类信息980余篇，其中被团市委采用600余篇，被团中央采用30余篇，信息工作在团市委全市275个局级团委系统信息上报工作中排名第7。

（刘中汉）

丰台区妇女联合会

【概　况】 2012年，区妇联认真贯彻落实科学发展观，按照建设“繁荣、文明、幸福”新丰台的目标，以建设“党开展妇女工作的坚强阵地和深受广大妇女信赖和热爱的温暖之家”为主线，围绕妇女发展、维权、服务等需求，努力建设服务型妇联组织，不断提高工作标准、更新发展理念、增强创新意识，推动妇女工作迈上了新台阶。荣获了全国妇联“全国舆论宣传阵地”、“北京市巾帼健身风采展示活动”最佳组织奖、北京市妇联系统调研工作先进单位等称号。

（马　莉）

【“巾帼建功”活动】 年内，结合创先争优活动，重点在52个窗口单位、服务行业的巾帼文明岗和其他岗位，开展“优质服务创一流巾帼展英姿”创先争优活动。进一步巩固和扩大“岗区联创”工作模式，指导区城管大队、区人口计生委、区文委开展“岗区联创”工作，培育了一批示范性强的服务品牌。组织开展“畅北京精神 韵丰台文化 展巾帼风采”趣味才艺展示大赛活动。以十八大的召开为契机，动员巾帼志愿者开展“喜迎十八大 安保我先行”活动，各基层妇联组织积极响应号召，开展了主题宣传、教育培训、实际演练等活动。

（马　莉）

【“双学双比”活动】 年初，成立农村女领导干部联谊会，5个乡镇的77名村级女领导干部入会。邀请市妇联主管副主席、市供销社领导实地考察“妇”字号基地，指导“双学双比”工作。积极申请农村“双学双比”科技培训项目，争取资金支持，为农村妇女科技致富提供平台。年内，评选出区级“妇”字号基地6个，巧娘工作室2个，巾帼文明村5个。

（马　莉）

【“五好文明家庭”活动】 结合“5.15”国际家庭日，组织广大妇女开展“弘扬北京精神 繁荣家庭文化”主题活动，进一步宣传健康生活、家庭和睦的理念，提高家庭和社会的和谐程度。以实施平原造林工程为契机，制定并下发《关于在全区妇女组织和广大妇女中开展共建绿色家园活动的通知》，举办“繁荣家庭文化 共建绿色家园”启动仪式，通过多项措施，广大妇女和家庭参与植树和美化环境的自觉性明显提升。积极支持党政机关妇委会工作，重点指导法院、检察院、园林绿化局和环卫中心等四个单位开展和谐家庭创建活动，探索党政机关开展家庭创建活动的有效方法和活动载体。围绕廉政文化建设，以学习研讨、举办讲座、制作宣传品的形式，开展“廉政文化进家庭”活动，引导广大家庭争当反腐倡廉的宣传员和监督员。

（马　莉）

【领导关怀】 在第102个“三八”国际劳动妇女节即将到来之际，3月7日，区委书记李超钢、区人大主任王苏维、区委常委、区委组织部部长霍连明、区委常委、区委办公室主任孙军民、区妇联主席姜萍、副主席陈丽等一行来到王佐镇慰问了第七十五届世界种子大会筹备办公室的女同志和王佐镇村级女书记、主任。在听取了两个单位妇女工作情况汇报后,李超钢代表四大家领导向辛勤工作的女同志致以“三八”节的慰问、祝贺和感谢。“六一”国际儿童节来临之际,5月30日,副区长李军会带领相关部门领导慰问了丰台一小和丰台二幼,并分别为孩子们送上了节日礼物。5月31日,区委书记李超钢、区人大主任王苏维、区委常委、区委宣传部部长顾晓园、区委常委、区委组织部部长霍连明、区委常委、区委办主任孙军民、区妇联主席姜萍以及区教委、区人口计生委等相关部门的领导来到丰台五幼慰问,并向孩子们送上了玩具。区长冀岩、区政协主席李昌安、副区长张婕、区妇联党组书记刘蓉蓉以及区教委、区文委等相关部门的领导到北京小学万年花城分校慰问。

(马　莉)

【开展三八节系列活动】 3月1日,区妇联与区人力社保局共同举办更新知识系列讲座第一讲,邀请中国劳动关系学院罗旭华教授讲授“女性压力管理与心理调适”讲座。200多名妇女干部参加。3月2日,召开各界妇女代表“庆三八”座谈会。来自政法、教育、卫生、企业等各条战线的20名优秀女性代表参加了座谈。3月3日,与区残联、汽车博物馆联合组织行动不便的优秀残疾人妇女代表和扶残助残先进女性20余人参观北京汽车博物馆和区城市规划展览馆。3月5日,区妇联党组书记刘蓉蓉、区妇联主席姜萍分别慰问了南苑街道、长辛店街道的社区女书记、女主任以及环卫中心、人力社保局的一线女职工。3月6日,举办“畅北京精神 韵丰台文化展巾帼风采”才艺展示大赛,有42支队伍报名参赛。

(马　莉)

【开展贫困妇女儿童慰问活动】 年内,举行“营造温暖之家 共享幸福生活”慰问启动式,慰问单亲困难母亲、纯老年人困难家庭妇女、贫困边缘家庭妇女、贫困“三八”红旗奖章获得者、老妇救会主任等296人,发放慰问金17.28万元。落实区帮扶就困机制,帮助大红门东楼幼儿园申请北京市“新蕊助学”爱心图书捐赠项目,获得外研社赠送价值30000元的幼儿图书。在部分大型超市增设北京妇女儿童发展基金会募捐箱,为帮扶弱势妇女儿童增加捐款来源。做好7·21特大暴雨灾害帮扶工作,动员和引导妇女组织和广大妇女干部参与抗灾救灾工作。年内,走访慰问408人,发放慰问金36万元。

(马　莉)

【妇女创业就业工作】 年内,以妇女创业就业需求为导向,整合公共服务资源,与区人保局、区总工会举办“春风行动”专场招聘会。通过举办丰台区妇女互助创业协会座谈会、再就业工作经验交流会、巧娘工作室创建工作推进会、实地考察巧娘工作室等形式,为基层妇联组织研究探讨再就业工作搭建平台。组织基层妇联积极参与北京市第三届职业技能大赛,其中6名选手分别获得一、二等奖的好成绩,举办北京市雕刻工艺大赛。

(马　莉)

【法制宣传】 年内,组织开展普法讲座127场,共17735人次参加,其中流动妇女1113人,发放宣传材料4万多份。与区禁毒办开展禁毒宣传。与区红十字会开展博爱文化宣传月活动,发放妇女劳动保护法等“六五”普法宣传材料千余份。制定《区妇联出生人口性别比治理年工作方案》,建立领导小组机制。

(马　莉)

【社区妇联换届选举工作】 年内,认真落实《第八届居民委员会换届选举意见》,按照同部署、同换届的原则,与区民政局联合出台《丰台区社区妇联换届选举意见》,经过选举,在新换届的1642名社区妇联干部中45岁以下有1098人,占总数的67 %,;大专以上学历1372人,占总数的83%;中共党员895人,占总数的55%，12个社区设立了妇联副主席。

（马 莉）

【“妇女之家”和楼宇妇联工作】 年内，建设一社区(村)一品牌的示范格局。积极协调区财政局，按照21个街、乡(镇)女性常驻人口数每人2元的标准单独设立基层妇女工作经费，发放金额达104万元，推动了“妇女之家”建设。对卢沟桥街道国润大厦、马家堡街道时代风帆大厦、西罗园街道正旗大厦的妇联工作站进行深入调研，规范工作职责和运行机制，解决楼宇妇女群众的重点难点问题。

（马 莉）

【开展非公建会工作】 年内，全面落实非公党建“百日行动”计划，主动争取街乡镇党委对妇联工作的支持。借助区总工会、区卫生局、药监分局、工商分局等单位的行业优势，非公企业建立妇代会711家，全年新建398家。

（马 莉）

丰台区工商业联合会

【概 况】 2012年，工商联深入学习贯彻《中共中央国务院关于加强和改进新形势下工商联工作的意见》(中央16号文件)，发挥职能作用，积极民主监督、参政议政，发展壮大会员队伍、加强统战工作，以服务为已任，引导和教育会员，开展光彩事业和公益事业，把促进非公有制经济健康发展和非公有制经济人士健康成长作为工商联一切工作的出发点和落脚点，为建设繁荣、文明、幸福的新丰台做出应有的贡献。

（隋 军）

【宣传教育工作】 年内，围绕区“一轴两带四区”建设，引导会员深入贯彻落实十八大精神，积极创造就业机会，踊跃参加社会保险，构建和谐劳动关系，践行“义利兼顾，以义为先”的理念，自觉承担社会责任，为社会稳定做出了重要贡献。发挥树立典型引领的作用，在深入企业的工作中注重典型引路，加强宣传培养典型。联手《工商时报》、《丰台有线电视》等新闻媒体，加强宣传报道力度。年内评比市就业与社会保障先进民营企业8家、评比参与首都社会主义新农村建设先进民营企业2家等等。

（隋 军）

【参政议政】 年内，参政议政有序推进，工商联起草了调研计划，向全体会员下发出了《关于征集参政议政调研文章的通知》，广泛收集政协委员和会员的意见和建议。在归纳整理的基础上确定了《稳定非公企业人才队伍 促进区域经济健康发展》作为工商联的调研主题并形成了工商联界别的团体提案，反映非公有制经济人士的愿望与诉求，突出反映中小企业发展中存在的困难和问题。建言献策，为区委区政府察实情、谋实招，为民营企业讲实话、办实事。会员政协委员中的事迹被评为优秀委员并荣登区政协编制的《委员风采》。

（隋 军）

【光彩事业发展】 年内，深入开展捐资助学、扶贫济困、社会救助活动，慰问辖区的困难群众、残疾人、幼儿园儿童、敬老院老人和坚守岗位的交通民警、公安干警以及驻区部队，捐赠慰问金和实物40余万元。赴廊坊市广阳区参观考察，支援广阳区社区建设30余万元。组织广大会员为“7·21”特大自然灾害捐款，捐款捐物达300余万元。

（隋 军）

【党建工作】 年内，按照党员和党的工作“两个覆盖”的要求，将非公企业党建工作摆在突出位置，以争先创优活动为载体，积极探索党组织发挥作用的有效方法和途径。工商联会员单位党委组织党支部书记、部分党员和积极分子赴西柏坡学习考察，重温入党誓词和两个“务必”内涵，接受革命传统再教育，发展党员10名。

（隋 军）

丰台区归国华侨联合会

【概　况】 2012年,丰台区归国华侨联合会(简称丰台区侨联)坚持以邓小平理论、"三个代表"重要思想和科学发展观为指导,认真贯彻学习党的十八大精神,落实党的侨务政策,按照《关于加强新形势下侨联工作的意见》积极开展工作,团结引领全区广大归侨侨眷,广泛联系海内外侨胞,坚持新侨老侨工作并重原则,不断加强自身建设,认真实践为侨服务的宗旨,为祖国现代化建设与和平统一大业作出贡献。

(鞠明雪)

【中国侨联、北京市侨联联合到区调研】 2月22日,中国侨联、北京市侨联联合在区留学生创业园召开了"北京新侨创业发展座谈会"。中国侨联经济科技部部长陈桦、市侨联副主席李冬娟、市侨联党组成员,主席助理李红军及市侨联经济科技部部长庞平凡、区委统战部副部长王晓轶出席了会议,来自丰台、石景山区的11名新侨及留学生创业代表就各自在创业过程中所遇到的困难、问题及积累的经验和体会作了发言,区留创园、丰台和石景山侨联的领导一同参加了座谈。

(鞠明雪)

【市侨联到区调研】 2月28日北京市侨联副主席李冬娟、市侨联经济科技部部长庞平凡、经济科技部副部长崔昕到区就引进海外学者团项目对接工作进行调研。

(鞠明雪)

【组织老归侨春游踏青】 4月25日,侨联组织辖区内老归侨30余人到北宫国家森林公园春游踏青,区侨联主席孙金来、驻会副主席洪鑫一同前往。

(鞠明雪)

【侨联工作培训会议】 5月15日,侨联在工人俱乐部举办了侨联工作培训会议,区侨联委员及各基层侨联的委员、秘书长及主管领导80余人参加会议。中国侨联副主席、北京市人大常委会副主任、北京市侨联主席李昭玲应邀出席,并做了精彩的培训授课。区委常委、区委统战部部长、区委办公室主任孙军民,区人大常委会副主任苗华,副区长李军会,区政协副主席李新民,北京市侨联办公室主任李登新出席了会议,会议由孙军民主持。

(鞠明雪)

【市侨联及各区侨联领导到区考察】 6月12日上午,中国侨联副主席、北京市人大常委会副主任、北京市侨联主席李昭玲,北京市侨联副主席兼秘书长马坚及机关、各区侨联领导40余人到区考察。考察团先后参观了城市规划馆、北京汽车博览中心和北京国际露营公园。

(鞠明雪)

【"迎中秋、庆国庆喜迎十八大、展望新丰台"主题活动】 9月26日上午,在中秋、国庆来临之际,区侨联组织侨联委员及区属归侨、侨眷40余人参观了园博园及永定河生态文化新区规划展览中心。

(鞠明雪)

【胡敏博士获创新人才奖】 10月22日下午,第四届中国侨界贡献奖创新人才颁奖仪式在区科技园区举行,由区侨联和科技园区管委会联合推荐的北京瑞建天行生物技术有限公司副总裁胡敏博士荣获该奖项,北京市市侨联副主席李冬娟亲自颁奖。

(鞠明雪)

红十字会

【概　况】 2012年,区红十字会在区委、区政府的领导下,按照市红十字会的总体要求,围绕区委区政府的中心工作,结合创建首都文明区,践行北京精神,建设经济繁荣、社会文明、人民幸福新丰台的目标,发挥好红十字会在政府人道救助领域的助手作用,着力搭建爱心平台,用心传承人间大爱。是年,共接收社会捐赠款物454.6万元，其中，“博爱在京城”募捐293.4万元，“7·21特大暴雨灾害”募集款物161.2万元。救助特困家庭1314户，发放救助款物104万元；举办初级急救员培训班104期，培训人数11600余人，开展自救互救知识讲座140余场，受益人群达10万余人。

（李宏善）

【“5·8”博爱文化月工作】 5月5日，在莲花池公园举办了“5.8”红十字博爱文化月启动仪式暨“学雷锋爱在丰台，红十字在行动”大型主题宣传活动。主会场设置了30块大型宣传展板和104面宣传道旗、条幅，邀请区12个相关委办局理事单位共同参与了学雷锋志愿服务的现场宣传，设置了义诊、健康知识、用药知识、政策法规宣传、防灾救护知识共五个志愿服务区，260名志愿者积极参与到服务活动中。

（李宏善）

【“7·21强暴雨”灾害的救助工作】 “7·21”灾情发生后，迅速开展灾情统计工作，为灾区配发了市区两级的救灾物资共计十三种4765件，价值合计30余万元。筹集了1000张折叠床、500套被褥区床单和500个电磁炉送到了受灾严重的长辛店街道救灾物资发放点，募集水灾专项捐赠款物161.2万元(含45万元的洒水车一辆)。

（李宏善）

【救护培训工作】 年内，举办初级急救员培训班104期，培训人数11600余人，开展自救互救知识讲座140余场，受益人群达10万余人。与区人力社保局合作，在人力社保职业学校建立“应急救护培训基地”，对再就业人员进行应急救护培训。

（李宏善）

【应急备灾体系建设】 年内，研究制定了《红十字会突发事件应急预案》，对红十字应急救灾救助工作领导小组成员进行调整，对民防局提供的300平米的备灾仓库进行了基础设施改造。与北京蓝天救援队合作成立了区红十字蓝天救援队；积极筹建了红十字应急救援直属队，作为应对自然灾害和突发事件的救援能力。

（李宏善）

【募捐救助工作】 年内，共收到募捐款293.4万元。组织“京城博爱送万家”捐物活动，共接收物资26000余件，其中书籍4281本，衣物14636件，电器22台，文体用品7647件。是年，共救助特困家庭1314户，发放救助金和救助物资计104万元。

（李宏善）

【志愿服务工作】 年内，有注册志愿者400多名，全部实现了网络平台管理。举办了三期红十字志愿者培训班，邀请专家教授为190名志愿者进行了基础培训，并颁发了《志愿者证》。培育东高地街道西洼地社区“红十字繁星志工社”，确定了“繁星相伴”、“繁星有约”和“繁星呵护”三个志愿服务项目。对南苑乡敬老院红十字志愿服务基地进行了揭牌仪式。

（李宏善）

【红十字青少年工作】 年内，对区小学红十字会的专兼职干部90余人进行授课培训，强化了红十字人道理念，开阔了工作思路，明确了学校红十字会的工作任务和职责。

（李宏善）

【造血干细胞工作】 年内，以解放军307医院采血点为依托，将造血干细胞血样采集纳入规范化管理，实现了造血干细胞志愿者网络平台的管理，共有注册志愿者3471人。对首都经济贸易大学等三所学校招募造干志愿者100余名，确保了造干任务的完成。

（李宏善）

【队伍建设和组织管理】 年内，组织全会干部参加了市会第一期由区组织的师资继续教育培训班，协调长辛店街道选派30名社区兼职干部，参加了市会组织的为期两天的专业化培训，对《丰台区红十字会内部制度汇编》

进行修改和完善,形成干部管理、行政管理、业务管理、应急管理四部分22个制度;对《基层红十字会干部工作手册》进行了补充和整理,收编法规性文件11个,业务性文件9个,为基层红会工作提供指导。

(李宏善)

政权 政协

北京市丰台区人民代表大会常务委员会

【概　况】 2012年，区第十五届人大常委会共召开7次常委会会议，审议了31项议题，听取和审议“一府两院”16个专项工作报告，提出了13个方面共151条审议意见；依法作出了4项决议、决定；依法任免地方国家机关工作人员103人次。召开9次常委会主任会议，听取“一府两院”2个专项工作报告。依法选出了北京市第十四届人民代表大会代表68人；接待群众来访50余人次，办理人民群众来信125件。

（闫　卉）

【第十五届人大第二次会议】 11月21日至23日，区第十五届人民代表大会第二次会议在北京双拥大厦举行。应到代表338人，因病因事请假17人，实到代表321人。会议以无记名投票表决方式选举了北京市第十四届人民代表大会代表68人。

（闫　卉）

【常委会第一次会议】 1月6日召开。会议共五项议程：审议通过了《北京市丰台区第十五届人民代表大会常务委员会主任、副主任、委员工作分工》；审议通过了区第十五届人大常委会各委员会组成人员名单；审议通过了《北京市丰台区第十五届人民代表大会常务委员会代表资格审查委员会主任委员、副主任委员、委员名单》；审议通过了《北京市丰台区第十五届人民代表大会常务委员会任命国家机关工作人员法律知识考评领导小组名单》；决定了人事任免事项。

（闫　卉）

【常委会第二次会议】 3月9日召开。会议共三项议程：决定了人事任免事项；审议通过了区人大常委会2012年工作要点；听取了区政府关于创建首都文明区工作情况的报告。

（闫　卉）

【常委会第三次会议】 5月29日召开。会议共进行了四项议程：听取和审议了区政府关于南苑棚户区改造项目信托融资事项的报告；听取了区政府关于第九届园博会筹办情况的报告；听取和审议了区政府关于文化建设情况的报告；决定了人事任免事项。

（闫　卉）

【常委会第四次会议】 7月31日召开。会议共进行了六项议程：听取和审议了区政府关于调整财政收入名称和口径的报告；听取和审议了区政府关于2011年本级预算执行和其他财政收支情况的审计工作报告；听取和审议了区政府关于2011年决算草案和2012年预算上半年执行情况的报告，审查和批准区2011年决算；听取和审议了区政府关于2012年国民经济和社会发展计划上半年执行情况的报告;审议通过了区第十五届人大常委会代表资格审查委员会关于个别代表的代表资格审查的报告;决定了人事任免事项。

(闫 卉)

【常委会第五次会议】 9月27日召开。会议共进行了四项议程:听取和审议了区人民法院关于实施专业审判工作情况的报告;听取和审议了区人民检察院关于民事审判监督工作情况的报告;听取了区政府关于加强和创新社会管理工作情况的报告;决定了人事任免事项。

(闫 卉)

【常委会第六次会议】 11月2日召开。会议共进行了六项议程:决定了人事任免事项;听取和审议了区政府关于“继续推进重点项目的落实,确保城南行动计划任务圆满完成”的议案办理情况的报告;听取和审议了区政府关于第十五届人大一次会议代表建议、批评和意见办理工作情况的报告;听取和审议了区人大常委会代表联络室关于区第十五届人大一次会议代表建议、批评和意见督办情况的报告;决定了召开区第十五届人大二次会议有关事项;审议通过了区第十五届人大常委会代表资格审查委员会关于代表资格的报告。

(闫 卉)

【常委会第七次会议】 12月20日召开。会议共进行了四项议程:听取和审议了区政府关于2012年国民经济、社会发展计划执行情况与2013年国民经济、社会发展计划草案的报告,初步审查了区2013年国民经济和社会发展计划草案;听取和审议了区政府关于2012年预算执行情况与2013年预算草案的报告,初步审查了区2013年预算草案;决定了召开区第十五届人大第三次会议的有关事项;决定了人事任免事项。

(闫 卉)

【主任会第五次会议】 6月21日召开。会议听取了区监察局关于开展廉政建设和反腐败工作情况的报告。

(闫 卉)

【主任会第七次会议】 9月18日召开。会议听取了区政府关于五环内农村地区城市化和整建制撤村建居工作情况的报告。

(闫 卉)

【加强议案督办工作】 年内,根据区第十五届人大一次会议确立的“继续推进重点项目的落实,确保城南行动计划任务圆满完成”的议案,常委会认真研究制定议案督办方案,进一步健全议案督办组织领导格局,对涉及全年城南行动计划中的33个重点项目逐一调研分析。组织常委会组成人员、议案领衔代表、部分人大代表等,深入项目建设现场,开展集中视察、检查和调研,提出意见和建议,支持和督促区政府有关部门加快建设进度。区人大各工作委员会依据自身职能,组织部分委员和人大代表就落实城南行动计划涉及的相关单位和项目,进行专题座谈调研,共同研究解决项目推进中的具体问题和困难,推动了城南行动计划的落实。常委会会议认真听取和审议区政府关于议案办理情况的工作报告,向区政府提出了进一步加大对重点项目组织协调力度、集中力量解决难点问题、着力谋划第二阶段城南行动计划的意见和建议,形成审议意见书交区政府研究办理,并加强对审议意见书的跟踪督办工作。

(闫 卉)

【督办代表建议】 年内,坚持把建议督办贯穿到政府办理工作全过程,推动建立了《丰台区办理人大建议政协提案专项资金管理办法》和长效增长机制。把代表建议办理工作纳入政府年度行政效能考核。将事关民生、对社会有一定影响、办理难度较大的建议,由常委会领导牵头督办;实施“一把手工程”,对承办建议较多的单位和难点问题进行重点督办,协调解决。邀请领衔代表参与督办,并开通建议办理网络查询系统,便于代表及时掌握情况，提出新的意见和建议。区第十五届人大一次会议期间代表提出268件建议，均按法定期限办理完毕。

（闫 卉）

【开展法律监督】 年内，重点听取和审议了区法院关于实施专业审判工作、区检察院关于民事审判监督工作情况的报告，对2011年常委会审议区法院执行工作、区检察院诉讼监督工作审议意见书进行了跟踪检查，“两院”依法向常委会报告了落实情况。按照市人大常委会的工作安排，坚持市、区、乡镇三级代表共同参与，上下联动，采取集中视察、明查暗访等方式，先后对《中关村国家自主创新示范区条例》、《北京市公共场所禁止吸烟的规定》、《北京市全民健身条例》和财经、教育、交通等方面的法律法规在我区贯彻实施情况进行了检查，针对检查中发现的问题提出7个方面的意见和建议，形成执法检查报告，转交区政府整改落实，促进了政府依法行政。坚持每季度组织代表旁听法院案件审理制度，共组织旁听活动5次，80余位代表参加。

（闫 卉）

【加强工作监督】 年内，常委会围绕加快推进“一轴两带四区”建设和城南行动计划落实，重点就全区社会投资规模预测、建设项目资金供需和功能区建设等情况进行专项调研。加强对审计部门的监督，对审计整改情况及时提出意见和建议。把人大预算监督工作和区政府建立预算绩效管理制度统一协调起来，推动区预算绩效管理工作逐步制度化。听取和审议区政府关于南苑棚户区改造项目信托融资事项的报告，并做出决定，缓解了资金难问题。开展对区级大额资金管理和使用情况的工作调研，探索监管工作的新方法、新途径。听取和审议区政府关于2012年国民经济、社会发展计划和预算执行情况及2013年国民经济、社会发展计划草案和预算草案的预先审查报告，提出了进一步抓好重点功能区建设、扩大消费需求、着力调整优化产业结构和保障改善民生、加强财政预算管理等意见和建议。主任会议听取区政府关于整建制撤村建居工作情况的报告，督促区政府落实乡村主体责任，积极争取市级政策支持，全面加快丰台区农村城市化进程。围绕重点村改造、农村水务建设等工作，对第七十五届世界种子大会筹办、园博湖综合治理，水系治理情况进行视察检查，提出了意见和建议。围绕影响农村经济持续发展、经济落后村帮扶、民生改善等问题，多次组织代表开展专项调研，与村“两委”班子座谈研讨，促进农民就业、农户增收。

（闫 卉）

【加强代表工作】 年内，总结代表工作经验和有效做法，从实际工作出发，先后制定了《加强区人大代表与人民群众联系的若干意见》、《人大代表接待日制度》、《人大代表列席常委会会议制度》；修订了《加强和改进代表工作的意见》、《人大街道工委组织代表活动办法》等制度。为代表依法履职提供了制度保障，进一步规范了代表履职行为。落实代表学习制度，采取集中学习、联组学习、邀请专家辅导等方式，分阶段、有重点的组织代表先后学习《宪法》、《监督法》、《代表法》等法律法规，以及人大业务理论知识和人大代表履职典型事迹。坚持为代表订阅《中国人大》、《北京人大》、《新丰台》报等刊物，按时发送文件、信息等内部学习材料；汇总区有关委办局印发的内部刊物和工作信息，提供给代表参阅；举办市区人大代表履职学习班，介绍履职经验；开设“代表风采”网站栏目；开展代表工作交流等。全年共组织各级各类法律、区情讲座60次，市、区人大代表参加学习1100多人次，依法履职能力和综合素质得到提高。全年共组织各类代表活动215次，参加代表3100多人次，在活动中代表提出84条意见和建议，有效改进了“一府两院”有关部门的工作。

（闫 卉）

【加强调研信息工作】 年内，完成了21篇工作调研报告,并抓好调研成果的转化。重视人大信息员队伍建设,改进人大网站版面,办好《人大在线》电视专题栏目。坚持正确的舆论导向,加强与市级媒体的联系,充分发挥人大信息、人大网站、人大在线、人大专栏“四个一”的宣传阵地作用,大力宣传人民代表大会制度、人大工作及“一府两院”接受工作监督情况,总结推广人大街道工委、代表联组和乡镇人大工作好做法、好经验以及代表依法履职典型事迹,为人大依法开展工作营造了良好氛围。

(闫　卉)

北京市丰台区人民政府

【概　况】 2012年全区实现地区生产总值920亿元,增长9.2%;全社会固定资产投资636亿元,增长15%;社会消费品零售额825亿元,增长11.7%;地方公共财政预算收入68.6亿元,增长12.8%。主要经济指标增速高于全市平均水平,区域经济呈现质量好、速度快的发展态势。

城南行动计划顺利完成。涉及丰台的78个项目累计实现投资1310亿元,超额完成任务。轨道交通线新增7条,建设里程达72公里,运营里程达44.8公里;修建主次干路和支路24条,新增里程54.6公里,群众出行更加方便。完成卢沟桥再生水厂、南苑医院改扩建等一批水电气热能源项目和重大民生工程,公共服务能力显著增强。

城乡环境面貌不断改善。大力开展“城乡环境建设年”活动,市容卫生、城市秩序明显改善。继续保持遏制和拆除违法建设高压态势,新生违法建设基本实现零增长。超额完成平原造林任务,建成10个特色园林和城市休闲公园,新增90公顷绿色滨水景观,城市绿化覆盖率提高了2.5个百分点,区域环境品质进一步提升。

人民群众得到更多实惠。区财政在民生事业上累计投入76亿元,占公共财政预算支出的50.5%,社会保障覆盖面不断扩大,教育、医疗、养老等基本公共服务水平进一步提升。开工建设保障性住房1.8万套,竣工1.1万套,超额完成全年任务。南苑棚户区安置房竣工5800套,3100户居民喜迁新居。长辛店棚户区安置房实现开工建设。老旧小区综合改造惠及2万户,供热管网改造惠及3.2万户。城乡居民收入分别增长11%和12%,首次高于GDP增幅。

园博会筹办工作进展顺利。组建第九届园博会丰台区运营管理委员会。三大标志性建筑(永定塔、主展馆和园博馆)主体结构封顶,118个展园建设初具规模,绿化景观、公共服务配套设施等工程完成90%,京周新线等周边道路主体完工。

着力转变发展方式,区域经济结构更加优化。制定《关于促进丰台经济发展的综合政策意见》,建立丰台区产业升级联席会议制度,促进高端产业发展。科技、金融、商务服务等支柱产业对地区生产总值贡献率达74%。完成18家“三高”企业退出任务,引导24家传统工业企业启动技术改造,实现万元GDP能耗下降3.5%的目标。加大招商引资力度,新引进注册资本千万元以上企业536家,其中亿元以上企业53家。投资结构进一步优化,民间投资同比增长50%,占固定资产投资的58%。消费对经济增长的拉动作用进一步增强,全区新增大型商业设施76万平方米,商贸业留区税收同比增长19.9%,旅游消费同比增长12%。科技创新能力不断提高,出台《关于加强丰台区科技创新能力建设的若干意见》,承担国家级“火炬计划”项目4项,国家重点新产品项目5项,实现科技成果转化50项,专利授权增长率和技术合同登记额在全市名列前茅。

加速推进重点功能区建设，高端产业聚集更加明显。丽泽金融商务区建设全面提速，北区集体企业拆迁基本完成；南区完成土地一级开发148公顷，实现供地67公顷，长城资产等8个项目开工建设。累计引进亿元以上企业45家，注册资本金509亿元，实现税收3.82亿元，金融产业聚集效应逐步显现。丰台科技园区加速“东扩西进”步伐，东区三期、西区Ⅰ拆迁基本完成，实现开复工127万平方米；引入注册资本千万元以上企业77家，其中亿元以上企业13家；实现技工贸总收入2850亿元。世界种子大会主场馆已开工建设。北宫国家森林公园被评为“全国最具影响力森林公园”。

全面加强城市建设管理，人民生活环境更加宜居。地铁10号线二期开通试运营，7号线、14号线建设进展顺利，北宫南路、万源北路等20条城市道路建设加快推进。制定了全区河道治理规划，对蟒牛河等11条河道进行清淤疏浚。河西再生水厂开工建设、草桥燃气热电厂基本完工，生活垃圾循环经济园渗沥液处理厂建成使用，13个小区电网配电设施完成改造。认真落实治理交通拥堵各项措施，完成流动人口动态监测调查，开展三环新城等重点地区地下空间清理整治，积极推进生活垃圾无害化处理。加强大气污染控制，完成10个砂石场清场工作，超额完成燃煤锅炉改造和老旧机动车淘汰任务，主要污染物浓度平均下降3.2%。完成刘家窑桥等35处重点区域环境整治和绿化美化工程，对68处街巷胡同、107个社区（村）进行景观改造，建成精品大街30条、精品社区40个，城乡环境面貌更加整洁靓丽。

稳步推进城市化进程，城乡发展更加协调。8个重点村城市化工程取得重大进展，撤村转居工作稳步推进，集体经济产权制度改革进一步深化，农村城市化步伐明显加快。制定丰台区种业发展规划，启动种子展示基地和国际种子检测实验室建设，筹建种业基金和种子交易所，成立北京花乡国际花卉有限公司。建立农村基础设施维护与管理长效机制，提高农村公益岗位就业人员补贴标准，增加环境片林和荒山造林养护费，农民得到更多实惠。出台《加快河西地区发展实施意见》，建立经济薄弱村帮扶机制，投入19.2亿元用于河西地区重点项目建设，努力促进河东河西协调发展。王佐镇、花乡榆树庄村被确定为“北京市可持续发展实验区”。

着力保障和改善民生，群众生活更加幸福。为民办理的40件实事全部完成。全区新增就业3.4万人，促进转移就业5200人，城镇登记失业率创历史新低。五项保险参保人数增长16%，城镇居民基本医疗保险等保障政策惠及24.9万人。将6870户城乡低收入群众纳入低保范围，近4万名80周岁以上老年人和5000多名残疾人享受政府购买的居家养老和助残服务。引进4所名校合作办学，扩大了优质教育资源。完成校舍综合改造32.5万平方米，为全区中小学统一配备保安。新增幼儿园12所，入园难问题逐步缓解。深化医药卫生体制改革，成立258个家庭医生式服务团队，方庄社区卫生服务中心被评为全国示范社区卫生服务中心，艾滋病综合防治示范区建设走在全国前列。“卢沟晓月”中秋晚会首次实现两岸四地同步直播，北京国际铁人三项赛等大型文化体育活动成功举办，“莲花池荷花节”被评为全国公园优秀文化活动。新建、改造4个文化广场，举办公益性演出800场次。汽车博物馆被认定为全国科普教育基地。新建便民菜店22个、设置再生资源回收站点102个，基本金融服务覆盖355个社区（村），群众生活更加便利。

不断加强和创新社会管理，社会秩序更加和谐。大力加强社会主义核心价值观和思想道德建设，认真践行“北京精神”，大力推进首都文明区创建，4个村、10条街被评为“首都文明示范村”和“首都文明示范街”。总结推广"市民劝导队"等经验做法,动员组织群众参与社区建设管理。积极开展"知民情、解民忧"大比武、大练兵活动和"幸福街道、幸福社区"创建工作,建成"一刻钟社区服务圈"示范点150个,覆盖200余个社区,惠及125万人。加大政府购买服务力度,支持社会组织开展志愿服务活动,培育扶持专业社会工作机构,惠及群众40余万人次。统筹做好人口与计划生育工作,加强和创新流动人口服务管理,全区登记流动人口数量同比下降6.4%。在街乡镇设立信访派出机构,建立信访特派员制度,有效解决了一批影响区域发展稳定的社会矛盾。开展"护航"和"打非治违"专项行动,推动消防安全"四个能力"建设,全面落实食品药品安全责任,安全生产事故起数和死亡人数同比分别下降16.2%和15.3%。森林防火工作连续12年被评为市级先进单位。开展"十大专项行动",圆满完成党的十八大等重大活动安保任务。统筹资金2.2亿元,打造人防、物防、技防三位一体社会治安防控体系,建成综治维稳三级联动视频监控信息共享系统。严厉打击各类违法犯罪行为,人民群众安全感进一步提高。

（张　萌）

重要活动

【区领导李超钢冀岩带队调研】 2月11日,实地察看了西局村、纪家庙村、槐房村拆迁腾退后用于造林工程的地块,听取了我区实施平原地区万亩造林工程相关情况的汇报。区领导指出,实施造林绿化工程,对于建设绿色北京、实现科学发展、提高群众生活品质具有重要意义,要将造林绿化工程当成机遇而非任务,要主动而不能被动。要上规模、选好址、精设计、定政策、重实施,全面做好造林工作。区领导高朋、孙军民、刘宇、张建国一同调研

（张　萌）

【党和国家领导人到我区参加义务植树活动】

4月3日下午,党和国家领导人胡锦涛、吴邦国、温家宝、贾庆林、李长春、习近平、李克强、贺国强、周永康等,到第九届园博会园区参加首都义务植树活动。植树过程中,胡锦涛强调,开展全民义务植树活动,是应对气候变化、改善生态环境、实现绿色增长的有效途径。我们要年复一年地把全民义务植树活动开展下去,广泛动员干部群众,充分发挥科技作用,积极扩大绿化面积,努力巩固植树成果,为祖国大地披上美丽绿装,为科学发展提供生态保障。胡锦涛还对一起植树的北京市负责同志说,北京要真正成为首善之区,必须在绿化美化工作中走在前面。希望你们加快绿色北京建设步伐,全面提升城市环境质量,让生态文明建设成果更好地惠及全市人民。区领导李超钢、冀岩、高朋、孙军民、张建国、李军会陪同参加植树活动。

（张　萌）

【文明交通月活动仪式启动】 5月5日,全区以"文明丰台、绿色出行"为主题,将通过活动增强全区市民交通安全意识,提倡绿色出行健康理念。启动仪式在宛平湖举行,随后举行了环宛平湖长走比赛。首都文明办领导陈冬、韩龙彬、卜秀均、汪建国,市公安交管局领导高军,区领导李超钢、冀岩、王苏维、李昌安、顾晓园、孙军民出席活动,全区各党政机关干部、公共文明引导员、各界师生1000余人参加了活动。

（张　萌）

【创建军事文化创意产业示范园】 5月8日,"首都军事文化创意产业示范园"举行合作签约仪式。文化示范园占地约500亩,以先进军事文化为内涵,以军事科技为支撑,集教育训练、参与互动、休闲娱乐和军事文化创意产品研发于一体。区领导冀岩、张婕,军事博物馆领导陈士富,孔令义等出席签约仪式。

（张　萌）

【参加科博会及金融论坛】 5月22日,丰台

区参加了第十五届科博会及2012中国金融论坛。展区划分为三个独立展位，分别展示科技园区、丽泽金融商务区和园博会。参展聚焦和放大了重点区域的宣传推介效应，吸引优质企业、项目以及其他投资机构的合作与发展。区长冀岩在金融论坛上作了“天赋丽泽 共赢发展”的主题发言。

（张　萌）

【区领导带队到丽泽金融商务区调研】　6月5日，区领导李超钢、冀岩、于长辉到丽泽金融商务区进行调研。现场察看了丽泽金融商务区南区施工现场和代征公共绿地规划建设情况，听取了丽泽开发办关于开发建设有关工作的汇报。针对丽泽金融商务区下一步工作，要求各相关单位要进一步增强历史责任感和使命感，争分夺秒，切实加快丽泽金融商务区开发建设步伐。区领导孙军民、刘宇、刘文洪一同调研。

（张　萌）

【副市长丁向阳视察园博会筹建工作进展情况】　6月13日，视察了永定塔、锦绣谷等重点项目建设情况，参观了永定河生态文化新区规划展览中心，听取了园博会规划建设、人力资源工作进展以及文化旅游活动情况的汇报。丁向阳同志对园博会筹建工作予以了肯定，并希望丰台区紧紧抓住园博会筹建机遇，打造丰台品牌、提升丰台形象。市旅游委主任鲁勇，市发展改革委副主任张寿全，市人力社保局副局长宋丰景，区领导李超钢、顾晓园、霍连明、高朋、张建国陪同视察。

（张　萌）

【区领导李超钢冀岩察看受灾情况】　“北京7·21”特大自然灾害发生后，25日－27日，区领导多次亲临受灾严重的王佐镇、长辛店镇地区，实地察看受灾情况，组织抢险救灾，慰问受灾群众，现场部署善后、救助、维稳等工作，对救灾过程中出现的突出问题现场协调解决。

（张　萌）

【郭金龙调研河道疏浚整治情况】　8月4日，市委书记郭金龙现场察看了九子河河道水流通行状况。强调指出在河道规划建设中一定要尊重自然规律，树立安全发展、科学发展的理念，通过科学规划、科学建设、科学管理，切实提高防洪应急处置能力，实现城市可持续发展。各区县各部门要主动承担起防汛救灾责任；要马上行动，制定明确时间表，加快解决问题；要加强统筹，形成全市工作合力。市领导王安顺、吉林、李士祥、牛有成、赵凤桐、夏占义，市政府秘书长孙康林，区领导李超钢、冀岩、孙军民、张建国陪同调研。

（张　萌）

【区领导李超钢冀岩调研过渡安置房项目】　8月16日，区领导带队到王佐镇西王佐村过渡安置房项目建设现场进行调研慰问。听取了过渡安置房建设情况的介绍，区领导李超钢、冀岩代表区委区政府及全区人民群众向市住房城乡建设委、市住总建设集团及奋战在一线职工表示了衷心感谢。区领导强调，要按照市委市政府的要求，保质保量完成过渡安置房的建设任务。区领导高朋、孙军民、刘文洪一同调研。

（张　萌）

【区领导李超钢冀岩调研国际铁人三项赛准备情况】　8月27日，听取了赛事准备情况的汇报，现场察看了游泳比赛现场以及跑步、自行车比赛路线。区领导对赛事准备情况给予充分肯定。针对下一步工作，区领导强调，要进一步加大对北京国际铁人三项赛的宣传力度，加强与房山区相关部门的沟通协商，按时对青龙湖的水质进行检测，及时打捞清理湖面漂浮物，切实做好赛事安保工作和社会面防控。区领导于长辉、孙军民、李军会一同调研。

（张　萌）

【代市长王安顺带队到新发地市场调研】　10月3日，王安顺同志到新发地市场了解了电子商务交易平台发展情况，视察了禽蛋交易厅、粮油交易厅和应季蔬菜交易区。他指出，近年来新发地市场积极做好农产品储备、流通、销售等各项工作，有效保障了首都市场供应充足、价格稳定。希望在今后的工作中，进一步做好农产品储备工作，保证进货渠道，保障食品安全，为首都市民提供更加丰富、优质、放心的蔬菜和农产品。市政府秘书长孙康林，市商务委领导卢彦、闫小彦，区领导李超钢、冀岩、孙军民陪同调研。

(张　萌)

【习近平总书记到蒲黄榆社区卫生服务中心参加活动】　11月30日，习近平同志在蒲黄榆社区卫生服务中心石榴园分中心，看望了艾滋病患者，参加了艾滋病防治志愿者培训交流活动。他强调指出，防治艾滋病是紧迫的民生问题、社会问题，需要全民参与、全力投入、全面预防。要从个人健康、家庭幸福、社会和谐的角度，看待艾滋病防治工作。要认真落实中国遏制与防治艾滋病“十二五”行动计划，按照政府组织领导、部门各负其责、全社会共同参与的“三位一体”工作机制，坚持预防为主、防治结合、综合治理，扎扎实实做好艾滋病防治工作。

(张　萌)

法制工作

【概　况】　2012年区政府法制工作按照《国务院关于加强法治政府建设的意见》和《北京市人民政府关于加强法治政府建设的实施意见》的要求，紧紧围绕区委、区政府的中心工作，以建设法治政府、推进依法行政为核心，认真履行职责，开拓进取、推进创新、务求实效，充分发挥政府法制服务和保障作用，助推丰台强势崛起，取得了实效。2012年被授予“北京市政府法制工作先进单位”和丰台区“创先争优先进基层党组织”等荣誉称号，并被评为丰台区行政机关效能建设工作表彰单位。

(吴　超)

【服务重点工程】　年内，在丽泽金融商务区、园博会外围道路建设、科技园区、地铁十四号线及十号线等重点工程工作中，提前介入，全程服务，为解决拆迁建设中的难点、疑点提供法律支撑。派专人常驻南苑、长辛店棚户区改造项目拆迁现场，保证重点工程拆迁工作顺利进行，有力推进“一轴两带四区”建设。

(吴　超)

【服务重点村建设】　年内，通过积极宣讲法规政策、派人进驻等方式，为多个重点村集体土地腾退工作和旧村改造项目提供优质法律服务。经前期与465户、共计1395余人次进行耐心细致的谈话，促使370户滞留户与集体组织达成协议，有力推动了城乡一体化建设进程，荣获区城乡结合部重点村建设先进单位称号。

(吴　超)

【协调重点涉诉案件】　年内，针对急需解决的涉法涉诉问题，运用区政府与区法院建立的案件协调机制予以妥善解决。针对“市高院确认丰台区人民政府房屋征收办公室房屋拆迁管理主体资格”、“首都医科大学教学用地拆迁项目剩余3户被拆迁人启动司法强制执行”、“区住建委政府信息公开案件”等情况及时与法院沟通，促使上述问题得到圆满解决。积极协调辖区内有关单位和驻区部队，配合区法院就党政机关执行人民法院生效裁判专项积案清理工作进行研究讨论并采取有效措施，使积案清理工作取得重大进展。

(吴　超)

【推进两法衔接】　年内，组织召开了区首次“行政执法与刑事司法衔接工作”联席会议，并印制了《丰台区行政执法与刑事司法衔接工作文件汇编》。同时，不断加强区行政执法与刑事司法衔接工作的指导协调力度，组织专门人员编纂了《丰台区行政机关涉及刑事犯罪罪名与＜刑法＞条文及移送、立案标准对照表》，为全区各执法部门在行政执法工作中移送涉嫌刑事犯罪案件和线索提供了有效指导，提高了行刑衔接工作效率和质量。

（吴　超）

【服务重大决策】　年内，起草了《丰台区重大行政决策和行政规范性文件合法性审查工作办法》，并经区长办公会审议通过。严格进行合法性前置审查，全年共审查《丰台区促进中小企业发展专项资金管理暂行办法》、《丰台区国家出资企业重大事项管理暂行办法》等58件，提出260余条法律意见，有效提高了区政府依法决策水平。

（吴　超）

【政府合同合法性审查】　年内，审核《2014年世界种子大会会议设施北京青龙湖国际文化会都项目合作框架协议》、《北京市丰台区人民政府北京能源投资（集团）有限公司战略合作框架协议》等协议98件，提出386条意见，采纳率达98.5%。保证了重点工程、重点项目的推进。此外，就政府合同现状、存在的问题及建议措施等内容向区长办公会作了专题汇报，引起了区领导高度重视。

（吴　超）

【加强行政复议工作】　年内，以"定纷止争，案结事了"为行政复议工作原则，全程贯穿调解工作理念。通过积极协调，当事人案前主动放弃申请的20余件，案中以调解或和解方式结案的30件，充分发挥行政复议解决行政争议、化解社会矛盾的积极作用。全年以区政府名义受理行政复议案件申请143件，已全部审结。代理区政府参加市政府行政复议案件11件，市政府作出维持决定的11件。代理区政府出庭应诉16件，法院裁定驳回起诉的9件，经沟通协调，原告撤诉的3件。复议委员会非常任委员参与复议案件审理工作共10件。

（吴　超）

【行政规范性文件备案检查】　年内，按照《丰台区行政规范性文件备案监督办法》的规定，对全区72个单位（含具有行政管理职能的事业单位）制发的7316份文件中的行政规范性文件报备情况进行了检查。对认定为应备案而未备案的12个单位的16件行政规范性文件，分别向制发单位出具了《行政规范性文件备案检查意见书》，并督促其履行备案手续。

（吴　超）

【完善政府法律顾问团管理】　年内，组织召开了区政府法律顾问团年会，制定并通过了《丰台区人民政府法律顾问团管理办法》，进一步加强和规范对法律顾问的组织领导和监督管理。重点围绕区政府重大行政决策、重点工程建设、环境整治、重大项目推进、重大经济合同及法律文书的审查等多个领域，组织法律顾问积极参与协调会、研究讨论方案、提供法律论证及咨询，先后为"天坛医院迁建项目"、"第九届园博会筹办"、"国际铁人三项赛项目"、"三环新城地下空间整治项目"等提出22份法律分析报告和意见书。

（吴　超）

【加强依法行政学习培训】　年内，组织区长办公会前学习《刑事诉讼法修正案》、《丰台区重大行政决策和行政规范性文件合法性审查工作办法》等4次。同时，探索依法行政培训新模式，加大与区组织部、区人力社保局的合作，办主要领导、领导班子和各科干部多次应邀为区处级、科级干部初任培训以及各委办局就依法行政、政府信息公开、执法案卷评查、规范性文件备案等内容进行专题授课辅导，培训人数近千人。年底，重点就行政应诉、基层依法行政、行政调解等内容精心组织了全区依法行政培训。

（吴　超）

【完善依法行政考核工作】　年内，根据市政府依法行政考核实施细则的要求，制定并印发了《2012年度丰台区依法行政考核实施细则》，加强对政府各部门依法行政工作的考核。根据2011年依法行政考核情况反馈，起草了《丰台区2012年依法行政整改报告》，对2011年提出的意见建议的整改情况向市推进依法行政领导小组进行了反馈。完成了依法行政乡镇(街道)示范和经验推广工作。选取花乡作为基层依法行政工作的示范乡镇,在全区依法行政培训会上进行大会经验交流。

(吴　超)

国有资产监督管理工作

【概　况】 2012年,全区的国有资产监督管理工作本着开拓进取、务实创新,积极参与首都文明区创建,推动实施"一个平台、三大板块"发展战略,加快推进区属国有企业整合重组,着力提高国有资产监管效能,圆满完成年初确定的各项工作任务。全区所属国有及国有控股和集体企业62户,具有法人资格企业102户,比2011年的106户净减少4户。根据企业财务决算数据统计,截止2012年12月31日,全区62户国有及国有控股和集体企业账面资产总额493.54亿元,同比增长2.41%;负债总额402.28亿元,同比减少0.06%;所有者权益总额91.26亿元,同比增长14.98%;年末合并国有资产总量90.79亿元,同比增长14.85%。企业平均资产负债率81.51%,基本与去年持平。企业全年累计实现营业总收入39.78亿元,同比增长215.69%;盈亏相抵后实现利润总额1.43亿元,同比增长104.78%。上缴各项税费总额3.54亿元,同比增长86.32%。国有资本保值增值率101.06%,同比下降1.15个百分点。企业全年平均从业人员4102人,年末在岗职工3227人,全年在岗职工人均工资64540.47元,同比增长22.54%。年末离退休人员9462人。

(李鑫雅)

【监管效能巩固提升】 年内,完成106户国有及国有控股(集体)企业财务决算的收集、汇总、审核工作,收取2011年度国有资本收益1280万元并入库,建立预算支出项目库,实行滚动管理,发挥财务的监督和导向功能。完成2011年度13家企业负责人的经营业绩考核与薪酬核定工作,与9家企业负责人签订2012年度经营业绩考核责任书,强化对企业负责人的激励约束作用。修改完善重大事项管理制度,进一步规范企业重大投资、对外担保、重大财产转让等行为。依法做好产权界定、产权登记、清产核资、资产评估、产权转让等产权管理工作,防止国有资产流失现象发生。扩大监事会覆盖范围,将建材化工厂和园博园运营公司纳入监事会工作体系,并向二级企业延伸,监事会覆盖率达到71.4%,有效拓展国资监管手段和方式。

(李鑫雅)

【结构调整与产业转型】 7月11日,首钢建材化工厂完成公司制改制后新公司注册。8月14日,与新兴际华下属的新兴重工集团签署成建制无偿划转协议。至此,首钢建材化工厂公司制改制及成建制无偿划转新兴际华集团工作正式完成,再次成功推进了1家国有企业结构调整与产业转型。年内,稳妥推进2家退出企业土地政府收回工作。

(李鑫雅)

【国有资本布局调整】 年内,丽泽控股公司新注册成立丽泽金都开发、丽泽金都科技两家子公司,利用国有资本上缴收益出资注册成立园博园运营公司,益恒房地产开发有限公司26.67%股权无偿划转至综合投资公司,成为其全资子公司。通过布局调整、资源优化配置,国有经济更加专注于区政府重点工程项目、园区开发、城市运营,更好地服务区域经济发展。

(李鑫雅)

【商业资产运营优化】 年内,成立区属国有企业商业网点整治工作领导小组,统筹推进商业网点的整治工作。完成10家监管企业共计548宗商业网点的摸底梳理工作,初步建立商业网点资产电子数据库。出台《丰台区国有及国有控股企业房屋出租管理实施意见》,规范商业网点租赁行为,已研究通过

153处商业网点租赁意向报告。同时本着“公益优先、有偿使用、优化整合、提升效益”的基本原则大力推进网点公益性使用，为11家便民菜店提供了经营场所，与多家机关单位进行了公益需求对接。聘请专业机构就区属国有商业资产重组进行可行性研究，出台《区属国有商业资产重组方案》。重组后，原来分属三家企业的国有商业资产将由新公司统筹运营，着力打造现代商业企业集团，以满足丰台经济发展和居民宜居的需要。

（李鑫雅）

【国企发挥生力军作用】 年内，区属国企承担的区重点工程项目涉及园博会筹办、丽泽金融商务区开发、棚户区改造、保障性住房建设、市政府政务服务中心与中央民族大学新校址开发、中小企业融资担保、道路工程、轨道交通、马草河治理等经济、社会、民生领域。各企业全力以赴抓落实，倒排工期、加强管控，保质保量地完成区委区政府交办的任务和年初确定的工作目标，发挥了国有企业生力军作用，树立了国有企业能担重任、能打硬仗、攻坚克难的新形象。全年实现融资21.5亿元，完成投资123.5亿元，完成拆迁面积115万平方米，完成土地一级开发17.96公顷，实现土地上市交易11.96公顷，成交总价40.32亿元，为首都建设世界城市、实现科学发展提供了新空间。丽泽金融商务区全年新入驻大型企业和金融机构就达52家，注册资本金达160多亿元，将为丰台经济的强势崛起注入强劲动力。

（李鑫雅）

【清理脱钩工作有序推进】 年内，按照政企分开、管办分离的原则，制定《丰台区行政事业单位经办企业清理脱钩工作方案》，积极推进政事业单位经办企业清理脱钩工作。本次清理脱钩工作主要涉及8家行政事业单位经办的28家企业。待清理企业的详细情况已摸清，清理脱钩工作有序推进。

（李鑫雅）

【营造安全稳定发展氛围】 年内，层层落实安全生产责任制，深入开展安全隐患排查整改，建立以片组为单位的安全互查机制，有效遏制安全生产事故的发生，确保“十八大”安保工作的圆满完成。完成3家企业的破产终结工作，深化、延伸为破产企业职工服务的工作深度及广度，保障了职工权益的最大化。完成开展信访举报工作科学化调研，健全信访工作机制，及时、有效排查化解信访矛盾纠纷，巩固维护了国资委系统安全、稳定、和谐的发展环境。

（李鑫雅）

【企业人才队伍建设】 年内，探索建立中青年干部挂职锻炼培养新机制，抽调10名中青年干部参与到我区多个重点工程项目中去。举办第五期企业负责人与中青年干部培训班和基层党组织负责人培训班。对4家企业领导班子11名企业负责人进行人员调整、任命。完成2011年度企事业领导班子的考核测评工作。完成系统15家企事业单位64名领导干部申报个人有关事项，申报率达100%

（李鑫雅）

【基层党组织建设深入展开】 年内，扎实推进“基层组织建设年”活动，有序推进基层党组织“分类定级”，系统94个党支部，共1395名党员参加定级评价活动，制定整改措施94项，建立长效机制21项；深入开展创先争优活动，部署开展“我身边的先锋”推选表彰活动。全年国资委党委共发展党员39人，其中国资委党委审批基层党总支、党支部预备党员4人。

（李鑫雅）

【反腐倡廉工作全覆盖】 年内，层层签订党风廉政建设责任书、保证书，严格执行领导干部个人有关事项报告制度。深化廉政风险防控管理，清理职权77项，绘制工作流程图53张，配置职权43项；全系统12个企事业单位分别在11个公开事项方面对278项具体内容进行公开,推进权力公开运行;严查违法违纪行为,保持惩治腐败高压态势。

(李鑫雅)

北京丽泽金融商务区

【概　况】 2012年,实现"建设规划全部稳定,核心区土地全面平整,招商引资取得重大突破"的工作目标,为区域快速发展奠定坚实基础。11月14日城市设计导则和地下空间一体化方案获区政府审议通过。年内丽泽南区151公顷的土地全面实现平整。通过乡村合作建立利益共享机制,卢沟桥乡东区四村一万多名农民能够长期享受丽泽发展的成果;丽泽北区争取到"以企业作为主体,以土地储备证抵押贷款"的超常规政策,破解了长期困扰的融资难题;截至10月底,丽泽金融商务区累计完成投资220亿元;完成土地一级开发151公顷;建设回迁安置房50万平方米;引进企业和金融机构131家,注册资本金485亿元,其中亿元以上企业45家。

(罗　鑫)

【土地一级开发】 年内,丽泽南区拆迁全部完成。累计整理土地151公顷,总建筑规模约300万平方米,为企业入驻提供承载空间;北区征地拆迁已经全面启动。截止年底,丽泽已累计出让土地75公顷,总建筑规模约120万平方米,出让总额120亿元,土地出让金返还30亿元。

(罗　鑫)

【项目建设】 年内,地铁14号线东管头站和菜户营站进展顺利,与16号线换乘的商务区站完成一体化设计方案;南区回迁安置房基本完成,其中C9项目办理入住手续,纪家庙实现结构封顶;已出让的10个地块8家奠基开工,其中:4家进场施工、1家实现正负零、3家完成基坑土护降工程。

(罗　鑫)

【招商引资】 年内,参加京港洽谈会、北京金博会等一系列高规格推介活动,丽泽商务区影响力和竞争力进一步提升,金融业态不断丰富。中华联合保险等大型金融机构、建信股权基金等新兴金融机构、新华社金融信息交易所等金融要素市场、基金业协会等全国性金融行业协会以及中国铁物等大型央企总部五类共计131家企业机构入驻丽泽,注册资本金超过485亿元,其中亿元以上企业45家。

(罗　鑫)

机构编制管理工作

【概　况】 2012年丰台区机构编制委员会办公室(区编办)是区机构编制委员会(区编委)的常设办事机构,在区编委的领导下负责本区行政管理体制和机构改革以及机构编制日常管理工作,既是区委工作机构,同时也是区政府工作机构,列入区委机构序列。全年紧紧围绕全区重点工作,以行政体制改革为重点,以强化机构编制管理为主线,创先争优,扎实工作,较好地完成了各项工作任务。

(匡怡芳)

【乡镇机构改革收尾】 年内,完成了各乡镇机构改革方案审核,以区委办公室、区政府办公室的名义正式印发。机构改革后,南苑乡、花乡、卢沟桥乡、长辛店镇和王佐镇各设置12个内设机构。纪检(监察)、人大办公室、人民武装和工会、共青团、妇联、残联等机构按有关规定设置,并根据各乡镇人口、面积、经济发展水平、财力保障状况等因素和实际工作任务,核定乡镇行政编制总数261名。综合设置了乡镇事业站所,健全完善乡镇社会保障、农业技术推广、文化服务,社区服务等公共服务机构,各乡镇共设置全额拨款事业单位20个,共核定全额拨款事业编制210名。乡镇机构改革强化了乡镇经济社会发展规划、新农村建设规划和村庄建设规划职能;强化了城乡结合部改革发展职能;强化了公共服务体系建设职能;强化了社会管理职能;

强化了农村改革发展职能。

（匡怡芳）

【精简规范议事协调机构】 年内，对118个区属议事协调机构和3个临时机构进行了精简规范。合并机构5个，撤销机构21个，调整机构2个，调整为部门联席会议机构7个，更名机构2个，新设立机构1个。精简规范是对现有议事协调机构进行梳理、更新领导成员；明确议事协调机构审批和管理相关程序，为今后议事协调机构管理提供了明确的依据。全区保留区属议事协调机构88个，临时机构3个。

（匡怡芳）

【提供机构编制动态保障】 年内，开展了一系列机构编制调整，不断完善体制机制建设，切实提供机构编制保障。设立第九届园博会丰台区运营管理委员会，为园博会的筹办运营提供了组织协调服务保障力量；设立丰台区投资促进局；将丰台区旅游局更名为丰台区旅游发展委员会，提升丰台招商引资软环境；成立北京青龙湖国际文化会议中心管理处，促进会都建设。全年为北京园博园管理中心等52家单位调整机构105项，调整编制925名，为各项工作提供了机构编制保障。

（匡怡芳）

【事业单位法人登记管理】 年内共办理事业单位法人设立登记19个、变更登记89项、注销登记7个。对全区586个事业单位进行了年度检查，年检合格率100%。针对事业单位法人网上管理和年检要求的变化，开展了分批培训，采取联合年检的方式，顺利完成了年检和网上管理准备工作。

（匡怡芳）

民族宗教侨务工作

【概　况】 2012年区民族宗教侨务工作，以民族团结进步创建、“和谐寺观教堂”创建、侨务明星社区创建为载体，坚持服务民生，坚持依法行政。全年市区扶持清真餐饮、维修宗教场所、开展民族传统体育、支持社区民族宗教侨务工作等共投入200余万元，变更民族63人次，接待咨询200余人次，处理群众投诉5件。被国侨办授予全国侨务系统信访工作示范单位。

（于立河）

【推荐民族团结进步创建典型】 年内，在对外来少数民族流动人口的服务与管理上，做了积极的探索，挖掘整理新发地农副产品批发市场经验作法。该市场有新疆维吾尔族群众近100人，维吾尔族商户十余年在市场经营，每年交易额保持在20亿元以上，为首都市场繁荣发展带来了活力。为做好服务与管理工作，市场从“真诚尊重 、真正优惠、真情关怀”入手，在日常生活、宗教生活、经营等方面关心照顾少数民族商户，形成了服务与管理的良好机制。今年被中宣部、中央统战部、国家民委联合表彰为“全国民族团结进步创建活动示范企业 ”。

（于立河）

【保障第四届全国少数民族文艺会演】 年内，第四届全国少数民族文艺会演于6、7月间在北京举行。按照北京市组委会和执委会的统一要求，对所承担的对口接待、代表团驻地保障及慰问演出等项工作进行了周密部署，保障了文艺会演顺利进行。

（于立河）

【组织宗教文化交流活动】 年内，与区委统战部一起组织区基督教“三自”爱国会、区天主教爱国会、区伊斯兰教协会进行宗教文化交流活动。基督教在宗教文化服务社会、天主教在宗教历史和文化传承、伊斯兰教在清真饮食文化及风俗习惯等方面进行了重点展示，促进了不同宗教之间的学习和理解。

（于立河）

【深化“和谐寺观教堂”创建活动】 年内，7个宗教场所已经全部达到“和谐寺观教堂”创建标准。为深化创建活动，组织宗教法规学习月活动,宗教团体领导班子和神教职人员全部参加了政策法规学习,提高了知法守法的意识。申请财政资金,对天主教东管头教堂内部进行修缮,在堂外新建停车场。改善了宗教场所的内外环境,方便了宗教生活。

(于立河)

【做好社区侨务工作】 年内,坚持“社区为侨服务好、侨为社区贡献多”双向机制,选择工作基础较好、归侨侨眷较为集中、工作亮点突出的方庄芳城园一区开展创建“全国社区侨务工作明星社区”活动。依据创建的6条标准,先后几次到街道社区进行调研、培训、检查,逐一落实,提档升级,努力构建“宣传、组织、服务、保障”的社区侨务工作组织体系。芳城园一区居委会被国侨办评为全国侨务工作明星社区。

(于立河)

【接待海外华人夏令营】 年内,接待33名美国华裔青少年“寻根之旅—相约北京”夏令营活动,在安排夏令营学生学习了解中国传统文化的同时,介绍丰台区发展建设的新形势,为宣传丰台、扩大海外影响力,增进情感认同,凝聚侨心,团结涵养海外侨务资源起到了积极作用。

(于立河)

【全力维护社会稳定】 年内,对境外宣教组织的渗透、网上散布谣言等事件,以及阿拉伯地区国家出现的穆斯林群众反美事件,积极采取应对措施,做好舆情收集和突发情况的处置准备工作。对非法宗教活动保持高压态势,认真研判情报信息,及时调查,果断处置。全年共制止3起准备在商业活动中参杂进行宗教活动的事件,避免了不良影响。

(于立河)

对外事务

【概 况】 2012年全区的外事工作以十八大精神为引领,深入贯彻落实科学发展观,紧紧围绕首都世界城市的建设和区委、区政府中心工作,圆满完成各项工作任务。年内共办理因公出国赴港澳66批243人次,其中,自组团36批198人次。涉及友好访问、城市建设、文化、教育、医疗、卫生、环境保护等,均取得了良好的效果。所有出访团组无一例违规。护照回收率和出访报告上缴率均为100%。

(孙郁菲)

【外事接待】 年内,配合中央、市、区有关部门多次接待党宾、国宾、友好团组。三次接待美国铁狮门公司总裁一行赴丰台区洽商丽泽金融商务区有关地块合作项目;接待尤尼百-洛当科集团一行到丰台区考察,并就丽泽商务区开发建设进行了座谈;接待捷中友好协会、美国阿罕布拉市市长代表团等赴丰台区洽谈项目;接待以新加坡国会议员维凯为团长的社区基层工作访问团赴丰台区怡海花园社区进行访问考察;接待以色列海法市外事委员会主席库拉斯先生一行到丰台区国际企业孵化中心(北京IBI)访问等多场次外事活动。

(孙郁菲)

【青少年民宿交流】 1月,连续第14年向日本东京都葛饰区派出青少年交流团,与当地学生进行空手道交流,并体验了数学、体育、生活等课程。8月,继续开展丰台区与韩国首尔市江东区品牌项目——青少年的民宿交流活动,接待了江东区代表一行18人赴丰台区访问,取得了良好效果。

(孙郁菲)

【举办市民讲外语活动】 年内,联合区委宣传部、区教委举办了“2012年北京外语游园会丰台分会场”活动。区教委、各街乡、社区学院、驻区部队、公安干警等组织了五百余名外语爱好者参加。通过汇报演出、展板展示、表彰先进、现场交流等形式展示了丰台区市民讲外语活动十年来的丰硕成果。

(孙郁菲)

【规范外语标识】　年内，启动丰台区公共场所外语标识专项检查工作。通过各单位上报、自查重点场所及网络宣传、志愿者服务等方式，进一步建立了标识检查工作长效机制，营造首都国际语言环境。将北京汽车博览中心确立为丰台区外语标识工作的示范基地，组织园博会筹备办相关人员进行实地考察，使英文标识与场馆建设同步规划、同步推进。

（孙郁菲）

【拓展外交渠道】　年内，以举办第九届（北京）国际园林博览会为契机，与入园参展的各个国家和地区建立联系。其中，德里市作为印度四个参展城市之一，在表达了全力办好展会意愿的同时，希望进一步与丰台区建立友好关系，充分发挥印度高科技产业发达、文化遗产丰富的优势，积极与丰台区开展文化、经贸、科技等多层面的交流。

（孙郁菲）

【涉日维稳工作】　年内，结合涉日维稳形势，及时与市政府外办沟通，全力贯彻执行市、区领导指示精神，成功协调了“北京铁人三项赛”七名日本运动员、园区“中小企业科技创新研讨班”两名日本学员不来京参赛、学习事宜，保障了以上活动的顺利举办。

（孙郁菲）

档案工作

【概　况】　2012年档案工作以邓小平理论和“三个代表”重要思想为指导，深入贯彻科学发展观，认真落实市档案工作会议和区十一次党代会精神，围绕全区工作大局，按照建设“三个体系”档案事业发展总体目标，以改革创新精神全力推进档案工作上水平，以优异成绩迎接党的十八大胜利召开，为建设繁荣、文明、幸福新丰台作出积极贡献。深入开展全区社保档案、医疗保险档案工作，社保档案顺利通过市和国家级验收。实行重点建设项目档案工作登记制度，参与对南水北调工程、永定河园博园水源净化水系工程、永定河园博湖综合治理工程建设项目档案管理、检查、验收。组织开展农村土地确权登记颁证、平原造林、水务普查、房屋安全档案工作。全面推行《市、区、县机关档案工作测评办法》。全区档案部门共接待查档利用者12.9万人次，提供调阅档案18.55万卷（件）。区档案局（馆）连续第8年被评为首都文明单位。局党支部被区直机关工委评为“丰台区直机关创先争优先进基层党组织”，保管保护科被区妇联评为“丰台区巾帼文明岗”。

（王国欣）

【区领导调研】　1月30日，区政府副区长李军会到区档案局进行调研，查看了档案查阅室、计算机房、档案库房、爱国主义教育基地展室。听取了局领导的工作汇报。对做好全区档案工作提出了要求。第一，准确把握档案工作定位。第二，全面提升档案工作能力。一是档案资源的收集能力；二是档案工作的服务能力；三是档案工作的科研能力；四是档案的安全保管能力。

（王国欣）

【档案法制建设】　年内，印发《丰台区汛期档案安全保管工作指导意见》，制定《丰台区重大突发事件档案安全保管应急预案》、《丰台区档案局馆防汛应急预案》。组织全区立档单位参加了全国2012年“飞狐灵通杯”档案法制知识有奖竞赛活动，获得北京市档案系统一等组织奖。举办档案法制建设专题培训班，全区档案执法联络员、档案工作协作组正、副组长等40人参加了培训。举办“12.4”法制宣传日活动，与西罗园街道办事处联合举办了档案普法进社区专题讲座，发放1500余册档案法律法规宣传手册。

（王国欣）

【档案执法检查】　10至11月，与区法制办联合开展了2012年全区档案行政执法检查。主要从两个方面进行：自查档案工作保障、档案收集、档案安全保管、档案提供利用、档案监督指导情况及存在问题和整改情况;进行重点抽查,被抽查的单位采取事先确定、临时告知的方式进行,以确保检查实效。

(王国欣)

【档案工作会议召开】 6月5日,召开丰台区2012年档案工作会议,总结了2011年全区档案工作,部署了2012年档案工作任务。市档案局副局长马素萍莅临会议。区人大常委会副主任苗华、区政府副区长李军会、区政协副主席邢方岭及区委办公室、区政府办公室、区法制办等部门的领导出席了会议。区档案局局长董化斌作了题为"立足档案工作宗旨,把握时代发展机遇,为建设经济繁荣、社会文明、人民幸福的新丰台做出更大贡献"的工作报告。市档案局副局长马素萍作了讲话。副区长李军会对做好全区档案工作提出了要求。区属各单位分管档案工作的领导和档案工作人员共200余人参加了会议。

(王国欣)

【开展档案业务培训】 年内,举办全区新上岗档案工作人员专业知识培训班及卫生、教育、房管、区属国有企业系统档案业务培训班,400余名参训人员学习了档案法律法规、档案基础知识等11个方面的内容。全年对区属各单位、社区、农村3600人次进行了档案专业知识培训。

(王国欣)

【档案征集接收】 9月5日,与区总工会联合举办了"李素静劳模档案捐赠仪式"。获得"全国先进工作者"荣誉称号的原丰台区成寿寺小学教师李素静向区档案馆捐赠了全部劳模档案资料,包括证书、授带、奖章、奖杯、照片、报刊等近百件。中国书法家协会会员、丰台区老年书画研究会副会长张霖与原区委宣传部副部长康奉将二人合作的10米诗词书法长卷无偿捐赠给区档案馆。北京奇正天成文化发展公司将《卢沟晓月》艺术剪纸无偿捐赠给区档案馆。征集1937年一版和1964年重印的《中国戏典》书籍各一册进馆,该书全方位介绍了京剧的历史、场景、服装、道具、脸谱以及唱念做打等内容。征集国家非物质文化遗产的蔚县剪纸作品《十二生肖脸谱图》一套进馆。启动区非物质文化遗产项目的征集活动。走访了北京泥人张、吴德寅泥塑等十位区非物质文化遗产项目的传承人,并为每个项目拍摄了照片、录制了相关视频。同时征集到文字、图片、书刊等相关资料131件。

(王国欣)

【档案普查与鉴定】 年内,完成了馆藏1981年满30年的1566卷档案开放鉴定工作,其中397卷进行开放。

(王国欣)

【第四届"档案馆日"活动举办】 9月5日,举办第四届"档案馆日"活动。活动分为四个板块:展览板块,推出9个展览,展示我区档案文化;活动版块,体验查档经历,探索库房奥秘;征集板块,举办全国劳模档案资料征集活动;讲座板块,举办非遗知识讲座。档案馆日共接待7200名参观群众,发放宣传品3000余份。市档案局副局长李立军,区人大常委会副主任苗华,区政府副区长李军会,区政协副主席邢方岭参加了活动。

(王国欣)

【档案信息化建设】 年内,新编制《丰台区资料》数据表,录入目录信息数据343条,整合馆藏各立档单位归档资料134卷/册,录入归档资料目录数据248条。完成馆藏招工、1995至2000年婚姻、居民建房等9595卷档案的原文数字化工作,形成数字化影像80万幅,增加人名索引目录3万余条,文件级目录5万余条。接收2011年立档单位案卷级和文件级档案电子目录近5万条。完成48.43万幅成品影像的验收检查工作。

(王国欣)

【爱国主义教育基地晋升市级】 6月15日,北京市爱国主义教育基地考评组,对丰台区档案馆爱国主义教育基地申报市级爱国主义教育基地的各项工作进行了考评。9月11日,经北京市爱国主义教育基地领导小组批准,丰台区档案馆爱国主义教育基地晋升为市级爱国主义教育基地。开展《丰台区档案馆馆藏珍品展》巡展月活动,在5个乡(镇)及所属行政村、企业依次巡展。

（王国欣）

地方志工作

【概　况】 2012年,区地方志办公室根据职能和目标任务,认真组织开展业务工作,较好地完成了全区各单位撰稿人业务培训、《北京年鉴》丰台区情编写报送和《北京丰台年鉴》编纂出版工作。

（左曙毓）

【撰稿人培训】 3月,分别组织了全区各单位年鉴撰稿人培训。总结上年年鉴编纂工作,对编纂工作中的成绩和不足,进行了概括性总结,就本年全区年鉴编辑工作进行具体安排,提出工作要求等。共有160人参加培训。

（左曙毓）

【完成《北京年鉴》撰稿报送任务】 4月,按照市志办公室要求,通过对相关资料的收集、整理、撰写、加工修改,按时、保质、保量完成了《丰台区情》的撰写任务。经报主管区领导审阅后报送北京市年鉴社,并全文刊发。《丰台区情》全文6500字,客观反映了区内政治、经济、文化和社会各方面发展变化情况。

（左曙毓）

【《北京丰台年鉴2012》出版】 年底,《北京丰台年鉴》出版。全书设20个一级栏目、103个二级栏目、1648条条目,共60万字,插图136幅。《北京丰台年鉴》比较全面、系统地反映了2011年全区各系统、各单位在政治、经济、文化、社会等领域发展变化的基本情况以及当年发生的大事、要事、新事和各项事业所取得的成就。

（左曙毓）

机关事务管理工作

【概　况】 2012年机关事务管理处(以下简称管理处)以党的十八大和市第十一次党代会精神为指导,紧抓机遇,应对挑战,牢牢把握区委区政府中心工作,全面落实各项指示精神,深入了解需求动态,明确目标,落实责任,坚定不移的把"服务、管理、保障"三大职能落在行动上,以更新的理念、更高的标准、更好的形象为起点,重点工作求突破,日常工作上水平,切实加强自身建设,树立机关后勤人在服务、管理、保障中立场坚定、敬业奉献,奋发有为的良好形象。

（刘　琳）

【会议服务保障有力】 11月,区人大召开第十五届二次会议,管理处首次对大会的各项服务保障工作进行全面的统一的安排调度。选派包括两名副处长在内的15名经验丰富的中青年干部,带领物业公司人员共75人组成坚强的后勤保障队伍,克服了服务人员少,会议室分散,设备简陋,硬件缺乏的困难,集中全力做好周密细致的服务保障工作,确保各个环节万无一失,顺利完成了组织和领导交付的任务,体现了管理处严谨专业的服务水平。

（刘　琳）

【节能降耗效果突出】 年内,对各办公区地库、食堂、会议室、楼道等长明区域或公共区域更换LED节能灯管2900支,更换二次供水设备并完成了相关各项设施的维修维护工作,对115台达到报废年限的老旧空调进行更换,避免了因为设备老旧及发生故障而造成能源损耗。物业每月对水表、电表进行抄数,发现异常情况及时上报。继续执行冬季分体空调限电措施,加强直燃机的操作管理,根据天气变化停开机。对所有公务车辆油耗、材耗进行适时监控,张榜公示,最大限度地减少和杜绝浪费。在车辆维修经费上严格把关,能修不报废,能用不换新,做到既确保车辆性能状况良好,又降低费用;在油料使用上,对每辆车都做到了适时监控,杜绝了油料的浪费。在各办公区摆放节能指示牌,宣传多走楼梯少乘电梯等各种节能环保理念。用电量下降8.89%,用气量下降4.42%,用水量下降9.14%。统管户车辆消耗油料127.6万元,自管户车辆消耗油料87.9万元。单车油、材费用消耗平均降低了10%,取得了较好的节能效果,降低了行政成本。

(刘　琳)

【办公环境改造】 年内,完成信访办接待大厅及办公用房装修改造,有效改善信访办公环境,减少群体访对政府办公秩序的影响;完成区委区政府办公区4号楼整体、2号楼卫生间约150平方米、303会议室及档案室的装修改造;完成南院联合办公区1号楼部分房屋、楼道粉刷,吊顶装修,电路改造;完成3、4号楼约960平方米屋面防水工程,完善了办公区硬件设施,美化了办公环境;完成丽泽办公区新建化粪池工程,解决了下水管道经常堵塞问题。

(刘　琳)

【规划办公用地】 历时两年与市自来水集团、市区国土分局沟通协调,8月完成了文体路1号土地置换后的土地证办理工作。在此基础上,为进一步合理规划办公用地,解决办公用房紧张,功能用房缺乏的问题,通过深入调研,反复推敲,征求多方意见,整理出区政府新建西楼方案并报政府审批。

(刘　琳)

【信息化建设初见成效】 年内,库房管理平台上线试运行,资产信息化管理逐步走上正轨。与软件公司研讨修改实施方案,顺利完成库房管理软件设计,35家单位办公用品申领将实现网上操作,提高库房管理和服务水平。实现了集中的工作流程、审批流程,通过权限配置、工作流设置,层层把关,防止业务差错发生,降低行政运行成本。

(刘　琳)

【资产清查详尽准确】 年内,按照区财政对行政事业单位资产清查方案的工作要求,对固定资产全部或部分纳入管理的49个单位开展资产清查。此次清查全面、准确的反映了现有固定资产状况,为确保国有资产安全、完整,进一步强化资产及财务管理,建立健全各项规章制度和风险防范机制奠定了扎实基础。

(刘　琳)

【安全防控能力得到显著提升】 年内,结合食堂一卡通在区委区政府办公区正门及办公楼门安装门禁系统,传达室安装访客登记系统,更新地库出入系统,进一步全面掌握进出区政府办公区的人员及车辆信息,有效提升了政府办公区的安全防范能力。为所辖办公区及大院保安员更换了对讲机,实现5个办公区信号互通,第一时间掌握安全信息动态。

(刘　琳)

【坚持人性化服务】 年内,区委区政府办公区及丽泽办公区新建机关小超市投入运营;由食堂科采取分工制作、专人配送为超市供应面点熟食;服务中心负责各类设备的购置、其他货品的采购及人员管理,并实行统一销售。各科室各司其职,各尽其责,为机关工作人员营造更加便捷贴心的工作氛围。为进一步规范政府秩序,合理利用现有土地资源,有效缓解停车紧张问题,对区政府西院停车场实施地面平整、铺设柏油、规划停车线等工作,有效改善了乱停车现象。

(刘　琳)

【交通出行安全规范】 年内,管理处在管车辆共82辆,自管车辆57辆,通过对16个分管单位的车辆进行全面清查和治理,11月13日,通过了区公车治理工作领导小组的抽查与验收。

(刘　琳)

【健康食堂工作稳步推进】 年内,为了创建健康食堂目标,投入资金建立食品安全快速检测室,每天对新进原材料残留微生物及添加剂进行检测，确保食品安全；改造后厨天花板、排风系统，确保食堂卫生整洁的工作环境；编写机关食堂菜谱，宣传膳食营养知识及标识每日菜品的营养成分，进一步发挥食堂增强干部职工健康素质的主渠道作用，扎实走好创建健康食堂的关键步伐。大院食堂取得了市卫生局颁发的北京市“示范食堂称号”，极大的鼓舞了食堂工作人员的干劲和决心。

（刘　琳）

政协北京市丰台区委员会

【概　况】 2012年，区政协在中共丰台区委的领导下，坚持以邓小平理论、“三个代表”重要思想和科学发展观为指导，坚持团结民主两大主题，围绕区委、区政府中心工作，以建设“活力、有为、务实、和谐”的丰台政协为目标，突出“基础建设年”这一重点，履行了政治协商、民主监督、参政议政职能，完成了区政协九届一次全会所确定的各项目标和任务，为建设“经济繁荣、社会文明、人民幸福的新丰台”做出了贡献。年内，共有委员310人，常委49人。

（宁定辉）

【九届一次常务委员会议】 1月17日召开，区政协主席李昌安主持。会议审议通过了《政协北京市丰台区第九届委员会常务委员会2012年工作要点》；审议通过了《政协北京市丰台区第九届委员会常务委员会关于进一步加强自身建设的意见》；听取了政协九届一次会议委员对政府工作的意见建议；通报了区政协九届一次主席会议确定的主席、副主席、秘书长分工。李昌安在会上讲话，明确提出建设“活力、有为、务实、和谐”政协的目标。

（宁定辉）

【九届二次常务委员会议】 3月20日召开，区政协主席李昌安主持。会议审议通过了干部人事问题；区政协各专委会主任、副主任人选；区政协主席、副主席、秘书长联系常委，常委联系委员安排；区政协地区委员活动办法；听取关于区政协2012年政治协商议题情况通报；审议通过了《丰台区政协常委会议工作规则（试行）》；审议通过了《丰台区政协专门委员会工作通则（试行）》；审议通过了《政协北京市丰台区第九届委员会关于进一步提高履行职能水平的意见（试行）》。

（宁定辉）

【九届三次常务委员会议】 6月14日召开，区政协副主席周大春主持。会议审议并通过了《关于进一步加强和改进反映社情民意信息工作的意见（试行）》，听取了关于2011年区政协常委会四个建议案办理情况的通报、“加快推进河西地区建设发展”协商议政工作情况的报告、关于2012年1月至5月委员履职情况的通报。

（宁定辉）

【九届四次常务委员会议】 9月18日召开，区政协副主席李新民主持。审议了《政协北京市丰台区委员会委员守则（试行）》、《政协北京市丰台区委员会关于加强特约监督员管理工作的办法（试行）》、《政协北京市丰台区委员会提案工作条例》，审议了《关于积极推进中国戏曲文化中心建设的调研报告》、《丰台区环境建设与管理调研报告》、《关于丰台区“一刻钟社区服务圈”建设工作的调研报告》3个专题调研报告，研究干部人事任免。李昌安参加会议并讲话。

（宁定辉）

【九届五次常务委员会议】 12月18日召开，区政协副主席邢方岭主持。听取区委办、区政府办关于丰台区政协九届一次会议提案办理情况的报告，审议九届区政协常委会2012年工作报告、九届区政协常委会2012年提案工作报告，审议了区政协九届二次全会召开的时间、会议议程、执行主席分工、委员讨论组、秘书处设置等,审议九届区政协常委会关于学习贯彻中共十八大精神的意见,通报关于表彰2012年度优秀委员、优秀信息个人、优秀提案者的决定。李昌安参加会议并讲话。

(宁定辉)

重要活动

【政治协商 参政议政】 年内,全委会议围绕政府工作报告、推进"十二五"规划落实等重大问题进行协商讨论,提交大会发言,许多有价值的意见建议得到采纳。将"加快河西地区建设发展"作为常委会重点协商议题,主席牵头,各民主党派、工商联参加,将协商议题分解为四个专项课题,展开大规模调研,就"河西地区建设发展模式"、"发挥重大产业项目引领和带动作用"、"推进河西地区重点基础设施建设"以及"加大民生建设力度"等涉及河西发展的关键性问题,形成四篇协商议政专题调研报告。区政协以专门委员会为依托,围绕区委、区政府中心工作及重点项目,确定三个重点领域,形成了《关于积极推进中国戏曲文化中心建设的调研报告》,从加快进度、整合资源、突出特色、建设队伍、加强宣传等五个方面,提出了意见建议;形成了《丰台区环境建设与管理调研报告》,从调控流动人口数量、改革环境管理体制、严格落实责任制以及强化群防群治机制等方面,有针对性地提出了意见建议;形成了《关于丰台区"一刻钟社区服务圈"建设工作的调研报告》,提出了加强领导和协调、完善"社区服务中心"机制、加大资金投入和调配力度等意见和建议。以上调研报告均以常委会建议案的形式,提交区委、区政府,得到了区委、区政府领导的重视和批示办理。

(宁定辉)

【提案工作】 年内,共收到提案240件。经审查立案236件,其中委员提案218件,各民主党派和工商联提案14件,人民团体提案3件,界别提案1件。提案中经济、科技类提案44件,占立案总数的18.6%;教育、文化、卫生和体育类提案58件,占立案总数的24.6%;社会法制类提案33件,占立案总数的14.0%,其中涉及民生的提案25件;城乡建设管理和环保类提案88件,占立案总数的37.3%;民族、宗教和统战类提案13件,占立案总数的5.5%,对所提事由超出丰台区事权范围的4件提案,已委托市政协委员在市政协会议期间提出或以人民来信形式转送有关部门参阅。全部提案均已按程序及时办复。所提建议得到采纳的86件、列入计划解决的113件,合计199件,共占立案提案总数的84.3%;因客观条件和政策规定等原因限制,暂时不能解决,已经向委员解释说明的37件,占15.7%。

(宁定辉)

【信息宣传工作】 年内,共编发社情民意信息60期,原中央政治局委员、北京市委书记刘淇以及市、区委和市、区政府各级领导批示共45件次。在十一届市政协优秀信息评比表彰中,区政协首次获得信息工作先进单位称号。发挥《丰台政协》网、《政协信息》以及报刊、电视等宣传平台作用。开展理论与实践研究工作,相继在《人民政协报》刊发了6篇文章;撰写理论研讨文章,2篇文章获市政协优秀论文奖,并在北京市政协理论研讨会上介绍了经验。在丰台有线电视推出《政协视窗》栏目10期,编发《政协信息》78期。出版了《丰台文史资料合辑》。汇集各民主党派文章、专门委员会调研报告和委员调研成果,编印了第22辑《咨议建言集》。

(宁定辉)

【加强制度建设】 年内,常委会结合自身实际制定了《关于进一步加强自身建设的意见》,结合市、区工作的要求,相继补充和修订完善了《常务委员会工作规则》、《主席会议工作规则》、《专门委员会工作通则》、《提案工作条例》、《委员地区活动组实施办法》、《党组会议规则》以及八个专门委员会的工作细则等二十余项涉及会议、调研、提案、专委会和政协机关工作的规则。制定发布《委员守则》，提出了提高政治思想素质、严格遵守“政协章程”等十项行为准则。完善了《提案工作指南》，进一步规范了提案选题、调研、撰写和工作流程要求。

（宁定辉）

【加强多方联谊】 1月6日，邀请北京英联邦协会、中国前外交官联谊会一行12人到丰台区参观访问，政协主席李昌安等领导参加了活动。4月21日，民族宗教和港澳台侨委员会与区委统战部、区政府民宗侨办共同举办主题为“弘扬民族传统饮食文化，搭建宗教文化交流平台”宗教团体学习交流会，市民委副主任马中璞，市委统战部综合处副处长张猛，市伊斯兰教协会常务副会长兼秘书长丁刚，区委常委、区委办主任孙军民，区政府副区长李军会，区政协副主席李新民、张兆旗、程留恩及区委统战部、区民宗侨、区基督教、天主教爱国会、区伊斯兰教协会有关负责人、伊协乡老骨干代表、区各民主党派、工商联、侨联负责人参加活动；9月25日，联合区台办开展主题为“感知新丰台，共谋新发展”台胞中秋联谊活动，市台办副巡视员马振生、副区长李军会、区政协副主席李新民出席；9月27日，又开展了主题为“喜迎中秋，共叙团圆”民族宗教人士中秋联谊活动。11月26日，区政协以“携手合作、共谋发展”为主题，在京卫医药科技集团有限公司召开了第十三届企业家联谊会，区政协副主席李新民、程留恩，秘书长赵冬辰出席。

（宁定辉）

【召开2012年工作研讨会】 2月14日至19日，召开了2012年工作研讨会，李昌安主持会议。会议研究了《政协北京市丰台区第九届委员会关于建设“活力、有为、务实、和谐”政协的意见》、常委会2012年工作要点责任分解，听取了各室关于2012年工作的汇报。周大春、李新民、邢方岭、刘占良、张兆旗、程留恩，秘书长赵冬辰，机关各室主任参加会议。

（宁定辉）

【市政协调研】 4月10日，市政协主席王安顺到丰台调研，市政协领导熊大新、闫仲秋、陈煦、任学良、申建军、田小平、王振华、陈昕陪同调研，区领导李超钢、李昌安、于长辉、孙军民、张婕参加。4月17日，市政协经济委就农村集体经济制度改革发展情况到丰台区调研，听取了区3个乡镇、67个村的改革情况以及卢沟桥乡三路居村、南苑乡花园村负责人关于农村集体经济改革发展的情况介绍，实地考察了卢沟桥三路居村金鹏天润置业投资管理公司总部和南苑乡花园村的侨园饭店项目。市经济委主任李进山参加调研，丰台区政协副主席李新民陪同调研。

（宁定辉）

【开展视察调研活动】 5月10日，区政协主席李昌安到长辛店街道参加主题为“政协委员话发展之长辛店棚户区改造”河西地区委员活动组活动，听取了相关情况介绍，并就长辛店地区棚户区改造工作进行了讨论。5月16日，区政协领导到基督教丰台堂调研，实地参观了教堂，听取了区基督教三自爱国会情况汇报，并进行了座谈。李昌安、李新民等参加。6月5日，李昌安带领政协委员、民主党派和工商联代表一行实地考察了老旧小区改造及管理工作，并听取了区房管局关于加强老旧小区改造及管理工作的情况汇报。副区长刘文洪，区政协副主席周大春、程留恩，秘书长赵冬辰陪同考察。10月15日，李昌安一行到区残疾人综合服务中心考察，查看了残疾人康复治疗、康复训练、文化体育活动等设施场所，了解了综合服务中心功能定位和使用情况。周大春、李新民、邢方岭，赵冬辰陪同考察。10月25日，李昌安、周大春等人到区妇女儿童培训中心考察，区妇联主席姜萍陪同考察。

（宁定辉）

【举办台海形势报告会】 6月14日，区政协、区委统战部、区台办联合举办台海形势报告会。原国台办副主任、海峡两岸关系协会副会长王在希做《马英九连任后的台海形势和几点思考》主题报告。市台办宣传处处长金秀清、区政协主席李昌安、原区政协主席初建华，副主席李新民、邢方岭、秘书长赵冬辰、区委统战部常务副部长李小月、区委统战部常务副部长、区台办主任房书勇等人参加。区政协副主席李新民主持报告会。

（宁定辉）

【举办2012年暑期学习班】 7月23日至29日，区政协、区委统战部举办了2012年暑期学习班。学习班分为集中学习和赴外埠考察学习。区政协主席李昌安，副主席周大春、李新民、邢方岭、刘占良、张兆旗、程留恩，秘书长赵冬辰参加学习。

（宁定辉）

【参加开展交流研讨活动】 10月26日至27日，李昌安带领区政协有关负责同志参加了北京市人民政协理论与实践研究会三届六次理事大会暨人民政协事业创新发展研讨会会议，并在大会上作了题为《担当历史重任，推进实践创新，努力提高政协工作科学化水平》的专题交流发言。12月10日，区政协召开了“丰台区人口资源环境承载力”研讨会，听取了北京市社科院专家组关于“丰台区人口资源环境承载力”调研报告的框架、思路及研究方法的情况通报，并针对通报内容展开讨论。李昌安出席会议并讲话。

（宁定辉）

政法　军事

政　　法

【概　况】 2012年，区委政法委在市委政法委和区委的坚强领导下，以邓小平理论和“三个代表”重要思想为指导，紧紧围绕十八大安保工作中心任务，以开展“十大专项行动”为主工作，以开展政法干警核心价值观教育实践活动和践行“北京精神”活动为根本保障，抓基层、打基础，破难题、建机制，全面提升政法工作水平，为服务保障城南行动计划和“一轴两带四区”发展战略，建立经济繁荣、社会文明、人民幸福的新丰台，推动丰台强势崛起提供有力的司法保障，为党的十八大胜利召开营造和谐稳定的社会环境。

（解　娜）

【政法工作会议】 2月24日，政法工作会议由区委常委、公安分局局长衡晓帆主持，政法委常务副书记张旭明传达了全国和北京市政法工作会议精神，区委副书记、政法委书记于长辉出席会议并作重要讲话。

（解　娜）

【“两会”维稳安保工作】 年内，制定了《区全国“两会”安全稳定工作意见》。组成督查组，深入街乡镇明察暗访，对重点矛盾排查调处、重点时段社会面防控等实地督查。“两会”期间，启动了战时维稳工作机制和社会面一级超常防控机制。

（解　娜）

【“7·21”救灾善后维稳工作】 年内，区委政法委主要领导深入受灾严重的长辛店地区组织开展善后维稳工作，组织指导公安分局和属地街乡镇妥善做好5名因灾遇难人员的善后处置及127辆被淹车辆的发还工作，制定实施了《关于做好长辛店北关地区上访群众接待稳控工作的方案》。

（解　娜）

【亿霖木业案件善后清退工作】 年内，成立亿霖木业案件善后清退工作领导小组，组织区政法单位和各街乡镇，经动员培训、集中清退、重点攻坚、逐一攻破等环节，发还合同2260份，涉及购林人1847人，清退金额9800余万元，清退比例达到92%。

（解　娜）

【三个现场会】 4月6日，市委政法委在区召开了全市扩大拘役适用工作现场会，丰台区作了扩大拘役刑适用工作经验介绍。5月11日，市委政法委在区召开北京市加强反渎职侵权工作现场会，丰台区总结了检察机关在区委政法委领导下反贪、反渎联合作战，公安机关全力支持的反渎工作新模式。5月18日，市委政法委在区召开北京市涉法涉诉信访工作现场会，总结丰台区向上海市移送顾某夫妇信访案的成功经验。

(解　娜)

【召开反邪教宣传现场会】 5月15日,北京市政法委在区召开了“反邪教宣传阵地建设现场会暨警示教育宣传月启动仪式”,中央610办王晓翔副主任,北京市刘敬民副市长,市委政法委副书记闫满成等领导参会。

(解　娜)

公　安

【概　况】 2012年,丰台公安分局认真贯彻落实科学发展观,以十八大安保工作为主线,以“六六三三”为目标,着力加强社会面打击整治力度,严密各项安保措施,确保了辖区内政治稳定和社会安定。年内,共出动警力2万余人次,完成党的十八大、全国两会、涉日维稳、9大常委等中央领导人到园博园植树、达沃斯论坛各国首脑抵离京、十八大代表抵离京公路、铁路、外围等一系列重大安保、警卫任务215件;完成北京铁人三项赛、卢沟晓月中秋晚会等大型活动安全保卫工作163次。年内,共接报各类“110”警情33万余件,其中刑事类警情同比下降2.1%。破获各类刑事案件11917起,同比上升13.44%。抓获各类违法犯罪嫌疑人11089人,同比上升8.23%。打掉各类犯罪团伙89个,同比减少498个。破获命案39起,继续保持命案破案率达100%。破获侵财案件8792起,同比上升16.27%。破获经济犯罪案件1223起,同比上升163%,抓获经济犯罪嫌疑人1217人,同比上升130%,追缴赃款赃物折款1360.3万元。破获各类毒品犯罪案件214件,同比上升9.7%,收缴各类毒品16512.9克,同比上升235.7%。破获邪教类案件30起,抓获邪教类人员47人。预审深挖破案3021起,同比上升27.52%;刑事拘留依法处理率100%、逮捕率38.9%、案件基本审结率100%,办案质量预警均为优。依托“清剿”、“围剿”、“飓风”、“清洁”、“啄木鸟”、“清窝拔点”、“打击整治零容忍行动”等各类专项行动,治安系统共打掉各类违法犯罪团伙、窝点749个,拘留违法犯罪嫌疑人4240人,同比上升18.8%;检查各类场所2.1万余家次,责令停业整顿243家次,其他处罚296家次。

(郭凤华)

【信访工作】 年内,选调2名业务能力强的民警充实到信访队伍,信访窗口共接待来访群众2000余人次,及时救助突发心脏病上访人员2人,收到群众锦旗6面,表扬信4件。被市政法委评为“北京市涉法涉诉信访工作先进集体”,“分局重点信访案件专项治理工作办公室”被公安部授予优秀单位荣誉称号。

(刘　利)

【十八大安保工作】 年内,筹集并合理安排各项安保保障资金5354.6余万元,在保证分局必配装备100%达标的同时,为实战单位集中配发防暴头盔、盾牌等装备9825件,集中检修更换单警装备570余台件,组织技术小分队现场巡检和维护保养车辆530余辆,保障十八大安保勤务用车199辆次,完成勤务送餐23587份、送水50802瓶,集中备勤餐饮保障2830人次,提供夜宵1800余人次,为执勤民警发放各类药品980余盒,为十八大安保任务的圆满完成提供了保障。

(陈廷秀)

【车辆报废更新】 年内,利用中央转移支付资金共计1483余万元,购置公务车辆129余辆(其中警用车辆91辆,地方牌照车辆38辆,涉及车型6种),并按报废更新分配原则配置到局属各单位。

(陈廷秀)

【打击突出治安问题】 年内,按照“区域打击、领域打击”的工作模式,通过规模化行动、全领域覆盖,最大限度地震慑违法犯罪。共抓获涉黄、涉赌、盗窃自行车、黑车扰序等违法犯罪分子3908人,同比上升25.0%。其中刑事拘留458人,同比上升16.24%;治安拘留3450人，同比上升26.2%。

（徐　刚）

【行业场所阵地控制】　年内，在歌舞娱乐、电子游艺、旅店、洗浴、典当、机修、旧货、印章等8类行业2000余家场所推行签到制检查系统，其中旅店、洗浴、典当、机修四类场所签到率达到100%；通过创新发展"三访、三查、三提供"场所管控模式，共组织规模化检查120余次、集中暗访30余次。检查各类场所2.1万余家次，发现违法违规场所300余家次，责令停止营业场所243家次，罚款128家57万余元，从中查获上访人员910余人次，抓获网上在逃人员152人。

（郭凤华　徐　刚）

【巡逻警种化专业化建设】　年内，加强和固化巡逻工作，成立驻街巡逻队32支，各驻街队01巡逻车、警务站民警人事、党、团、群众关系统一划归巡警支队直属管辖，形成一支527名（占分局在编总警力的17.22%）警力的专业巡逻队伍，达到市局关于专业化巡逻警力占分局总警力15%的标准要求。

（郭凤华　熊颖超）

【网络安全工作】　年内，围绕网上舆情监控处置引导、涉网犯罪打击清理整治、信息系统安全监管防范"三条主线"，从落实全警巡控、深化涉网专项、夯实管理基础三方面入手，持续推进十八大网络安全保卫工作全面开展。共浏览各类信息68万条，发现上报网络违法犯罪信息10460条，开展公开执法警示63人次，编辑反制舆情4270余条，撰写反制文章52篇，编写《网络社区巡查工作动态》379期，协助相关单位开展落地核查173件，排查不稳定因素229件次，勘查涉网现场158起，协助抓获各类违法犯罪嫌疑人168人，新增网站备案1309家，检查网吧、网站和运营商等联网单位1600余家次，打击取缔黑网吧89家。

（佟光耀）

【医院警务工作室挂牌】　5月15日，对丰台医院、北京东方医院、北京佑安医院举行警务工作室挂牌仪式，全面启动医院警制建设后医院发案数和医患纠纷数明显下降。

（郭凤华　于同北）

【"7·21"抢险救灾任务】　7月21日至22日，累计接报涉汛警情1338件，出动警力1929人次，车辆957次，救助受困群众2025人。针对京港澳高速公路南岗洼路段重大积水险情，分局迅速搭建"7·21"南岗洼抢险行动"1部5组"指挥救援体系，分局主要领导一线指挥，50余小时共投入警力326人次，救助转移受困群众268人，完成了抢险救灾任务。

（郭凤华）

【综合执法警务站】　10月9日，本着"边研究、边实践、边改进"的原则，在辖区客流最大、治安最复杂的丽泽桥、蒲芳路、东安街、木樨园、刘家窑5个重点部位，分别建立公安、城管、交通、武警职能于一体、捆绑作战的综合执法警务站。

（郭凤华　熊颖超）

【警务管理专项工作】　8月27日，正式启动强化警务管理专项工作，研究制定《关于强化警务管理工作的实施方案》等一系列工作方案，在分局公安网主页开设"警务管理"工作专区，在专栏内刊载动态信息77条、工作专刊9期，传达领导批示4项，转发经验交流6条、工作方案4份。同时，通过发放调查问卷80份、查阅各类档案材料46份、实地检查"三室"、"食堂"、"宿舍"等处所57处、制作谈话材料96份、汇总收集派出所经验做法17条，摸排管理问题12项。

（张　鹏）

案例举要

【破获"2·26"特大地下钱庄案】　3月12日，经侦大队会同相关部门出警58人，一举打掉4个地下钱庄犯罪团伙，抓获以邵某某（女，1970年3月15日生，海南省海口市人）、杜某某（男，1969年1月10日生，河北省廊坊市文安县人)为首的犯罪嫌疑人11人,查扣现金31.93万元。经审查,邵某某等人对以使用地下钱庄形式非法经营的犯罪行为供认不讳。6月8日、7月6日杜某某等犯罪嫌疑人被移送起诉。

(郭凤华 梁 颖)

【破获特大系列加盟合同诈骗案】 3月21日,破获北京聚缘润怡国际贸易有限公司以加工回收布艺工艺品为名的特大系列加盟合同诈骗案。抓获白某某(男,1983年8月18日生,公司总经理,河北省武安市人)、白某(女,1984年3月26日生,业务经理组长,河北省承德市隆化县人)等犯罪嫌疑人25人,冻结赃款32余万元。经审查,白某某等人对以加工加盟为名获款200余笔、80余万元的犯罪事实供认不讳。6月26日白某某等25人被移送起诉。

(郭凤华 梁 颖)

【破获"3·22"特大系列诈骗案】 4月16日,出动700余名警力,会同市局有关部门,一举将以张某某(男,1977年3月18日生人,陕西省大荔县)、肖某某(男,1967年3月20日生人,黑龙江省萝北县)为首的2个诈骗团伙525名犯罪嫌疑人全部缉拿归案,现场起获大量伪造证件、电脑、宣传单、帐本等。经审查,张某某、肖某某等组织人员分别以"国际经济合作学会"、"中国国际贸易促进委员会建设行业分会"名义,向被害人推荐培训项目,承诺被害人只要交9800元钱并参加他们自己组织的考试后,保证颁发"高级项目管理师"证书的犯罪事实供认不讳。张某某于5月23日被丰台区检察院批准逮捕,肖某某于5月21日被丰台区检察院批准逮捕,其他人员分别被刑事拘留和治安拘留处理。

(赵 雄)

【破获"7·11"爆炸案】 7月11日23时许,六圈菜市场平房区内发生一起恶性爆炸案件,一名男子被炸身亡。经工作,于7月12日零时许,抓获犯罪嫌疑人许某某(男,1978年10月24日生 ,河南省上蔡县人)、张某某(女,1977年11月5日生,河南省上蔡县人)、李某某(男,1965年5月25日生,北京市丰台区人)3人。经审讯,许某某3人对因矛盾制造爆炸杀害苏要南的犯罪事实供认不讳。8月17日,许某某、张某某、李某某被转入北京市第一看守所。

(赵 雄)

【破获"7·22"介绍、容留卖淫案】 8月底,会同市局相关部门,经过缜密侦查,一举打掉一个利用QQ聊天软件推送卖淫信息,组织、介绍、协助介绍、容留卖淫的犯罪组织,抓获该网络卖淫犯罪组织成员邓某某(女,1990年1月5日生人,重庆市巫山县)、简某某(女,1986年4月16日生日,广东省紫金县)等184人,打掉组织卖淫犯罪团伙14个。经审查,邓某某等人对犯罪事实供认不讳。9月29日,邓某某等5人被丰台区检察院批准逮捕,其他嫌疑人分别被刑事拘留和治安拘留处理。

(赵 雄)

【破获市领导专车被盗案】 8月30日6时许,李某报警称其停放在丰台区小屯路路边的本市政府一主要领导的专车车内财物被盗。经工作,9月12日和10月9日,丰台刑侦支队会同相关部门,分别抓获张某某(男,1992年5月19日生人,河南省杞县人)、靳某某(男,1989年4月17日生人,河北省南宫市人)、赵某某(男,1992年3月20日生人,内蒙古鄂伦春自治旗人)等犯罪嫌疑人,打掉以张某某为首的系列盗窃奥迪车内财物犯罪团伙,并追缴事主被盗手机、警灯等物品。经讯问,张某某等3人交代了自2012年5月至今,专门针对奥迪轿车,利用技术开锁手段盗窃车内财物,分别在丰台、顺义、昌平盗窃奥迪轿车内财物8起的犯罪事实。10月19日,赵某某被丰台区检察院批准逮捕。11月7日张某某、靳某某被丰台区检察院批准逮捕。

(赵 雄)

【破获“罗纪洪特大贩卖毒品案”】 9月23日，会同相关部门，一举破获罗纪洪特大贩卖毒品案，抓获罗某某（男，1972年12月27日生，四川南江县人）、徐某（女，1988年5月25日生，湖南长德市人）等犯罪嫌疑人12人，起获疑似冰毒类毒品六包（后经市局物证鉴定中心初检为甲基苯丙胺类毒品3.4公斤）、麻古1粒。经审查，罗某某等12人对自己犯罪实事供认不讳。11月1日，罗某某等3人转入北京市第一看守所，其他9人均被依法处理。

（郭凤华 孙 飞）

【打掉一暴力垄断群众演员市场犯罪团伙】 10月26日，调集警力300余人，会同相关部门，一举打掉了盘踞在丰台区林家坟村、八一影视基地及房山区朝阳山村等地的一暴力垄断群众演员市场的犯罪团伙，抓获以孙某某（女，1965年11月11日生人，天津市河北区）为首的团伙成员23人。经审查，孙某某对以垄断位于丰台区王佐镇八一影视基地的群众演员市场为手段，暴力威胁敲诈群众演员，并涉嫌强迫劳动、寻衅滋事、诈骗、抢劫、故意伤害等犯罪行为供认不讳。2012年11月30日，孙某某被丰台区检察院批准逮捕，其他犯罪嫌疑人均依法处理。

（赵 雄）

检 察

【概 况】 2012年，区检察院在市检察院和区委的领导下，在区人大及其常委会的监督下，全面贯彻宽严相济刑事政策，依法打击各类刑事犯罪。是年，共批准逮捕各类刑事案件1321件1770人，提起公诉2857件3262人，依法决定不批准逮捕615件990人，决定不起诉46件60人。

（孙 锴）

【化解涉众集体访】 1月16日，正在办理的一起销售假冒注册商标商品案的犯罪嫌疑人家属共15人来院控申接待室，反映案件情况，认为公安机关认定的犯罪数额明显偏大，可能存在认定事实不清，对嫌疑人错抓错捕等情况，希望检察机关为嫌疑人办理取保候审。期间，上访人员情绪激动且言语偏激。在接访过程中，院里紧急启动处理集体访预案。历经3个小时，最终做通了上访人员的工作，使得此次集体访得以成功化解。

（孙 锴）

【区领导到院调研】 1月20日，区委书记李超钢，区委副书记、区长冀岩，区委副书记、政法委书记于长辉，区委常委、区委办主任孙军民，区委常委、副区长刘宇以及区委办、区委政法委相关领导等一行7人来到检察院慰问全体干警。检察院党组书记、检察长叶文胜带领党组成员，以及各业务处室主要负责人参加了慰问座谈活动。

（孙 锴）

【区政法委书记到院调研】 2月2日，区委副书记、政法委书记于长辉等一行8人来到检察院调研指导工作。检察院党组书记、检察长叶文胜带领党组成员，以及部分处室负责人参加了座谈活动。

（孙 锴）

【法警队获荣誉称号】 2月10日，在全市检察机关司法警察工作会上，区检察院法警队被高检院政治部授予全国检察机关司法警察编队管理示范单位荣誉称号。

（孙 锴）

【未成年人检察工作】 2月，检察院公诉三处正式更名为未成年人案件检察处，增加审查批捕职能，将涉及未成年人的刑事案件统一归口办理，实行批捕、起诉、诉讼监督和预防一体化的未成年人检察工作模式。

（孙 锴）

【到园博会施工现场进行调研】 3月15日，检察院党组书记、检察长叶文胜带领部分党组成员、处室负责人，到区园博会施工现场进行调研，参观了园博会主要场馆、园林建设等项目的施工工地,并与筹备办负责人进行了座谈研讨。

(孙　锴)

【首例"禁止令"判决】 3月26日,由检察院提起公诉的被告人朱子君抢劫一案,被告人朱子君自小上网成瘾,为满足其上网需求,于上年11月29日6时许,在大红门久敬庄渔场大院北侧小树林内,对同事朱某采用语言威胁、殴打的手段,抢得同事朱某现金人民币1221元,后在母亲陪同下投案。在法院一审公开审理后,以抢劫罪判处朱子君有期徒刑2年缓刑3年,并处罚金人民币4000元,缓刑期间禁止其进入经营互联网上网服务的营业场所。该案系《刑法修正案(八)》正式实施以来,区首例"禁止令"判决。

(孙　锴)

【举办北京市扩大拘役适用工作现场会】 4月6日,北京市扩大拘役适用工作现场会在区检察院举行。市委政法委副书记刘大为、区委副书记、政法委书记于长辉、市检察院副检察长苗生明、检察院检察长叶文胜以及市检察院、市高法、市公安局、市司法局、市劳教局、部分基层检察院代表出席了会议。

(孙　锴)

【未检处获荣誉称号】 4月11日,检察院未成年人案件检察处参加了由共青团丰台区委召开的上年度"青年文明号"年终评选汇报会。经过评审,最终在24家参选单位中脱颖而出,获得第2名的好成绩,并被共青团丰台区委授予"青年文明号"荣誉称号。

(孙　锴)

【募捐活动】 4月24日,根据民政局《关于在全区开展"送温暖 献爱心"社会捐款活动的通知》和区慈善协会关于开展"春雨行动"专项募捐活动的通知精神,检察院开展"送温暖、献爱心"捐助及"春雨行动"募捐活动,干警踊跃捐款、奉献爱心,共计人民币6650元。

(孙　锴)

【机关党委换届选举】 4月28日,召开全体党员大会进行第五届机关党委换届选举。院党组成员、机关党委书记、政治处主任陈建平代表第四届机关党委作工作报告。机关党委副书记、政治处副主任王清会代表第四届机关党委作党费收缴、使用和管理报告。会议选举出了第五届机关党委委员。

(孙　锴)

【收押专项检察工作】 4月,对公安分局开展的"3.22"专项行动中涉案的434人开展收押专项检察工作,通过采取三项措施,维护监管秩序稳定。一是通过列席狱情分析会,提出检察建议,确保收押程序合法、手续齐全;二是前移监督关口,对收押活动进行现场监督,与看守所审查收押同步,开展收押监督工作,一旦发现错拘、错捕、错押等违法现象则及时予以纠正;三是严把新收押人员的体检关,经检查,其中1人患有传染性肝炎、1人经检测确认怀孕,不符合收押条件,予以缓收。

(孙　锴)

【选派干警挂职锻炼】 5月,按照市政法队伍建设工作会议有关部署和市院的工作安排,检察院从主要业务部门选派了4名中层干部和业务骨干先后到十八大安保一线岗位挂职锻炼。

(孙　锴)

【召开干警先进事迹报告会】 6月4日,召开马若怡先进事迹报告会并宣布了《关于开展向马若怡同志学习活动的决定》。市检察院、区委政法委、区委宣传部、区人大、区妇联等相关领导,以及部分区人大代表、政协委员、该院特约监督员和新闻媒体共20余人参加了报告会。

(孙　锴)

【《丰台检察》杂志正式创刊】 6月6日,和检察学会共同主办的《丰台检察》正式创刊,市检察院党组书记、检察长慕平,区委书记李超钢为《丰台检察》季刊提写创刊寄语。

(孙　锴)

【乡镇纪检检察干部座谈会】　6月27日，召开乡镇纪检监察干部座谈会，区经管站、花乡、南苑乡、卢沟桥乡、王佐镇、长辛店镇的纪检书记及专职干部到会，院党组书记、检察长叶文胜、党组成员、纪检组长王森，以及相关业务部门的负责人参加了座谈。

（孙　锴）

【园博会检察服务站】　7月12日，在第九届世界园林博览会建设筹备处正式成立检察服务站。园博会筹备办党支部书记王艳秋，院党组成员、副检察长白世平，以及该院预防处、园博会相关处室负责人、检察日报社参加了活动。

（孙　锴）

【共产党员献爱心活动】　7月20日，各党支部和广大党员干警，响应区委组织部、区慈善协会关于开展共产党员献爱心活动的号召，募集善款共计6620元。

（孙　锴）

【一案件入选全市反贪十大精品案件】　7月25日，反贪局查办的田奇凡等水务系统案，被评为全市反贪部门第四届“十大精品案件”。该案是典型的工程建设领域职务犯罪案件，侦办工作历时两年，最终成功立案12件12人，为国家挽回直接经济损失1700余万元，办案组被市院授予集体二等功。

（孙　锴）

【慰问“7·21”特大自然灾害受灾群众】　7月26日，党组书记、检察长叶文胜、副检察长常青，带领办公室、行装处等相关处室负责人，冒雨前往在“7·21”特大自然灾害中灾情较为严重的长辛店镇慰问受灾群众，并送去一批饮用水。

（孙　锴）

【司法救助金】　7月26日，检察长叶文胜为“政法民生热线”信访人李某发放司法救助金3000元，并收到“关注民生 为民解难”、“公正执法 热情服务”的锦旗一面。

（孙　锴）

【为“7·21”特大自然灾害捐款】　7月27日，响应区委组织部关于为“7·21”特大自然灾害捐款的号召，各党支部组织献爱心募捐活动，募集善款共计21580元。

（孙　锴）

【举行园博会预防职务犯罪警示教育进场启动仪式】　8月24日，在第九届园博会月季园施工现场，举行了预防职务犯罪警示教育进场启动仪式。区委常委、纪委书记李军等区委领导，院党组书记、检察长叶文胜，党组成员、副检察长白世平，园博会筹备办管理人员及参建单位人员共120余人参加了启动仪式。

（孙　锴）

【丽泽金融商务区检察服务站揭牌】　8月31日，丽泽金融商务区检察服务站举行揭牌仪式。区委常委、副区长刘宇，院党组成员检察长叶文胜、副检察长艾建国，丽泽开发办以及区政法委、区人民法院、区发改委等相关负责人参加了揭牌仪式。

（孙　锴）

【获评十佳侦查监督精品案件】　8月，办理的高红双虚开增值税专用发票案，被市院评为“十佳侦查监督精品案件”。本案中犯罪嫌疑人高红双以北京三益轩商贸有限公司名义为周占秋虚开多张增值税专用发票，后在业务往来中，周占秋将发票交与其客户中国图书进出口(集团)总公司。案发后，中国图书进出口(集团)总公司向区委政法委上交上访材料，要求检察机关撤案处理。

（孙　锴）

【召开联席会议】　11月19日，邀请区分局、区人民法院、区司法局、区教委、共青团丰台区委员会和北京青少年法律援助研究中心的相关人员，就构建合适成年人到场制度召开联席会议。

（孙　锴）

【举办“检察开放日”活动】　12月13日，举办“检察开放日”活动暨马若怡同志先进事迹新闻媒体通报会。人大代表、政协委员、特约监督员,驻区企业、媒体及各界群众代表50余人参加活动。院党组书记、检察长叶文胜出席活动。

(孙 锴)

【外省检察院参观交流】 12月13日,山西省阳泉市检察院副检察长闫运成一行50余人到检察院参观交流,院党组成员、副检察长艾建国、副检察长王晶参加座谈活动。

(孙 锴)

【召开检察学会第四届大会】 12月13至14日,区检察学会第四届大会召开。北京北方车辆集团有限公司、中铁置业集团有限公司等40余家会员单位参会。检察院党组书记、检察长叶文胜出席会议并提出工作要求。党组成员、副检察长常青主持会议。

(孙 锴)

司法行政

【概 况】 2012年,区司法局紧密围绕区委、区政府的决策部署,以深化三项重点工作为主线,进一步围绕中心、服务大局、创新机制、规范管理。年内,在王佐镇举行"法律服务村居行"启动仪式。活动启动以来,陆续为全区357个社区(村)配备了律师,开展"一对一"法律服务。共组织41家律师事务所的85名律师参与服务,进社区、村开展法律服务800场次,提供咨询8150人次,参与化解矛盾纠纷475件,发放法制宣传材料6000多份,化解矛盾475件,提供法律援助400多次。在重大工程涉及的地区共开展法制讲座100余各级调解组织共调解民间纠纷42884件,成功42489件,调解成功率达到99.07%,达成书面调解协议2409份,涉及金额2800万元;防止矛盾激化213件,涉及11924人。

(张 冉)

【送法下乡宣传周活动】 1月9日,区法制宣传教育领导小组办公室在南苑乡新宫村启动了送法下乡活动,组织律师志愿者巡回到南苑乡、花乡、卢沟桥乡、长辛店镇、王佐镇等五个乡镇,开展以"送法律、暖民心、促和谐"为主题的法制宣传教育活动。

(张 冉)

【法律援助农民工暖心行动】 1月11日,联合北京致诚农民工法律援助与研究中心开展"送平安-法律援助农民工暖心行动"主题活动。此次活动是针对年底农民工讨薪事件多发、维权难的实际,开展的农民工法律援助专项维权活动。活动主要包括三方面内容:一是聘请农民工法律援助联络员。二是赠送法律书籍和法律援助便民联络卡等。三是为农民工提供法律辅导,引导农民工依法维权。

(张 冉)

【法律服务进庙会活动】 1月22日,区法制宣传教育领导小组办公室、区司法局共同举办法律大集活动,将法律服务内容融入到了第十二届北京莲花池庙会之中。活动以"法贺新春、共享平安"为主题,分为新春主题宣传、矛盾纠纷现场调解、公证律师职能介绍、法律援助现场办理和法律咨询现场解答五个部分。现场发放各类宣传材料200余份,接受了部分群众的法律咨询。

(张 冉)

【流动人口普法服务专项活动】 2月7日,在流动人口返京高峰之际,区法制宣传教育领导小组办公室联合区公安分局、区交通支队、区流管办、区司法局、大红门街道办事处等相关单位,在赵公口长途客运站"法律向导站"启动了以"普法暖流惠民生、向导服务保平安"为主题的流动人口普法服务专项活动,活动将以此为点辐射全区火车站、客运站开展法律服务工作。

(张 冉)

【妇女维权法律援助绿色通道】 在国际三八妇女节来临之际,区法律援助中心联合妇联开通"妇女维权法律援助绿色通道",对于申请援助的妇女,可以享受优先受理、优先咨询、优先调解等服务。

（张　冉）

【“迎三八、保稳定、促和谐”专项法制宣传活动】 3月6日，区法制宣传教育领导小组、区法律援助中心联合区妇联在盛芳艺园生态美食城举办了以“万户家庭学法律、平安丰台促和谐”为主题的“迎三八、保稳定、促和谐”专项法制宣传活动，设立展板16块，发放《法律援助一本通》、法律援助便民联系卡等法律宣传资料300余份，发放法制宣传品200余份，解答妇女法律咨询20余人次。

（张　冉）

【法律服务村居行启动仪式】 3月31日，在王佐镇举行“丰台区法律服务村居行”启动仪式。启动仪式上，区司法局成立了由全区律师、法律服务工作者、公证员组成的“丰台区村居行法律服务团”，以“推动科学发展，服务和谐社会”为主线，通过开展法制宣传、法律咨询和法律援助等活动，面向辖区所有社区（村）、面向广大群众开展法律服务。

（张　冉）

【“200天行程2.5万公里”启航仪式举行】 4月5日，区法制宣传教育领导小组办公室联合区司法局、卢沟桥街道、京铁家园社区、慧海天合律师事务所等相关单位，在卢沟桥街道京铁家园社区华润超市门口举行“普法班车200天行程2.5万公里”启航仪式。

（张　冉）

【举行“连心法苑”开苑仪式】 5月10日，在东铁匠营街道四方景园社区中心花园举行了“连心法苑”开苑仪式。方庄法庭、蒲黄榆派出所、方庄工商所、方庄交通支队、东铁营地税所、东铁营城管分队、街道计生办、街道社保所、街道妇联、街道劳动科、街道团委等职能部门和常鸿、君茂、信凯等14家律师事务所代表参加了活动。

（张　冉）

【“阳光沙龙”活动】 6月6日，区法制宣传教育领导小组办公室围绕第二季度“夏日扬帆、法治领航”青少年法制宣传教育工作重点，联合团区委、区教委，在长辛店第四中学针对在校学习的偏常生开办了课程名称为“阳光沙龙”，系列法制教育课。

（张　冉）

【法律援助服务团服务“7·21”重灾区】 7月，组建法律援助服务团服务“7－21”特大自然灾害重灾区，服务包括结合法律服务村居行活动，引导广大律师积极下社区、下村庄为困难群众提供法律援助；组织律师公证力量重点服务重灾区；建立重点帮扶机制，共提供咨询50余件、代写法律文书30余份、提供法律援助案件10余件、化解群众矛盾纠纷20余件次。

（张　冉）

【沐浴行业消费纠纷调委会成立】 9月26日，联合区工商分局成立了全市首家沐浴行业消费纠纷人民调解委员会，调委会由消费者协会和沐浴行业协会推选的代表以及专职律师等7名调解员组成，区司法局、区工商分局共同承担工作指导职责。

（张　冉）

【商业聚集区消费纠纷调委会成立】 10月10日，首个商业聚集区消费纠纷调解委员会——“首地大峡谷购物中心消费纠纷人民调解委员会”正式成立，受理和调解入驻购物中心的企业、商家的合同纠纷以及消费者在购物中心购买商品、接受服务过程中发生的民间消费纠纷。首地大峡谷购物中心消费纠纷人民调解委员会由区工商分局、消费者协会推选的代表以及专职律师等5名人民调解委员组成，区司法局、区工商分局共同承担工作指导职责。

（张　冉）

【残疾人温馨家园法律服务工作站成立】 10月24日，成立首家残疾人温馨家园法律服务工作站，和义街道温馨家园法律服务工作站正式挂牌成立。司法局副局长肖斌、街道副主任赵峰为工作站揭牌。法律服务工作站的建立,一是整合各类法律服务资源,二是设立宣传阵地,三是为广大残疾人朋友提供贴心的法律服务。

(张 冉)

【首届语言类法治文艺大赛】 11月29日,在北京电子科技学院文化艺术中心举办了"情暖寒冬、文艺普法"首届语言类法治文艺大赛,共有23个单位推荐的28个作品报名参加,经过层层选拔,最终有10个作品入选决赛。本次大赛决出了一等奖1个、二等奖2个、三等奖3个,以及优秀表演奖、优秀组织奖、优秀创作奖等。

(张 冉)

案例举要

【礼花弹炸伤农民工子女调解案】 2011年11月14日下午,王某、潘某、马某等五名儿童放学后在夏家胡同附近玩耍,在拆迁的垃圾堆内发现一个类似椰子状的物体,出于好奇,几名儿童将其点燃,结果引发爆炸,王某等五名儿童均被不同程度炸伤,最严重的儿童烧伤面积达12%。在与夏家胡同村委会协商未果后,2012年6月13日五名儿童的家长情绪激动的来到诉前调解室,不停的大声嚷嚷着自己是外地来京打工的农民工,在北京无亲无故,平日生活困难,现在孩子受伤了,更没钱出这么多的医药费,并扬言"要是法院不管,我们就去找区委!区委不管,我们就去找市委,市委要是还不管,我们就去找中央……!"要求我们给予调解,要求被告给予赔偿医药费及后续治疗费。在调解过程中,调解员首先安抚其情绪,并让几位家长将事实的来龙去脉做一陈述后,马上联系夏家胡同村委会。在村委会代理人表示由于礼花弹不是村委会的行为,且事故发生主要由于监护人未尽到监护责任,才导致五名儿童受伤的,故不同意被申请人的请求,但出于公平原则和道义考虑,可给予适当补偿。对于村委会的意见,几位家长表示:事件是由于村委会对拆迁空地未尽看管之责,且没有放置任何危险提示,未尽到注意义务,应当承担法律责任。其次,诉前调解室多次电话联系、沟通、向其解释,村里确实对该空地及礼花弹的管理存在疏漏,致使几名儿童接触到礼花弹这一高危物品。此外,站在人伦情理的角度上,这几位家长属来京打工的农民工,生活不宽裕,受伤的几名儿童还小,最大才只有10岁,村委会应秉承"北京精神",积极解决其实际问题,并建议村委会今后能够加强管理,避免此类事件的再度发生。通过调解员的一番明法析理,村委会代理人的态度有所转变,但表示事情涉及赔偿,故需要提交村委班子会讨论决定。经诉前调解室积极与花乡司法所、花乡政府、花乡总公司等有关人员的协调与见面会谈,终于促成双方就赔偿事宜达成协议:由北京市花神庙花圃于2012年6月27日之前给付5个孩子人身损害赔偿费12.5万元,这起礼花弹炸伤农民工子女案最终得以圆满化解。

(张 冉)

【分家产前调解案】 卢沟桥乡司法所调解的纠纷:李某(女)是河南人,在京打工时认识了丰台区卢沟桥乡小瓦窑村村民孙某,二人在1983年结婚,育有一子。1991年,二人因感情不和离婚,孩子判归孙某抚养。因孩子年幼,应婆婆的要求,李某离婚不离家,单独住在家里的西偏房,和婆婆一起照顾孩子,这样一过就是20多年。随着婆婆年龄的增长,李某也经常帮婆婆洗衣做饭照顾生活。2011年,小瓦窑作为北京50个重点村之一进行拆迁改造。此时李某的前夫孙某提出自己要再婚了,李某不适合再和他们一起生活,要求李某自己搬出去居住。李某说自己在北京既没有户口也没有住房无处可去,要求孙某给一笔安家费,也算是自己这些年的辛苦费。孙某同意考虑,没想到此后就没了下文,李某一再向婆婆和前夫催要,二人却说她早已经离婚,家里财产没她的份。李某想到这些年的辛苦和前夫一家的翻脸无情,不由怒从心起,悲从中来,此后不时上门吵闹。2012 年 11 月 29 日,在又一次讨要无果后,李某爬到村中一栋六层楼楼顶,要跳楼自杀。调解经过:接到村里的求助电话后,司法所调解员立即赶往现场。见到李某坐在楼顶边缘摇摇欲坠,调解员十分担心,马上对李某喊话,告诉她无论什么事司法所都会帮她主持公道,让她千万冷静。在征得李某同意后,调解员爬到楼顶,小心地将她搀扶下来。由于天气很冷,调解员将其扶到室内后,又从附近饭店为其要了一碗热面条,再次保证一定解决问题,请她略做休息。随后调解员同李某的婆婆钱某、前夫孙某进行了谈话。调解员严肃地指出,虽然已经没有了婚姻关系,但他们在李某为这个家多年付出后,就这样将她扫地出门,是十分无情无义的行为,今天如果真出了事,他们就要一辈子背负良心的折磨和村民们的指责。李某二十多年来无私付出,在经济条件许可的情况下给她一些经济补偿并不过分。而且考虑到孩子的感受,也不能这样对他的母亲。钱某和孙某在调解员耐心细致的教育和劝说下惭愧地低下了头,并说他们原本是想补偿一些,但孙某的未婚妻不同意,说他还想着前妻,为了尽早再婚,同时也由于李某每次找他们都又吵又骂,他们才说出前面的话来。调解员又电话联系上了孙某的未婚妻,说明了今天的情况,解释说孙某给李某经济补偿确实只出于感激之意,如果就这样将李某赶出家口,每个人都会感到寒心,相信她也不愿意嫁给一个无情无义的男人。经过调解员沟通,孙某的未婚妻也同意了给予李某一定补偿。最后,讲解员又和李某进行了单独谈话,告诉了她初步的调解结果,指明由于双方早已离婚,她确实不能分割家庭财产,现在的补偿只能是基于道义性质的,需要双方心平气和地进行沟通。在司法所主持下经过多次沟通,李某和前夫一家达成了调解协议:孙某拿出 15 万元作为李某多年付出的补偿,李某返回河南老家生活,李某可以来探望儿子,但不得影响孙某一家的正常生活。至此,在村里闹得沸沸扬扬的一场纠纷得到了彻底解决。

(张　冉)

审　判

【概　况】　2012 年,法院新收各类案件 35142 件,同比减少 5064 件,下降 12.6%;审结 35140 件,同比减少 4711 件,下降 11.8%;未结 1686 件,同比增加 2 件,上升 0.1%。结案率 95.4%,同比下降 0.5%;调撤率 62.7%,同比下降 3.5 %;法定审限内结案率 99.8 %,同比上升 0.2%;服判息诉率 90.4%,同比上升 1.2%;改判率 4.1%,同比下降 2.4%。审判人员人均结案 147.55 件,位居全市法院系统第六位;院人员人均结案 82.3 件,位居全市法院系统第四位。院庭长结案 10897 件,占全院审结案件的 31%,其中庭长办案 1634 件,占 4.6%;副庭长办案 9263 件,占 26.4%。荣获"全国网络宣传先进单位"、"丰台区巾帼建功先进集体"等荣誉称号。立案庭被评为北京市"三八"红旗集体、"丰台区巾帼服务先锋岗",获得首都劳动奖状;方庄法庭被评为首都巾帼志愿服务优秀团队、丰台区创先争优先进基层党组织;张勇被评为"全国三八红旗手"、全国妇女创先争优先进个人、北京市法院 2009—2011 年度优秀预备法官技能指导教师;秦建平被评为"全国法院办案标兵"、北京市政法系统优秀共产党员;王平英被评为"全国维护妇女儿童权益先进个人"。

(王艳华)

【依法惩治刑事犯罪】　年内,共受理刑事案件 2790 件 3257 人,同比上升 19.2% 和 11.8%;审结 2808 件 3297 人,同比上升 26.1%和 19.7%。严厉打击各类影响群众安全感的刑事犯罪,依法审结故意杀人、故意伤害、抢劫、强奸、盗窃案共923件1026人;准确适用《刑法修正案(八)》,审结危险驾驶案件117件,并针对网瘾青年为玩网游抢劫一案首发"网吧禁止令";认真做好向新刑诉法适用的过渡,;简易程序适用率54.4%,刑事附带民事诉讼调解率57.5%;坚持"教育、感化、挽救"的方针,对拟判处缓刑的50余名未成年被告人适用了社会调查制度。

(王艳华)

【化解民商事纠纷】 年内,受理民事案件20380件,同比下降19.1%,审结20281件,同比下降18.8%;妥善审结436件拖欠农民工工资案;受理公司股权、买卖、担保等商事案件3041件,同比上升3.8%,审结3088件,同比上升8.4%;受理著作权、商标、不正当竞争、特许经营等知识产权案件703件,同比上升39.5%,审结703件,同比上升40.3%。

(王艳华)

【行政争议】 年内,依法受理涉城建、治安、工商、土地征用等各类行政案件262件,同比下降7.1%;审结267件,同比下降2.6%。受理并审结行政非诉执行案件68件,同比均下降1.4%。针对《行政强制法》实施后审判形势的新变化,协调行政机关解决相对人实质诉求,促使各方当事人达成和解69件 。

(王艳华)

【执行工作力度】 年内,受理执行案件7862件,同比下降11.3%;执结7884件,同比下降11.8%;执结标的额17.63亿元 ,共清理积案9起,涉及标的额近190万元,执行标的到位率100%;圆满完成"亿霖木业"案善后清退工作,清退案款1.08亿元2000余人 。

(王艳华)

【审判管理】 年内,从源头性、基础性问题入手,进一步强化审判管理。一是加强专业审判,各专业审判领域审结案件10771件,占全院结案总数的30.7%。二是严把案件质量关。充分发挥审判委员会的管理职责,指导重大疑难案件妥善审理,邀请检察长列席审委会7次,案件改判率和发回重审率分别下降2.4%和0.4%,一审服判息诉率上升1.2%,达90.4%。三是着力提高审判效率,案件法定审限内结案率同比上升0.2%,达99.8%。

(王艳华)

【为区重点工程提供服务保障】 年内,共受理涉地铁十号线、国际园林博览会、丽泽金融商务区、重点村城市化工程等市区重点工程民事案件73件,审结64件。

(王艳华)

【为交通肇事未成年被害人申请"涉诉未成年人救助基金"】 年内,帮助一起交通肇事案未成年被害人李某申请获得"涉诉未成年人救助基金"的救助款25000元。上年11月26日,李某(6岁)被闫某驾驶的无牌照农用三轮车砸伤,造成左小腿离断伤,经法医鉴定为重伤(构成五级伤残)。案件经该院审理后,判决被告人闫某赔偿原告人李某经济损失1028993元。但判决生效后,闫某在押,且明确表示无力赔偿,故李某一直未得到赔偿。因李某系儿童,18周岁以前需每年更换假肢,费用较高,但李某父母均为在京农民工,收入较低,无力承担相应的医药费。法院法官得知后,将上述情况上报至市高级法院少年法庭指导小组办公室,并同市高级法院积极联系中国人权发展基金会,帮助李某筹措"涉诉未成年人救助基金"的救助款。李某及其父亲到中国人权发展基金会拿到了25000元的救助金。

(王艳华)

【十八大审判维稳任务】 年内,制定出台《关于为党的十八大胜利召开营造和谐稳定社会环境的工作方案》。一是加大立案审查力度,共甄别各类不正当诉讼143起,妥善处理重大敏感案件381件1032人。二是加强重大矛盾排查稳控,进行矛盾排查21次。三是建立重点案件专项管理通道,稳妥高效地处理了涉园博会筹备、马家堡三期"城中村"环境整治、丽泽金融商务区建设、地铁十号线建设等大批涉市区重点工程案件,以及涉74名被告人重大团伙卡片招嫖案、涉40名被告人特大职业认证团伙诈骗案等群体性案件。四是严格落实院庭领导信访接待值班制度,院级领导共接访205人次、部门领导接访359人次、党组成员走访慰问信访人11人次。五是加强重大矛盾化解,妥善化解殷某越级上访猝死等紧急突发信访事件14件,提前化解中央政法委挂账督办的信访积案三批70件,化解骨头案23件。六是加强审判安全和舆论引导工作,妥善处置执行中查获枪支等各类紧急突发事件150余起。

(王艳华)

【创新入选市百家职工创新工作室】 年内,成立了以全国模范法官、刑一庭庭长张勇为领军人物,由院刑一庭、刑二庭、未成年人案件审判庭组成的创新工作室。工作室被市总工会和市科学技术委员会联合认定为北京市百家"职工创新工作室"。

(王艳华)

【文化建设】 年内,围绕建院六十周年,大力加强文化建设。举办"丰法精神"一分钟论坛,来自31个部门近50名老中青干警代表,通过诗歌、微型散文、视频短片等形式,诠释对"丰法精神"的深刻理解;举办"丰法骄傲"人物评选,20名候选人的先进事迹通过演讲、朗诵、小品剧、舞台剧等形式,多角度、全方位地予以了展示;举办《辉煌六十年》回顾图片展,6大篇章、160余张图片展;举办建院六十周年纪念大会,共同观看了60周年发展宣传片《天平的印记》和庆祝建院六十周年文艺汇演。

(王艳华)

案例举要

【商标不正当竞争案】 CZ-2F运载火箭是中国神舟载人飞船运载火箭。中国运载火箭技术研究院(以下简称运载火箭研究院)系CZ-2F运载火箭的研制生产商,其经营范围包括长征运载火箭系列产品、计算机设备、自动控制设备、卫星接收设备、特种车辆及其上述产品的零部件等。2006年2月14日,运载火箭研究院经核准注册了第3758199号图形商标,商标中的图形为CZ-2F运载火箭形象,注册有效期限至2016年2月13日。被告宝马(中国)汽车贸易有限公司(以下简称宝马公司)系由宝马奥地利控股有限公司发起设立的外国法人独资企业,从事相关汽车产品的进出口、销售、检测及其它配套业务。该公司在2010年第11期(总第136期)《看天下》杂志上发布了一则以"BMW之悦。激情梦想,悦然天成。"为主题的广告,广告中出现一处火箭图案。运载火箭研究院认为,宝马公司未经许可在其广告中擅自使用CZ-2F运载火箭形象,遂将宝马公司诉至法院,要求认定宝马公司的行为构成不正当竞争并赔偿相应的经济损失。庭审中,法院组织对涉案图像进行比对,证实广告中的火箭图案与CZ-2F运载火箭形象一致。丰台法院经审理认为,运载火箭研究院与宝马公司虽经营范围不同,但根据《反不正当竞争法》第二条第三款的规定,竞争在非同业经营者中也可能发生。运载火箭研究院的经营范围包括能够为一定范围内消费者普遍接触的计算机设备、特种车辆等产品,不排除与宝马公司的汽车业务在资金、技术、客户等方面存在替代关系,因此二者构成竞争关系。从涉案广告的构图看,火箭以其独特的外部形象,使社会公众能够普遍知晓其所代表的是CZ-2F运载火箭,也使涉案广告的受众对宝马公司的广告有了更为深刻的印象。宝马公司通过这一方式获得了更为有利的市场竞争地位,使人误认运载火箭研究院许可宝马公司使用CZ-2F运载火箭形象或与宝马公司存在某种合作关系。宝马公司的行为显然违反公平、诚实信用原则,损害了运载火箭研究院的利益,构成不正当竞争。2011年12月19日,丰台区法院依法判决:被告宝马(中国)汽车贸易有限公司立即停止使用包含CZ-2F运载火箭形象的涉案广告,于判决生效之日起十日内赔偿原告中国运载火箭技术研究院经济损失七万元、合理费用二万元,驳回原告中国运载火箭技术研究院的其他诉讼请求。一审宣判后,被告不服上诉。市第二中级法院审理过程中上诉人与被上诉人达成和解协议,于2012年5月31日调解结案。

(王艳华)

【南京途牛科技有限公司诉北京途牛天下信息技术有限公司案】 原告南京途牛科技有限公司成立于2006年12月18日,开设有途牛旅游网网站,主要从事与旅游相关的服务和销售,包括旅游票务业务。经商标局核准,原告依法享有第6631862号“”、第8061621号“”、第8061601号“”、第7399339号“”及第7705417号“”等多个注册商标专用权。被告北京途牛天下信息技术有限公司原名“北京三和致远文化传播有限公司,成立于2009年9月29日,2010年10月19日正式更名为“途牛天下公司”,从事旅游相关的票务销售。被告在进行招聘咨询时,称其为“途牛公司”或“北京途牛”,并称其为原告分公司;在与票品供应商沟通合作时,声称与原告公司或原告设立的网站有关;在其网站宣传和推销产品时,自称为“途牛”。原告认为,被告的上述行为主观恶意明显,客观上足以使公众产生误认,侵犯了原告的注册商标专用权。同时,被告擅自使用原告企业名称,在商业运作中冒充其分公司、假称与原告有关联关系,在招聘中运用不恰当言行等一系列行为,构成不正当竞争,请求判令被告停止使用含有“途牛”的企业名称,停止在商业活动中宣称与原告存在关联关系,并赔偿经济损失。丰台法院经审理认为,原告注册商标中“途牛”文字均有着较强的识别力,被告在其自营网站中单独使用“途牛”文字对其所提供的服务进行表述,侵害了原告的注册商标专用权。同时,原被告的经营活动均包括旅游相关票品的出售,双方存在竞争关系。被告在招聘、商业洽谈中声称与原告有关联,属于故意混淆公众认识,构成不正当竞争。此外,原告及其第6631862号商标在被告名称变更之前既已在一定范围内具有了一定知名度,并使“途牛”文字与旅游服务行业具有一定的联系。被告无正当理由将与原告注册商标相同的“途牛”文字作为企业名称或字号的一部分使用,易使公众误认为原被告存在关联关系,同样构成不正当竞争。2012年6月12日,丰台法院依法判决被告停止在商业活动中宣称与原告存在关联关系,停止使用含有“途牛”文字的企业名称,赔偿原告经济损失四万元及因诉讼支出的合理费用一万元等。一审宣判后,被告不服上诉。经市第二中级法院审理,判决驳回上诉,维持原判。

(王艳华)

【侵犯影视演员苗圃名誉权纠纷案】 原告苗圃,女,1977年2月22日出生,中国煤矿文工团演员,曾出演《道北人》、《飘雪》等影视作品。2012年2月,其得知被告北京国济中医院(以下简称国济中医院)在其网站“北京国济中医医院西医妇科”(http://www.zigong01.net/jiage/28.html)一篇名为“做人流得多少钱呢”的文章中,擅自使用其照片用于文章配图。文章主要内容是“人流手术”的相关信息,另有“无痛人流价格”等字样作为嵌入式链接。苗圃认为,被告未经允许擅自使用其照片用于商业性网站宣传,侵犯了其肖像权,同时被告使用照片的位置和涉嫌侵权网页的内容使其受到很大误解,造成社会评价降低,侵犯了其名誉权,诉讼要求被告公开赔礼道歉并赔偿经济损失8万元、精神损失费2万元、合理开支2500元。丰台法院经审理认为:国济中医院未经苗圃同意,在涉嫌商业用途的文章中使用其照片,发挥了广告宣传的作用,侵犯了苗圃的肖像权,且因照片用于

“人流手术”、“无痛人流价格”的宣传，对苗圃造成一定不良影响，构成了对其名誉权的侵害。但因苗圃主张的经济损失、精神抚慰金的金额过高，合理支出无据佐证。2012年6月14日，丰台法院依法判决被告在其网页主页上刊登致歉声明，并赔偿苗圃经济损失三万元及精神抚慰金一万元。一审宣判后，原、被告均未提起上诉。

（王艳华）

【涉74名被告人的重大团伙卡片招嫖案】
2007年至2011年6月，被告人崔正杰、杜艳梅逐渐垄断了朝阳区亚运村一带的发卡招嫖活动，组织胡岩等数10人在该地区发放招嫖卡片联系嫖客。招嫖卡片由发卡人联系他人自行印制。招嫖卡片为纸质名片样式，双面印有衣着暴露的“美女”图案及发卡片人的联系方式。发卡人须到崔正杰、杜艳梅指定区域内的宾馆、酒店等地发放招嫖卡片，与嫖客谈好价钱后将嫖客的要求、价钱和地点告诉崔正杰、杜艳梅，再由该二人安排卖淫女林某某等人向嫖客卖淫，嫖客对卖淫女不满意或者有其他情况时，杜艳梅则雇佣黑车司机接送卖淫女。事后，卖淫女按崔正杰、杜艳梅的规定将嫖资交予杜艳梅，杜艳梅记账后再按比例将钱分给卖淫女和发卡人员。卖淫女卖淫一次几百元到几千元不等，每月向杜艳梅交管理费1000元。崔正杰、杜艳梅为卖淫女把关嫖客，以保证“生意的安全”，并对发卡人、卖淫女进行控制，发卡人只能在其指定区域内发卡，且不能为他人发卡或自己单干。为扩大“生意”，胡岩、王勇等发卡人雇佣赵爱平、蔡晓东等数10人进行发卡招嫖，并对被雇佣发卡人是否发卡进行检查，发卡人再进一步介绍自己的家人、亲友、老乡给崔正杰、杜艳梅，经二人允许后加入发放招嫖卡片行列进行挣钱，或介绍卖淫女给崔正杰、杜艳梅并从中抽取提成。卖淫女林某某等人也通过介绍卖淫女给崔正杰、杜艳梅从中抽取提成。法院经审理认为，被告人杜艳梅、崔正杰组织数10人从事卖淫活动，且卖淫团伙形成了一整套组织卖淫环节和利益分配体系，从二人控制的卖淫女数量、组织卖淫的时间、下级发卡招嫖人员的数量及非法获利情况看，犯罪情节恶劣，社会危害性较大，情节严重，因此以组织卖淫罪判处杜艳梅有期徒刑14年、剥夺政治权利3年，罚金10万元；以组织卖淫罪判处崔正杰有期徒刑13年，剥夺政治权利3年，罚金10万元；黄春林等4人均以协助组织卖淫罪被判处有期徒刑7年，剥夺政治权利1年，罚金5万元；胡岩、周俊凯、林某某等其他65名被告人均以协助组织卖淫罪，分别被判处有期徒刑6年至有期徒刑8个月，并处罚金人民币4万元至2千元不等，其中4名被告人因犯罪时间较短、犯罪情节较轻、适用缓刑不致再危害社会被判处缓刑。一审宣判后，黄春林等7人不服，提起上诉。经市第二中级法院审理，判决驳回上诉，维持原判。

（王艳华）

【王金令飞机上编造虚假恐怖信息犯罪案】
2011年10月13日16时许，被告人王金令（女，28岁，无业）乘坐中国联合航空有限公司由北京飞往乌鲁木齐的KN2273次航班期间，用随身携带的笔刀，在一本《中国联航》宣传册上书写“飞机上有TNT，还有30分钟一声巨响，真的上青天，很多人一起灭亡！”等文字内容，并将此宣传册相继传递给临近的二名乘客。乘客告知空乘人员后，空乘人员对王金令进行劝阻，但其又扬言将引爆炸药，并以自杀威胁，致使飞机于2011年10月13日17时40分备降于甘肃省嘉峪关国际机场。期间，甘肃省嘉峪关市公安局、消防支队等部门出警200余人、车辆60余台，使用排爆设备安全疏散乘客，排除爆炸危险。后经中国联合航空有限公司测算，此次飞机备降共造成经济损失22万余元。另查，2007年间，被告人王金令在中国人民大学附近通过向制假人员提供照片、虚假身份信息，分别以100元的价格先后伪造姓名为东方紫妍的第一代居民身份证和姓名为隋紫砚的第二代居民身份证。丰台法院经审理认为,被告人王金令在乘坐航班时编造以爆炸威胁为内容的恐怖信息,严重扰乱社会秩序,其行为侵犯了社会管理秩序,已构成编造虚假恐怖信息罪,同时其向他人提供个人照片及虚假信息用于伪造居民身份证的行为亦构成伪造居民身份证罪,应与所犯编造虚假恐怖信息罪数罪并罚。鉴于王金令在实施编造虚假恐怖信息犯罪行为时系限制刑事责任能力人,故对其从轻处罚。2012年12月7日,丰台法院分别以编造虚假恐怖信息罪、伪造居民身份证罪判处王金令有期徒刑三年和有期徒刑六个月,决定执行有期徒刑三年二个月。一审宣判后,王金令未提起上诉。

(王艳华)

社会治安综合治理

【概　况】 2012年,社会管理综合治理工作,按照市委、首都综治委、区委关于加强和创新社会管理决策部署,一是以十八大安保为指引,全面加强社会面防控体系建设。二是以争创首都文明区为指引,努力提高群众安全感,在科技创安和20个老旧小区改造的基础上,各类技防物防投入达2750万元。三是以满足民意诉求为指引,努力创新基层社会管理工作。

(方继能)

【第一次全体(扩大)会议】 3月2日,综治委、流管委召开第一次全体(扩大)会议。区委副书记、政法委书记、综治委主任于长辉,区综治委委员、街乡镇综治委主任等100余人参加了会议,会议由区政协副主席、区综治委副主任李新民主持。

(方继能)

【两会安保工作】 3月3日,区委副书记、政法委书记于长辉主持召开21个街乡镇主要领导和相关职能部门负责人会议,部署“两会”维稳工作。启动了“定点随机抽查重点人管控机制”,所有区领导分片包干21个街乡镇,负责“两会”维稳工作。

(方继能)

【贾帕尔·阿比布拉一行到花乡考察】 年内,新疆维吾尔族自治区副主席贾帕尔·阿比布拉一行到花乡新发地市场、经营者乐园二期,视察新疆维吾尔族同胞经营、居住场所,并在新发地市场经商、务工新疆维吾尔族经营户代表进行了座谈。副市长刘敬民、市委政法委副书记、首都综治办主任滕盛萍、区长冀岩等领导陪同视察。(方继能)

【中央社会管理调研组到区调研】 4月10日,中央社会管理调研组到长安新城调研社会管理创新。市委政法委副书记、首都综治办主任滕盛萍,区委副书记、政法委的书记于长辉等领导陪同。

(方继能)

【平安建设大会】 4月13日,区综治委召开了“加强群众工作深化平安建设大会”。区委副书记、政法委书记、综治委主任于长辉、区委常委、公安分局局长、综治委副主任衡晓帆,区综治委成员单位主管领导、各街道乡镇综治主管领导、平安社区(村)、平安家庭等获奖单位代表参加了会议。

(方继能)

【地下空间综合整治工作】 4月20日,召开地下空间综合整治工作推进会。区委常委、常务副区长高朋出席会议并讲话,区委常委、副区长刘宇同志主持会议。区地下空间综合整治工作协调小组成员单位领导,各街乡镇主管领导参加了会议。

(方继能)

【旧机动车交易市场周边整治】 6月6日,区委副书记、政法委书记于长辉,带领区委办、综治办、督查室等有关领导,对北京市旧机动车交易市场周边重点整治部位进行复查,对发现的问题提出了整改要求。

(方继能)

【挂牌专项整治】　6月19日，召开了“对市级挂账的9个高发案地区、8个高发案社区实行挂牌专项整治”工作部署会。区委常委、副区长刘宇，区委政法委、公安分局、相关委办局及各街乡镇主管领导、各派出所所长参加会议。

（方继能）

【黑车违法治理工作】　年内，区治理黑车领导小组办公室在大红门久敬庄，对3月以来“晨锋”、“围剿”专项行动查扣520辆黑车，举行了公开解体仪式，累计销毁黑车1832辆。

（方继能）

【十八大安保“十大专项行动”】　8月15日，十八大安保“十大专项行动”指挥协调小组成立，并与区委办公室、区政府办公室联合印发了“十大专项行动”实施方案，16日，召开“十大专项行动”动员部署大会，区委副书记、政法委书记于长辉做了讲话。指挥协调小组成员、区协调小组各成员单位、各有关部门及各街乡镇综治委(办)主任参加了会议。区－街乡镇－社区村(单位)分别组建了十八大安保“十大专项行动”指挥协调小组及其办公室。

（方继能）

【群防群治队伍的职能作用】　年内，将“街道系统治安巡防队”1080人拆分，340人继续留在各街道，作为各街道应急处突、综合整治等重点工作保障力量；740人划归公安分局，作为“驻区制”、“站巡制”辅警力量；补足公安系统108名治安巡防队员缺口，提高了这部分巡防队员薪酬标准；落实治安巡防力量经费近5000万元。推进治安志愿者规范化管理和星级评定工作，在册志愿者62030人、安全稳定信息员4000名。为了高质量完成社会面安保巡控和管控重点人任务，开展教育培训10.6万人次，配备衣服、鞋帽、雨具、袖章、电筒、自行车、电瓶车、PDA等物品，累计投入近2000万元。指导社会单位、长途汽车站、公交场站、企业、大中小学校、托幼(老)机构、医院、出租大院、地下空间、宾馆、饭店等组建内保队伍总数达到11万，全年，发动力量上街布控累计170万人次，发现上报有价值线索3650条，奖励群防群治力量321人次。

（方继能）

【技防物防建设】　年内，落实资金6700万元，用于推进以图像系统建设为主体的科技创安建设，修复监控点位100处，新增点位361处，总数达到1895处，正常运行率达到98%。

（方继能）

【城市社区网格化和农村社区化体系建设】
年内，投入1304.9万元，完成了“区－街－社区”三级指挥平台和“区－街－社区－网格”四级管理流程建设，右安门、马家堡、东高地3个试点街道网格化社会服务管理体系开始试运行。3个试点街道共41个社区划分网格146个，采集基础数据5大类65小类共139万余个。16个街道陆续构建起覆盖各社区的网格化社会服务管理体系。5个乡镇按照“五化”要求，健全治安防控体系，落实了376万元补助和奖励经费，乡镇统筹资金达到3000万元，推进10个试点示范村和其他村庄社区化建设。

（方继能）

交通管理

【概　况】　2012年，交通支队在区委、区政府的坚强领导下，在相关部门的大力支持配合下，以“打造微笑北京交警、创建平安北京交通”为总目标，以“三大秩序”整治为切入点，以推进“三项重点工作”和创先争优为载体，始终坚持“科学管理、严格执法、高效服务”，全力“防事故、整秩序、缓拥堵”，有效维护了全区交通秩序安全有序、良好运行，得到了各级领导和社会各界的肯定。是年勤务指挥科共接警372295起，回访372295起，群众满意率为100%；利用电视监控系统直接发现问题21535起,其中,事故12775起、车辆故障5475起、拥堵3285起;各级领导上路指挥4015人次,发布指挥调度指令5.1万余次,上报路况信息2.8万余次。利用科技手段非现场执法42053笔,与上年度相比,增加40%。全年共加特勤警卫任务619次,其中一级勤务12次、二级勤务153次、三级勤务408次,照顾46次,支队共出动警力8869人次,警车7086辆次。民警现场处理各类交通违法行为323584笔,12类严重违法行为223413笔(占全部现场的69%)、酒后2237笔、涉牌违法25376起、货车各类违法189356笔。

(许佳欣)

【三大秩序整治工作】 年内,组织整治酒后夜查行动98次、处罚酒后驾驶违法行为261笔、醉酒拘留14人。涉牌涉证集中治理52次、货车专项整治行动45次、摩的残三联合执法103次．货车各类现场违法18793笔。管界道路增设调整各类交通标志320面,各类护栏42公里,便道桩800根,复划各类标线20公里。同时在京周路赵辛店公交车站、北岗洼公交车站、六里桥南路西辅路等地点增设人行横道11处,完善人行横道指示及警示标志38面。新增路口信号灯5处,申报优化渠化方案150个,治理危险点段33处。

(许佳欣)

【交通设施建设】 年内,为治理事故多发点段共计施划减速带3公里、增设爆闪警灯15处。共拆除道路上违法设置的广告牌、指路牌167面。增设园博园指引标志175面及停车场指引标志68面、门区引导牌50面;二是结合新修道路交通工程实际情况,增设便道各类护栏约20公里,便道桩100余根,增设爆闪灯70个,完善各类警示标志200余面;三是结合道路交通实际情况,调整渠化10余处,施划复划标线10余公里,施划园区内部停车泊位100余个;四是新增电视监控38处,闯红灯监控设备58套,超速监控设备8处,极大的提高了园博园周边科技管理水平。

(许佳欣)

【全安监执法】 年内,共追查发生严重违法、违法超标、重大交通事故及落实防范责任制不力单位4810家,共下发限改通知书4480份,下发禁止机动车上路行驶通知书2788份,停车3900辆,共给16家有严重交通安全隐患单位下发“交通安全重大隐患单位”,共举办各类违法驾驶人培训班114场次,培训违法驾驶员5400余人次,责令辞退驾驶员43人。同时,依据《中华人民共和国道路交通安全法》第九十二条第四款的规定,对辖区3家专业运输单位主要负责人,因单位车辆两年以内累计发生2次以上超载违法行为,分别实施了罚款5000元的处罚,共计罚款15000元。

(陈宝龙)

【春运交通安全工作】 年内,针对驻区6家长途客运站春运预防群死群伤事故责任重大实际情况,统一调配,打破地域界限,街乡镇与各交通大队紧密配合,春运期间,各站派驻民警及安监协管员,对驻区6家长途客运站实施了24小时严看死守,春运40天,6家长途客运站共进、出班次10.6万班,运送旅客206.1万人次无重大交通死亡事故。

(张继才)

【车管站对外窗口服务】 年内,改善车管站对外办公条件和环境,增设了驾驶证年审、换证等服务叫号系统,同时加强窗口队伍管理,对外窗口办理驾驶证年审42455个、换证36844个、变更2179个、降级2184个、补证2188个、外埠长途车进京证6980个、临牌3767个、长期进京证3711个、残疾车77个,共计接待咨询群众12000余人,办理各项业务100611件。

(张继才)

【开展文明交通随手拍活动】 年内,联合区科委、区精神文明办公室、北京汽车博物馆共同主办了《交通文明随手拍》摄影作品征集活动，历时四个月的征集活动收到北京、上海、广东、福建、四川、江苏、山东、河南、安徽、新疆，包括澳大利亚、香港等全国12个省市地区摄影爱好者投来稿件1012幅，北京市共收到照片519幅，丰台区共收集312幅。全国网友12000余人次参与了交通文明的讨论，6100多人次转发了活动的微博。对30名优秀作品给予了表彰。（张继才）

【7座以上客车监管】 年内，建立了7座以上客车驾驶人定期教育、车辆定期检查、年检督办、月动态排查、外出旅游报告、户籍管理、督导检查7项管理制度。摸排辖区7座客以上客车704家单位，4338辆。其中公交客运车辆1566辆，省际长途客运3辆，旅游客运出租企业6家大中型客车462辆。社会单位696家，2307辆。落实属地管理清理转走客运企业2家。

（张继才）

【编订法制汇编】 年内，将收集的执法办案中遇到的典型问题，进行汇总分类，编辑了《法制汇编》一书。编录了各类执勤执法文件及执法问题解答，为基层执法办案提供了依据，成为民警执法的好助手。

（霍晓阳）

【国际铁人三项赛交通保卫任务】 9月16日，北京国际铁人三项赛，在青龙湖公园举行，支队共投入警力106人次，交通协管员100人次，完成了各项交通保卫任务，确保了赛事安保与社会交通的协调运转。

（张凡）

【十八大交通安保任务】 11月8日至14日，为在十八大召开期，制定并下发了《十八大交通安全保卫工作实施方案》、《十八大交通安全保卫工作总体方案》、《十八大社会面交通维护疏导工作方案》、《十八大维稳处突工作方案》。同时制定了十八大处理突发事件应急预案38套。共下发各类通知12个，及时指挥处置各类情况153起。共完成特勤警卫任务48次，出动警力324人次；圆满完成了十八大交通保卫任务。

（张凡）

军　事

人民武装

【概　况】 2012年，人武部深入贯彻落实科学发展观，紧紧围绕“迎接十八大、保卫十八大、学习贯彻十八大”主线，按照“统筹全局、抓住关键、稳中求进、分段取胜”的工作思路，坚持学习理论强素质，求真务实抓落实，开拓创新谋发展，圆满完成了“两会”、十八大等重大活动安保任务，出色完成了支援地方平原造林工程和“7·21”抗洪抢险救灾任务，被评为北京市双拥工作先进单位和北京市人民防空先进单位。花乡人武部被评为北京市民兵预备役工作先进单位。

（姜习全）

【政治理论学习】 年内，坚持以“创建学习型党委，争当学习型人武干部”活动为牵引，把理论武装作为党委班子建设的头等大事来抓，重点加强了胡主席“7.23讲话”、党的十八大精神等重要内容的学习领会。严格落实周半天、月计划、季述学、年总评以及每个专题“六有”（有集中、有自学，有教育、有讲座，有讨论、有讲评）等理论学习制度。充分利用社会教育资源优势，先后安排18人次参加地方理论学习培训和社会形势辅导报告。投资10万余元完善了阅览室和多媒体学习室设施，更新了理论学习书籍资料。6月13日，组织全体干部职工参观了区规划馆和汽车博物馆。

（姜习全 张宝忠）

【创建“首都文明区”活动】 年内，以区创建

"首都文明区"活动为载体,坚持每月第一个星期六为"学雷锋志愿活动日",组织官兵走上街头、走进社区,清理卫生,进行环境整治活动。4月份,在平原造林活动中,协调出动部队5600余人次,动用车辆180台次,平整土地300余亩,植树2000余亩。

(姜习全)

【民兵预备役应急分队拉动演练】 8月,组织民兵应急分队参加了卫戍区组织的北京市民兵预备役应急分队实兵实装检验性拉动演练,"紧急出动、应急维稳、防汛抢险"等参演科目被评为优秀,位列全市4个先进单位。

(张小伟)

【"7·21"特大暴雨灾害抢险救援】 7月21日,北京遭受特大暴雨,人武部全力实施抢险救援行动,组织、协调和领导驻区部队、武警和民兵预备役人员,从7月21日至8月4日历时15天,共出动部队官兵5995人次,民兵预备役人员2419人次;救出被洪水围困群众50多人,疏散转移群众500余人次;动用各种车辆装备1546台次,运送救灾物资1190多吨,清理污泥垃圾1500多吨。

(沈隆湘)

【重大活动安保任务】 年内,抽调1020名基干民兵担负了"两会"、"十八大"等首都重大活动期间,辖区内二环、三环、四环主路53处桥梁、通道,2处参会代表住地及其他场所的维稳安保任务。9月16日,人武部组织了200名民兵应急分队人员,完成了在青龙湖举办的北京国际铁人三项赛安保任务。10月11日,担负十八大期间京港澳高速杜家坎收费站执勤任务的民兵,配合公安机关抓捕犯罪嫌疑人7人,扣留法轮功练习者10人,劝返非法上访者40余人,收缴管制刀具50余件。

(张宝忠)

【民兵应急力量建设】 年内,组建了2个民兵应急连,乡镇组建了不少于50人、街道和企事业单位不少于30人的民兵应急排27个。规范了区、街道(乡镇)两级指挥机构,加强了应急装备器材保障,完善了应急行动方案,规范了教育、训练和保障建设标准。

(冀亚峰)

【培训集训任务】 年内,共组织参加8次专业集训和岗位培训,有力提升了人武干部和专武人员的履职能力。4月中旬,政工科姜习全科长、军事科张弛参谋与新任职的基层武装部长参加了卫戍区人武干部集训,并在集训考核中取得了优异成绩,长辛店街道武装部长刘锋获理论考试第一名。5月下旬,组织80名民兵骨干,在北京市民兵训练基地进行了为期20天的高炮集训,在卫戍区组织的考核验收中取得了全优的成绩。年内,人武部机关干部分2批参加了卫戍区首长机关和人武干部业务技能集中培训,参训率100%,合格率100%,实弹射击优秀率90%,队列会操取得第三名的好成绩;3名干部、战士和职工圆满完成了通信装备及冲锋舟操作集训;全程参加了卫戍区"铸盾2012"战役学习,积极参加军事理论研讨,按照实案化要求修订了作战和应急方案,有力提升了领导机关的组织指挥能力。

(张宝忠)

【征兵工作】 年内,在冬季征兵工作中,有506名应征青年参加上站体检,合格285人,征送男兵224人,女兵14人,圆满完成了年度新兵征集任务。12月8日,在抗日战争纪念馆组织了冬季新兵入伍欢送仪式区长冀岩、区人武部部长朱继明、政委金岩和其他区领导一同出席了仪式。对10名优秀现役军人进行了表彰,颁发了证书和奖品。

(张宝忠)

【营房建设】 3月份,会同区财政局对王佐武器库维修工程进行了预算评审、工程招投标及专项经费申请,对库室外墙实施了防水处理、对警卫室进行了保温修缮,安装了营院监控系统和保密安全设施。4月份,区人武部协调水务局下拨专项经费23000元,为家属楼42户家庭更换了插卡式水表,规范了节水管理。4月下旬，配合财政局对区人武部现有实际资产进行了入户核查。

（王树龙）

消防支队

【概　况】 2012年，支队以十八大消防保卫为主线，结合自身实际，以科学发展观为统领，以"三句话"为总要求，围绕区经济建设发展和构建"两带四区"的宏观设想，依托"五到位工作法"新模式，以网格精细化管理为载体，以清剿火患系列战役为切入点，以消防"驻街制"和打造"铁军"正规化为抓手，以"六六三三"为标准，大力推进打造消防铁军进程，着力加强基层基础建设，在"亮剑"行动、一号行动、二号行动，全面提升了部队灭火救援攻坚能力、监督执法水平和社会消防工作水平，圆满完成了各项消防保卫和抢险救灾任务，保持了社会面火灾形势和队伍的双稳定。是年，共发生火灾210起，直接财产损失331031元，无人员伤亡。

（王　钊）

【消防宣传】 年内，在国家级媒体、网络发表消防类新闻223篇（条），市级媒体、网络244篇（条），区级媒体86篇（条），媒体曝光隐患63起；接待群众8万余人，电视播出消防公益广告4419条次，设立户外电子屏130块，悬挂消防宣传条幅标语5482条次，设置展板橱窗灯箱614块；举办大型消防宣传活动43次，参与群众17万余人。举办社会消防培训班285期，参训人员达到3.6万人；通过多种形式的消防宣传，直接受教育群众累计达百万余人。

（王　钊）

【执法查处火灾隐患】 年内，监督检查社会单位26836家次，发现隐患和违法行为57623件，督促整改56608件，下发《责令改正通知书》11870份，下发行政处罚决定书1105份，累计金额847.5万余元，依法实施"三停"359起、临时查封656起、拘留142人，10件市级、101件区级挂账火灾隐患全部销账。

（王　钊）

【监督员"驻街制"】 年内，推行监督员"驻街制"，推行街道乡镇第三级防火安全委员会实体建设，共建立大网格21个，中网格358个，小网格4081个；51名消防支队防火监督员进驻防火委，276名消防协管员、33个派出所、327名民警、4000名消防志愿者、4122名社区群防群治力量，308平方公里的辖区内平均每平方公里约33人，实现了消防社会化管理的全覆盖和无缝化对接。

（王　钊）

【消防关爱群体保障机制】 年内，在关爱行动上，区政府划拨300万元专项资金，用以解决全区消防关爱群体的安全保障工作，购买灭火器、阻燃床单、防烟面罩、报警器等消防保障器材16472件，并发放到7679名消防关爱群体手中，同时拍摄了消防保障器材使用教学片，提高了弱势群体的消防安全意识和抵御火灾的能力。

（王　钊）

【执勤战备任务】 年内，以十八大保卫工作中，出动执勤官兵4320人次、车辆456次，一级战备执勤时间超过12天，执勤路程144公里。完成了元旦、春节、清明、五一等重大节日保卫，完成"两会"、国庆、六中全会、七中全会等重大政治保卫工作，制定执勤方案以及反恐处突方案33份。

（王　钊）

【十八大消防安保任务】 年内，对十八大涉会场所全面进行"一对一"排查，对抵离京、五供、涉及民生的重点单位及周边区域重点单位和场所进行"会诊式"检查，确保了火灾隐患整改100%，安全措施落实100%，工作人员培训100%。组建了京西宾馆前沿指挥部，严格落实"两查一巡"、"三查两报三传"，圆满完成了十八大消防安全保卫任务。

（王　钊）

【灭火救援演练工作】　年内,落实19种灭火救援初战指挥作战程序,按照“1、3、5、10分钟”标准,对涉会场所、五供单位、重点单位开展六熟悉380次,熟悉13类器材401种31647件。在宋庄路扑满山大厦组织开展了建筑固定消防设施示范性测试和消防演练。9月5日,支队在宋家庄地铁站开展地铁应急救援联合演习,全面检验部队快速反应和协调作战能力,完成辖区重点单位建筑消防设施测试435家。制定修改各类预案457份,开展消防演练768次,出动2248车次,12965人次,重点单位进行了1次到2次以上的实战演练。

(王　钊)

【创建工作】　年内,按支队铁军星级中队评定工作计划,以西客站中队、北大地中队、石榴庄中队继续申报星级中队,争取年底通过验收。推动灭火救援攻坚班组建设,依托支队灭火救援专业技术人才和攻坚班组,成立支队十八大消防安全保卫攻坚突击队,包括1支灭火救援攻坚分队、1支抢险救援攻坚分队、1支化学救援攻坚分队,共计60人。集中开展基层指挥员轮训和基地模拟化训练2期,培训10个攻坚班组,40人人次。

(王　钊)

【队站建设】　年内,新建了程庄路供水分队,创造、训练供水操法,形成全区全覆盖的应急供水网络体系。大红门新建消防站、玉泉营消防站年内完工,并投入使用。基层中队基础设施改造装修和营房营具更新投入资金约400余万元,先后对右安门中队、西客站中队、方庄中队、石榴庄中队等中队的营区进行整体墙体粉刷和部分库室改建;新增智能岗哨机5台、增配电脑50余台,统一制作各种制度门牌200个。

(王　钊)

【“7·21”抢险救援任务】　年内,支队成功地完成了“7·21”防汛抢险救援任务、持续奋战70个小时,接警出动345起,出动车辆420车次,出动警力2742人次,救出被困人员254人,疏散被困人员4881人,排水、抽水12万余吨,在“7.22”京港澳高速现场救援期间,出动车辆55车次,出动警力405人次,排水50650吨,冲洗路面14150平方米,搜救被困车辆132辆,连续奋战三昼夜成功打通京港澳高速,市委书记郭金龙等领导同志到救援现场慰问,给予了高度肯定和赞誉。“11.6”丰台区丰北路77号建筑火灾扑救战斗得到了总队张高潮局长“反应及时、战术得当、扑救迅速”的肯定,全体参战官兵获表彰通报。

(王　钊)

民防工作

【概　况】　2012年,民防局在区委、区政府正确领导下,深入贯彻落实科学发展观,牢固树立民防为民的服务宗旨,以民防方针政策和法律法规为依据,认真落实市民防局工作部署,大力加强应急通信指挥建设,加强地下空间综合治理,加强人防工程公益化利用,加强民防志愿者队伍建设,各项工作稳步推进,扎实开展。

(刘建华)

【人防工程安全管理工作】　年内,落实“消防平安三号行动”,完成“两节、两会”期间人防工程安全隐患排查581处。参加三环新城人防工程整治执法12次。制定下发了《人防工程专项执法行动实施方案》,5、6月份联合安监、消防、治安等单位展开了人防工程专项执法检查行动,共出动9425人次,检查人防工程3395处,下发责令改正通知书2583封,处理群众反映问题196起。

(刘建华)

【人防工程公益化利用工作】　年内,投入480万元,完成了新城街道三环新城社区以及大红门街道、南苑乡等7处人防工程改建社区活动中心。11月30日,北京市民防局召开全市人防工程公益化利用和精细化管理经验交流会，民防局做了“为公益化利用的创新、引领者”大会发言。

（刘建华）

【防空防灾宣传工作】　3月1日“国际民防日”和5月12日“防灾减灾日”，开展了以“防空减灾 民防为民”为主题和“弘扬防灾减灾文化 提高防灾减灾意识”为主题科普宣传活动，发放宣传折页2000余份，《民防志愿者读本》400余本，防空防灾宣传品2000余份，受到了广大人民群众的一致好评。

（刘建华）

【应急物资储备工作】　年内，为落实在每个超过2万人的居住区配备1个应急物资储备库或应急物资发放点，使其达到战时或平时应急需要，积极与社工委和区应急办联系对超过2万人口的社区底数进行了摸底，制定了初步建设计划方案，并对已建应急物资储备库充实补充了物资。“7·21”特大暴雨，向灾区奉献爱心，向长辛店镇捐赠200余箱压缩饼干。

（刘建华）

【民防志愿者队伍建设】　年内，成功注册民防志愿者945名，分期分批组织了培训。积极参与中国人民防空62周年纪念活动，10名志愿者成为志愿者检阅方队成员，应急指挥车和人防警报指挥车参加了展示检阅。

（刘建华）

【领导班子调整】　3月20日，原民防局局长崔爱国利用职务上的便利，非法收受他人钱财被双规，于8月29日区委第30次常委会批准开除党籍，9月6日第22次区长办公会批准开除公职。9月5日，区委常委会研究决定任命刘涛同志为民防局党组书记，任命孟宪国同志为民防局专职副书记。9月27日区人大任命刘涛同志为民防局局长。

（刘建华）

农村经济和农业

农村经济

【概　况】 2012年,全年实现农林牧渔业总产值3.4亿元,比上年增长31.1%。其中,在平原造林工程的拉动下,林业实现产值1.4亿元,比上年增长2.8倍。花卉产值1.1亿元,增长28.1%。全区粮食播种面积4640亩,比上年下降25.4%;粮食产量1004吨,比上年下降30%。蔬菜4044吨,比上年下降45.5%。干鲜果产量1490吨,比上年下降14.2%。农业机械总动力52770千瓦,大中型拖拉机83台,小型拖拉机80台,拖拉机配套农具101台,种植业机械45台,农用排灌机械1020台,植保机械220台,收获机械8台,畜牧养殖业机械17台,渔业机械100台,林果业机械159台,农田基本建设机械46台。全区现有规模化养殖场1家,养殖户120余户。生猪存栏2993头,出栏4795头,猪肉产量360.1吨;奶牛存栏735头,牛奶产量2976.7吨;肉牛存栏43头,出栏209头,牛肉产量37.9吨;蛋鸡存栏65700只,产蛋量852.1吨;肉鸡存栏3000只,出栏88700只,禽肉产量122.6吨;水产养殖场户7个,面积150亩,成鱼总产量623吨,比上年下降8.7%。饲料生产企业4家,乳制品加工企业2家,大中型动物产品经营性冷库7家,经营动物产品市场、超市153个,大型批发市场4个,规模餐饮企业及星级宾馆300余个。

(汤海丽)

【落实农业补贴政策】 年内,玉米补贴面积3487.74亩,分布在2个镇8个村,补贴资金338310.78元。购置机具19台,财政补贴资金25.66万元。制定实施了《丰台区基本农田保护和流转补贴管理暂行办法》。基本农田保护补贴每亩350元,基本农田流转补贴每亩200元。享受基本农田保护补贴面积12118.51亩,补贴资金4241478.5元。享受基本农田流转补贴面积12079.4亩,补贴资金2415880元。补贴资金共计6657358.5元,涉及王佐和长辛店2个镇14个村。

(汤海丽)

【农业政策性保险】 年内,全年政策性农业保险投保13项14个品种,面积29468亩,投保费用669.71余万元,完成理赔403.7万元。其中,7·21北京特大暴雨赔付306万元。

(汤海丽)

【动物防疫】 年内,动物诊疗机构52个,兽医实验室1家。全年累计发放各类疫苗48万毫升,高致病性禽流感等五种重大动物疫病免疫密度、监测面、消毒面、监管面均达到100%。监测口蹄疫、高致病性禽流感等免疫抗体1628份,合格率达到70%以上。犬、猫弓形体检测352份,检疫奶牛布病、结核病及马传贫、马鼻疽2686头次,未发现阳性。组织环境消毒、除虫、灭鼠活动,发放消毒药6.1吨,鼠药100余公斤,鼠密度下降8个百分点。发放各类宣传材料10万余份,组织区、乡、村及监管企业人员培训16次,突发重大动物疫病应急演练1次,培训人数达359人次。全区未发生区域性重大动物疫情。

(汤海丽)

【行政许可审批工作】 年内,共接待办事人员78人次、来电咨询150个,受理办结行政许可317件,按时办结率100%。完成对全区动物诊疗、执业兽医师、兽药经营、饲料生产、生鲜乳收购、动物防疫等证照年检备案120余份。实施畜牧兽医工作精细化管理,对全区323个监管对象进行风险评级并挂牌公示。

(汤海丽)

【农产品质量安全监管】 年内,出动执法检查人员1855人次,车辆731台次,检查市场、超市、蔬菜生产基地、畜禽养殖场(户)、农业投入品生产、经营、使用单位等1499个(次),查处违法案件51起,罚款11.9456万元。责令改正37起,提出书面及口头警告41个。检测蔬菜、草酶、猪瘦肉精和水产品等样品1004个,检测合格率100%。组织“三品”认证,4家企业获得无公害认证,2家企业完成无公害换证。

(汤海丽)

【促进农村经济发展】 年内,全年新引进企业636家,其中1000万元以上69家,亿元以上10家。投资6100余万元,重点推进经济薄弱村、种业发展、7·21灾后重建等17个产业项目建设。欢乐水魔方二期开工建设。整合花卉产业资源,成立了花乡国际花卉产业有限公司,注册资本为1亿元。全区有农业观光园13个,比上年增加3个。全年共接待116.5万人次,比上年下降3.3%;实现总收入2687万元,增长22.4%。

(汤海丽)

【经济落后村帮扶工作】 年内,将2011年农民人均劳动所得低于10000元的李家峪村、大灰厂村、西庄店村、魏各庄村、沙锅村和全区农用地、农业人口最多的庄户村以及土地分割严重的赵辛店村,共计7个村作为区镇两级重点帮扶的经济落后村。投入1045万元增加落后村公益事业费和大环境片林养护费。投资5000余万元用于落后村产业发展和民生项目,10个产业项目开工建设。7个村人均增加收入550余元,拉动收入增长5.8个百分点。

(汤海丽)

【推进籽种产业发展】 年内,与中国农业大学签署合作协议,开拓区校合作推进种业发展新模式。制定《丰台区种业发展规划(2011-2015)》和《丰台区促进现代种业发展的意见》,国际种子检验实验室被列为市科委“农科城种子检测ISTA认证与服务平台建设”项目。启动种子交易所筹建工作。在6月19日“驻京中外企业-丰台行”活动项目推介会、11月4日至7日京港洽谈会上,向驻京中外企业和香港投资商介绍了丰台种业发展情况。

(汤海丽)

【举办第二十届北京种子大会】 9月10日至13日,举办第二十届北京种子大会,主会场设在大成路九号酒店,分会场在丰台体育中心和新品种展示基地。大会共组织新闻发布会、开幕式、二十周年招待酒会、高品质鲜食果蔬品尝会、种业发展高峰论坛、种业专题研讨会、北京种子大会图片展、城市农业专题展览展示、贸易洽谈、企业形象特装展示、现货交易及新品种展示观摩等十二项主题活动。国内外参会单位4000余家,其中注册企业845家。交易品种5000余个,展示品种800个,其中涉及新品种110个,交易额完成5.5亿元,带动了周边餐饮、住宿、旅游等服务行业增收。

(汤海丽)

【推进农村城市化】 年内,对五环以内农村地区城市化进行专题研究,明确48个行政村城市化的路径和时间安排。重点村整建制农转居方案获市政府审批。撤销三路居村村委会,四合庄、郭公庄、右安门村完成转居撤村民主程序。完成农转非2287人。

(汤海丽)

【加强新型农民培养】 年内,实现农民转移就业5197人。全区累计完成新型农民培训5937人次,其中技能培训2078人次、特种作业培训1033人次、社区管理员培训100人次、其他管理人员培训89人次、引导性培训2637人次。通过培训稳定就业岗位572人。

(汤海丽)

【农村实用人才队伍建设】 年内,全区五个乡镇10个参展单位的13种创意作品参加由农业部主办的全国休闲农业创意精品华北东北区推介活动,其中根雕和剟画分别获得三等奖和优秀奖。

(汤海丽)

【农村基础设施维护】 年内,投入700万元对142座农村公厕进行维护。投入200万元对14处农村污水处理站进行维护。投入200万元对农村老旧管网进行维护。

(汤海丽)

【实施"三起来"工程】 年内,投入176万元对部分太阳能灯进行维护。投资690万元兴建3个太阳能光伏发电系统,年均发电量约20万度。投入4150万元建成10项雨洪利用工程,新增蓄水能力4.6万方。

(汤海丽)

【加强农村环境综合治理】 年内,累计投入1220万元,对18个村的环境品位、秩序进行提升、整顿,拆除建筑物1.8万平方米、出租大院28处,清退流动人口1300余人,绿化美化80余亩。

(汤海丽)

【完善村庄社区化管理】 年内,对全区10个开展推进村庄社区化服务管理活动村进行了全面考评。建成11个农村社区服务站。加强村邮员队伍规范化建设,进行专业培训和督导,提升了农村地区邮政服务水平。

(汤海丽)

【农村法制宣传工作】 年内,开展"绿剑护农·2012年农资打假专项行动宣传活动"、"3.15法制宣传日"、5.12防灾减灾日、五一狂犬病防控宣传活动和"消费与安全"年主题法制宣传活动。共发放宣传材料30余种,5万余份。组织执法培训16次,培训执法人员208人次。

(汤海丽)

农村经济管理

【概　况】 2012年,全区农村经济实现稳步发展,利润、税金、人均劳动所得等主要指标增幅均超过10%,分别增长18.7%、10.8%、10.5%。全年完成总收入319.4亿元,比上年同期增加22.8亿元,同比增长7.7%,其中:主营业务收入303.1亿元,同比增长6.1%。集体经济实现快速发展,实现总收入129.5亿元,比上年同期增加13.2亿元,增长11.3%。其中南苑乡因承建南苑西经适房项目对全乡集体收入的增加起到较强的拉动作用,集体总收入增幅最大,达21.7%。第三产业主体地位稳固。农村经济第一、二、三产业分别完成收入7.5亿元、68.6亿元、227亿元,与上年相比,第二产业所占比重略有提高,上升0.4个百分点,第一、三产业均下降0.2个百分点,但第三产业在农村经济中的主体地位依然稳固,实现收入比上年同期增加12.7亿元,占主营业务收入的比重达74.9%。年内,农村经济实现利润22.2亿元,比上年同期增加3.5亿元,增长18.7%。其中,第一、二、三产业分别实现利润0.5亿元、2.4亿元、19.3亿元，占利润总额的比重分别为2.4%、10.9%、86.8%；与上年同期相比，第二产业所占比重下降了2.3个百分点，第一、三产业所占比重分别上升了0.2和2.1个百分点。农村经济实现税收12.4亿元，同比增加1.2亿元，增长10.8%。其中：增值税0.8亿元，增长6.3%；营业税4.1亿元，下降10.6%；所得税3亿元，增长80.5%。非公经济税金增长较快，完成税金5.4亿元，比去年同期增加0.7亿元，增长14.1%。第三产业是纳税主体。第一、二、三产业分别实现税金0.08亿元、1.9亿元、10.4亿元，分别占税金总额的比重为0.6%、15.5%、83.9%。其中服务业完成税金8.7亿元，比上年同期增加1亿元，占税金总额的70%。年内，农民人均所得达到17418元，比上年同期增加1661元，同比增长10.5%。农民人均所得从集体所得为12539元，比上年同期增加1628元，增长14.9%，占农民人均所得的72%，比上年提高2.8个百分点。

（葛伯祥）

【农村劳动力分布情况】 年内，农村劳动力统计数字为93762人，比上年同期减少439人，其中就业人数为87381人，增加78人，就业率达93.2%，与上年同期相比就业率有所提高，增加0.5个百分点；待业人数为6381人，比上年同期减少517人。在就业劳动力中，在集体就业的有64209人，比上年增加1344人，集体仍是农村劳动力就业的主要途径，占就业劳动力的73.5%，其中在乡级就业的有3139人、在村级就业的有61070人，分别占就业劳动力的3.5%和70%；在私营企业、个体工商户及农户等非公经济就业的有23172人，占就业劳动力的26.5%。

（葛伯祥）

【农村集体资产运营情况】 年内，农村集体资产总额为816.8亿元，比上年同期增加113.6亿元，同比增长16.2%。其中，乡级集体资产总额为86.5亿元；村级集体资产总额为730.3亿元，比上年同期增加122亿元，同比增长20.1%，其中村组织资产总额为525亿元，增加93.9亿元，增长21.8%，在村级集体资产中占有较大比重，占72%。农村集体所有者权益为211.5亿元，比上年同期增加25.4亿元，同比增长13.7%。其中：乡级集体所有者权益为26亿元；村级集体所有者权益为185.5亿元，同比增长13.6%。全区各村人均所有者权益超过40万元的村有7个，比上年增加1个村，南苑乡西铁营村最高，为58.3万元，其他6个村分别是南苑乡的果园村56.6万元、花乡榆树庄村54.8万元、南苑乡成寿寺村49.8万元、花乡草桥村49.6万元、卢沟桥乡的精图46.9万元和南苑乡大红门村42.1万元；超过10万元的村共30个，比上年增加3个村，其中卢沟桥乡10个、花乡10个、南苑乡9个、王佐镇1个；人均所有者权益在万元以下的12个村，与上年相同，其中花乡3个、南苑乡2个、长辛店镇5个、王佐镇2个。

（葛伯祥）

【农村审计工作】 年内，聘用两家社会中介机构参与农村经济责任审计，全年共完成22个村的村干部经济责任审计。开展78个行政村和单位的专项资金审计、50个已完成产权制度改革的乡村集体经济组织审计、2个乡级集体经济组织资产审计。

（葛伯祥）

【合同管理规范化工作】 年内，牵头成立由区政府法制办、区司法局参与的联合检查小组，对8个村的273份合同进行了检查，涉及合同年租金4099万元，合同总金额62440万元。截至年底，全区70个集体经济组织中有66个基本达标，达标率94.3%。对已基本达标未回查的30个村的1075份合同进行了回访检查，共涉及合同年租金5.1亿元，合同总金额74.1亿元，回查村占全区所有已达标村的48%。

（葛伯祥）

【农村管理信息化工作】 年内,对80余名农村信息化工作人员进行培训;完成2011年度农村管理信息化数据库更新,更新数据库资料11个,涉及报表49张,指标1000多个;完成2011年年报和2012年季报统计分析;对34个村的信息化硬件设备和软件系统进行更换。

(葛伯祥)

【农民信访矛盾调处】 年内,完成卢沟桥乡张仪村村民信访件、南苑乡分中寺村资产处置村民代表信访件办理情况,接待卢沟桥乡周庄子村、南苑乡花园村、王佐镇西庄店村及原蒲黄榆村的信访人员,全年共接待群众来访110人次。

(葛伯祥)

【农村集体资产产权证管理】 年内,完成各村及其企业的农村集体资产产权登记证的年检,对卢沟桥乡、花乡、南苑乡、长辛店镇、宛平城地区办事处各村及其企业共计237家单位的《产权证》进行年检。另外,对不符合年检要求(如所有者权益为负数)或已拆迁的16家企业的《产权证》进行注销。

(葛伯祥)

气　　象

【概　况】 2012年,主要气象业务工作是地面气象探测、气象服务。4月1日完成地面气象观测业务切换工作。年度综合业务质量评定为B级。年内,向有关部门发送36小时天气预报420期、气象灾害预警及解除预警信号122期、雨情信息249期、降水情况13期、天气专报367期、旬月预报48期、CO指数预报49期,节日预报6期、重要天气报告7期,发送气象短信194826人次。与区有线电视台共同制作气象服务专题节目1期。为第九届中国国际园林博览会园区义务植树活动、2012年北京国际铁人三项赛、北京“卢沟晓月”中秋文化旅游节、全国防灾减灾日主题科普活动暨丰台科技周、第三届中关村国家自主创新示范区运动会、第二十六届卢沟桥醒狮越野跑、中高考等重大社会活动以及中国共产党第十八次全国代表大会、全国“两会”、中国共产党北京市第十一次代表大会、区“两会”提供气象服务保障。获得“首都文明单位”称号,被评为丰台2011年度交通安全先进单位 。

(李晓琳)

【气候评价】 本年度年平均气温为12.4℃,接近常年平均值(12.1℃)。年极端最高气温37.6℃(6月17日),年极端最低气温-15.4℃(12月24日)。1月、3月、6月平均气温接近常年平均值,2月、11月、12月平均气温比常年偏低,其中12月平均气温比常年明显偏低(2.7℃),4月、5月、7-10月平均气温比常年偏高,其中5月平均气温比常年明显偏高(2.4℃)。全年极端最高气温大于等于35℃的天数为6天(常年为6.5天)。全年降水量为838.1毫米,比常年(567.1毫米)偏多48%,比去年(612.4毫米)偏多37%。1月、5月、8月、10月降水比常年同期偏少,3月、4月、6月、7月、9月、11月、12月降水比常年同期偏多,其中7月、9月、11月、12月降水比常年同期明显偏多,2月无降水。主汛期6-8月降水为593.8毫米,比常年同期(422.8毫米)偏多40%。今年本站降水日数(日降水量大于等于0.1毫米的日数)为66天,日最大降水量为197.3毫米(7月21日)。年度日照时数为2442.5小时,比近十年平均值(2244.4小时)偏多198.1小时。

(王桂枝)

【灾害性天气】 年内,发生的气象灾害主要有暴雨、大雪、大风、雷暴、冰雹。其中7月21-22日特大暴雨造成全区受灾人口20284

户,63667 人,死亡 5 人,紧急转移安置 13894 人,农作物受灾面积 1077.68 公顷,倒塌房屋 110 间,损毁房屋 17808 间,直接经济损失 14.89 亿元;发生大雪灾害 1 起,损失约 150 万元;发生大风灾害 12 起,损失约 87.2 万元。发生雷暴灾害 4 起,损失约 17.2 万元。发生冰雹灾害 1 起,损失约 15 万元。

(王桂枝)

【气象服务与防灾减灾】 年内,与区民政局签订《关于加强防灾减灾工作合作协议》,气象信息员队伍增至 290 人。设立气象信息服务站,在区各街道、乡镇设 1 名气象信息协理员,各社区、行政村有 1 名气象信息员,形成“街道、乡镇”到“社区(村)”到“居民”直通的突发预警信息传播网络。

(王桂枝)

【台站基础设施建设】 年内,进行花卉树木种植、外墙围栏更新、高压线缆改造、监控系统更新与升级、地温观测场改造、区域自动站供电系统改造、购置汽油发电机、通讯线路升级等多项工程;美化台站环境,提升气象服务的应急保障能力。

(李晓琳)

【依法行政和社会管理】 年内,共办理行政许可事项 177 件,其中审批施放气球活动 170 件,防雷装置设计审核与竣工验收 7 件。《北京航天科技集团公司总医院防雷装置设计审核案卷》在首次全国气象部门行政执法案卷评活动中被评为优秀案卷。全年共开展专项执法检查 96 次,其中防雷检查 44 次,施放气球 8 次,探测环境保护 44 次。印发《关于加强丰台区工程建设项目防雷装置设计审核和竣工验收工作的通知》。

(李晓琳)

【气象科普】 年内,以气象科普知识、气象法律法规、京政发〔2012〕9 号文件和气象防灾减灾常识为重点宣传内容,通过世界气象日、全国防灾减灾日等主题活动现场宣传,电视台节目、报刊、微博等公共媒体宣传,执法过程中发放宣传材料,向街道赠送科普材料等主要途径开展气象科普宣传。

(李晓琳)

工　业

区属工业

经济和信息化委员会

【概　况】 2012年,丰台区239家规模以上工业企业实现工业总产值372.9亿元,同比降低6.6%;实现工业增加值104.7亿元,同比下降3.6%,占全区GDP的比例为11.3%;实现出口交货值14.7亿元,同比增长28.6%。制造业实现留区税收6.7亿元,同比增长8.7%,占全区税收总额的10.6%。全区高技术产业完成工业总产值84亿元,同比增长8.7%,占全区工业总产值的比重由2009年的15.5%提高到2012年的22.5%。

全区六大产业产值"两增四降",其中装备产业、汽车与交通设备产业、基础与新材料产业、电子信息产业产值同比出现下滑,降幅分别为-8.7%、-10%、-5.3%、-10.2%;都市产业和生物医药产业逆势增长,增幅分别为1.9%和1.3%。

全区工业27个行业中,6个行业产值实现正增长,21个行业产值出现负增长。十大重点行业实现工业总产值282.1亿元,占全区产值的75.7%,其中仪器仪表制造业实现产值21.3亿元,同比增长40.7%;金属制品业全年实现产值42.4亿元,同比增长8.2%。

(杨　婷)

【三地块纳入中关村国家自主创新示范区】
10月,根据《国务院关于同意调整中关村国家自主创新示范区空间规模和布局的批复》(国函[2012]168号),丰台区二七机车厂、二七车辆厂、应急救援科技创新园三个地块进入中关村国家自主创新示范区,为轨道交通、应急救援等特色产业在丰台区的集群发展提供了空间、政策和物质基础。

(杨　婷)

【北京首钢建材化工厂成建制划转】 12月,国务院国资委批复同意新兴际华集团成建制接收北京首钢建材化工厂。从此,建于1939年,国家二级企业,丰台区最大"三高"企业——北京首钢建材化工厂更名为新兴际华(北京)应急救援科技有限公司,正式并入央企新兴际华集团公司。

(杨　婷)

【市领导调研新兴际华应急救援产业项目】
10月13日,北京市委书记郭金龙,市委副书记、代市长王安顺,市委常委赵凤桐、陈刚,副市长苟仲文一行参观了应急救援科技产业展,并对新兴际华发展应急救援产业项目的发展思路给予充分肯定。

(杨　婷)

【企业技术改造】 年内,丰台区共备案工业企业投资、技改项目34个,项目以装备制造、电子通信及设备制造、生物医药、软件等高技术产业投资、技术改造为主,总投资额5.7亿元。其中丰台区重点工业企业北方客车投资1.6亿元建设"2500辆客车技术改造项目",2012年共制造客车1151辆,比2011年增产295辆,实现产值5.2亿元。

(杨　婷)

【市级企业技术中心】　年内,丰台区新认定市级企业技术中心6家,分别为:北京真视通科技股份有限公司、北京榆构有限公司、北京北纬通信科技股份有限公司、北京主导时代科技有限公司、中国新兴保信建设总公司、北京海鑫科金高科技股份有限公司。

(杨　婷)

【扶持中小企业发展】　编印了《丰台区促进中小企业发展新政汇编》,宣传服务中小企业发展的各项措施。中关村科技园区丰台园科技创业服务中心、北京医药行业协会和北京首医大科技发展有限公司3家单位获得了市级中小企业公共服务平台的认定。北京翰海润泽科技孵化器有限公司获得了北京市小企业创业基地认定。加强完善中小企业信息化平台建设,提供科技服务的统一窗口和服务网络,开发了以"电话通,短信通,传真通,邮件通,网站通"五通为特色的"丰台区中小企业服务信息化平台",开通了"63812345"企业服务热线。

(杨　婷)

【中小企业发展专项资金】　制定出台了《丰台区促进中小企业发展专项资金管理暂行办法》和《2012年丰台区中小企业发展专项资金使用指南》,设立了1000万元的中小企业发展专项资金,连续五年每年递增200万元。是年,为中小企业争取各类专项资金支持1526万元,其中华宇信诺印刷有限公司等4家中小企业的4个产业项目获得国家中小企业发展专项资金的支持,总额达365万元;北京鼎汉技术股份有限公司等6家企业获得北京市中小企业发展专项资金863万元;北京元六鸿远电子技术有限公司获得国家工业中小企业技术改造项目资金298万元。

(杨　婷)

【"三高"企业退出】　采取行政、经济手段,推动全区18家"三高"企业退出生产领域,完成了区政府下达的用两年时间退出全区38家"三高"企业的工作任务。38家"三高"企业的退出共释放土地空间195.68万平方米,涉及职工1981人,每年减少能耗2万吨标准煤、减少水耗67万吨、减排废水47万吨。

(杨　婷)

【区域能耗信息平台建设】　推进区域能耗信息平台二期工程建设,为实现全区104家重点耗能企业的能耗在线监测和节能管理奠定基础。

(杨　婷)

【信息化基础设施建设】　新建宏基站139个,微基站100个,铺设光缆341.206孔公里,启动8个老旧小区共99栋住宅楼的20兆光纤入户升级改造工程,新增高清交互数字电视用户53万户;新建WLAN热点115个,加大无线网络在政务机关、部分商业和休闲区域覆盖面。

(杨　婷)

【"智慧丰台"顶层设计】　制定了《"智慧丰台"顶层设计工作方案》,成立了"智慧丰台"顶层设计工作组,确定了顶层设计的合作机构,着力构建高水平的信息基础设施体系、便捷高效的信息感知和智能应用体系,逐步建设以数字化、网络化、智能化为主要特征的智慧城市。

(杨　婷)

【保障重点项目与重点功能区建设】　北斗导航应用、电信应用和物联感知、全时空三维图像以及智能停车导引四个信息化提升项目落户园博园,努力打造国家级信息化示范工程。

(杨　婷)

【无线电管理】　落实《北京市无线电台站核查实施方案》,核查单位276家、无线电台设备2993部,清理取缔单位170家,审批无线电对讲机 18 台;开展“无线电管理宣传月”活动,发放海报、手册等宣传品 6000 余件。

(杨 婷)

中央市属工业

首都航天机械公司

【入网许可证】 3 月 16 日,首都航天机械公司子公司——北京首航科学技术开发公司获批中石化入网许可证,成为中国石油化工股份有限公司合格供应商。

(刘玉光)

【北京长征火箭装备科技有限公司成立】 10 月 18 日,北京长征火箭装备科技有限公司成立。该公司由首都航天机械公司和长征火箭工业有限公司共同投资组建,定位于高端装备制造,面向技术密集型的高端定制化装备研制和进口设备国产化项目。提供军工型号产品专用的大型非标准装备,包括自动化焊接、自动化铆接、数字化试验系统和自动化装配系统四大产品;民用非标成套装备以冰箱钣金自动化生产线及其衍生装备产品,并在此基础上扩展市场,寻求高端民用非标准装备项目。

(刘玉光)

【“零缺陷”试点单位建设情况】 3 月 5 日,公司正式启动“零缺陷”项目,并选定一车间作为试点单位,将大壳体和喷嘴作为典型产品,开展产品质量的先期策划。通过实施“零缺陷”质量文化建设、产品质量先期策划和现场质量过程控制与改进等内容,实现了典型产品一次交检合格率同比增长 20%的目标。

(刘玉光)

【新型搅拌摩擦焊接技术获得突破】 5 月 8 日,公司采用双轴肩搅拌摩擦焊接技术焊出第一条光滑平整的焊缝,双轴肩搅拌摩擦焊接技术取得突破。

(刘玉光)

【5.2 米直径整流罩研制成功】 11 月 23 日,长征五号运载火箭首件卫星整流罩静力试验件顺利下架,这也是长征五号运载火箭研制转入试样阶段的重要标志。该部段直径 5.2 米,长约 12 米,是国内最大直径整流罩壳体。

(刘玉光)

【公司石油管和冷拔管参加展览会】 6 月 13 日,公司石油管和冷拔管参展第二届中国国际油气储运展览会,吸引了众多客户。

(刘玉光)

【长征二号 F 火箭成功发射神舟九号飞船】 6 月 16 日 18 点 37 分,长征二号 F 遥九火箭在酒泉卫星发射中心点火升空,583 秒后船箭分离,神舟九号飞船成功入轨,将三名航天员顺利送入太空,发射取得成功。

(刘玉光)

【与合肥工业大学建立合作关系】 7 月 19 日,公司与合肥工业大学建立战略合作关系,并举行签约仪式。双方在精密铸造领域开展技术联合研究、产品协作、科研项目申报与研究、新产品及新装备研发、技术交流与培训。

(刘玉光)

【与武汉重型机床公司建立合作关系】 8 月 22 日,公司与武汉重型机床集团有限公司签署了五年战略合作协议,成为战略合作伙伴。双方在航天装备制造领域、重型设备制造领域构建合作平台,发挥各自优势,互相支持、互相依托、共同发展,以提高市场竞争力。

(刘玉光)

【公司获“中国机械 500 强”称号】 7 月 31 日,在 2012 年《中国机械 500 强研究报告》发布会上。公司荣获“中国机械 500 强”称号,排名第 261 位,比 2011 年提升了 10 名。公司已经连续九年荣获这一称号。

(刘玉光)

【国务院副总理张德江到公司视察】 2月28日,国务院副总理张德江一行到公司怀柔厂区视察。视察后,张德江对集团公司和院的工作给予了肯定,并对后续工作做了指示。

(刘玉光)

【总装备部部长张又侠到公司视察】 12月14日,中央军委委员、总装备部部长张又侠到公司视察。

(刘玉光)

南车二七车辆有限公司

【概 况】 2012年,完成新造货车2639辆,检修货车2892辆,生产货车配件88359件(套)。公司通过2012年度测量管理体系监督评审,获南车财务决算管理先进单位、北京市2011年度"安康杯"竞赛优胜单位,公司工会获全国铁路体育2009－2012年先进单位。小区建设规划获政府批准。

(刘 峰)

【规划发展】 贯彻"一业为主、多元发展"战略,在制度建设、团队培养、项目引进、项目孵化上下功夫,新产业运营管理日趋完善。高层救生舱完成产品优化,为市场开拓奠定了基础。长纤维风机叶片、薄膜铂电阻温度传感器实现销售。自主研发了燃气报警器、四合一室内污染物监测仪。

(刘 峰)

【改革改制】 开展以"对标提高、降本增效,调整结构、做强做优"为主题的管理提升活动,制定了覆盖17个专项提升领域、81项改善提升项目的推进方案,明确了推进机制。根据公司发展需要,对货车轴承一般修理业务实施外包。7月26日起,调整相关单位职责。推进信息化建设登高计划,强化网络安全和系统优化应用。以风险防范为导向,进一步加强内控和全面风险管理与法律体系建设。

(刘 峰)

【经营管理】 筹措资金,加强滚动预算与现金流管理。压缩各项费用,强化开源节流、降本增效力度。通过京周路税务筹划、所得税减免、争取北京工业保增长企业奖励等实现财务创造价值2064万元。持续推进精益示范区(线)和精益车间建设。落实工位制节拍化生产方式,C70E日产稳定保持16辆,KM70首次批产即实现日产4辆,国铁检修车日产达到13辆。开展"反违章"活动,推进安全生产标准化建设。

(刘 峰)

【科技创新】 装用自主研发转向架的快运集装箱平车继在西南交大牵引动力国家重点实验室创造空车180km/h速度后,再创重车220km/h最高速度。与瑞典公司签署的柔性货车合作协议使公司获得在国内独家进行二次开发、生产销售权利。载重80t共用平车通过型式试验。制动管系C形组合式密封圈实现小批量装车运用考验。汽－普两用双层车、关节式运输小汽车双层车、载重70t级新型结构平车等科技项目取得阶段性进展。全面实现新产品开发在PLM系统下的三维设计。车辆静强度试验室竣工投入使用,提高了公司设计竞争力。完成97项专利申报。载重80t铁路平车及敞车研制项目获北京市科委重大项目支持。X70、X1K型车获北京市金桥工程项目奖。X70型车等技术成果实现技术转让收益。2003—2006年三年重大建设项目通过南车档案验收。

(刘 峰)

【生产运营】 面对生产不均衡、原材料供应紧缺、交货期不确定等不利情势,科学制定预案,合理调度挖潜,提升产能,确保了全年任务的完成。7月21日,北京遭遇有气象记录以来的特大暴雨袭击,公司被迫停产救灾,财产损失巨大。灾难面前,全体员工抗灾自救,灾后10天就全部恢复正常生产。同时,与保险公司谈判理赔,获保险赔款2964万元。

(刘 峰)

【市场营销】　完成铁道部和中铁特货、中铁集装箱等路内大客户招标采购项目。强化自备车市场开拓力度,获得神华集团、平煤能源、锦赤铁路、大同国电四家路外企业600辆自备车合同,总金额2.738亿元,其中KM70型漏斗车首次打开了路外自备车销售市场。适应配件市场自行采购不断扩大趋势,实现配件自销1.53亿元。开展应收账款清欠工作,其中三年以上配件应收账款回款比例达78.57%。

(刘　峰)

【基建与技改】　有效的工艺策划和实施为公司生产能力的提升提供了技术保障。可视化工艺文件不断细化,岗位标准作业指导书编制见成效。新厂修规程得到全面落实。X2H(K)、SQ5厂修通过了CRCC认证,取得维修资质。45名电焊工共获112项次国际焊接资质。主持修订6项、参与制定4项国家或行业标准。为了保证公司小区住宅建设改造工作的顺利完成,11月1日成立小区住宅建设办公室。

(刘　峰)

【质量管理】　完善质量管控体系建设,以72%的得分率通过IRIS管理体系首次监督审核。搭建产品质量信息管理平台。落实《铁路产品认证管理办法》,深化供应商管理制度建设。按照管理规范化、作业标准化要求,全面开展质量安全风险管理工作,建立健全管控机制,提升应急处理能力。开展制动故障、油漆漏涂和车体欠焊等质量攻关活动。新造货车安全质量综合评价排名获全路第三、南车第一。开展检查员岗位练兵、技术比武活动。20人获全国注册质量工程师资格。货车车间120阀检修组装QC小组获铁道部优秀质量管理小组称号。建立售后服务区域负责与重点保障相结合模式,走访范围覆盖全路200多个运用车间,顾客满意度评价得分98.54分。

(刘　峰)

北京二七轨道交通装备有限责任公司

【概　况】　公司主要产品:HXD3、HXD3C型7200KW电力机车、DF7系列内燃机车、GK1E和GK31E型内燃机车、铁路大型养路机械LZC-800型路基处理车、GMC96B型钢轨打磨车、多功能作业车、边坡清筛车等。

(胡跃平)

【生产发展与市场营销】　2012年,实现营业收入95113万元,净利润-19351万元。新造和谐3型电力机车25台,比上年同期减少93%;和谐LZC-800B型路基处理车4列;内燃机车38台,比上年同期增加8.7%。大修内燃机车72台,比上年同期增加26.32%。配件销售6039万元。新开用户10家,新开率50%。在全路厂修机车综合排名第二。

(胡跃平)

【改革改制】　完成了对工业公司改制方案,进行了职工安置方案的修订、补充、完善和上报工作。召开了工业公司员工大会和创立大会,审议并通过了改制方案、公司章程等事项。新公司的工商注册工作正在进行中。

(胡跃平)

【企业管理】　以产品系列和市场版块为基准,将原有的销售部门改为机车销售部、工程机械销售部、国际贸易部和配件销售部四个职能部门。完成科研管理中心、技术系统、销售系统和科技管理办公室组织机构的设置、职责的调整,对机车研发中心、工程机械研发中心和工艺研发管理中心的部门职责进行了重新划分,对市场销售部门的职责进行了修订。科学预测经营情况,掌握经营动态,适时调整财务指标。完善成本控制体系,加强成本预算的执行与控制。通过分散招标等方式努力降低采购成本。制订下发了《全面落实精益生产、精益管理工作的实施方案的通知》、《北京二七轨道交通装备有限责任公司全面推行安全风险管理实施计划》、《人工成本预算管理办法》、《机车研发中心、工程机械研发中心工资分配办法》、《新产品研发项目考核奖励办法》。成立安全风险管理办公室。建立固定资产投资项目信息系统。通过 IRIS(国际铁路行业标准)体系认证。

（胡跃平）

【新产品新技术自主开发】 完成了 160Km/h 多功能综合作业车样车研制、组装及厂内相关试验,完成相关认证;190T 交流电动轮自卸车整车三维和二维图纸 2200 余张,借助三维图纸,确定了整车质心等重要参数的准确位置,校对了二维图纸设计的正确性;车架、货箱在内的 592 项 1358 件自制件制造生产;16 头地铁打磨车总体技术方案;首台爱沙尼亚机车机车的设计和制造;自制 4000 马力交流传动调车机车初步总体方案设计。

（胡跃平）

【技术引进消化吸收和国产化工作】 1200m 边坡请筛机进入国产化制造阶段,完成了前两列 30%国产化率,后 3 列 70%国产化率边坡清筛机的组装、调试、综合性能试验、整车交付,铁道部国产化样机评审、生产许可申报等工作。编制了《边坡清筛机制动系统综合性能试验大纲》、《边坡清筛机制动系统联挂试验大纲及检查记录》、《边坡清筛机制动系统国产化工作报告》、《边坡清筛机制动系统出厂评审报告》等多项报告,完成了边坡清筛机的制动系统、转向架、辅助发电机组、部分电气系统的国产化工作以及现场组装、调试技术服务。

（胡跃平）

【基本建设技术改造】 对房山产业园重新划分一期项目建设内容,将原规划的磁悬浮列车、城市轨道车辆、轨道养护机械、大功率机车等四个项目,调整为轨道交通装备、工程机械和新型机电产业三大板块,新增十项产品;由原来规划用地 1800 亩调整至 900 亩,建设周期调整为 18 个月,总投资约 30 亿元。制定了《中国北车北京轨道交通装备产业园项目实施管理办法》、《产业园项目一期工程项目暂估价材料、设备管理办法》、《产业园项目建设主要时间节点计划》、《产业园项目组织机构人员建议名单》、《计价协议》。房山工业园 03 街区 01、02、03 地块建设用地得到批复。产业园项目一期 4 个部分单独备案。初步完成机车及大养机械、高端轨道客车、磁浮车四个分项备案工作。

（胡跃平）

【售后服务】 向古巴、尼日利亚、安哥拉等国派出售后服务人员 450 余人次,处理内燃机车问题 152 件。

（胡跃平）

北京京丰燃气发电有限责任公司

【概　况】 2012 年,在电力市场需求下降、外部制约因素增加的不利因素下,科学安排生产,实现安全生产与经济效益双丰收,机组连续两年无非停,创历史最好水平,两公司实现利润 1.2 亿元,超额完成了集团公司和董事会下达的各项任务。

（胡岩毅）

【获得节能变压器补贴款】 9 月 7 日,公司收到北京市节能环保中心拨付的节能变压器设备补贴款 82536 元。这是北京市第一批节能变压器补贴款,京丰公司成为了首批使用高效节能用能设备的单位。

（胡岩毅）

【CDM 项目碳减排量成功签发】 6 月 21 日,公司 CDM 项目第六笔碳减排量签发申请成功,获得联合国 CDM 项目执行理事会(EB)批准。本次获得的核证减排量(CERs)为 107,109 吨,实现收入约合人民币 700 万元。

（胡岩毅）

【获"全国电力行业优秀企业"称号】 11 月 24 日,中国电力企业联合会授予京丰公司"全国电力行业优秀企业"称号。

（胡岩毅）

【被授予“景气调查定点企业”】 年内,公司被授予“中国人民银行景气调查定点企业”。中国人民银行工业企业景气调查制度,是为了监测工业经济运行状况,为货币政策决策和宏观调控服务。

(胡岩毅)

【通过清洁生产阶段性验收】 2月23日,公司阶段性“清洁生产”通过北京市节能环保中心专家组的验收。公司清洁生产共提出无/低费方案23个,提出中/高费方案4个,所有方案投入资金51.83万元,可节电1.73万千瓦时/年,节水1.88万吨/年,减少废水排放1680吨/年,年产生经济效益约263.29万元。

(胡岩毅)

【召开第一次党代会】 10月18日,召开京丰燃气发电公司第一次党代会。与会代表分组对“两委”工作报告进行了讨论,大会审议并通过了报告。会议选举产生了京丰燃气发电公司第一届党委委员会和纪律检查委员会。

(胡岩毅)

【建成“职工之家”文体活动室】 年内,建成了“职工之家”文体活动室。活动室包括健身房、瑜伽房、会议室和阅览室四部分,建筑面积1200平方米,由原来的“职工食堂”改造而成。

(胡岩毅)

【为“7·21”暴雨受灾区捐款】 7月21日,北京遭遇强暴雨,公司组织为受灾群众捐善款20510元。

(胡岩毅)

北京三兴汽车有限公司

【概　况】 2012年,公司以“继续解放思想,强化结构调整,加强能力建设,推动两园建设”为指引,以“双五体系”活动为载体,努力探索和实践企业转型之路,将应急救援产业做为“十二五”发展方向,国务院批复同意将应急救援科技创新园纳入中关村国家自主创新扶持政策范围。实现销售收入20亿元,利润2000万元,完成了年度经营指标。

(陈　静)

【领导调研】 1月22日,国资委主任、党委书记王勇到公司调研。5月9日,北京市委常委、北京卫戍区司令员郑传福到公司调研。10月13日,北京市委书记郭金龙、代市长王安顺、市领导赵凤桐、陈刚、夏占义及市有关部门负责人到公司参观了应急救援科技产业展,并对公司发展应急救援产业给予了高度评价。参观现场,郭金龙亲自为新兴际华中安应急救援队授旗。

(陈　静)

【产业联盟】 7月19日至20日,召开应急救援产业技术创新战略联盟第一届理事会第一次会议,公司董事长赵柱担任联盟常务副理事长。

(陈　静)

【自主创新】 根据国务院关于同意调整中关村国家自主创新示范区空间规模和布局的批复(国函[2012]168号),将北京应急救援科技创新园纳入中关村国家自主创新示范政策范围。“应急救援科技创新园”是指利用北京三兴汽车有限公司所属土地建设以技术创新为引导,集应急救援行业总部、研发基地、孵化基地等功能为一体的应急救援高端科技创新园区。年内,“应急救援科技创新园”启动。

(陈　静)

【科技兴企】 9月14日,举行“矿用可移动救生舱106小时防护试验出舱仪式”,公司研制生产的矿用可移动式救生舱106小时8人救生舱防护试验,按国家矿用设备检测试验中心试验标准要求顺利出舱,标志着公司向科技兴企迈出了坚实的一步。国家煤炭安监总局科技装备司郑行周副司长、北京市特种设备检测研究院王瑞宝工程师等领导出席了仪式。

(陈　静)

【海外参展】　6月底，公司生产的运油车、吸污车、餐厨废油脂回收车参加了由福田海外组织的重点合作企业专用车展览。三款车辆得到了国外客户的一致认可，尤其对吸污车及餐厨废油脂回收车给予了高度评价。

（陈　静）

【科技创新】　年内，公司实现技术创新项目12项，申请国家专利28项，其中发明专利8项；获得授权的国家专利项目25项，其中发明专利6项，推广先进操作法项目1项。

（陈　静）

【应急救援】　7月21日，北京遭遇特大暴雨，西六环大灰厂村自来水管网遭受破坏，公司调动三辆罐装水车连续多日为灾民送水。7月22日上午，公司应急抢险小分队携城市救灾应急供排水装备，赶到房山区长阳镇京港澳高速16公里处某铁路桥下的重灾区现场，展开排除桥下积水工作，效果明显。

（陈　静）

【外商考察】　2月19日，日本新明和公司负责人到公司参观考察，双方就可能合作的领域达成共识。3月10日，香港梧桐资本集团总裁向宏、助理史高德、澳大利亚LAVA公司合伙人CHRIS一行到公司就应急救援科技产业项目战略合作事宜进行洽谈。3月18日，美中经贸投资总商会会长、欧美亚工商界投资合作联盟主席、世界著名品牌大会主席周荭钐钧一行到公司考察应急救援科技产业项目。

（陈　静）

【专家考察】　4月17日，中国军贸领导小组专家委员会主任范有年、副主任张学谦等14人组成的专家组到公司考察。

（陈　静）

北京市赛欧工贸有限公司

【概　况】　2012年，公司共有在职职工233人，退休退职人员1900人（其中退休1791人、退职109人）。完成营业收入6571万元，实现利润2259万元，上缴国家税金1291万元。在企业经济效益增长的同时，职工人均收入同比增长21%。

（刘志荟）

【两节送温暖工作】　两节期间，公司领导带队走访慰问退休原领导干部30人、特困职工2人，长期患病及生活困难的在职及退休人员18人，看望了3位劳动模范，发放慰问金和慰问品折合金额7.99万元。为1909名退休人员发放慰问款83.2万元。

（刘志荟）

【选举出席党代表】　3月31日，公司召开全体党员大会，选举产生了出席中共北京市供销合作总社代表大会代表四名：王希全、陈思勇、袁向华、梅春才。

（刘志荟）

【中小企业金融服务宣传月活动】　4月9日，举办了北京银行业与中小企业投融资座谈会。华夏银行和北京中关村科技担保有限公司等金融机构以及北京兴远达公司、北京华美科博公司、北京博创家和公司等6家入驻企业参加了座谈会。4月18日，举办了晋商投资公司与中小企业投融资座谈会。晋商联合投资股份有限公司等投资机构和北京地生源有色金属有限责任公司、天翼华为（北京）国际科技有限公司等入驻企业参加了此次会谈。

（刘志荟）

【举办融资交流洽谈会】　5月30日，举办了企业融资交流洽谈会暨创投咖啡揭牌仪式。本次活动以增进银企了解，加强互惠合作为目的，邀请了入孵企业的各位领导以及银行、担保投资机构代表等60余人参会。

（刘志荟）

【举办技术服务合同和信用政策宣讲会】　6月28日，举办了技术服务合同和中关村信用政策宣讲会。本次会议旨在鼓励自主创新、增强企业信用意识、促进科技成果转化，做好企业服务工作。

(刘志荟)

【举办"赛欧建投·新三板"交流会】 8月2日,赛欧孵化中心联合中信建投证券有限公司举办了"赛欧建投·新三板"交流会。会上,中信建投培训讲师为企业介绍了"新三板"业务及中小企业私募债的相关知识,各企业代表进行了交流。

(刘志荟)

【接待参观考察】 8月30日,湖南长沙麓谷科技园区孵化器一行8人到赛欧孵化器参观交流。9月11日,由山东荣城市委书记侯世超带领的荣城市考察团参观了赛欧孵化中心。11月16日,上海市宝山区供销社领导到赛欧孵化中心进行参观调研。

(刘志荟)

【中核路3号生产实验楼进行验收】 9月26日,中核路3号生产实验楼进行了竣工验收。该工程建筑面积27440.79平方米,建筑总高度63.3米,地下两层,地上十五层。工程于2010年11月18日开工,2012年9月26日完成施工合同规定的全部内容。经验收,综合评价达到合同规定的质量标准。并获北京市优质工程评审委员会"2011年度结构长城杯金质奖"、"北京市住建委系统文明安全样板工地"。

(刘志荟)

【通过国家级科技企业孵化器复核】 9月,赛欧孵化中心通过科技部2011年度国家级科技企业孵化器复核。

(刘志荟)

商贸　服务业

商业贸易

【概　况】 2012年，丰台区商业贸易取得实效，消费促进、结构调整、特色商圈、便民服务等各项工作进展顺利。全区实现社会消费品零售额826.8亿元，同比增长12%，排名城六区第三。

（张会利　张　萍）

【开展促销活动】 促进电子商务等新兴消费方式，开展形式多样的商业促销活动，丰富社区便民利民商业网店，扩大消费，优化消费结构。通过举办第三届丰台购物节等促消活动，拉动消费增长。

（张会利　张　萍）

【推进奖励资金下划区县项目的申报管理】 上报7个支持项目，包含社区商业建设、再生资源回收站点建设、农产品批发市场建设、蔬菜流通新模式、商业设施停车引导系统升级改造等五个方面，涉及资金1839万元。实际到位资金585万元，区支持资金200万元。

（张会利　张　萍）

【加强监测保稳定】 加强与重点流通企业及社区菜市场的联系，落实价格调控措施，加强对生活必需品的价格监测，切实稳定价格水平。按时完成监测月报，及时关注社区菜市场和超市价格变化及粮油市场的供应能力，对稳定“7·21”特大自然灾害后市场供应及物价变化起到了明显作用。

（张会利　张　萍）

【推进高端商业设施建设】 年内，新开工建设项目52万平方米，其他在建项目41万平方米，已完工并开业项目14万平方米。

（张会利　张　萍）

【便民菜店建设稳步推进】 完成22家便民菜店建设并开业。解决即将到期商户的租金及违约金问题。加强与康安农业的联系，及时跟进项目建设进度。

（张会利　张　萍）

【完成再生资源回收站点建设】 新建100个规范化再生资源回收站点任务，是2012年丰台区承担的市政府折子工程，也是为民办实事重要项目。截止年底，完成了102个站点建设任务，并通过了市区两级验收。

（张会利　张　萍）

【进一步强化行业监管水平】 完成16家典当企业核查，办理典当行变更12件；办理酒类备案登记650户，变更30户，注销78户，受理咨询900余人次；完成166户社会粮食供需平衡调查；新增重点监测企业14家，提高了行业规范化程度；开展安全生产“护航”联合行动——再生资源回收单位专项检查工作，对236家（次）回收单位进行检查，共清理整顿80家、备案登记5家；对辖区82家成品油经营企业进行年审,其中75家通过年审;集中对批发市场、连锁超市和餐饮等40余家企业开展整治食盐市场专项行动;对183家重点酒类经营单位开展专项检查;严厉打击非法屠宰生猪行为,查抄王庄村私屠滥宰场;开展全区粮食清仓查库工作;清理整顿大型连锁超市向供应商违规收费;参与"两节"期间食品安全整治和"打四黑,除四害"专项整治。

(张会利 张 萍)

裕丰投资经营公司

【概 况】 2012年,公司有职工30人,退休职工12人。公司设有财务部、人力资源部、市场开发部、经营管理部、投资管理部、办公室等六个部室。完成营业收入2583.17万元,实现利润770.97万元。完成了万柳园小区34号楼的加层工程及房产证的办理。新签订房屋租赁合同40份,合同租金平均递增5%,确保了国有资产保值增值。

(国 帅)

【完成融资平台任务】 2007年开始公司作为区政府的融资平台之一,承担着区政府重点工程项目融资贷款的任务,至2012年,5年期间为区财政融资贷款余额为20.128亿元,9月末,完成全部贷款本息归还工作,完成了区委区政府的融资平台工作任务。按照区政府的要求,为丰台区综合投资公司对区域经济建设融资贷款提供担保,自2009年到2012年总计额度为1.2亿元。

(国 帅)

【干部选用】 落实《干部选拔任用工作条例》,坚持公开、平等、竞争、民主测评的原则选拔干部,两名年轻人员被聘任到中层领导岗位,录用大学生一名。

(国 帅)

【组织建设】 落实"三重一大"决策制度,落实党务公开、政务公开、司务公开规定,利用电子显示屏设立意见箱、公示栏,使监督透明化。

(国 帅)

【维护职工利益】 签订《工资集体协商专项协议》和集体合同,保障职工权益。对职工生病、住院、婚丧等事务,公司领导亲自组织探望、慰问。

(国 帅)

北京博兰特食品工贸集团

【资产情况】 2012年,集团有资产237处,面积18.9万平方米;经营性资产201处,租赁面积13.66万平方米,闲置资产475平方米。在岗职工126人(不包含托管改制人员),离岗职工96人。集团下设12个基层党支部,党员总数110人。

(刘春秀)

【经营情况】 年内,实现收入3532万元,完成上报计划的103.88%,比上年同期3398万元增加134万元。实现利润279万元,完成上报计划的104.88%,比上年同期265万元增加14万元。签订合同501份,租赁面积13.66万平方米。丰台东大街33号进入发改委立项审批阶段。云岗西路1号改扩建项目正在进行规划用途更改申请,并与云岗航天三院进行协调洽商。完成长辛店南关东里50号、公路街29号东院的危房鉴定工作,并对其进行翻建、维修,以增加企业收益。

(刘春秀)

【安全生产】 集团与各基层单位签订企业安全保卫责任书11份,与租户签订安全生产十二项安全责任书500份。加强网点整治、改造,消除安全隐患。投入23万元对刘庄子冷库进行了消防通道改造、消防栓入库设施改造。对部分网点进行了屋顶更换及电线改造。对角门东里12号商业楼配电室进户线进行了更换。

(刘春秀)

【网络电算化】 引进网络办公软件,资产经营工作实现了安全文件的网络化操作，依据网络信息，对资产安全管理状况进行及时监督和调控。人事软件的引进为集团社会保险网上办公提供了方便。

（刘春秀）

【党建工作】 拓展创先争优活动，推进国企党建"先锋力工程"建设；抓"三争创"，开展"首都文明区"创建工作。集团党委逐级签定党风廉政建设责任书96份。重新确认廉政风险点243条。完成12个基层党组织分类定级工作，设立了基层党支部存在问题和整改措施台帐。

（刘春秀）

兴源粮油贸易总公司

【概　况】 2012年，公司拥有总资产1.1亿元，193个经营网点，职工329人。实现利润325万元，完成了年初制定的利润和职工收入双递增10%的目标。

（潘爱爱）

【资产管理和制度建设】 规范企业经营性房屋（场地）出租行为，制定了《房屋租赁管理工作暂行规定》。规范房屋修缮管理程序，制定下发了《关于房屋维修、翻扩建工程管理办法》。收缴租金2804万元，租金收缴率为100%。

（潘爱爱）

【落实"两项"重点工作任务】 配合"丰台区卢沟桥乡六里桥城乡一体化土地一级开发项目"的实施，兴源粮贸公司机关办公地址由六里桥南里2号整体迁至葆台北路6号院大溪地小区A35号楼；配合区政府"菜篮子"系统工程建设，向区政府相关部门提供备选商业网点，已签订长辛店第六粮店、云岗饭庄两处网点，另几处备选网点的腾退工作正在进行中。

（潘爱爱）

【财务管理工作】 修订、补充财务制度，严格报销手续，落实重大资金使用向国资委报告制度。加强财务人员的管理和培训，提高财务人员业务水平。开展内部审计和干部离任审计，对发现的问题及时纠正。

（潘爱爱）

【维护职工权益】 为职工办理补充医疗保险费用，对患有重大疾病负担过重的职工，坚持急事急办、特事特办的原则，将6万元医疗救助金发放到13名职工手中。定期组织干部和职工健康体检。为全体职工办理住院安康保险。关注弱势群体，走访慰问困难职工，送去慰问金46500元

（潘爱爱）

【党组织工作】 开展争创"四强四优"党组织和党员活动，开展助力区域经济发展大讨论，以提升党员素质。参与编纂了2007至2010年丰台党建工作汇编。

（潘爱爱）

【党风廉政建设】 落实党风廉政建设责任制，签订责任书、保证书。开展廉政教育，宣传廉政准则、党纪条规，为领导干部订阅廉政丛书。加强工程建设和维修项目的监督，落实"三重一大"决策制度。

（潘爱爱）

【安全生产工作】 修改、补充安全管理制度，规范安全生产行为，逐级签订《2012年安全生产、治安保卫、交通安全责任书》、《2012年消防安全责任书》、《2012年维护企业安全稳定目标责任书》、《2012年度烟花爆竹安全管理工作责任书》。建立和完善房屋租赁情况、消防器材、流动人口管理综合档案。全年安全生产大检查12次，检查自然门店1256次。

（潘爱爱）

丰鑫源物资集团公司

【概　况】 2012年，围绕深化经营结构调整和国有资产保值增值两大任务开展工作，超额完成了区国资委下达的各类指标，实现利

润84.15万元,比上年增长15.27%;成本费用利润率为10.81%,增长20.11%;总资产报酬率为1.50%,增长15.38%,企业效益稳中有升。

(李维华)

【企业资产质量提升工作】 主要有两项:一是杜家坎南路22号院土地开发建设项目,前期工作及水电等配套基础设施基本完成,下一步的工作是招商引资。二是大井东里1号院原有破旧临建房翻建项目,待属地卢沟桥街道及相关部门正式批复后动工。

(李维华)

【安全生产工作】 以党的"十八大"安全保障为契机,开展安全生产专项整治;召开专题会议,对安全生产工作进行研究;落实安全生产责任制,全年未发生不安全事故。

(李维华)

【党建工作】 组织党员干部学习《中国共产党纪律处分条例》、《国有企业领导人员廉洁从业若干规定》、《干部任用管理条例》、《严肃换届纪律》,并进行知识答卷;组织党员干部、职工参加了北京市第十一次代表大会代表候选人的推荐选举工作和市委组织部开展的组织工作满意度问卷调查。集团公司党委被评为区国资委系统先进基层党组织。

(李维华)

北京市丰台区烟草专卖局(公司)

【概　况】 2012年,实现销售收入19.64亿元,同比增长15.60%,实现利税4.26亿元,同比增长11.81%;实现利润2.43亿元,同比增长8.97%。丰台烟草的企业效益稳中有升。

(张云琴　任晓明)

【客户终端建设】 将服务客户、建立良好的客我关系放在网络建设的核心位置,提出"京烟首善 服务先行"理念,继续开展"为客户办一件实事、解决一个问题、出一个主意"的客户服务"三个一"活动,全年共为辖区卷烟零售客户办实事37件,解决问题43个,出主意30个。年内,市场综合调研显示,辖区卷烟零售客户对企业综合满意度达96%,辖区卷烟零售客户平均获利水平达到12.3%。

(张云琴　任晓明)

【品牌培育】 以中南海、黄鹤楼、云烟等品牌为培育重点,与工业企业就卷烟吸味、促销策略、市场反应等内容开展座谈,促进了品牌发展。年内,黄鹤楼销量同比增长33%,云烟销量同比增长50%,中南海销量同比增长4.4%。在保证优势品牌发展的同时,兼顾其他重点品牌、低焦油卷烟的培育,以低焦提升高档卷烟品牌形象,以高档形象引领低焦卷烟发展。

(张云琴　任晓明)

【烟草专卖打网络工作】 共破获5万元以上大要案127起;破获网络案9起;共查获违法卷烟2164.06万支,案值1537.5万元,刑拘13人,判刑12人,查扣车辆5台。9起网络案中有4起由本局自主侦查、立案并参与抓捕行动。

(张云琴　任晓明)

【巩固无证经营整治成果】 结合卷烟打假情报信息指挥系统的应用,提出"1412"市场监管工作法,利用系统中提供的信息,形成重点监管名单,科学制订检查路线,对公开摆卖和私藏暗卖行为进行打击。总结出"预防、监督、宣传、取缔、复查"五步法,强化宣传和监督,巩固了无证经营整治成果。通过建立辖区内清理无证户长效机制,无证经营行为在辖区得到基本遏制。制作了"北京市丰台区烟草专卖局市场监管服务宣传牌",并向全体零售客户发放,进一步畅通了消费者咨询投诉渠道,密切了客我关系,拓宽了涉烟违法信息来源,对辖区市场监管起到了推动作用。

(张云琴　任晓明)

【"两个结合"促使诚信经营】 将诚信经营店与现代零售终端建设相结合,起草出台了《北京市丰台区烟草专卖局(公司)诚信经营店管理应知手册》、《北京市丰台区烟草专卖局(公司)现代卷烟零售终端应知手册》,在使零售客户明确诚信经营店的权利和义务的同时,也为现代零售终端建设奠定了基础。对"诚信经营店"申请、审批等文书以"一户一档"形式进行了整理,保留实地检查工作底稿,进行痕迹化管理。成立了"诚信经营店"检查队,确保了"诚信"经营。

(张云琴　任晓明)

【内管工作】 共处理预警1219条,未发现违规违法情况。异常预警处理完成率为100%,预警处理优秀率为99.9%,问题调查处理到位率为100%,大户监管率为1.18%,均达到考评标准要求。

(张云琴　任晓明)

【普法宣传工作】 开展新办证零售户法律培训12次,违法持证户教育培训4次,培训率均达到100%。与丰台公安分局签署《涉烟违法犯罪合成打击工作机制》,明确联合查办涉烟案件流程,确保联合执法。加强法律审核,确保涉烟违法个案和行政许可事项正确适用法律。年内,案卷评查优秀率100%,法律审核率和审核正确率100%,涉烟犯罪案件移送率、抄备率均达到100%。

(张云琴　任晓明)

【财务管理工作】 通过预算执行对比,实现预算系统与企业实际成本费用同步,确保了各项费用指标得到有效控制,企业费用率为1.06%,同比下降0.2个百分点。

(张云琴 任晓明)

【政务信息工作】 共上报政务信息579条,同比增加74条;被市局采用484条,同比增加51条,市局采用率83.6%,其中国家局采用13条。

(张云琴　任晓明)

【党风廉政建设】 逐级签订《党风廉政建设目标责任书》,并通过组织参观廉政教育基地增强党员干部的党性修养,提高拒腐防变能力。

(张云琴　任晓明)

【民主管理办事公开】 利用各种途径对重大决策进行公示,共发布公开事项106项,其中政务公开53项、党务公开19项、企务公开34项。

(张云琴　任晓明)

【社会公益活动】 6月25日,向辖区火灾零售客户捐款4200元。7月16日,开展共产党员献爱心活动,筹集善款3610元。7月26日,开展"7·21"暴雨受灾捐款活动,筹集善款4730元。

(张云琴　任晓明)

外经外贸

【概　况】 2012年,丰台区新批外资企业20家,企业增资16家,共吸引投资总额1.13亿美元,同比下降54.8%,注册资本7582.3万美元,同比下降61.3%;合同外资3522.5万美元,同比下降82.1%;实际利用外资1.6亿美元,创历史最高水平。

(陈　涛　李　蕊)

【新批项目规模小】 新批20个外资项目中,投资超过千万美元的项目一个,平均投资总额仅为170.9万美元,合同外资为94.79万美元,投资规模偏低。

(陈　涛　李　蕊)

【对外贸易持续增长】 年内,全区对外贸易海关进出口总额达136.07亿美元,同比增长16.7%,在全市十六区县排第七位,其中进口总额为117.67亿美元,同比增长20.23%;出口总额为18.39亿美元,同比下降4.98%。

(陈　涛　李　蕊)

【新增对外贸易经营者多为中小企业】 年内,全区共有183家企业申请对外贸易经营权,有147家对外贸易经营者备案登记表变更,其中注册资金超过千万元人民币的仅27

家,占新备案总量的14.7%,大部分为中小企业。

(陈 涛 李 蕊)

【境外投资势头强劲】 年内,全区共有11家企业15个项目在境外投资或增资,投资总额为1亿美元,注册资本为8893万美元,较上年同期分别增长14.9%、217.6%,经营范围涉及能源开发、地质勘查、广播电视经营、通信网络服务等,中小企业开拓国际市场、对外投资明显上升。

(陈 涛 李 蕊)

【职教中心被认定为“考试中心”】 2012年,经北京市商务委推荐并会同区商务委及中国对外承包工程商会进行多次考察,丰台区职业教育中心学校被认定为全国对德厨师劳务合作三大培训考试中心之一,承担北方地区赴德厨师的培训考核任务。

(陈 涛 李 蕊)

【举办海关及出口信用保险政策宣讲会】 10月12日,召开丰台区2012年海关及出口信用保险政策宣讲会,特邀中关村海关、中国出口信用保险公司为中小微企业宣讲相关政策,40余家外贸企业相关负责人参会。

(陈 涛 李 蕊)

【中小企业国际市场开拓资金拨付工作】 截止11月份,共审核47家中小企业报送的开拓资金资料,审批项目125个,合计待审批资金250余万元。

(陈 涛 李 蕊)

【协助企业申报跨国公司地区总部资金】 年内,为丰台区唯一一家跨国公司地区总部——旭阳化工有限公司申请奖励资金150万元。2010年旭阳化工有限公司被认定为跨国公司在京地区总部基地。

(陈 涛 李 蕊)

【协助企业申报服务外包资金】 落实北京市对服务外包企业的鼓励支持政策,为区内两家服务外包企业申报补贴资金220余万元,涉及人数320余人,促进了本区服务外包产业的发展。

(陈 涛 李 蕊)

投资促进

【概 况】 2012年,丰台区引进千万企业536家,亿元企业53家。新引进企业中,金融业、商务服务业分别占37%、35%,生产性服务业比重超过七成。

(陈 涛 于晓峰)

【参加招商活动】 参加了第十五届科博会、第十六届京港洽谈会、第十六届厦门投洽会、首届京交会、第四届投资北京洽谈会,展示推介丽泽金融商务区、科技园区等重点功能区和重点项目,取得了较好效果。举办驻京中外知名企业投资丰台行活动,驻京跨国公司、央企、大型民企、股权投资机构等500余家企业参会。

(陈 涛 于晓峰)

【大企业大项目入驻】 新引进千万企业541家,亿元企业53家,蒙西华中铁路股份有限公司、中华联合保险控股股份有限公司、上药北方投资有限公司等一批优势规模企业成功落户。

(陈 涛 于晓峰)

服 务 业

丰台区修理公司

【概 况】 2012年,本着“科学谋划,及时调整经营策略”的方针，全面筹划企业的经营与发展，效益实现了增收，安全得到了保障。

（马永顺）

【确保经济增长】 年内，签订《经营业绩考核目标责任书》，将经济指标进行分解，并严格执行考核制度；引导和支持基层企业、商业网点转变生产经营方式，确保了经济效益。

（马永顺）

【资产管理】 坚持“公益优先，有偿使用”和“价高者得”的原则，提升资产经营项目的经济效益和社会效益；对基层企业和网点进行常态化督导检查，实时掌握市场经营动态；完善租赁合同文本，维护公司权益；落实《丰台区国有及国有控股企业房屋出租管理实施意见》，规范了业务流程；健全房屋租赁管理档案及原始台帐。

（马永顺）

【财务管理】 加强财务监督和检查，对基层企业进行财务检查和整改复查；严格执行成本核算制度，降低各项费用开支；组织财会人员参加财务培训，提高业务能力；开展财务自查自纠和年终财务审计、经济责任审计，查找问题，改进作风，预防犯罪。

（马永顺）

【劳动人事管理】 依照《劳动法》及相关规定，加强劳动合同的管理，维护了职工权益，确保了企业的和谐稳定。

（马永顺）

【党建工作】 开展“创先争优”活动，组织学习《中国共产党纪律处分条例》，开展廉政风险防控管理，查找风险点，绘制权力运行流程图。逐级签订《2012 年度党风廉政建设责任书》。制定了《公司“六五”法制宣传教育规划》。

（马永顺）

【安全稳定工作】 对基层企业及商业网点进行安全生产、消防大检查 4 次，职能科室对基层和网点进行不定期检查。完善信访接待制度和维稳信息报告制度；严格执行值班制度，确保值班人员在岗在位并履行职责；逐级签订《十八大安全维稳责任书》，确保“十八大”期间企业的安全稳定。

（马永顺）

北京市京都公司

【概　况】 2012 年，按照年初制定的工作计划，每月的工作安排，逐项抓落实，各项工作稳步推进，实现经营收入 306 万元，实现利润 17 万元。

（李　芳）

【安全管理】 签订《生产经营安全责任书》，与在职职工签订《交通安全责任书》，与个体经营户签订《烟花炮竹管理安全责任书》；进行安全检查，发现隐患及时处理，确保了企业安全。

（李　芳）

【财务管理】 加强财务的计划管理，及时把应收款项收入到账。严格成本核算，减少浪费。

（李　芳）

【党建工作】 开展“创先争优”活动，创建先进党支部，争做优秀共产党，以提高党员素质。推进国企党建“先锋力工程”建设，争创“四强四优”党支部。

（李　芳）

丰台区饮食服务旅店行业协会

【概　况】 2012 年，围绕协会为政府服务、为企业服务、为社会服务的宗旨，组织辖区会员企业参加各项活动，推动了辖区内餐饮行业的发展，增加了经济效益，为顾客提供了良好报务。

（贺培云）

【餐饮业食用油调查工作】 抽查区域内 22 家餐饮企业 2011 年全年食用油使用及储备量情况，结果显示：2011 年全年共用油量

411.7吨,年末食用油实现零库存。

(贺培云)

【“农餐对接”试点工作】 根据农餐对接工作要求,选定并向市区商务委推荐筷乐家园、天使食府两家餐饮企业为丰台区“农餐对接”工作试点单位。

(贺培云)

【国家级酒家年检复评申报工作】 辖区内5家大型餐饮企业通过了国家级五钻酒家的评审,2家企业获得了国家级白金五钻的荣誉。原有的国家级酒家也完成了年检、复评工作。

(贺培云)

【食品安全教育培训】 组织辖区餐饮企业食品安全工作人员参加食品安全培训,近百名人员取得了“食品安全管理员”合格证书。

(贺培云)

【免费“会诊”服务】 会同北京工业大学经济管理学院专家教授组成食品安全专家小组,对辖区内16家餐饮企业,进行了为期一周的食品安全入户“会诊”工作。“会诊”结束后,专家组分别给予每家餐饮企业一份食品安全管理“会诊”报告书,帮助企业查找各自存在的问题。

(贺培云)

【食品安全知识竞赛】 组织餐饮会员企业参加“食品安全知识百题竞赛”,40余家餐饮企业近千名员工参加了答卷活动,有6家餐饮企业晋级决赛。梦都酒家取得团体第一名,金鼎轩酒楼、福泰宫酒楼并列第二名。

(贺培云)

【绿色创新菜点展示体验交流活动】 邀请区域内20家品牌餐饮企业,共计近百道特色创新菜点,在第三届丰台区(绿色)美食节开幕式现场进行展示、交流,并供顾客品尝体验,期间共接待观摩者5000余人次。同时还举办了“低碳环保知识宣传,节能降耗产品展示、咨询推介”活动,由环保专家现场答疑解惑,发放低碳环保知识宣传材料2000余份。

(贺培云)

【“绿色消费 健康美食进社区”公益活动】 5月20日,举办了“绿色消费 健康美食进社区”公益宣传活动,活动围绕三个内容进行:一是将绿色食品带进社区;二是将健康美食带进社区;三是将绿色餐饮消费宣传带进社区。活动的举办,为百姓增添了生活乐趣。

(贺培云)

【第四届消夏啤酒节】 6月1日,举办了以“京城消夏夜 丰台更精彩”为主题的“丰台区第四届消夏啤酒节”启动仪式。中国烹饪协会、北京烹饪协会、市商务委、市餐饮行业协会及各相关行业协会、丰台区各相关单位参加了活动。历时100天的啤酒节突出三大特点,一是安全第一,放心消费;二是特色浓郁,活动丰富;三是微博助力,尽享快乐。

(贺培云)

【举办首届端午文化节】 6月中旬,举办了以“品南北风味粽 享中华民俗情”为主题的“首届端午文化节暨首地大峡谷端午文化节”活动。在为期四天的活动中,共有十多家区域内外品牌餐饮企业的数十种南北风味特色粽子集中亮相,为丰富百姓节日餐桌和走亲访友的需要,提供了更多的方便和选择。

(贺培云)

【第四届丰台金秋美食节】 9月26日,举办了第四届丰台金秋美食节启动仪式。此次活动从9月26日开始到10月7日结束,活动期间推出五个板块的活动,一是“乐游丰台,必吃美食”宣传推广活动;二是“乐购丰台,休闲美食”优惠体验活动;三是“中秋赏月,团圆家宴”展示预定活动;四是“主题餐饮,味蕾竞放”美食文化活动;五是“葡萄美酒,助力美食”澜爵干红品鉴推广活动。金秋美食节的举办,对丰富中秋、国庆餐饮市场,拉动市民消费起到了积极的作用,活动期间,区域内30家重点餐饮企业共计实现销售额4043.25万元,同比增长19.2%。

(贺培云)

【组织会员企业外出考察】 7月21日至23

日，组织25家企业负责人赴山东威海荣成进行实地考察，并组织大家参加了“2012中国·威海荣成海峡两岸海洋食品展销会”开幕式。活动期间，一些主打海鲜的餐饮负责人与当地商户进行友好对接，丰富了大家对海洋食品的认识，对荣成丰富的海洋食品有了更多的了解。

（贺培云）

丰台区维修服务行业协会

【概　况】 2012年，丰台区维修服务行业协会共有会员单位63家。其中有限责任公司33家，占总数的52.4%；个体经营者30家，占总数的47.6%。网点数与上年环比基本持平。

（梁生荣　胡美华）

【行业规范】 对会员单位进行《家电维修服务业管理办法》和《丰台区维修服务行业规范性文件汇编》的宣传，并检查落实情况。是年，全体会员单位未发生一例消费者投诉。

（梁生荣　胡美华）

【技术培训交流】 组织会员单位参加中央空调、制冷设备、电子电器产品和锁具修理等专业的培训，培训中级、高级技工193名。组织新型电子产品—3D液晶电视机原理与故障维修技术讲座6次；变频空调原理与维修技术讲座1次；锁具修理工职业道德培训3次。

（梁生荣　胡美华）

【行业自律】 修订了15类457项维修服务收费指导价，并上报价格主管部门备案。同时，向会员单位发放价格表和《价格手册》，实行明码标价，先议后修。还在本会网站上向社会公示，以加强社会监督，促进了行业收费自律。全年未发生价格争议的投诉。组织业内专家起草了《开修锁服务规范》，共十一章四十七条，规范了该行业的服务。

（梁生荣　胡美华）

【社区维修服务】 完成了对20个参加社区维修服务会员单位的认证挂牌工作；完成了参加社区维修服务的150名家电、制冷、锁具修理工的登记备案、技术和职业道德培训、胸牌工装发放、服务规范、价格手册发放等工作；完成了社区维修服务信息中心筹建和网络建设、专线服务电话开通等“五统一”工作。上门维修服务2823次，修理物品2796件。

（梁生荣　胡美华）

【开展公益活动】 组织会员单位开展社区义务维修咨询服务民生公益活动10次，开展社区公益大讲堂活动4场，向社区居民宣传门锁安全防盗知识，2万多人受益。

（梁生荣　胡美华）

旅　游

【概　况】 2012年，丰台区旅游综合收入144亿元，同比增长13.3%，增速城六区排名第一；接待游客1592万人次，同比增长14.1%，增速全市排名第一。旅游经济指标在全市排名由第六位上升到第五位。

（孙　权）

【体制改革】 3月，按照区委区政府工作部署，以及市旅游委对旅游管理和发展方式转变的工作要求，区编办正式批复区旅游局更名为区旅游发展委员会。更名后，旅游委增加了编制及职数（增加副主任1名和行政编制1名，核定丰台区旅游发展委员会行政编制14名，处级领导职数1正3副），增设了科室，内设机构由1室2科增加到1室3科，增加了对旅游的产业促进、资源统筹、发展协调、服务监管四项职能，推动旅游业“由事业向产业、从配角向主角、从单一向统筹”的转变。

（孙　权）

【旅游规划编制】　完成了《第九届中国(北京)国际园林博览会旅游发展规划》、《宛平城文化旅游功能区总体策划与重点项目实施方案》、《青龙湖－长辛店会展旅游生态休闲区专项规划》以及《南苑村创意都市农业旅游规划》的编制工作。正在编制《河西七村旅游帮扶规划》。通过一系列旅游发展规划的编制,形成了指导性、操作性、建设性强的产业规划体系,进一步明确了区域旅游产业发展思路和目标,为加快区域旅游产业的发展奠定了基础。

(孙　权)

【旅游品牌形象塑造】　挖掘区域特色资源和产品,加强吃、住、行、游、购、娱等旅游全要素和特色旅游产品开发,策划了多项旅游节庆活动,举办了首届丰台消夏旅游节,填补了丰台区夏季旅游节庆市场活动空白;完成了2012北京"卢沟晓月"中秋文化旅游节的总体策划、组织、实施,并取得良好的经济效益和社会效益;组织了"莲花池庙会"、"北宫彩叶节"、"南宫温泉养生节"、花卉大观园艺菊展等丰富多彩和极具特色的旅游活动。

(孙　权)

【区域旅游形象塑造】　一是首次推出丰台旅游户外广告,设置4个批次20余块近4000平方米的旅游户外宣传广告,设置2500套灯杆道旗;二是制作了丰台旅游景区篇、住宿篇、地图篇和旅游光盘等旅游宣传材料,形成一整套旅游宣传推介材料;三是组织旅游企业参加旅游交易会推介活动;四是利用新媒体进行营销,与中国移动合作,在市民主页开展手机抢票活动,发送短信30余万条。旅游宣传对打造区域旅游品牌,提升区域旅游形象起到了促进作用。

(孙　权)

【规范旅游市场】　全年共出动执法检查人员600余人次,检查单位180家,出动车辆139车次,取缔"一日游"假站牌50余块,小广告3000余份,非法揽客行为3起,兜售非法游商62起。收缴非法"一日游"地图6300份,告诫散发非法"一日游"小广告人员15人次,辖区内旅游市场秩序得到进一步净化。

(孙　权)

【旅游标准化服务】　完成北京汽车博物馆和丰台花园A级景区申报工作,北京汽车博物馆已通过市旅游委的初审,下一阶段等待国家旅游局复审;丰台花园已获批复。成功推荐北京汽车博物馆创建第二批全市旅游标准化试点单位。

(孙　权)

【服务园博工作】　为迎接园博会,举办了"迎园博旅游服务质量提升年"活动,对旅游企事业单位从业人员进行了岗位培训、专业技能培训和消防安全培训,为提高园博会接待服务水平奠定了基础。

(孙　权)

世界公园

【概　况】　2012年,共接待游客100万人,实现收入5340万元,比上年增加了300万元,是近十年以来收入较好的一年。

(陈　惠)

【捋顺体制】　8月,在乡党委、政府的努力下,完成了世界公园的转制工作,成立了新的董事会,修改了组织章程,任命了世界公园新的总经理,完成了领导班子的配备,世界公园工作步入正轨。

(陈　惠)

【旅游市场开拓】　以"炫彩世界－环球民俗风"歌舞表演活动为主线,开展各项活动,在"清明"、"五一"、"端午"、"中秋"、"国庆"假期编排了新的节目;借助中俄文化旅游年活动,开展专题演出,赢得了游客。全年民俗花车巡游141次,剧场演出421场。广告投入319万元,比上年增长0.9%。

(陈　惠)

【职工业务培训】　围绕"真精品、硬4A、创效益、弘正气”的总目标，对员工进行了技能培训。

（陈　惠）

【维护职工利益】　出台了关于增设工作岗位的决定，与增设工作岗位的原短期合同工签订了无固定期合同，使劳动关系规范化、合法化。对于非居民户口员工退休后原农保待遇不能衔接问题，与区人保局协调，市劳动局已将此事列入重要日程，有待解决。出台了关于职工非因工负伤、患病医疗期满停职病休的暂行规定，并与相关人员签订了协议。组织全体职工体检。

（陈　惠）

【基础设施建设】　对部分景点进行了油饰，对破损地面、道路及大门外广场进行了改造。开展园林节水措施，杜绝跑、冒、滴、漏现象，提高了用水效率。

（陈　惠）

【安全管理】　落实安全规定，适时进行安全检查，全年未发生一起安全事故。

（陈　惠）

高新技术产业

中关村科技园区丰台园

【概　况】 2012年,丰台园有高新技术企业389家,从业人员164716人;工业总产值333.3亿元;总收入2938.5亿元;进出口总额53.9亿美元;税费总额75.4亿元;利润总额97.7亿元;资产总计6167.7亿元;专利申请1745项,授权1408项。新增注册企业420家,完成全年任务的105%;新增注册资本47.05亿元,同比增长60.58%;新引进亿元企业13家、千万元至亿元企业60家。实现开复工面积127万平方米,完成全年计划的127%。基本完成西区I拆迁任务。园博会主展馆完成主体结构施工。东区三期出让土地12.58公顷。城南行动计划实现投资54亿元。加强科技创新,共获国家级、市级科学技术奖11项,获批北京市工程技术研究中心5家、市专利试点单位17家、首批中关村国家商标战略实施示范区商标试点单位7家、第一批中关村国家自主创新示范区新技术新产品27项,24家企业获中关村国内发明/国外专利授权项目资助。举办建园20周年大会、"新空间、新产业"发布会、高峰论坛、人才交流洽谈会等各类活动,组团参加科博会、京港洽谈会等,现场签约5个重大项目。

(魏立亮)

【王安顺到丰台园调研】 4月10日,市政协主席王安顺、副主席熊大新等市政协委员来到丰台园调研。区政府、中关村管委会、园区管委会等有关领导陪同。在北京谊安医疗系统股份有限公司,王安顺一行参观公司展厅及其自建的麻醉博物馆,详细了解企业发展历程、业务范围、科技研发情况及企业文化等。

(魏立亮)

【举办专利优势联合体企业沙龙】 4月27日,由丰台区科委、丰台园管委会主办的以"打造优势企业联合体 培育专利强极企业"为主题的沙龙活动在京卫医药科技集团有限公司举办。市知识产权局、主办单位相关领导参加。园区30家专利优势联合体成员单位的知识产权工作负责人员参加了此次活动。

(魏立亮)

【丰台园参展第15届科博会】 5月23－27日,在第15届科博会期间,丰台园管委会组织丰台展区中关村丰台科技园区展台,主题为"新丰台、新园区、新总部、新产业、新空间"。展位面积120平方米,划分为整体形象、20年成就、五新3个展示区域。展台中心设置东区三期沙盘,参观者通过灯箱文字、宣传片介绍和沙盘展示以及LED大屏幕、互动投影、电子触摸屏等高科技展示手段,全面、直观地了解20年丰台园作为中国首家总部经济型科技园区，在先行先试总部经济领域、“东扩西进”空间拓展、产业化升级、完善创新体系、辐射带动周边发展等方面的发展成就以及园区概况、空间布局、投资环境、文化精神和未来规划。

（魏立亮）

【绿化美化】　5月，丰台园按照“线面结合、平立搭配、高低错落”的原则，通过“屋顶、立体、平面”三种绿化模式，对园区进行绿化美化环境提升，共新增、更新改造绿化面积5.5万平方米，包括屋顶绿化3000平方米，涉及13栋企业楼宇5家总部基地企业；垂直绿化5310平方米；水面绿化600平方米；平面绿化4.6万余平方米。园区绿化总面积23万平方米，绿化率为45.1%。

（魏立亮）

【召开建园20周年大会】　6月6日，由科技部火炬中心、中关村管委会、丰台区政府主办，丰台园管委会承办的“中关村丰台科技园区建园20周年大会”在 玛雅岛酒店召开，主题是“新丰台、新园区、新总部、新产业、新空间”。市委常委赵凤桐、副市长苟仲文以及市政府、市政协、市科协等相关领导出席。丰台园管委会主任张婕作了“回眸发展二十年、共创未来新辉煌”主题报告，回顾了丰台园过去20年取得的成就。活动为期3天，分为“成长之路”、“财富之门”、“活力之城”三大系列。活动中，张婕与国家开发银行北京市分行、中国建设银行北京市分行、交通银行北京市分行、北京银行北京管理部签署了政银战略合作协议，4家银行将在未来5年内提供共计600亿元授信额度，用于支持丰台科技园区的开发建设以及入园中小企业的发展。

（魏立亮）

【举办中国科技园区发展高峰论坛】　6月7日，在“中关村丰台科技园区建园20周年大会”上，举办了“中国科技园区发展高峰论坛”，主题是“科技创造未来”。市科委、中关村管委会、丰台区政府、丰台园管委会等相关领导出席，海淀园创业中心、雍和留创园、中资孵化器等代表500余人参加。国务院参事石定寰、国家外国专家局苏光明等5名来自国家有关部门的专家分别就丰台园的建设成就，美国硅谷、苏格兰“硅岛”以及英国、芬兰、比利时等科技大国的产业规划经验和科技园区发展轨迹，韩国、日本等地值得中国大陆借鉴的经验向到场嘉宾进行介绍。

（魏立亮）

【举行3家院士专家工作站授牌仪式】　12月26日，“中关村科技园区丰台园院士专家工作站授牌仪式”在丰台园管委会举行。市科协、丰台区政府、丰台园管委会等领导出席，园区各企业代表约80人参加。仪式上，相关领导为北京建龙重工集团有限公司、北京国铁华晨通信信息技术有限公司、北京戎鲁机械产品再制造技术有限公司3家企业院士专家工作站授牌，3家企业领导为干勇、徐滨士、何新贵3位院士颁发了聘书，3家工作站分别从海量音、视频检索技术研究、新钢铁二级螺纹钢向三级螺纹钢控轧控冷工艺研究、国外再制造关键技术研究现状及发展趋势等方面与建站院士开展相关项目合作。

（魏立亮）

【新增2家博士后创新实践基地】　年内，丰台园新增2家博士后(青年英才)创新实践基地，即北京慧峰聚能科技有限公司、阳光凯讯(北京)科技有限公司。慧峰聚能是江苏双登股份有限公司的全资子公司，主要开展锂电、太阳能电池、燃料电池、钠硫电池、智能电网控制器等新能源产品研发、经营，与中科院物理研究所联合培养青年英才1名；阳光凯讯成立于2003年，是主要经营通信系统、交换设备、服务器等高科技通信产品的非公有制企业，与北京邮电大学联合培养青年英才1名。

（魏立亮）

综合经济管理

发展改革综合管理

【概　况】 2012年,区发展和改革工作完成社会固定资产投资660.1亿元,计划完成636亿元,完成计划任务的103.7%,同比增长19.4%,增速排名列城六区首位。完成专项规划审核48个,汇编成册并印发,其中经济发展规划15个、城市建设规划13个、公共服务规划15个、乡镇规划5个。城南行动计划的78个项目全部实现开工,43项完工,三年计划投资1293亿元,实际投资1310亿元以上。纳入市级绿色审批通道项目60个,同比增加10%。区级审批项目全部按照绿色通道标准审批,受理固定资产投资行政许可项目431件,同比增长10%。争取市级建设资金19.3亿元,同比增长36.9%。被国家发改委确定为价格监督检查工作基层联系单位。

(王文征)

【区域政策制定】 年内,制定并出台《丰台区2012年价格综合调控任务分解方案》、《关于促进丰台经济发展综合政策的意见》、《加快河西地区发展的实施意见》、《丰台区"十二五"节能发展规划》、《关于整合设立丰台区经济发展专项资金的意见》5项政策。确定每年统筹安排2亿元经济发展专项资金扶持主导产业发展和项目建设。

(王文征)

【老旧小区用电改造】 年内,北京市发改委、丰台区政府和北京市电力公司共同投资14475万元用于13个老旧小区电力配套设施改造,北大地、西罗园南里、角门、富卓园085、富卓园086、小型动力机械厂6个小区改造完成,实现竣工发电,惠及居民3300余人。

(王文征)

【用能单位管理】 年内,建立"三级双控"节能目标分解制度,将万元GDP能耗下降率和能源消费总量两个指标细化分解到14个行业主管部门、21个街乡、园区管委和200家重点用能单位。开展重点用能单位能源利用状况报告报送、审核和能源管理岗位备案工作,首次公报年综合能耗在1万吨标准煤以下的重点用能单位的能源利用状况。推进区域能耗信息平台建设,拓展预警分析功能,增加企业直报数据和精细化管理示范内容,在线监测重点用能单位200家,实现重点用能单位动态监测全覆盖。

(王文征)

【经适房审价和房租价格调控】 年内,开展审核经济适用住房销售价格招标工作,中标机构完成望园东里和大瓦窑经济适用房2个项目初审工作。制定加快保障性住房建设、加强房产中介机构管理、加大房屋租赁市场检查力度、推出房屋租赁指导价、加大群租房整治力度5项措施调控房租价格。

(王文征)

【民办非学历教育管理】 年内，梳理民办非学历教育收费备案程序，增加备案有效期，取消代收性收费项目备案，调整办理程序。全年备案90家。

（王文征）

【行政服务大厅建设】 年内，政府企业服务大厅入驻单位12家，接待各类企业办事人员631467(次)，日均接待2536人(次)；受理审批申请205635件，日均受理826件；完成审批申请191143件，日均完成768件，办结率92.95%；在区工商注册新办企业(不含个体工商户)9694家，日均注册39家。引进企业12785家，其中资产在500万到1000万的企业121家、1000万到1亿的367家、1亿以上的28家。

（王文征）

【全程办事代理制】 年内，全区有具有行政审批事项单位51个、受理所74个、对外办公审批大厅面积14898平方米、从事全程办事代理工作人员974人、纳入全程办事代理审批服务事项1208项，全年受理事项971271项，办结970021项，办结率99.9%。

（王文征）

【医疗卫生服务检查】 年内，开展医疗卫生服务大检查工作，检查医院14家，行政处罚14家，罚金71万元。

（王文征）

【幼儿园专项检查】 年内，检查托幼园所100多家，制止收取捐资助学费或赞助费行为，责令已收费单位退费1579.11万元。

（王文征）

安全生产监督管理

【概　况】 2012年，区安全生产监督管理工作继续开展"安全生产年"活动，强化属地、行业和综合监管，严格执法检查，落实企业主体责任，开展安全生产"护航"及"打非治违"专项行动，推进安全生产专项整治，排查治理安全隐患。21个街乡镇全部成立安全管理机构，多个部门及街乡镇的安全生产工作获得国家级竞赛和市级评比活动表彰奖励。全区发生安全生产死亡事故68起、死亡73人，占全年死亡人数控制指标(90人)的81.1%。其中道路交通死亡事故50起，死亡53人；生产安全死亡事故9起，死亡11人；铁路交通死亡事故7起，死亡7人；火灾死亡事故2起，死亡2人；全年未发生食品安全死亡事故。与上年相比，死亡事故减少12起，下降15%；死亡人数减少11人，下降13.1%。未发生较大以上事故，未突破各项控制指标。

（崔泽宁　李　颖）

【十八大安保行动】 9月份至11月份，开展十八大安保公共安全隐患排查专项整治工作和安全生产保障专项执法行动，检查生产经营单位12603家次，发现和整改隐患20733项，下达各类执法文书4745份，停产停业整顿149家，关闭取缔29家，行政处罚222.8万元。

（李　颖）

【打非治违】 年内，查出违建房屋1232间84.1万平方米，拆除77.3万平方米，其中建成房屋823间74.8万平方米，拆除68.3万平方米，拆除率91.2%；在建房屋409间9.3万平方米，拆除9万平方米，拆除率96.8%。打击非法违法、治理纠正违章行为共8241起，组织检查组4944个，组织检查人员25606人次，受检企业30429个，责令停产、停业、停建企业318家，关闭非法违法企业471家，行政处罚974.8万元。办理相关举报投诉67件。

（李　颖）

【危险化学品监管】 年内，受理危险化学品经营许可28家，其中首次申请6家、重新申请8家、换证11家、变更单位名称2家、变更经营范围1家。现场核查甲类生产经营单位安全条件33家,出具现场检查表、现场核查意见书及现场核查照片。对非药品类易制毒化学品经营企业重新备案或变更10家,注销经营许可证6家。检查危险化学品从业单位446家次,下达现场检查记录单446份、责令整改指令书227份、强制措施决定书4份,查处隐患428个,处罚56618元,解决群众举报22起。107家危险化学品从业单位的书面三级标准化达标工作通过达标验收,并完成网上申报。组织安全管理培训2次,参训单位182家,培训240余人。

(崔　爽)

【液氨业专项整治】 年内,召开液氨从业单位安全生产专项整治工作会议,组织学习《北京市液氨储存使用安全管理导则》,要求8家液氨使用单位制定、上报自查方案并开展自查,聘请专家检查企业液氨安全管理情况,对企业存在的问题责令整改。

(崔　爽)

【非药品类易制毒化学品专项整治】 年内,丰台区存在已办理第二类、第三类《非药品类易制毒化学品经营备案证明》企业15家,经营备案证明均在有效期内。重点整治品种5个,其中经营高锰酸钾类企业9家、丙酮类12家、硫酸类13家、盐酸类13家、醋酸酐类5家。上报醋酸酐和邻氯苯基环戊酮和羟亚胺排查情况企业15家。对长期未从事非药品类易制毒化学品经营活动的2家企业,9月份备案证明期满后不予延续。

(崔　爽)

【烟花爆竹安全监管】 年内,制定《丰台区烟花爆竹行政许可安全监管工作实施方案》。154个销售网点和销售人通过审核获准销售。开展烟花爆竹安全知识培训3次,参训700人。通过信息管理平台编发提示短信28批次4900条。通过健全规章制度、采取主渠道销售模式、实行安全生产责任保险制度、音频视频监控等方式加强烟花爆竹安全监管。检查销售网点462家次,出动工作人员398人次、车辆132车次,开具现场检查记录462份,下达执法文书36份,消除安全隐患68条。群众举报7件,同比下降46%,出现场7次,回复7次。

(崔　爽)

【事故隐患排查治理】 年内,开展针对餐饮、宾馆、超市、汽车4S店等行业的安全生产事故隐患自查自报专项执法检查行动4次。安全生产事故隐患自查自报系统纳入企业696家,排查隐患35558条,发现隐患种类152项,整改率100%,上报率44.5%。接收举报272件,其中市安全监管局"12350"投诉举报中心系统平台交办194件、区政府转办68件、其他单位转办4件、电话受理6件,办结率100%。

(窦爱国　张舒静)

【职业病危害项目申报】 年内,下发《关于做好申报职业危害因素生产经营单位核查的通知》和《丰台区安全生产监督管理局关于启用新版职业病危害项目申报系统的通知》,181家企业完成申报。

(冯慧珍)

【职业卫生执法检查】 年内,检查存在职业危害的生产经营单位372家次,下达执法文书181份,行政处罚10家,罚款7.3万元。

(冯慧珍)

【宣传培训】 年内,开展安全生产宣传活动,编印《安全监管动态》刊物23期,在国家级媒体刊登稿件17篇,在市级媒体刊登稿件6篇,在市区两级网络信息平台发布信息1000余篇次。培训街乡镇安全生产检查员100余人、农村干部300余人。

(崔泽宁　韩庆泽)

【特种作业培训考核】 年内,制发《丰台区2012年开展特种作业培训考核工作方案》,召开特种作业培训考核工作会,组织特种作业考核10期,培训考核29371人,取证15668人,复审13703人。

(杨德富)

【法制建设】 年内，组织行政执法人员培训4期。向市安全监管局报送2010年9月1日至2011年8月31日结案的一般程序行政处罚案卷101卷，市局抽查4卷。全年报送案卷参评率4.8%，案卷优秀率100%，满分卷1卷。编印《安全生产法制工作简报》1期。

（杨德富）

【标准化验收】 年内，38家企业通过安全生产标准化验收，其中优秀企业24家、合格企业14家。

（刘凤英）

【安全社区建设】 年内，开展安全社区建设工作，21个街乡镇参加争创活动，西罗园街道获"全国安全社区"称号，成为丰台区第一家国家级安全社区。

（李颖 肖辉）

人力资源和社会保障工作

【概　况】 2012年，区人力资源和社会保障工作实现新增就业3.4万人，城镇失业人员就业1.8万人，城镇登记失业率1.67%，农村劳动力转移就业5262人，丰台籍高校毕业生就业3416名，培训城乡劳动力1.9万人，落实市区就业资金2.8亿元。为城乡劳动力提供就业机会5.1万个，社区就业岗位安置7998人。帮扶680人实现创业，带动就业3189人。处理劳动监察投诉举报案件2163件、集体访335件、劳动争议仲裁案件2863件、信访2882件。"63258855"咨询热线提供服务6.7万件。为7086名劳动者追回工资2078.4万元。劳动监察"两网"监控企业6.2万家，签订劳动合同50万人。集体合同覆盖企业1684家35万人。处理拖欠农民工工资案件962件。完成考试任务27项，服务考生20.3万人次。获"北京市创先争优先进基层党组织"称号。

（孙千惠）

【就业帮扶】 年内，拓宽农村劳动力、困难群体、青年群体就业渠道。输送430名村民外出就业。帮助1423名大龄人员在绿色岗位就业。支持246名农村劳动力到企业就业。安置95名特困人员在公益性岗位就业。帮扶1.2万名城乡就业困难人员实现稳定就业。支持未就业大学毕业生参加免费技能培训及创业培训，丰台籍高校毕业生就业率96%。

（孙千惠）

【职业技能培训】 年内，完善优惠政策，丰富培训内容，提高技能鉴定水平，组织4137名劳动者参加新增家庭健康保健员、营养调配员和公共场所安全疏导员等项目的职业技能培训。开展第三届职业技能大赛，1376人取得国家职业资格证书。

（孙千惠）

【基层就业平台建设】 年内，推行ISO9001廉政风险防范质量体系建设，全区15个社保所达到五星级，404名工作人员取得协理员资格证书，164个社区、52个村达到充分就业社区（村）标准。

（孙千惠）

【优化社保经办模式】 年内，推进社保经办业务"三级管理"模式，11项社保经办业务下沉到17个街乡镇社保所，惠及参保人员5.5万人；实现社保档案影像化，增设大厅"自助服务区"。

（孙千惠）

【社会保障】 年内，扩大社会保险覆盖范围，五项社会保险参保人数同比平均增长21%，保险基金收入71亿元、支出98亿元，同比分别增长29%、21%；城乡居民养老、老年保障、城镇居民基本医疗保险等保障政策惠及城乡居民24.9万人。企业退休职工基本养老金、最低工资、失业保险金、工伤职工伤残津贴及城乡居民基础养老金、福利养老金标准平均增长10%以上。完成医药费报销、自采暖补贴审核工作。组织各类退休人员休养1430人次。

(孙千惠)

【医保基金监管】 年内,申报支付医保费用32.9亿元,拒付医保不合理支出107.4万元,告知、约谈违反基本医疗保险规定的参保人员200人,追回个人违规基金15.2万元。

(孙千惠)

【人才引进与发展】 年内,为重点产业引进急需紧缺人才开辟"引进直通车",9家单位的13个岗位通过审批。新增2家创新实践基地工作站,引进博士后9名,与20家科研机构建立24个科研合作项目。引进各类高级人才103人,同比增长49%。推选2名高级专业技术人才享受"国务院特殊津贴"。办理配偶随调96人,引进本科以上非京生源321人,开展专业技术人员教育培训1.3万人次。

(孙千惠)

【公务员队伍建设】 年内,新录用公务员207名,均有基层工作经历。完善《丰台区党政机关科级领导职务竞争上岗暂行办法》,248人次通过竞争上岗走上科级领导岗位。完善公务员考核奖励机制,首次建立公务员平时考核制度。举办各类培训班19期,培训近9000人次。

(孙千惠)

【推进事业单位改革】 年内,录用事业单位工作人员600名。完成事业单位岗位设置方案的审核、归档立卷、建立台账和电子文档库工作,全区311个事业单位、1.9万人纳入岗位设置管理范围,2万余名事业单位在职人员纳入信息管理系统。

(孙千惠)

【军转安置】 年内,完善军转安置办法,拓宽安置渠道,完成军转干部接收安置任务。落实自主择业军转干部各项待遇,维护军转干部总体稳定。

(孙千惠)

统计工作

【概 况】 2012年,区统计工作实现地区生产总值922.5亿元,比上年增长9.5%;完成全社会固定资产投资660.1亿元,增长19.4%;实现社会消费品零售额826.8亿元,增长12%;城镇居民人均可支配收入34200元,增长11.5%;农村居民人均纯收入18502元,增长11.8%。完成人口抽样调查、全国组织工作满意度民意调查、党风廉政建设民意调查、国有企业反腐倡廉民意调查、街乡镇公共评议调查、公安系统执法工作社会评议调查、群众安全感调查7项专题调查任务。获全国统计系统先进集体、全国一体化住户调查先进集体、北京市政府统计系统专项调查工作综合奖、丰台区直机关创先争优先进基层党组织4个奖项,30多项工作进入全国、市、区先进行列。

(赵国红)

【统计监测评价】 年内,提出GDP目标任务分解方案,设置重点指标9项,确定负责落实指标的责任部门10个;制定并实施《丰台区地区生产总值核算指标监测方案》;开展重点单位先行监测,制定并实施《丰台区重点调查单位先行监测方案》;建立月度分析会商机制,制定《丰台区统计监测分析工作制度》,研判主要经济指标波动情况,召开月度统计分析会商会8次、季度经济形势分析会3次。

(赵国红)

【专题研究】 年内,完成《区域发展中适度人口规模和人口承载力》课题研究,编写《丰台区近十年经济社会发展基本情况》等专题分析报告。

（赵国红）

【依法统计】 年内，修订《丰台区统计局调查队数据质量全过程控制办法》和《丰台区部门统计报表制度》。开展2012年统计从业资格考试，报考1508人。检查报表单位430家。深化诚信统计建设，100余名普法骨干参加"六五"普法学习考试，编印《统计法知识问答》，发布"致统计调查单位一封信"。首次开展诚信统计单位评选活动，确定重点备选单位4家、培育单位10家。

（赵国红）

【年报和定报】 年内，建立领导分片指导协调机制、科所联动机制、监督考核机制和工作简报、例会机制4项制度。针对年报工作新变化，注重工作布置、数据采集、审核验收、数据评估及资料上报5个环节，开展CA证书下载工作。布置6833家单位开展培训73场，事前督导检查单位178家。

（赵国红）

【城乡住户调查一体化改革】 年内，成立城乡住户调查一体化改革领导小组，制定《丰台区城乡住户调查一体化改革方案》，核查街乡镇21个、小区80个，清查居民11752户，确定884户调查样本作为2013年记账户。一体化调查自12月1日开始正式实施。获得"全国一体化住户调查先进集体"荣誉称号。

（赵国红）

【人口抽样调查】 年内，开展人口抽样调查工作，调查20个街乡镇53个社区居(村)委会1.3万户居民家庭3.4万余人。建立抽样调查办公室21个、调查小组106个，选调调查员300多名，完成调查小区核实确定、小区图绘制、业务培训和清查摸底、入户登记工作，完成调查表录入、审核和汇总工作，上报数据通过市局验收。

（赵国红）

【价格调查监测】 年内，建全价格监测体系，把便民菜站、保障房项目纳入价格调查范围，调查网点和采价员数量分别提高50%和20%。启动价格调查应急机制，开展价格应急调查和党的"十八大"期间居民生活必需品价格监测。向区政府上报价格监测分析报告9篇。

（赵国红）

【统计分析和信息发布】 年内，连续6年发行丰台《区情手册》；在《丰台报》"数说丰台"栏目发布统计信息42篇；在"前线·丰台在线"手机报发表信息42篇；区委区政府采用信息51篇，比上年增加17篇；市局总队采用信息212篇，比上年增加50篇；在丰台统计信息网发布信息830条。完成调研报告33篇、统计分析274篇，区领导批示6篇。

（赵国红）

【信息化建设】 年内，建立人口数据管理系统，系统涵盖2000年以后人口普查、抽样调查的所有数据，验收丰台区人口与经济社会综合数据库项目。首次开发领导决策咨询服务系统并上线运行。为采价员配备采价器，在城乡住户调查中推行电脑、手机记账，50%以上计价员采取电子记账方式。

（赵国红）

【全程办事代理制】 年内，统计登记工作继续推行全程办事代理制，区政府企业服务大厅统计窗口接待咨询1.3万人次，受理审批事项1.2万件，即办率100%，未发生行政投诉事件。

（赵国红）

工商行政管理工作

【概　况】 2012年，区工商行政管理工作围绕"构建良好市场生态环境"的总体目标，努力探索工商社会化监管工作模式，创新准入服务体系，推进企业转型升级，推动商标品牌建设,深化市场经营管理,完善食品安全防控体系,构建消费维权快速通道,营造良好的市场秩序,为区域经济发展提供保障。

(刘　莉)

【创新准入服务体系】 年内,整合邮政 EMS 快递、入资银行、网上登记等资源,将双向寄递服务升级为全程寄递服务,做到"网上登记"、"全程寄递",实现审批人与申请人"零见面",方便申请人办理营业执照,降低登记注册成本,减少虚假出资现象。

(刘　莉)

【企业转型升级】 年内,制发《关于进一步促进丰台区经济发展方式转变加强业态调整支持产业优化升级的若干意见》,成立丰台区业态调整与产业升级联席会,通过跟踪式全程服务、开放行政许可绿色通道等举措帮助转型企业升级,完成转化登记3061户。

(刘　莉)

【综合服务平台建设】 年内,升级投资安全信息交互平台,将"投资安全信息交互平台"更名为"社会化准入管理系统",实现跨部门信息共享和联动审查、审批,降低虚假信息无序介入;依托准入网上互动、政风行风评议等网络系统平台,结合零点调查公司、问卷调查、企业走访等形式,强化对准入服务社会第三方评议;完善对重点功能区和重大项目的专项服务制度,在丰台科技园区增设登记服务窗口。

(刘　莉)

【节点式管理模式】 年内,推行"节点式"管理模式,工作内容包括:信息沟通、驻巡机制、宣传培训、风险防控、评价评估。节点包括政府职能部门及派出机构、街乡镇政府、社区和村委会、行业协会及维权组织、楼宇物业和市场及商超总部机构、规模房屋出租主体6类。通过借助节点的社会管理网络资源,网格干部从对单个主体的"点对点"管理过渡到对节点内众多主体的"点对面"管理。

(刘　莉)

【工商监管社会化】 年内,探索社会化监管工作模式,强化联动,联合社会办、民政局、农委出台并转发《关于不断发挥工商职能作用积极参与社会管理创新工作的意见》;试点先行,与右安门、太平桥街道办事处签署合作协议及实施细则,规定双方具体职责16项;理清脉络,将网格责任人"点对点"巡查监管模式转变为针对"社会第三方"的"点对条块"节点式集中巡查监管;打造基层工商社会化工作保障平台,对内强化"情报指挥、登记准入、网格监管、食品安全、公共服务、考核保障"6大体系建设,实现综合执法平台逐级联动,对外调动各职能部门执法力量,以社会化方式实现监管。

(刘　莉)

【大型批发市场驻场式管理】 年内,实行大型农副产品批发市场驻场式监管,在新发地、中央、岳各庄、京深和西南郊5家农副产品批发市场设立5个市场科驻场办公室,选派18名工商干部进驻监管,通过日常实时监控、夜间错峰执法,实现对流通领域食品安全源头监管。

(刘　莉)

【大型批发市场管理制度制定】 年内,制定《丰台区农副产品批发市场规范化精细化信息化建设操作指南》、《丰台区水产品批发市场准入经营管理规范》等制度,指导市场主办单位和商户规范经营。针对市场主办单位、预包装食品批(零)商户、散装食品批(零)商户、现场制售食品商户等6类经营主体,制定《丰台区市场食品流通许可现场核查标准》和核查表格,提升市场主体准入门槛。

(刘　莉)

【商标品牌建设】 年内,推动商标品牌建设,将"长辛店白枣"注册为北京市2007年以来唯一一件"地理标志证明商标";联合相关部门向国家商标局提交"园博会吉祥物"及卢沟桥、卢沟晓月、宛平城、永定河等历史文化公共资源的商标保护申请;与《丰台报》联合创办"品牌·丰台"专刊。对企业实行一对一专人对接、定向服务,指导企业完善商标管理制度。

（刘　莉）

【广告信用监管体系建设】 年内,完善信用机制,建立二维主体征信机制,将广告市场主体的信用信息划分为风险信用度和管理信用度两个维度,将主体的登记准入信息和相关状态类信息作为风险信用度数据,将行政执法信息、行业自律信息、12315 网络投诉举报等社会参与信息、舆论监督信息、公益广告和公益活动信息作为管理信用度数据;建立评信机制,广告主、广告经营者、广告发布者 3 个主体分别建立信用评价法则,对其风险信用度和管理信用度指标进行信用评价,综合两个维度的信用评价结果,通过二维信用合成规则得出主体的综合信用评价分值;建立用信机制,按照主体综合信用评价分值对主体进行信用分类,对信用好的主体加强行政指导,对信用差的主体加大监督管理和行政处罚力度。

（刘　莉）

【食品安全风险防控体系建设】 年内,制定食品安全监管基础工作规范,建立"高风险食品检测项目标准库",提高食品经营准入门槛。搭建供销区域合作平台,组织新发地、岳各庄、北京农产品中央、京深海 4 家批发市场和部分企业,与河北、辽宁等地签署"进京食品安全供应合作协议"66 份。召开"批发市场食品安全供应保障区域合作"推进会,由农产品中央批发市场及场内商户分别与 12 个产地地区政府、27 个基地企业签订《食品安全供应合作协议》。联合商务、疾控等 13 个职能部门执法联动,形成监管合力。制定农副产品零售市场主体准入标准,推出高风险食品追溯标签制度,在新发地、岳各庄两家农副产品批发市场建立高风险食品安全追溯平台。联合商品超市及食用油经销、废油回收企业,建立规范使用、回收和生物转化工作机制。

（刘　莉）

【构建消费维权通道】 年内,落实绿色通道"5S"服务标准和"绿通服务联系卡"工作制度,为消费者构建维权快速通道。整合海报、社区大屏幕、工商宣传角等宣传平台,在社区开展消费宣教活动。成立"丰台区消费争议多元调解委员会"、"北京市丰台区沐浴行业消费纠纷人民调解委员会"、"北京市丰台区首地大峡谷消费纠纷人民调解委员会"。完善"调诉衔接",联合法院设立工商分局巡回审判点。设立"消保维权法律服务站",开展法律志愿服务。与首都经济贸易大学城市学院合作建立"消费教育基地"、"实践教学基地"。开展公益宣传活动 254 次,消费教育 172 次,发布消费警示提示 264 条。

（刘　莉）

质量技术监督工作

【概　况】 2012 年,区质量技术监督工作新办组织机构代码证 11189 份,变更 16976 份,发证 26252 份,制卡 19436 张,年审 1105 家,废置 438 份。受理行政许可 1906 份,开工告知 1238 份,企业标准备案 214 份,食品委托加工备案 20 份。监查食品产品 6709 个、委托检验 4156 个;检验煤炭样品 54 个(其中委托 28 个、监督抽查 26 个。)产品 10919 个,出具检测报告 10919 份。完成 7 万余张纸质档案的扫描和上传工作,保存纸质档案超 3 万份。为近万家小微企业减免工本费 10 万余元。

（郑文英）

【获证企业分类监管】 年内,开展获证企业分类监管试点工作,核查获证企业 11 家。对辖区 64 家获证企业进行质量管理分类,其中 A 类 2 家、B 类 59 家、C 类 3 家,按不同类别确立不同监管方式。

(郑文英)

【机动车检测场监查】 年内,加强机动车检测场监查工作,抽查机动车检测场7家。与大兴、房山2区及燕山分局联合执法检查,检查检测场44家次,抽查检验员持证上岗380名、安检线和工况线164条、计量器具1200余件。

(郑文英)

【工业产品监督】 年内,抽查工业产品生产企业19家,抽查特种劳动防护用品、人造板、防爆电器等产品6类,抽取样品8个,对发现的问题产品,强制整改。

(郑文英)

【民生计量】 年内,开展对加油站、医院、集贸市场、商场超市、眼镜制配等行业的日常监督,同时重点抓好医疗卫生、大型农副产品批发市场的计量监督管理,推进诚信计量体系建设。开展"计量大讲堂"、"诚信计量承诺书"等活动。社区菜市场电子计价秤统配统管36家。在新发地、岳各庄、京深三家大型批发市场设置公平秤。

(郑文英)

【食品监督检查】 年内,检查食品及相关产品生产经营单位496家,抽查产品200种,合格率100%。监督乳品及含乳食品生产企业11家,抽取样品178个,进行三聚氰胺风险监测113次。抽查使用明胶生产企业1家、可能使用明胶生产企业6家,抽查样品11个。受理投诉81起,立案查处举报属实违法行为3起。联合公安、工商、卫生等部门打击违法加工食品行为。

(郑文英)

【质量安全准入】 年内,推进食品及相关产品市场准入工作,派出观察员39人次,参与对食品及相关产品生产企业换(发)证现场核查39家次。

(郑文英)

【专项执法检查】 北京市十三届人大五次会议期间,监查定点特供自产产品企业3家,抽查样品6个,合格6个,合格率100%。全国两会期间,驻厂监管食品供应企业3家,监查原辅料进货渠道、进货验收、生产过程控制、出厂检验、产品供应等环节,抽验样品52个,合格率100%。

(郑文英)

【标准化管理】 年内,与丰台科技园区形成联动机制,共同推动标准自主创新试点发展。征集27家企业参与试点。落实市级标准制修订补助和区财政标准奖励政策。7家企业参与标准制修订11项,符合北京市标准重点领域和产业发展方向的企业获得补助资金77万元;9家企业创制标准19项,涉及资源节约与环境保护、城市规划及工程建设、公共安全、高新技术和现代制造业等方面。为企业培训标准化管理人才,无偿提供标准知识。

(郑文英)

【特种设备检验检测】 年内,检测锅炉1665台、压力容器394台、电梯12272部、起重机械1450台、安全阀校验5012台,同比增长16.4%。检验项目由14项增加到26项,新增项目通过特检所检验资质核准,其中无损检测资格三项,在特种设备综合性检验检测机构中首个取得该项资质。

(郑文英)

【信息宣传】 年内,向市质监局、区政府报送信息233篇,同比增长9%;在国家级、市级杂志上发表文章15篇;内部网站每月访问量14万次以上。

(郑文英)

【企业资质审核】 年内,开展企业资质审核工作。1-10月份审核企业37家,出具资质证明37份。办理3起复杂申诉回复。

(郑文英)

【成立行政调解委员会】 年内,成立行政调解委员会,制定行政调解制度。

(郑文英)

【计量检测】 年内,检定计量器具141193台件,完成全年计划的128%。其中水表计划检定85000块,实际检定111120块,完成计划的131%;其他计量器具计划检定25000台件,实际检定30073台件,完成计划的120%。对加油机、衡器、医用计量器具实行强制检定。免收集贸市场衡器检定费。在"3.15消费者权益保护日"、"5.20世界计量日"开展人体秤、血压计免费计量检定等惠民措施。

(郑文英)

财政　税务　审计

财　政

【概　况】 2012年,区财政工作完成公共财政预算收入68.6亿元,完成67.5亿元调整预算的101.6%,比上年增加7.8亿元,增长12.8%。完成政府性基金预算收入85.3亿元,完成35.9亿元调整预算的237.5%,比上年增加83.7亿元。财政总财力254.7亿元,完成153.3亿元调整预算的166.1%,比上年增加91.6亿元,增长56.2%。区本级财力204.7亿元,其中公共财政预算收入68.6亿元、政府性基金预算收入85.3亿元、市一般转移支付28.7亿元、调入预算稳定调节基金5.5亿元、2011年结余16.6亿元。市专项转移支付50.1亿元。公共财政预算支出142.4亿元,完成89.6亿元调整预算的158.9%,比上年增加35.2亿元,增长32.8%。政府性基金预算支出76.5亿元,比上年增加42.8亿元,增长127%,完成35.9亿元调整预算的213.1%。上解支出0.2亿元。安排预算稳定调节基金0.3亿元。

(王　杰)

【融资工作】 年内,筹措资金102.1亿元,其中做好项目对接,提高项目申报质量,争取市专项转移支付资金50.1亿元;加强与金融机构沟通,建立定期会商机制,争取3.3亿银行贷款;采取委托债权投资交易方式,以北京金融资产交易所为平台,筹集资金5亿元;运用信托方式,筹集社会资金20亿元;运用委托贷款方式,筹集15亿元;盘活村集体经济组织闲置资金,筹集乡村借款6亿元;清理收回历史欠款2.7亿元。

(王　杰)

【资金统筹】 年内,统筹资金126.7亿元,支持社区公共设施建设、老旧小区改造、丽泽等重点功能区建设、郊野公园和万亩大造林建设。安排资金3.3亿元,重点支持PM2.5治理和推进老旧小区节能计量综合改造等。安排资金8.4亿元,支持中小河道治理、推进绿化美化工程和保障环境建设年活动等。

(王　杰)

【民生支出】 年内,安排民生支出82亿元。其中教育资金28.2亿元,用于改善教学软、硬件条件,支持教育均衡化发展;文化体育与传媒资金3.4亿元,保障北京国际铁人三项赛和卢沟晓月中秋文化节的举办,以及莲花池公园文化广场等基层文化设施建设;社会保障和就业资金26.2亿元,促进就业和再就业;医疗卫生资金8.5亿元,推进医疗均等化,重点支持妇幼保健院等医院发展;住房保障支出4.1亿元,加大保障性住房和廉租住房建设力度;公共安全资金10.2亿元,做好十八大安保经费保障,重点支持科技创安和消防设备升级；统筹“7·21”救灾资金0.83亿元，用于应急抢险和灾后重建工作。

（王 杰）

【预算绩效管理】 年内，完成31个项目18.5亿元财政支出绩效考评。健全“先评审、后预算”机制，送审项目190个，送审金额18.5亿元，审减资金2.8亿元，审减率15.2%。

（王 杰）

综合投资公司

【概 况】 2012年，综合投资公司资产总额151.85亿元，负债总额122.79亿元，所有者权益29.06亿元，实现利税总额1.66亿元。完成政府固定资产投资及工程建设投资19.21亿元。丽泽金融商务区B6B7部分地块挂牌上市，64.4万平方米土地实现入市交易，收回土地开发成本补偿收入24.04亿元。中央民族大学新校址总用地面积80.4公顷，用地范围内拆迁涉及集体企业31家、农民159户、面积10万平方米，该项目前期手续基本办理完成，与28家集体企业签订腾退补偿协议，腾退面积约5万平方米，完成住宅拆迁入户调查。长辛店镇北部地区居住区项目一期南区土地完成入市交易，实现政府收益7.05亿元，推进北区土地上市工作。

（许 赜）

【资本运营】 年内，完成北京益恒房地产开发有限责任公司股权划转工作，丰台区国有资产经营中心持有的益恒公司26.67%股权无偿划转至综投公司，12月19日完成工商变更，益恒公司成为综投公司全资子公司。

（许 赜）

【园博会相关建设工作】 年内，完成园博园用地范围内绿化景观、中国园林博物馆、水源净化工程3个项目前期手续；完成园区内4家保留单位回迁翻建项目结构施工；完成电力、林业、铁路等各项附属设施迁改任务14项。完成园区内各条道路建设拆迁49.12万平方米，其中京周公路新线、北宫路全线满足施工条件；射击场路下穿京广铁路段箱涵顶进完成，道路主体工程完工，具备通车条件。

（许 赜）

【回迁安置房】 年内，C9定向安置房项目一期工程于6月竣工，提供安置房源1340套，其中1006套用于丽泽金融商务区B6B7被拆迁户回迁安置，完成业主回迁997套；二期建设完成工程量的70%。项目累计实现投资15.15亿元，完成总投资额的72%。完成地铁9号线郭公庄车辆段定向安置房项目16#地块主体结构，17#地块处于地下和地上的结构施工阶段。启动园博会配套工程东河沿回迁安置房销售工作，项目总建筑面积319182.6平方米，安置房源3930套，388户安置居民签署房屋认购协议，售出回迁安置房1130套。

（许 赜）

【担保工作】 年内，北京诚信佳担保有限公司注册资本金3亿元，单笔担保上限3000万元，接受企业咨询近100户，担保企业61户，总担保金额3.26亿元，完成公司全年目标的120.6%，代偿率保持0。推出“小额基础设施建设贷款担保项目”新模式，为北京恒盛宏大道路投资有限公司基础设施建设项目融资3000万元流动资金贷款担保。北京鑫福海小额贷款有限公司发放贷款97笔，贷款总额2.1亿元。

（许 赜）

【道路建设】 年内，北京恒盛宏大道路投资有限公司承担城南行动计划项目11项，其中续建项目10个、新建项目1个；承担城南行动计划外政府投资项目9个，均为续建项目，共完成投资12.41亿元。完成道路用地范围内拆迁49.12万平米，其中京周公路新线路等3条道路拆迁全部完成。完成泥洼北路等2条道路工程建设,具备通车条件。完成杜家坎南八路、西红门路等12条道路的前期工作。

(许 赜)

国家税收

【概 况】 2012年,有开业登记户85534户,其中企业65448户、个体20086户;有各类集贸市场101个。完成税收1073775万元,同比增加95304万元,增长9.74%,其中增值税452849万元,同比增加16065万元,增长3.68%;消费税10324万元,同比增加1431万元,增长16.09%;企业所得税395722万元,同比增加28005万元,增长7.62%;利息所得税224万元,同比减少737万元,降低76.69%;车辆购置税214656万元,同比增加50540万元,增长30.80%。完成地方级收入260225万元,同比增加12579万元,增长5.08%。完成留区收入129758万元,同比增加6714万元,增长5.46%。完成改征增值税18954万元。

(张颖唯)

【征收管理】 年内,"营改增"试点工作实现"纳税人9月1日能开票,10月征期能申报"的目标,10月、11月、12月连续3个征期申报率100%。开展纳税评估,制作"房地产行业评估模型",锁定房地产行业的重点关注对象和疑点问题,对企业开展政策辅导。创新评估方式,引入第三方中介力量组成工作组,对2011年度企业汇算清缴鉴证报告及房地产、高新技术等行业纳税人的政策执行情况进行专项效应分析,发现涉税问题40余项,涉及入库税款和滞纳金超3亿元。推进对餐饮、服装、医药行业的验证式纳税评估,组织入库税款、滞纳金256万元,调减亏损835万元。做好税务稽查,开展税收专项整治,查补税款、滞纳金和罚款7164万元,同比增长125%。

(张颖唯)

【税收优惠】 年内,落实税收优惠政策,减免退税22亿元,其中高新技术企业相关税收优惠8.9亿元、增值税即征即退优惠1.8亿元、出口退税2亿元。落实小微企业结构性减税政策,减免个体工商户税收1.4亿余元。贯彻免征蔬菜流通和部分鲜活肉蛋产品流通环节增值税政策,免征增值税超2000万元。落实小微企业免征税务发票工本费政策,向11万户次小微企业发售发票313万本,免征发票工本费310万元。

(张颖唯)

【信息化建设】 年内,推行信息化办税方式,于7月1日纳税人全部实现网上申报,电子税票开票率99%,电子缴税率99%。强化服务监督,公布举报电话和信箱,畅通信访投诉渠道。在52个办税窗口安装评价器,接受评价11.4万次,满意率99%。

(张颖唯)

地方税收

【概 况】 2012年,有正常登记户109524户(含非独立核算分支机构1974户)。按经济类型划分,国有企业744户,占0.70%;集体企业1357户,占1.24%;有限责任公司8471户,占7.70%;股份有限公司320户,占0.30%;私营企业62834户,占57.37%;外资企业689户,占0.63%;个体工商户28544户,占26.06%;国家机关、事业单位和社会团体等其他类型客户6565户,占6.00%。按产业类型划分,第一产业336户,占0.31%;第二产业6353户,占5.80%;第三产业102835户,占93.89%。完成税收125.81亿元,同比增收13.84亿元,增长12.36%,其中完成地方公共财政预算收入103.04亿元,同比增收11.49亿元,增长12.55%;完成区级公共财政预算收入50.25亿元,同比增收6.69亿元,增长15.37%。清缴陈欠税费6721万元。

(赵　博)

【税政管理】 年内,加强税政管理,在各办税大厅设立"营改增"政策咨询服务窗口,印发"营改增"工作宣传手册1000套,完成11220户税源户"营改增"试点改革阶段性任务。落实税收法规和结构性减税优惠政策,减免税款3.68亿元。完成工会经费代收和残保金代征工作,代收工会经费1.07亿元,代征残保金1.32亿元。开展企业所得税税源清理和个人所得税12万元自行申报工作。开展车船税法贯彻实施和地方教育附加的征收管理工作。落实房地产宏观调控税收政策,重点加强存量房交易税收征管和土地增值税执法督查。

(赵　博)

【征收管理】 年内,发挥"两个服务"工作组作用,落实"两个减负",完善税务征收管理状况监控分析机制,提升税务征收管理质效。加强发票日常监督管理,落实普通发票换版工作,降低发票失控风险。完成2011年度税务档案资料的归档。

(赵　博)

【信息建设】 年内,完成网管系统升级改造项目前期测试工作。做好车船税系统、税收管理员2.1平台、内网桌面管理系统的上线以及各类信息系统的维护管理和技术支持。完成智能评价系统更新改造。

(赵　博)

【纳税服务】 年内,为企业提供政策支持,走访企业326户。开展主题宣传活动,编印各类税法宣传手册4万余份,受理纳税人咨询电话77647次,向纳税人发送短信通知132984条,刊登官方微博16条。开展税收政策培训,召开22家代征单位专项纳税辅导会,培训窗口工作人员98名。推进外网改版,拓展网上办税渠道,建设网上地税局。

(赵　博)

【评估稽查】 年内,组织评估4731户,评估补缴税滞罚7228万元。检查案件175件,查补税滞罚6774万元,入库税滞罚8481万元。

(赵　博)

审　计

【概　况】 2012年,区审计工作完成审计项目41个,查出违规金额888万元;提交审计工作报告91份,区委区政府批示5篇;撰写审计信息176篇,被采用129篇。农转居安置补偿资金审计获得市审计局"精益求精奖"。完成区财政局2011年度本级预算执行和其他财政收支情况等审计项目8个,突出对水务、卫生、园林绿化等重点部门、重点资金和重点项目的审计监督,审计资金量234.5亿元,涉及资金使用单位188个,查出违规金额188万元,管理不规范金额60873万元。《丰台区2011年本级预算执行和其他财政收支情况的审计工作报告》在丰台区第十五届人大常委会审议通过。

(乔春梅)

【固定资产投资审计】 年内,完成中小学校舍安全工程、老旧小区综合整治、平原地区造林工程、北天堂垃圾除臭工程、永定河生态文化新区规划展览中心工程资金管理使用情况5项投资审计,共审减846万元。推进审计结果公开,首次在网站公开“2011 年北天堂地区除臭工程”审计结果。

(乔春梅)

【经济责任审计】 年内,完成 24 位领导干部经济责任审计,查出管理不规范金额 13.7 亿元。

(乔春梅)

【专项资金审计与审计调查】 年内,完成中关村科技园区丰台园管理委员会 2011 年度财政性返还资金、区教委学前教育资金、区发改委 2011 年度管理区投资建设项目情况等 4 项专项审计或调查。

(乔春梅)

【内审监督与指导】 年内,举办内审继续教育培训班,参训 553 人次;采用“以会代培”形式,召开网络组长会;开展民营企业内审建设情况等调研;参与内审课题研究论文征集,上报论文获得市内审协会三等奖 1 篇。

(乔春梅)

金　融

中国工商银行股份有限公司北京丰台支行

【概　况】 2012年，中国工商银行股份有限公司北京丰台支行以科学发展观为统领，认真贯彻国家宏观调控政策及总分行战略部署，通过转变发展方式增强可持续发展能力，通过加强网点标准化建设加快改革创新步伐，通过开展“满意在工行”活动提升金融服务水平，通过改进风险和内部控制保障稳健经营，通过加强党建和队伍建设推动基层组织创争发展，各项工作保持平稳健康发展。

（时　奕）

【优化人力资源配置】 年内，加快人员结构调整转型，通过科学考核、完善储备、轮岗实践等形式提高管理人员的经营管理能力；以服务模式改革为突破口，通过有序转岗、公开竞聘、多岗位锻炼、借助外援等措施，完善人员补充模式，打造优质大堂服务团队；通过提高各类人员培训效果，深化技能转型，提升员工综合素质，强化支行人才库储备。完善“内涵式”人力资源配置机制，抓好人力资源培养、引入、配置3个重要环节，提升区域人力资源配置效率和竞争软实力。

（时　奕）

【风险管控】 年内，完善风险体系建设，以信用风险和操作风险为核心，全面加强风险管理。完善信贷监督管理，突出抓好重点进入领域的贷款风险，不良贷款余额和占比连续实现“双下降”；加大运行监管力度，强化事中审核、事中控制，切实防控操作风险；提高内控案防工作预见性，集中监测分析和检查监督，夯实内控案防基础；提升安保管理，提高“人”的案防水平，发挥“物”的预警作用，增强制度的适应性，创平安护发展。

（时　奕）

【提升服务满意度】 年内，以“服务满意度提升”为主线，开展服务规范化、标准化工作，创新服务管理，实施服务规范度和满意度提升方案，推进客户投诉、排队时长管理，开展打造“金牌服务网点”专项培训。迁建网点1家，新建自助银行2家，新装自助机具40余台。

（时　奕）

【服务区域发展】 年内，为科技园总部基地、丽泽商务区及辖区内各类企事业单位提供资金贷款支持；提高服务政府质效，保证财政资金汇划；以小微企业和三农、特殊群体客户关爱等金融服务为重点，开展“普及金融知识万里行”宣讲活动；完善大学生实习基地建设，完成辖区内千余名高校大学生职业化实践学习。

（时　奕）

中国银行股份有限公司北京丰台支行

【概 况】 2012年,中国银行股份有限公司实现考核利润6.6亿元,人均创利140.43万元;实现各项中间业务收入2.95亿元;各项本外币存款日均余额383.75亿元;贷款99.19亿元,多项主要指标均超额完成。3家网点被评为分行服务示范网点,1家网点入围中国银行业服务示范千佳网点。向"7·21"房山受灾地区捐款10万元,向救援部队捐赠慰问品折合人民币15万元。

(王盈盈)

【产品创新】 年内,与北京市工商行政管理局丰台分局共同研发全程寄递验资系统,6月份试运行,使用该系统开立验资/增资账户超过100户。创新"汽车租赁贷"业务,开展专业市场业务,营销西南郊冷库,发展"仓单质押"业务,推动消贷市场拓展和个贷结构调整。

(王盈盈)

【行政事业客户】 年内,有行政事业客户220户,其中新增93户,增幅73%;新增亿元以上客户3户、千万元以上客户5户。行政事业客户日均存款余额30.7亿元,较年初新增7.66亿元,完成全年任务的118%。

(王盈盈)

中国农业银行股份有限公司北京丰台支行

【概 况】 2012年,中国农业银行股份有限公司北京丰台支行实现大口径存款余额271.4亿元,较年初增加65.03亿元,其中对公存款较年初增加27.21亿元、储蓄存款较年初增加35.09亿元。各项贷款余额136亿元,较年初增加18.63亿元。实现考核利润6.3亿元,同比增幅19%;实现中间业务收入1.23亿元,同比增幅14%。

(夏星昂)

【金融服务】 年内,支持辖区重点工程项目建设,为丽泽金融商务区、总部基地、各类企事业单位及政府拆迁工作提供资金贷款支持,为西局村、周庄子村旧村改造项目发放项目融资贷款4.2亿元。支持城乡经济发展,向网点周边农贸、批发市场商户推广智付通、信用卡、电子银行、个人理财等金融产品,并提供金融服务。履行社会责任,开展金融服务进社区、进企业、进市场、进学校等"六进"活动,参与2012丰台区金融安全知识专项普法宣传活动,为百姓提供金融安全知识、产品咨询等服务。

(夏星昂)

【业务营销】 年内,强化网点联动营销,抓源头拓展,实现净增对公人民币结算账户位列分行第一,现管系统上线、代发工资、POS商户等指标均超额完成全年任务;拓宽合作渠道,通过资产负债与中间业务组合营销、本外币业务联动营销、公司与个人业务交叉营销提高重点客户综合回报率,国际结算量、投行业务收入均实现突破,中间业务收入同比增加1472万元;加强公私联动,开展对公、个人产品交叉营销,通过开展金融知识宣讲、理财沙龙、贵宾客户答谢会等活动加强银企合作,巩固客户关系。

(夏星昂)

【网点转型和改造】 年内,通过业务流程再造、交易渠道分流、网点服务及营销技能提升导入、营销队伍建设等措施完善网点转型工作,21家对外营业网点中有16家完成网点转型和改造。新增自助设备29台。

(夏星昂)

中国建设银行股份有限公司北京丰台支行

【概　况】 2012年,建行丰台支行全口径存款余额303.8亿元,比年初新增46亿元。全口径贷款余额303.8亿元,比年初新增103.3亿元,其中企业贷款292.67亿元,比年初新增103.65亿元。中间业务收入1.18亿元。实现利润6.96亿元,向地方纳税10116万元。在分行竞赛活动中获“明星支行”称号,支行营业部在旺季营销中获“独占鳌头奖”,在分行保险PK赛中获“冠压群雄奖”,获得中间业务收入及代理保险额“双胜奖”。

（韩京瑾）

【财政服务】 年内,组建财政业务团队及营业部财政业务柜组,为区政府、区财政各委办局及预算单位提供金融服务。支持丰台科技园区西区的开发建设,设计开发园区建设信托计划基金10亿元,发放贷款13.5亿元。为预算单位开立零余额账户201个,通过零余额账户下设实拨资金,由建行提供金融服务的预算单位101个。非税系统在整个区域上线,各营业网点均能提供非税收缴服务。继续承办财政统发、直接支付、授权支付、非税收缴4项主要财政业务,试开展财政公务卡、实拨资金监管、公租房补贴代发、存量房交易资金监管4项业务。

（韩京瑾）

【支持园区民营企业】 年内,开创园区、银行、企业合作新模式,帮助丰台科技园区的民营企业制定金融方案并跟踪推进,为17家企业开展评级工作,为11家企业打造授信方案,为6家企业授信放款。

（韩京瑾）

【支持中小企业】 年内,通过街道办事处搭建中小企业服务平台,将融资服务延伸到国润大厦、金隅大成大厦、冠京大厦等驻区中小企业,为7家企业开展善融贷业务。

（韩京瑾）

【服务企业客户】 年内,为新入驻科技园区、丽泽金融商务区及区内其他新注册工商企业提供验资、入资、增资等服务;9月,被列为主办工商登记网上注册入资资金专户的银行,柜台验资和网络验资2种验资方式同时开展,全年为144户入资企业办理验资业务,总验资额8亿多元。为新开企业客户提供网银、结算卡、回单柜、短信通等结算产品,引导企业使用电子途径结算。

（韩京瑾）

【服务个人客户】 年内,通过E动终端签约,在“进千家社区、拓百万客户”活动期间,各网点深入社区、学校开展个人业务营销服务工作,个人金融资产新增40.51亿元。

（韩京瑾）

北京农商银行丰台支行

【概　况】 2012年,北京农商银行丰台支行实现全口径存款255亿元、贷款113亿元,创新推出“兴市惠农”商户融资产品、“农民回迁安置房”贷款产品、“保障性住房”贷款产品等多项金融产品。获“丰台区城乡结合部重点村城市化建设先进单位”、“北京农商银行银团贷款先进单位”、“北京农商银行新农村贷款业务单项成果奖”等奖项;被北京市总工会、北京市科学技术委员会联合授予“城乡一体化金融服务创新孔贵真工作室”;行长孔贵真被丰台区授予“城乡结合部重点村城市化建设先进个人”。

（朱　婷）

【支持城乡一体化建设】 年内,与国家开发银行北京分行组成100亿元银团支持重点村槐房、新宫拆迁工作,从立项开始全程跟进,帮助设计方案。向村民宣传金融理财知识,开展理财沙龙23场,2000余人参加。

(朱 婷)

【支持乡村集体企业发展】 年内,为南苑乡果园村企业鑫福海集团新增授信4.2亿元;为花乡榆树庄村企业榆构公司新增授信2亿元;为白盆窑新农村建设放款5.6亿元;为新发地村新增授信7.6亿元;为羊坊村办理委托贷款1.8亿元。

(朱 婷)

【支持市场中小商户发展】 年内,开展"春天行动—走进批发市场"商户金融创新活动,推出市场管理方提供担保的融资模式,完成新发地批发市场3笔小微商户贷款。协助总行研发推出"兴市惠农"商户贷款。协助总行设计推出"金凤凰掌上交易宝"结算产品,并为新发地市场推出联名"一卡通"。

(朱 婷)

【网点建设】 年内,完成12家网点二次转型。完成网点营业厅环境升级改造,增加多媒体机、展示柜、IPAD产品介绍工具等。选聘大堂经理28名、个人客户经理23名,开展训练营12期。

(朱 婷)

【个人客户精细化管理】 年内,提高个人客户精细化管理,借助PCRM系统进行客户分层服务;为高端客户提供"一揽子"专属金融服务设计。

(朱 婷)

【风险控制】 年内,召开例会12期,审议议题35项,编发风险月刊6期;上收不动户集中审核权限,审核不动户转正常54户,不动户销户294户,上收不动户账户资料4856户;发放银行机构代码证9357户;开展各类专项检查,检查企业网银真实性9790户、开卡资料28083份、ATM各类登记簿180本、大额取现652笔,开展飞行检查15次,盘点柜员现金尾箱383个;盘点柜员重空尾箱435个、会计印章1078枚,检查柜员卡779张、内部账户23户,核对柜员信息246人。非营业时间开展会计夜查22次,检查网点81家;组织会计运营、安全保卫夜查及自助柜员机专项夜查,夜查机构40家。

(朱 婷)

城乡建设和管理

规划管理

【概　况】 2012年,组织完成《丰台区城乡规划资源整合与空间引导研究》、《丰台区市政专项规划》、《丰台区综合交通规划》等全区整体性规划研究工作;开展丰台永定河生态文化新区规划国际方案征集及南中轴地区规划成果整合等工作,完成《丰台永定河生态文化新区规划方案综合》、《宛平城晓月岛城市设计及景观规划》、《南中轴地下空间及站点一体化研究》、《丽泽金融商务区城市设计导则》及相关专项规划、《丰台科技园园区东区三期城市设计导则》、《丰台区市政基础设施实施建设规划》、《丰台区综合交通规划修编》、《长辛店镇规划整合研究》、《丰台火车站一体化概念方案研究》、《方庄公共服务设施完善研究》等重点功能区及相关专项规划研究工作。

（李西章）

【推进城乡一体化相关工作】 年内,完成8个重点村第二轮规划实施方案优化调整工作。西局村、夏家胡同管委会、久敬庄村(渔场大院排房地区)、槐房村(小龙河以北地区)、后泥洼村、小瓦窑吴家村、白盆窑村的方案已经获市政府批复;组织开展8个重点村上市用地分宗方案研究工作,完成夏家胡同、西局村分宗方案;核发8个村全部回迁房地块的规划条件,核准地上建筑规模约364万平方米;完成8个村全部用地的钉桩通知单核发工作,涉及总用地面积约1597公顷;协调市规划委开展各重点村产业项目规划研究工作,核发槐房村绿隔产业项目规划意见函复,涉及建设用地约2.8公顷,地上建筑面积约3.4万平方米。

（李西章）

【绿隔地区一村一策规划研究】 年内,完成岳各庄村、万泉寺村、看丹村、榆树庄村一村一策规划的编制及上报工作,其中岳各庄村、万泉寺村已获市政府批复;核发草桥村、六里桥村、张仪村、羊坊村等农民回迁房的规划条件,共涉及建设用地约16.3公顷,可建回迁房及配套约43.3万平方米;核发小屯村、高立庄村绿隔产业项目的规划条件,涉及建设用地约7公顷,地上建筑面积约18万平方米;协调推动卢沟桥村、郑常庄村、卢沟桥农场、和义农场等绿色产业项目的规划研究工作,其中卢沟桥农场、和义农场项目已获市规划委批复。

（李西章）

【公共服务设施规划研究和审批】 年内,开展市区政务中心、区文化中心、区检察院、方庄和南苑法庭、区残疾人职业康复中心、公安分局看守所、蜂窝煤配运中心、南苑基督教堂和清真寺、北京十二中东高地分校等10余项公共服务设施项目的规划研究工作;核发北京十中东校区、培智中心学校、长辛店铁路中学、玉安园幼儿园等6项教育设施的规划条件,总用地面积约12.2公顷,地上建筑规模约8.1万平方米。完成《丽泽金融商务区北区控制性详细规划》的编制工作并或批复约950万平方米,核发F02、F03、F05、D19地块上市规划条件,面积约6.25公顷,地上建筑面积约47万平方米;核发丰台科技园区西一区规划条件约275公顷,建设用地约98公顷。核发昌宁机电大厦加建、中铁快运科研楼加层等项目规划条件约3.3公顷,增加地上建筑面积约7.2万平方米;核发园博会主展馆及永定河水源净化工程的规划条件和钉桩约38.2公顷,地上建筑规模约4万平方米;核发园博会配套长辛店东河沿回迁房项目的规划条件和钉桩约12.9公顷,地上建筑面积约31万平方米;核发种子大会场馆区土地上市的规划条件约29.6公顷,地上建筑面积约42万平方米;核发青龙湖体育休闲公园项目规划条件约107公顷,建筑规模约1.5万平方米。

(李西章)

【保障房规划服务】 年内,会同区国土分局,通过对国有土地资源梳理,建立区保障房项目选址数据库;协调市规划委、市规划院,开展王佐双限房、中央批发市场公租房、丽泽安置房小屯地块、菜户营地块、丽泽A02地块等多个保障房项目的规划调整工作,其中王佐双限房、丽泽A02地块规划指标已确定;核发各类保障房项目的规划条件、选址意见书共10项,总用地规模约205公顷,总建筑面积约129万平方米,其中经适房6项,棚户区改造3项,农民回迁房29项,旧城保护安置房3项,其他保障房13项。

(李西章)

【办理建筑工程类规划许可】 年内,核发建筑工程类规划许可140件,其中《选址意见书》4件,用地规模约41.66公顷;《建设用地规划许可证》29件,用地规模约369.14公顷;《建设工程规划许可证》96件,建筑规模约510.42万平方米;《乡村建设规划许可证》1件,建设规模约26.05万平方米;《临时乡村建设规划许可证》10件,建设规模约80.95万平方米。

(李西章)

【办理市政工程类规划许可】 年内,核发市政工程类规划许可187件,其中《选址意见书》2件,用地规模约34.64公顷;《建设用地规划许可证》13件,用地规模约63.4公顷;《建设工程规划许可证》172件,各类管线、道路长度约14.16万延米。

(李西章)

【建筑物、道路名称命名】 年内,办理建筑物、道路名称命名许可21件。建筑物名称:千禧购物中心、东海仪园 、福海棠华苑、诺德大厦 、邮电出版大厦、晓月家园、顶秀金瑞家园、顶秀金石家园、顶秀金颐家园、丰泽家园、郭公庄幸福家园、长兴大厦、阳光星苑、蓝沁家园。道路名称:高立庄路、高立庄北路、田各庄路、六圈中路 、成安路、益成街、横道沟街、瑞成街 、嘉则路、西红门南一街、西红门南二街 、丰葆东路、郭公庄北街、安康路、安康东路、长玉街。

(李西章)

【查处违法建设】 年内,全区共确认新生违法建设577处(15万平方米),拆除违法建设543处(12.4万平方米),未拆除34处(2.5万平方米),与去年同期相比下降18.4%,基本实现新生违法建设“零增长”。拆除既有违法建设520处(65.6万平方米)。

(李西章)

城乡建设

【概　况】 2012年,全区累计开复工工程

494项,其中房建工程428项、建筑面积1879.5万平方米;新开工411万平方米,其中住宅258万平方米、公建153万平方米;竣工179项、建筑面积378.4万平方米,其中住宅198.1万平方米、公建180.3万平方米。全年实现建筑业、房地产业收入20.20亿元,占全区财政收入的31.76%、同比增长10.9%。年内,区住房城乡建设委重点实施22项交通基础设施项目,本区建设里程84千米。城南计划9条主干路施工进展顺利,科技园区、丽泽金融商务区、种子大会周边道路前期工作不断加快;轨道交通网络在实现"六纵"基础上,加快"三横"建设,7号线工程收尾、10号线二期开始运行、14号线全线开工,全区地铁线路通车7条,47.14千米。年内,启动地铁10号线二期项目、地铁14号线项目、南苑棚户区改造三期等3个项目的国有土地上房屋征收与补偿工作;发放北京地铁14号线、京石铁路客运专线、北京市政务中心等3个项目的集体土地房屋拆迁许可证;完成顶秀新园、太平桥中街、金泰彤翔商厦2号楼(木樨园购物广场)等6个滞留项目清理工作、建筑面积约3万平方米,涉及被拆迁户398户。

(郑 岚 岳 珊)

【棚户区改造】 年内,完成东铁匠营地区及榴乡路两侧改造方案拟定,探索通过一村一策、土地一级开发等多种模式实施改造,并与市相关部门沟通,争取将其列入全市改造计划。南苑棚户区安置房实现开工65万平方米、竣工20万平方米,3009户居民迁入;三期征收拆迁全面启动。长辛店棚户区28万平方米安置房开工建设。

(鲁飞雄)

【保障性住房建设】 年内,完善保障性住房房源供应体系,实现保障性房开工18254套、1663516平方米,完成全年开工任务的107%;实现竣工11106套、837710平方米,完成全年竣工任务的111%。

(孙 旭)

【安全质量监管】 年内,累计出动4232人次,检查工地1374个,提出安全质量隐患5967条;发出督查督办单17份,其中落实整改16份、整改回复率94%。向存在重大安全隐患的工地下发责令改正通知单101份,向存在严重安全、质量隐患的工地下发局部停工整改通知单4份,并约谈相关监理负责人;全年实施行政处罚80起、罚款97.6万元,其中立案处罚27起、92.3万元,简易处罚53起、5.3万元。

(雷海正)

【抢险救灾服务】 年内,在"6.25"地铁10号线角门东站抢险救援工作中,备齐抢险物资、组织抢险队伍,全力配合现场抢险救援。在7·21特大暴雨过程中,对深基坑等重大危险源进行实时监控,对存在的安全隐患现场指挥,及时消除拓普科技园、大红门回迁房等工地险情;在"7·21"抢险救灾工作中,配合市住房城乡建设委完成京港澳高速17.5千米处围堰修筑工程,确保道路及时、安全、双向通车;用8天时间为王佐、长辛店受灾农民建成6处1145间过渡安置房和外围市政工程,周转房提前半月达到入住条件。

(郑 岚)

【招标投标管理】 年内,受理工程招标投标142项,其中公开招标108项、邀请招标18项、直接发包16项;在所办理的招标投标工程中,房屋建筑工程127项、建筑面积265.41万平米、合同价款82.05亿元,市政工程15项、里程1.14万米、合同价款1.82亿元。

(付 强)

【施工许可审批】 年内,核发施工许可证177项,其中房建工程107项、建筑面积411万平方米,含住宅258万平方米、公建153万平方米。

(李 钰)

【建筑企业资质及劳务用工管理】 年内,通过审批新设立建筑企业资质89家,升级企业资质21家,增项企业资质32家,资质变更业务251家;办理建造师初始注册909人,建造师变更258人,建造师注销77人;完成《安全生产考核合格证》续期1986人。检查劳务企业296个、涉及工人4.3万余人次,重点抽查企业劳务用工管理情况、劳务管理规定执行情况,排查工程款及劳务费结算纠纷隐患;全年发现并监督整改问题近1000个,约谈各类建筑施工企业220家,处理因工程款结算纠纷、农民工讨薪引起的突发群体性事件75起。

(张 晨 闻 松)

【建筑节能与建材备案】 年内,累计完成20个小区112万平方米节能改造住宅,完成新建、改建建筑节能设计备案220项、建筑规模245.8万平米,节能专项验收备案130项、建筑规模248.8万平米;完成建材产品供应备案47项、建材采购备案780项。

(齐根彦)

【房地产市场管理】 年内,审核7个住宅小区项目建设方案、建筑面积158.21万平方米,涉及社区卫生服务站、社区居委会等公共服务设施11.26万平方米;全年完成139家开发企业资质审核工作。接收大成郡、郭庄子定向安置房等9个小区的教育、医疗等公共服务配套设施18处、3.27万平方米。

(高欣欣)

市政市容

【概 况】 2012年,市政市容委承担区委、区政府11项实事工程、14项折子工程、4项城南行动计划和市区其它重点工作项目共计40多个。年内,以"环境惠民生,环境塑形象,环境促发展"为主题,以开展美化环境活动、垃圾减分活动、绿色出行活动为抓手,开展环境建设年活动。启动开展迎接党的"十八大"城乡环境建设"百日集中行动",组织了"环境秩序综合整治"、"绿化美化植树造林"、"干净美化迎接五一"和环境优美居住小区街巷胡同评选等活动,举办"丰台区城乡环境建设志愿者服务活动启动仪式",为争创"首都文明区"、举办园博会和种子大会提供环境保障。在年度首都城市环境建设综合考评中,取得城六区第二名的成绩,在全市市容环境卫生综合考评中取得城六区第三名。全区城市容貌指数、交通拥堵指数、新建居住区停车位三项指标均超过"挑战值",市容环境干净指数、生活垃圾资源化率指标均达到了目标值。区道口办被市道口办评为全市交通行业道口管理工作先进集体。年内,共收到感谢信2封,锦旗11面。在区政府大厅窗口受理各类申请事项2.6万件,办结率达100%。

(夏全书)

【环境整治】 年内,对西局小区、精图工地、丽泽桥西北侧地块等区域进行围挡墙建设,共建仿古围挡墙约1150延米,绿化整治总面积约37670平方米,清理腾退绿化用地面积约3000平方米。完成园博会周边京石路等8条道路及杜家坎环岛、东河沿村环境整治规划设计,完成了8处砂石场、2处渣土坑的清理平整,继续推进看丹桥北侧等6处城市边角地综合整治工作;继续做好老旧小区整治,完成北大街南里、翠林二里小区节能改造;对20条街巷胡同进行了整治,共整修道路11080.1平方米、建筑立面19584.3平方米,改造各类管线534.1米,检查井34座,雨水泄水口4座,清理各类杂物409.5立方米,绿化补建125平方米。对三环路沿线和京广铁路沿线等重点路段、刘家窑桥等重要交通节点、西客站南广场重点区域实施环境整治,京广铁路、京石客专沿线环境综合整治和地铁九号线周边环境整治工作均已竣工。

(夏全书)

【环境卫生管理】 年内,加大张贴小广告治理工作，协调区城管大队加大对非法张贴、制售、喷涂小广告的行为、人员及窝点进行重点打击和清理，雇佣24名保安在三环路六里桥北里、刘家窑桥、大红门桥、电力医院等6个重点区域进行巡查盯守，小广告乱贴乱画得到有效治理。圆满完成小卫星拍摄9个非法垃圾场整治任务，共清运生活垃圾180余车次3600立方米，拉运覆土430车次8600立方米，投入人力520人次，机械187台次，共转运、平整覆土、绿化面积58678平方米。

（夏全书）

【环卫设施管理】 年内，完成13座公厕改造和6座公厕新建任务；完成推广纯电动环卫车辆应用，配置2吨自卸垃圾车、电动道路吸扫车、8吨垃圾收集车175辆。完成20个小区实施垃圾分类系统建设任务，共配备户用垃圾分类收集容器2万余只，发放57万只户用垃圾袋，新建垃圾分类桶站365组，配备240L分类收集容器380余组，配备分类运输电动车40余辆，安装厨余垃圾就地处理设备6台。对30座垃圾中转站进行了升级改造，黄土岗粪便处理站技改项目完工并投入使用，完成了北运河水系3处非正规填埋场的勘察和设计工作。

（夏全书）

【生活垃圾资源化处理】 年内，完成生活垃圾循环经济园渗沥液厂的建成并投入使用，完成了湿解处理厂的立项审批上报，完成建筑垃圾资源化处理场的项代可研编制，对筛分厂进行了除尘除臭工艺改造和北天堂一区非正规垃圾治理，残渣填埋场正式运营，北天堂地区除臭工程全部完成。

（夏全书）

【景观设施管理】 年内，启动三环路、开阳路及北京南站匝道夜景照明亮化建设工作，完成北京南站匝道及三环路、开阳路13座人行过街天桥亮化工作，拆除各类违规户外广告1300余块，拆除违规的牌匾标识130余块，整治规范牌匾近200块。更新和粉刷四环路、大成路的公共电话亭20组30余个，清理信息亭13个。

（夏全书）

【道路设施管理】 年内，完成高立庄南路等40条道路的大修改造任务和城乡结合部地区10万平方米的街坊路硬化工程，开展区属道路“春养”“汛养”行动，对761处道路进行了养护，共施工6.9万平方米。审批占掘路50件，应急抢险20件，查处私掘道路30起，现场勘察掘路工程75处，恢复掘路82处，恢复面积4.2万平方米。共协调处理道路塌陷和架空线杆倒塌等各类道路应急抢险175次，修复7·21特大自然灾害损毁市政道路5条、农村及城乡结合部地区街坊路8条，修复总面积37764.87平方米。对水毁工程铺筑沥青混凝土3.7万平方米，铺设路面砖0.07万平方米。对代办工程铺筑沥青混凝土0.63万平方米，铺设路面砖0.05万平方米。对疏浚工程共清掏井1584座，清掏雨箅2041个，疏通管线10.7万米，清淤泥250.6吨。全年共接到各类举报和任务3100件，补装更换井盖372套/块、雨箅440套/块、整修井250座、整修雨水泄水口87座。对30座桥梁分别进行了常规检测和静载测验，完成了鹅凤营桥、樊家村桥和电石厂桥3座D级桥梁大修加固工作。为20条历史遗留无路灯的道路安装了路灯。完成广莲路等10条道路的架空线入地工作。

（夏全书）

【交通综合管理】 年内，深挖停车资源，新增停车泊位11579个。对全区10个铁路道口供电系统进行改造，全部接入供电公司正式电源，屋内实现分路控制，提高报警系统、闸门关闭系统安全系数。投资1054万元，完善云岗路等20处主要路口、路段的交通设施。完成了云岗路过街设施改造、横一条北口改造和六里桥北里公交站台延长、芳群路增设非机动车道等20处常规疏堵工程。安排专项资金3700万元，完成了万源北路拓宽工程丰台段拆迁任务。投资5.4亿元,实施看丹路东段等10条道的路微循环建设;完成方庄、东铁匠营、丰台科技园区3个地区公共自行车站点选址和方案设计工作。

(夏全书)

【控违拆违】 年内,拆除违法建设1063处78万平方米,确认新生违法建设577处15万平方米,拆除543处12.4万平方米,未拆除34处2.5万平方米,11个街乡镇对新生违法建设实现"零增长"。

(夏全书)

【公用事业】 年内,完成150户9700平方米老旧楼房供热安全改造,老旧小区供热管网改造工程全面竣工,共改造供热管网设施16处,更新、大修管线等供热设施281363米,涉及供热面积269.3万平方米,惠及住户31934户。积极推进20蒸吨以上及分散燃煤锅炉清洁能源改造;配合市京能集团,完成草桥热电厂二期的扩建。配合市有关部门推进陕京三线燃气工程和西六环燃气建设工程在王佐镇的建设,交付建设单位使用10.6公里拆迁地段。

(夏全书)

【爱国卫生】 年内,开展病媒生物防控工作,对公共场所开展禁烟控烟检查和宣传,开展健康科普专家团巡讲活动,共有7个社区和2个行政村通过北京市健康社区、健康促进示范村创建工作。开展爱国卫生综合检查,组织"丰台区第24个爱国卫生月活动",组织11次不同主题的"城市清洁日"活动,约50万人次参与活动。

(夏全书)

【渣土管理】 年内,开展建筑垃圾运输"百日专项整治"行动,共规范运输车810辆;开展建筑垃圾综合管理,全年检查工地998个次,向执法单位移交案件15件,绿工办联合召开现场工作会24次,会同职能部门和属地联合检查工地136次,联合督办工地86个次,限改工地410个次。共办理建筑垃圾行政许可渣土消纳证213个,占288个工地的74%,办理运输车辆准运证1621件,许可消纳场所1件,规范运输车辆1511辆。

(夏全书)

水　务

【概　况】 2012年,完成河西再生水厂及配套管线工程年度建设任务,完成蟒牛河、小哑叭河园博园段综合治理工程,完成长兴路、梅市口路、大灰厂东路随路上水、中水和下水管线铺设工程。完成大兴灌渠截污工程,对大兴灌渠五环路两侧进行截污,新建检查井97座,铺设管道近3千米。完成10处雨洪利用工程和1600亩节水灌溉工程。完成丰草河、小龙河、葆李沟等11条河道的清淤疏浚工程,清淤9.7万方。完成太平桥东局26号院应急排水管线工程,完成首钢建材化工厂、大井平房区供水改造工程和双拥大厦的自来水并网工程,完成郭公庄水厂、南干渠南水北调市内配套工程拆迁工作

(张　洁)

【完成永定河绿色生态发展带丰台段建设】 年内,完成园博湖、园博园水源净化工程建设。工程占地面积246公顷,其中水面面积90公顷,绿化面积146.92公顷,防洪固坡及配套基础设施面积9.08公顷。11月11日开始启动永定河园博湖水毁修复和景观提升工程,水面提升3米,水面拓宽,面积增加25万平方米,库容400万立方米。

(张　洁)

【防汛工作】 年内,在"7·21"特大暴雨中,抢救转移京港澳高速和长辛店北关地区受灾群众300多名,受理各类防汛问题600多件。为王佐镇和长辛店镇应急供水510台次,供

应桶装水60700桶。

（张 洁）

【供水安全】 年内,供水工作全年累计处理各类供水事件77件。其中供水信件40件,热线电话37件,办结率为100%。现场应急处置7次,启动应急供水1200余台次。办理完成市、区人大、政协提案共7件。其中市政协委员提案1件,区人大代表提案4件,区政协委员提案2件。办结率为100%。完成全区夏季供水高峰来临之前村镇安全供水检查工作。

（张 洁）

【节水管理和节水创建活动成效显著】 年内,发放各类节水宣传品25000多件,发出超计划用水预警2085户次,收取超计划用水金额16万元。完成全区4000套节水器具换装和112家节水型单位,16个节水型社区、8个节水型村庄的创建。完成10处雨洪利用工程和1600亩节水灌溉工程。

（张 洁）

【水政执法工作取得实效】 年内,开展水政执法检查800多人次,处理举报案件65件,办结率100%;检查用水单位400余家,督促整改存在用水问题的单位153家,发出书面整改文书83份,处罚23家,开出罚单73万元,确认收缴22万元,申请法院强制执行2件,追缴水资源费260余万元。

（张 洁）

【仇保兴到园博湖调研】 10月19日上午,国家住房和城乡建设部副部长仇保兴一行到园博湖调研。市政府副秘书长安钢、市相关部门及区领导冀岩一同调研。副区长张建国等领导参加调研活动并随行汇报园博湖的建设情况。

（张 洁）

【郭金龙调研园博湖工程建设情况】 10月13日,市委书记郭金龙到园博湖工程建设工地调研,市委副书记、代市长王安顺一同调研。市领导赵凤桐、陈刚、苟仲文,市政府秘书长孙康林、以及区领导李超钢、冀岩等陪同调研。

（张 洁）

【郭金龙视察丰台河道疏浚整治工作】 8月4日上午,市委书记郭金龙一行到丰台区现场调研河道疏浚整治及水系规划建设情况。市委副书记、代市长、市政协主席王安顺,市委副书记吉林,市委常委、常务副市长李士祥,市委常委、统战部部长牛有成,市委常委、市委秘书长赵凤桐,副市长夏占义,市政府秘书长孙康林等一同调研。区委书记李超钢,区委副书记、区长冀岩等陪同调研。

（张 洁）

供 电

【概 况】 丰台供电公司是北京市电力公司直属供电企业,主要负责丰台区305.87平方公里的电力供应、销售和输电、变电、配电设备的建设、运行及维护工作,同时承担着为丰台地区经济建设、居民生产生活安全供电、保证首都和丰台区政治供电任务。2012年,管辖110千伏变电站24座;35千伏变电站1座;10千伏开关站125座;10千伏小区配电站674座,箱式变压器450座;10千伏架空线路179条,总长度1310.046公里;10千伏电缆线路5699条,总长度2301.82公里;最大负荷138万千瓦,全年售电量67.65亿千瓦时。年内,累计安全生产2273天,完成政治保电任务55项,实现保电天数149天,其中特级政治保电任务2项,一级政治保电任务15项,实现了政治供电“零闪动”的工作目标。荣获北京市电力公司先进单位称号,连续14年荣获首都文明单位标兵称号。

（黄 佳）

【电网规划与建设】 年内,投产110千伏变电容量20万千伏安、电力隧道3.1公里、电缆29.6公里,投产10千伏配电变压器容量1.5万千伏安、架空线路8.2公里、电缆16.3公里。规划变电站站址63座。完成园博园站、动漫城站等5项110千伏输变电工程可研编制工作,完成大型技改、电动汽车等11项10千伏工程可研编制工作。签订丽泽、郭公庄水厂变电站投资划分协议。与政府建立协同配合机制,6项重点输变电工程纳入北京市政府审批绿色通道。与丰台区道路投资公司合作建设电力管井13.7公里,建设穿越高铁、铁路等电力隧道5处。完成大刘庄220千伏牵引站外电源工程、园博园站和毛家坟站第三电源输变电工程的前期协调工作。全年落实用地1.84公顷,争取外部投资1.33亿元。完成110千伏长青站、槐房站投产送电工作;完成15项大型技改工程、21项配网迁改工程、7项老旧小区改造工程、7项专项技改工程和2项计量消隐改造工程施工;完成3项充电站(桩)工程建设任务。

(黄　佳)

【经营管理】 年内,完成售电量67.65亿千瓦时,同比增长5.61%;实现主营业务收入45.04亿元,同比增长9.96%;实现内部利润5734万元;完成固定资产投资4.21亿元,资产总额达到34.69亿元;城市供电可靠率达到99.983%,同比提升0.0035个百分点;电费回收率100%。

(黄　佳)

【营销与优质服务】 年内,追回损失电量776.4万千瓦时。追缴陈欠电费1573万元。全年累计完成接电容量76.4万千伏安,超额完成69万千伏安的接电指标。推广居民智能表6.7万具,累计运行智能表16.1万具,调通率98.8%。加强计量运维管理,抽检完成率100%。

(黄佳)

建　筑　业

丰台区城市建设综合开发公司

【概　况】 2012年,完成投资总额11.47亿元,完成开复工面积15.3万平方米,实际竣工面积3.6万平方米,完成商品房年度决算销售收入1.9亿元,其他经营收入7026万元,实现上缴各类税金3522万元,实现利润4672万元。年内,完成大量安全管理基础性工作,建立建筑消防设施维护保养、消防安全管理人员等报告备案台帐 。全年投入70余万元,按期实施全部消防系统的消检、电检、消防器材和重要设备设施的更换、检修,确保安全生产无事故。完成"7·21"特大自然灾害所辖各小区的抗洪抢险。

(李志成)

【主要开发建设项目】 年内,长馨园保障房项目建设获得重大突破性进展。解决了与装甲兵工程学院土地置换问题,签订土地置换协议书,理顺了办理建设项目程序,完成所有项目建设规划许可证、工程图纸设计审图工作。实施拆迁范围内240余户宅基地腾退184户,签订627套回迁房购房合同工作。完成"7·21"特大自然灾害善后提供12#、13#两栋楼3.1万平方米638套廉租房竣工交用工作。完成项目内3.5万伏高压电缆迁移方案的审批,签订了施工合同。完成14#、15#、18#-21#楼主体工程和室内外装修。

(李志成)

【市政务服务中心土地一级开发项目】 年内,完成《建设项目条件》、《项目建议书》、征地批复及拆迁许可证的办理,大市政综合规划方案已获审批,各专业规划方案已完成咨询审定,完成10千伏电缆、自来水、泵站等管线及设施的迁移工作。完成征地结案及5家国有企业、集体产拆迁、98户民居拆迁,所余6户正进行法律诉讼。

(李志成)

【拆迁服务中心】 年内,完成地铁4号线二期纪家庙村、首医大遗留的拆迁扫尾工作,实现受托拆迁服务收入306万元。

(李志成)

【物业公司】 年内,投资120万元,实施造甲村宝丰大厦两部电梯、望园中里、嘉园一里9#楼生活饮用水设备、角门供热厂3台循环泵的更新改造,进行望园西里老旧供热管线收尾工作。针对收费难的问题,加大与产权单位和个人签定《供暖合同》的工作力度,全年收回历年欠款982万元。

(李志成)

【丰开望园科技孵化中心】 年内,协助入住企业解决工商注册困难,实现招商120家,新签订租赁合同122份,出租率98%。全年投入95万元,完成望园东里28#楼,角门商业楼老旧设施维修改造1592平方米,防水工程维修3514平方米。全年实现招商及房屋出租收入791万元。

(李志成)

国土资源管理

【概　况】 2012年,受理行政许可事项101件、服务事项1372件、办结行政许可事项95件、服务事项1329件。受理信息公开308件、档案查询240件(对内和对外查询)、接收法院协助执行108件。办结国有土地使用权登记551件,(其中国有土地使用权初始登记74件,国有土地使用权变更登记462件,国有土地使用权注销登记1件,中央在京单位10件,军产国有土地使用权登记共办理4件);国有土地使用权抵押登记780件,(其中国有土地使用权抵押登记405件,抵押变更登记12件,国有土地使用权抵押注销登记363件)。丰台区集体土地所有权确权登记工作889件。

(杨燕群)

【土地资源概况】 丰台区位于北京市的西南部,属城乡过渡地带,东西长35.4公里,南北宽14.9公里。下辖16个街道办事处(地区)、5个乡镇。全区土地总面积现为305.52平方公里,区域土地中耕地22.57平方公里,占总量7.39%,园地7.81平方公里,占总量2.56%,林地43.88平方公里,占总量14.36%,草地0.82平方公里,占总量0.27%,城镇村及工矿用地189.09平方公里,占总量61.89%,交通运输用地26.83平方公里,占总量8.78%,水域及水利设施用地12.33平方公里,占总量4.04%,其它土地2.18平方公里,占总量0.71%。

(杨燕群)

【土地供应计划】 年内,编制完成《北京市丰台区2012年度土地供应计划》,2012年度土地供应计划完成项目17个,合计完成供应123公顷。

(杨燕群)

【建设项目用地预审】 年内,丰台区纳入市政府绿色审批通道项目共计21个(包含保障性住房项目8个),已完成预审10个,约占47.62%。共完成建设项目用地预审54件,用地规模828.13公顷。

(杨燕群)

【土地整理与占补平衡】 年内,共完成征地18宗,涉及土地面积795.4047公顷,其中耕地37.4113公顷,全部实现占补平衡。

(杨燕群)

【保障性住房用地供应】 年内,丰台区2012年保障性住房应实现供地62公顷,其中:限价房用地13公顷,经济适用房用地5公顷,公租房用地17公顷,定向安置房用地27公顷。实际供地69公顷。

(杨燕群)

【土地储备开发】 年内,获批新增储备开发土地面积133.42公顷,取得授权批复;完成开发土地面积约170公顷;完成投资222.5亿元;完成供应土地面积约100.91公顷。其中通过土地市场成交项目6个,土地面积约33.53公顷,成交额约43.82亿元,实现政府收益8.95亿元;直接对接保障房或中直机关项目4个,土地面积约67.38公顷。

(杨燕群)

【国土资源执法】 年内,土地疑似违法图斑229个,合计146宗地,总面积2290.8亩,耕地911.8亩。其中,违法用地120宗,面积1240.4亩,耕地283.5亩。违法图斑立案查处72宗;非立案处理48宗788.2亩(其中耕地224.8亩),通过整改,违法占耕地比例由20.26%下降至5.75%。

(杨燕群)

【矿产资源概况】 年内,丰台区的矿产地22处。冶金用白云岩220万吨,制灰用灰岩2.87亿吨,水泥配料用页岩2703万吨。开发利用的矿种有矿泉水资源及地热资源2种。已开发利用矿产地22处,其中矿泉水2处,地热20处。

(杨燕群)

【地热资源管理】 年内,对丰台区地热开采情况进行调查和年检,区内共有地热井30眼,其中有20眼正在使用,7眼待用,2眼停用,1眼报废。

(杨燕群)

房屋管理

【概　况】 2012年,新建商品房预售成交6496套、面积70.54万平方米,成交额159.74亿元、均价22645元/平方米;全年完成存量房登记13984件、135.7万平方米,成金额202.00亿元,均价16844元/平方米,同比增长130%,成交均价增长79%。完成限价商品房资格审核备案?2718?户,配售2666?户;经济适用住房资格审核备案690户,配售0?户,廉租住房资格审核备案258户,实物配租406户;公共租赁住房资格审核备案1878户,配租500。组织廉租住房、现价商品住房及公共租赁住房选房活动15次,涉及房源3999套。按照市住保部门的要求,2012年全区配租、配售任务为2802套,完成3572套。年内,开展行政执法检查6685次,占全市住房城建设系统执法检查总量的34%,进行行政处罚13次,处罚金额9.7万元。

(金绪平)

【房屋安全管理】 年内,对全区乡(镇)房屋进行安全检查,检查面积6163.31万平方米,城镇私房3747户,17337.5间,27.35万平方米;单位自管房和物业管理单位共764个,5563.08万平方米;乡镇房屋572.88万平方米。审批完成住宅专项维修基金77家,修缮317处;36个管理单位建立房屋健康档案。

(周金生　金绪平)

【房地产交易登记管理】 年内,在北京市房地产交易与权属登记规范化管理考核中成绩排名第一;作为北京市数据整合试点单位,完成历史档案整理(数据整合)及整合后数据关联工作。通过国务院督察组住房限购政策落实情况检查,接受北京市委、市领导限购政策检查调研,在市住建委创先争优活动中荣获全市房屋登记窗口创先争优先进集体。参与丰台区"真情为您服务"优质服务月活动;全年完成存量房登记13984件、135.7万平方米,同比分别增长23%、27%,发放权属证书59218件。

(于　森　金绪平)

【整合房屋登记数据】 年内,共抽检2339

件。其中:初始登记为11件;转移登记为893件;变更登记为136件;其他登记356件;抵押登记为571件;抵押注销登记为372件,房屋登记质量抽检数量占全年完成房屋登记总数量的3%。

(潘春清 金绪平)

【老旧小区综合整治改造】 年内,完成127万平方米抗震节能综合整治任务,其中包括5.35万平方米抗震节能综合改造,112.78万平方米节能、热计量及环境综合整治。启动11栋简易楼(2.5万平方米)改造工程,比118.13万平方米的原计划超额完成约9万平方米。完成对5个小区、21万平方米的公共区域环境整治任务,修复道路2000平方米,补建停车位300余个,约3800万平方米,惠及居民2万余户。

(严 艺 金绪平)

【普通地下空间综合整治】 年内,违规普通地下室共158处。规范38处(已备案),整改51处,规范整改率达到64%;处罚6处,约谈责任单位36人次,关停31处,共清理普通地下室1746间、租住人员约3200余人。全年完成日常巡查200余处、410人次,完成工作剪报11期,录入北京市建委行政执法平台执法处罚信息500条。

(高玉生 金绪平)

房屋经营管理

【概 况】 2012年,做好直管公房管理工作,全年投入修缮资金1269万元,确保房屋安全及电梯、水泵、供暖设备设施的运行安全。实施政府重点工程项目南苑棚户区改造稳步推进,完成投资11.88亿。加快推进长辛店棚户区改造定向安置房建设,年内共实现28万平方米定向安置房开工建设。

(藏红媛)

【防汛工作】 年内,共出动抢险查房人员227人次,巡查平房692间,楼房128栋,苫盖漏雨平房126间,处置楼房漏雨33栋,查处积水41处。实现"不塌房、少漏雨、安全度汛"的目标。

(藏红媛)

【供暖服务】 年内,完成专项投资6158万元,主要用于老旧供热管网改造工程、供热节能改造工程、彩虹家园南区BOT供热项目、铁营站蒲西锅炉房清洁能源改造工程、老旧楼房供热安全改造工程等20个专项改造工程。供暖收费2011——2012年度累计收入2.6亿元,实现利润2000万元。

(藏红媛)

【保障性住房管理】 年内,新接管郭庄子家园廉租住房294套,完成实物配租租赁合同的签订、租金收取、验房等工作。做好三环新城、鸿业兴园、宋家庄廉租房的维修管理工作。10月底完成郭庄家园66套廉租房的入住工作,确保廉租户在供暖季前入住。完成南苑西2万多平方米共590套廉租房的接管验收工作。

(藏红媛)

【人防工程接管】 年内,人防工程管理部共接管人防工程483处42万平方米。已接管的人防工程中,2011年10月后到期的有252处近30万平方米,其中未交费或欠费的有52处约7万平方米,应收欠款总额704万元,已收250万元。

(藏红媛)

【老旧小区改造】 年内,节能保温施工完成191栋楼共103万平方米,涉及小区20处。外墙保温完成40.6万平方米,屋面14万平方米,窗户更换总面积34.5万平方米。抗震加固改造完成9栋楼,共计1.91万平方米。并对北大街南里、北大地二里12号院、广安路乙54号院及北大街北里15号楼四个地点的公共部位进行初步改造。完成2011年延期的5个小区共24万平方米的节能保温任务。

(藏红媛)

【代建工程建设】 年内,代建工程项目8个。其中,北京十二中科丰校区地下活动空间及附属用房工程已结构封顶;丰台区妇幼保健院装修改造工程预计2013年4底完成竣工验收;代建北京最大的仍在使用的回民公墓项目。

(藏红媛)

园林绿化

【概　况】 2012年,全区实有林地面积9266.65公顷,较上年增加190.45公顷,林木绿化率达到39.73%,森林覆盖率26.52%,城市绿化覆盖率达到46.46%,人均公园绿地面积达到14.79平方米。年内,完成城市绿化48.61公顷,其中新增城市专业绿地29.11公顷,包括城市休闲公园建设11.1公顷、代征地绿化15公顷、新建道路绿化0.96公顷、环境整治2.05公顷;改造绿化19.5公顷,包括便民工程10公顷和其他绿地提升改造9.5公顷。完成平原造林任务430公顷,栽植苗木29.9万余株,共拆迁腾地103公顷、清运渣土248.3万方、清理青苗85.71万株,打造"三园两林"五大样板工程。完成御康、绿堤、天元3个郊野公园的改造提升。完成太行山绿化工程200公顷,其中人工造林67公顷,低效林改造133公顷。完成彩叶工程33公顷,共栽植元宝枫、黄栌等各类彩叶树2.5万余株。完成通道绿化10公里。全面完成裸露山体恢复工程。完成森林健康经营林木抚育任务133公顷、国家重点公益林管护200公顷,做好7333公顷生态林养护管理。年内,完成园博园公共区域绿化景观工程47.3公顷,永定河右堤绿化环境整治提升15.65公顷。

(王　丹)

【公园管理】 年内,全区共有25家公园风景区,总面积为998.54公顷,共有精品公园10家,市级重点公园3家。其中23家注册公园:总面积为578.53公顷,占全市注册公园总面积的5.7%。1家森林公园:北宫国家森林公园(4A级景区)占地面积200公顷,1家风景名胜区(4A级景区):千灵山风景区,面积220公顷,占全市风景名胜区总数的3.4%,占全市风景名胜区面积的0.23%。北宫森林公园打造幽谷听泉新景观,建成月季园、牡丹园两大精品园区,完成400亩精品花卉种植,完成东沟生态环境综合治理和丰矿周围环境改造;丰台花园突出"花"的特色,打造丁香路、改造牡丹山;莲花池公园完成品种花卉展示基地建设,释放15万条观赏鱼;万芳亭公园、南苑公园、长辛店公园分别对园内植物进行调整配置,4个公园均实施雨水收集工程,公园景观质量提升。

(王　丹)

【林木有害生物防控】 年内,完成产地检疫各类苗木187.2万株,调运检疫苗木1563株,复检各类工程苗木37.6万株。加强监测普查,继续完善监测机制,全区林地、绿地、工地悬挂各类诱芯5169个、杀虫灯574台,完成美国白蛾等检疫性有害生物的监测预报工作。

(王　丹)

【野生动物资源保护】 年内,开展"春季行动"、打击非法捕猎行动,森林公安执法80余次,立林业行政案件1起;立刑事案件2起、刑事拘留2人,取保候审10人,训诫2人;排查野生动物交易网站和门店240余家,扣除粘网70余张,解救、放生各种鸟兽1248只。开展禽流感防控工作,未因野生鸟类的传播发生疫情。

(王　丹)

【节庆文化活动】 年内,全区各公园开展各类文化活动28项、150余场次，接待游客共计1165万人次，占全市公园接待游客总量的16%。世界花卉大观园举办第六届精品梅花展、第六届艺菊展、第二届水仙艺术展和第二届猜植物灯谜花歌联唱活动，世界公园举办世界各国风情巡回表演和“踏青赏花节”，千灵山风景区举办第五届登山健身节和卢沟桥醒狮杯越野跑比赛。莲花池公园举办第十二届莲花池荷花节、第十二届莲花池庙会，第十二届荷花节被评为“全国公园优秀文化活动”。北宫森林公园举办第四届踏青节和第五届彩叶节，并被国家林业局评为全市唯一的“全国最具影响力森林公园”。局属各公园和文委、司法、妇联、街道社区等部门联合举办“百姓周末大舞台”、普法等各种活动，万芳亭公园开展“2012丰台时尚戏曲文化节”。举办了北京市第四届水仙展。

（王　丹）

【全民义务植树活动】 年内，共组织各类义务植树活动42次，社会各界12.8万人参加。完成胡锦涛等9名党和国家领导人在园博园及全国人大常委会副委员长在北宫国家森林公园的义务植树活动。7个花园式社区、5个花园式单位、1个首都绿色村庄通过验收。推进林木绿地认建认养工作，吸收社会认养资金3.73万元，认养树木746株，认养绿地6.64公顷。

（王　丹）

环境保护

【概　况】 2012年，二氧化硫、氮氧化物、化学需氧量、氨氮和挥发性有机物，削减率分别为6.8%、10.9%、1.1%、1.1%、15.1%。推进20蒸吨以上及分散燃煤锅炉清洁能源改造工作，完成680蒸吨燃煤锅炉改造任务。大气中可吸入颗粒物、二氧化硫、二氧化氮浓度平均下降4.9%。完成市政府年度下达的二级和好于二级天数任务指标，丰台花园子站二级和好于二级的天数为278天，达到76.0%；云岗子站二级和好于二级的天数为276天，达到75.4%。全年未发生责任污染事故，无违法违规审批；人大建议、政协提案及环境信访办结率均为100%。全年共收到群众表扬信19件，锦旗12面，局“12369”环保热线荣获全国环保系统“为民服务创先争优”优质服务窗口荣誉称号。

（刘晓星）

【污染减排】 年内，完成680蒸吨燃煤锅炉清洁能源改造，完成华电（北京）热电有限公司烟气脱硝工程，完成老旧机动淘汰5.7万辆。全区2012年二氧化硫排放量4029吨，比2011年（4323吨）下降6.8%；氮氧化物排放量11095吨，比2011年（12454吨）下降10.9%。化学需氧量排放量4771吨，比2011年（4823吨）下降1.1%；氨氮排放量456吨，比上年（461吨）下降1.1%。

（王旭峰　丛　牧）

【扬尘污染控制】 年内，共检查各类工地2245个次，发现问题1587个，限改1587个，处罚4家，金额7.1万元，380家工地达到“五个100%”标准。

（史　军）

【流动污染源防治】 年内，淘汰老旧机动车5.7万辆，完成年淘汰指标1.75万辆的3.2倍。检查机动车19.6万辆，完成全年任务（17.75万辆）的110.8%；针对超标排放车辆处罚873件，完成全年任务（755件）115.6%。全年共路检夜查2.9万辆、入户3.2万辆、遥测11.5万辆，检测场监督检测3万辆；检查加油站1174家次，抽检108家。

（张宝利）

【固定污染源防治】 年内，出动检查5960人次，检查企业6034家次，下达责令整改通知书28份,对47家违法企业进行了处罚,处罚金84.4万元。

(史 军)

【燃煤锅炉监管】 年内,共检查燃煤锅炉单位409家次,责令限改13家,对其中存在污染物严重超标的6家单位实施了处罚;开展低面源经营性小煤炉专项活动14次,查抄小煤炉240个;全区范围内新改扩建筑无新增燃煤设施。

(史 军)

【行政审批】 年内,共办理行政许可674项(其中建设项目审批374项,建设项目验收300项)。全年完成42个城南行动及政府投资计划项目的环评审批。办理辐射类建设项目环境影响评价审批27项、验收3项,办理辐射安全许可证申请25件、放射性同位素流转备案239件。

(阴素贵 单洋洋)

【环境监测】 年内,编制《2011年丰台区污染源监测年报》和《丰台区2011年环境质量报告书》;出具大气、水、噪声、固体废物各类监测数据2.8万个,参加应急监测2次;完成每月12个断面地表水、3个点位降尘的监测工作以及138个点位区域环境噪声和36条路段交通噪声的监测工作;完成19个废气重点源每月一次的锅炉监测工作;完成13个废水重点源每月一次的监测工作;完成4个污水处理厂进、出口每月一次20个项目的监测工作;完成垃圾填埋场渗滤液1个点位、地下水观测井6个点位、厂界大气4个点位每季度一次的监测工作;全年完成两个单位48个排口工艺废气监测工作;完成53家医院半年一次的监测工作;完成全区56台燃煤锅炉、52台油炉、112台燃气锅炉的监测工作;完成7个废水污染源进出口化学需氧量和氨氮的监测工作;完成80个加油站的监测工作;完成34个废气污染源的二氧化硫夜查监测工作。

(魏力龙)

【环境宣传教育】 年内,以开展"六.五"世界环境日宣传活动为契机,通过开展中小学生征文比赛、社区环保讲座等、开通环保宣传微博等,丰富宣传方式,做到使环境保护"进企业、进社区、进村镇、进学校"。全年共举办社区环保知识讲座22讲、举办社区环保宣传活动28次、发放各类宣传材料近5万份;举办"我爱地球妈妈"小学生征文演讲比赛和"我的绿色时尚 可持续消费"中英双语演讲比赛。

(王志坤 宋贺宁)

【环境信访】 年内,共受理各类环境信访投诉1479件,其中市局"12369"交办1187件、区人大建议政协提案8件、区城市监督指挥中心转办1件、自行受理283件;其中,反映大气污染877件、噪声污染496件、水污染37件、固体废物污染9件、电磁辐射21件、环保审批20件、行业作风类10件、其他9件,均按时办结,办结率为100%。

(李 燕)

【辐射安全监管工作】 年内,对辖区内15家涉源单位每季度检查一次、20家工业探伤单位每半年检查一次、129家Ⅲ类射线装置单位半年检查一次,节假日采取"零报告"制度,加强对全区放射源的监管;组织开展了放射性物品运输辐射安全综合检查和安保用X射线装置专项检查,组织14家涉源单位签订十八大期间辐射安全责任书。全年检查涉源单位104家次,射线装置单位195家次,一级以上医院162家次,安检仪使用单位及金属熔炼企业410余家次,累计督促企业送贮废旧放射源32枚。

(屈校全)

环境卫生

【概 况】 2012年,完成1223条、1989万平

方米道路和398.9万平方米绿地的清扫保洁；负责1223条、950.8公里道路两侧建筑物、构筑物、地面张贴的小广告和散发非法宣传品的清除工作，负责84座过街天桥、22座地下通道日常保洁。完成1303.9万平方米的机械化清扫保洁作业，机械化清扫率、洗地率87%；冲刷率99%，喷雾降尘502.9万平方米，均已完成市级下达指标。管理密闭式清洁站249座，其中垃圾楼69座、垃圾房148座、垃圾中转站32座。负责375座公厕的保洁，其中二类及二类以上公厕194座，达标公厕158座，三类及三类以下公厕21座，移动式2座。年清运生活垃圾87.89万吨，清运粪便25.09万吨，抽运永合庄填埋场渗沥液82733吨，全部实现无害化处理。

（张　鑫）

【春节及重大活动环境卫生保障】　年内，完成中央领导到区植树及各级领导视察、调研、检查期间环境卫生保障任务75次。春节期间烟花爆竹残屑清理工作中，共清除烟花爆竹残屑426.2吨。

（张　鑫）

【“7·21”暴雨善后工作】　7月，在“7·21”抢险救灾工作中，第一时间派出人员、车辆，连夜抽运杜家坎铁路桥区等路段积水，清运灾区垃圾杂物850余吨。

（张　鑫）

【推广新能源车辆应用】　年内，完成175辆环卫电动车接管工作，丰北桥、莲芳东桥、榴乡桥、右安门开阳里垃圾楼、云岗环卫所电动车充电站已正式投入运行。

（张　鑫）

【安全维稳工作】　年内，开展大检查13次，全年未发生等级以上交通事故。全年受理群众来信来访12件、来电584次，处理责任范围内城市管理网格件4390个，非紧急救助、政风在线、市长信箱等督办件169个，96005环境热线案卷82个。

（张　鑫）

【岗位技能比武】　7月，举办丰台区环卫中心环境卫生专业作业技能练兵年度比赛活动，包括公共厕所、密闭式清洁、城市道路人工作业8个项目比赛，通过理论考试和实际操作选拔每个项目的前两名代表中心参加市垃圾渣土管理处的比赛。8月，组织队伍参加市渣土处举办年度环境卫生专业作业技能练兵活动，公共厕所作业团体一等奖、最佳活动组织奖；个人项目一等奖1名、二等奖4名、三等奖6名的优异成绩。

（张　鑫）

城市防震

【概　况】　2012年，处理震情速报事件15次，以传真形式上报区政府《地震速报卡》15次。年内，制定《2012年度震情跟踪工作方案》，从监测系统运行维护，前兆数据收集上报，震情趋势会商，宏观异常落实，震情值班速报，应急快速响应六方面提出具体措施，成立震情跟踪工作组。在北京市举办的地震观测质量评比中，北京十中压磁应力测项荣获一等奖，丰台区地震局压磁应力测项荣获优秀奖。年度地震趋势报告荣获北京市2013年度地震趋势报告评比三等奖。连续第四年度被评为北京市地震监测预报先进单位。荣获北京市2012年度防震减灾工作综合评比优秀单位奖。

（吕　明）

【监测台站管理】　年内，前兆监测台以教育培训和现场检查为主，指定专人观测数据，规定数据上报时限，开展操作规范及节假日安全教育，定期电话查访及现场巡检。强震动观测台以信息登记和会议座谈为主，建立强震动监测台站管理台账，记录各强震动观测台站的地理位置、负责单位、联络人员、联系电话等信息。9月,规范统一全区前兆台及强震台共计26个地震监测台站的监测设施保护标识。

(任　静)

【建设完成前兆数据库】 5月25日,建设完成丰台区地震前兆数据库,将流体、形变、气象共16个前兆测项纳入数据库管理,同时利用中国地震前兆台网数据处理软件进行日常处理及会商分析,每天查看数据统计情况。

(任　静)

【地震前兆资料处理】 年内,地震前兆资料共26个测项,主要涉及地壳形变、地下流体两大学科及气象三要素、降水量辅助观测,观测方式采用数字化和人工两种方式。数字化观测数据通过网络自动传输至本局前兆数据库保存,人工观测数据以A4纸打印稿形式保存。

(任　静)

【倾斜仪台站竣工】 6月底,4个倾斜仪台站建设项目竣工。卢沟桥台位于永定河断裂东侧,具体地址为晓月苑五里11号楼地下室(N39°50′22″E116°13′51″);新村台位于顺义—良乡断裂西侧,具体地址为鸿业兴园一区7号楼地下室(N39°50′51″E116°17′59″);东高地台位于南苑—通县断裂的东南,具体地址为益丰园小区3号楼地下室(N39°48′30″E116°24′35″);东铁营台位于南苑—通县断裂的西北,具体地址为顺四条37号院2号楼地下室(N39°51′13″E 116°25′15″)。

(任　静)

【地震趋势会商】 年内,结合地震前兆数据及地震目录资料,召开会商会56次,通过网络上报北京市地震局会商意见56次,通过书面形式上报区人民政府震情简报4期。

(任　静)

【地震活动】 年内,本区共发生地震活动1次。9月16日22时44分,云岗地区附近发生0.7级地震(北纬39.8度、东经116.1度),震源深度5千米。经电话核实云岗街道主管地震工作科室联络人及下属9个社区防震减灾助理员资询,此次地震活动未引发该地区普遍有感,只有镇岗南里社区、南一社区防震减灾助理员反映居住的丰台区朱家坟四里、云岗北区东里、南一社区有轻微震感。

(任　静)

【防震减灾助理员培训】 1月11日至2月21日期间,分别在海军工程设计局宾馆、云岗街道办事处、东高地街道三角地第二社区、东铁匠营街道办事处开办五期防震减灾助理员培训班,对全区16个街道办事处、3个乡政府、2个镇政府、275个社区、70个行政村的防震减灾助理员及部分社区地震应急志愿者代表,共计400余人进行了培训。

(吴玉琴)

【“防灾减灾日”系列宣传】 年内,参与CCTV12[平安365]栏目《震动的大地》地震系列科普宣传片中《震动的大地·身边的求生法则》一期的录制工作。做好“平安中国”防灾宣导系列公益活动的宣传工作。开展送科普进社区、进校园活动。分别向明春苑社区、怡海社区、云西路社区、莲花池社区、槐树岭中学等单位赠送地震知识百问百答等地震科普知识读物,以及光盘和挂图等宣传品22种。协助区红十字会做好纪念第65个世界红十字日及区民政局、区610办公室、宛平城地区等单位开展科普宣传活动提供宣传资料及宣传展板。防灾减灾日宣传周期间,地震局共向社会各界发放地震应急避险要决等折页5200册,《防震减灾法》、《地震知识百问百答》等科普书物3000本;地震知识挂图15套、知识扑克200副、宣传盘20张,民众参与人数1万人次。

(吴玉琴)

【丰台区科技周宣传】 5月12日,参加了由中国科学技术协会主办、北京市科学技术协会和北京市丰台区人民政府承办的主题为“弘扬防灾减灾文化,提高防灾减灾意识”的

2012年“防灾减灾日”主题科普活动暨丰台区科技周启动仪式，地震局通过发放地震科普宣传资料及协调东高地角二社区地震应急志愿者现场应急模拟演练等活动开展宣传。

（吴玉琴）

【安全生产月咨询日宣传】 6月10日，参加在莲花池公园东广场举行的主题为“弘扬安全文化，推动安全发展，打造平安丰台”，全国第十一个“安全生产月咨询日”集中宣传活动。通过设立咨询台、发放宣传资料开展地震知识科普宣传活动，共发放防震避震简明手册等宣传资料1000余份。

（吴玉琴）

【地震安全示范社区建设】 3月，区东高地街道三角地第二社区、马家堡街道枫苑社区参加了北京市地震安全示范社区的申报工作。地震局特申请专项经费为每个社区购置对讲机、手提应急灯、家庭应急包等价值1万元的应急物资。7月，两个社区被北京市地震局正式授予“北京市地震安全示范社区”称号。

（吴玉琴）

城市管理监察

【概　况】 2012年丰台区城市管理监察大队（以下简称城管大队）在区委、区政府的坚强领导下，以“打造一流城管队伍，争创优异工作业绩”为目标，突出执法服务理念，把握重点、破解难点、抓出亮点，着力打造丰台城管品牌，高标准地完成了十八大环境秩序保障任务，高质量地完成了全年各项工作，实现了执法效果和社会效应的“双统一”，达到了政府和群众的“双满意”。年内共取缔无照经营3.2万起，检查“门前三包”单位7.4万家次，查扣非法经营物品3.2万件，没收盗版光盘和非法出版物6600件，拆除违规广告牌匾4220块；收缴小广告61.2万张，上报小广告停机6467起；全年制作各类案卷3962卷，罚款620万元，罚款额约占全市城管系统罚款额的四分之一。

（田　洁）

【开展双护工程】 年内，净化校园周边环境（护蕊工程）和畅通生命救治通道（护生工程）的“双护工程”。充实完善了27个整治工作台帐，制定了6项整改措施，实施长效管控，学校和医院周边环境明显改善，群众举报同比下降20%以上；丰台分队组建服务引导员队伍，在上下学高峰期进行文明引导，协助和保护学生安全上下车，保障了道路通畅，得到了学生和家长的一致好评，北京青年报、丰台有线、96310移动传媒、城管杂志等媒体进行了跟踪报道。

（田　洁）

【开展服务群众暖心便民工程】 年内，以25处环境脏乱重点地区综合整治为重点，以“三无、五控、四有”为标准，做到建帐、宣传、方案、执法、机制、疏导“六到位”，重点地区的群众举报环比下降82.4%；全年共查处各类违法行为1.4万起，罚款56.7万元；木樨园桥区、六里桥地区环境秩序整治工作得到了刘敬民副市长的表扬。

（田　洁）

【打造进京第一印象工程】 年内，建立和完善了16个整治工作台账，查处并规范无照经营、违规户外广告、店外经营、非法运营、私搭乱建等环境问题4194起，六里桥长途客运站、北京南站等进京主要通道周边环境得到美化，提升了首都形象。四是大力开展精品街区建设工程，已建成精品大街30条、精品社区40个，以点带面、以街带区，提升了城市环境整体品质，整治成果惠及市民群众。

（田　洁）

【打造美化视觉环境工程】 年内，依法规范、清理了3211块临窗广告、山寨路牌、刀旗、横幅标语,净化了主要道路、临街建筑的视觉污染;协调属地街乡镇清刷楼房外立面2.7万平方米、补种绿地1.4万平方米、修复路面2.5万平方米、建设便民设施137个,美化了丰台环境。六是主动开展餐厨垃圾监管工程,以餐饮经营企业为重点,检查餐饮单位4485家,规范告知260家;以餐厨垃圾运输为环节,查处62起、处罚23起、罚款11万元,严控地沟油生产原材料非法流入环节。

(田 洁)

【控违拆违取得成效】 年内,城管大队结合行政强制法实施,完善执法流程,加快立案查处进度;调整了大队考核办法,实行大队领导联系分队制度,追踪督导,扭住时间节点,严控新生违法建设;合理调配执法力量,持续加大环路周边、重点功能区周边、重大项目等重点部位周边违法建设的拆除力度,加快全区重点项目建设进程,提升控违、拆违工作成效。全年共拆除914处71.2万平方米违法建设,实现了新生违法建设"零增长"目标。

(田 洁)

【控制扬尘污染】 年内,与住建委、环保局建立联动联查工作机制,每周定期巡查施工工地,共查处4500余起施工扬尘或夜施扰民问题,罚款21.3万元;采取量化考核的办法,开展了76次泄漏遗撒执法行动,检查各种运输车辆3732台次,处罚1322台次,罚款110.2万元;按照"规范一批、整治一批、取缔一批"的工作原则,加大露天烧烤查处力度,取缔1895家次,露天烧烤问题的举报量同比下降20%以上。在大队和各部门的共同努力下,按时完成了市政府下达的二级和好于二级天数的考核指标。

(田 洁)

【遏制非法运营行为】 年内,联合宋家庄和军博公交派出所在宋家庄地区和丽泽桥地区成立2个打黑组,与区打黑办相互配合,对群众重复举报的点位实施穿插打击,共查扣黑车512辆,罚款81万元;采取分队交叉执法的方式,共查扣各类黑车3017辆,群众反映黑车问题的举报量同比去年下降31%。

(田 洁)

【管控无照经营行为】 年内,城管大队针对群众反映突出点位、重点地区,采取波次整治、定点打击、人盯车巡的执法方式,先后开展19个波次的专项整治行动,共取缔无照经营2.7万起,查扣各类经营物品3.2万件,无照经营行为未随季节变化,出现大反弹现象;同时,联合公安、交通、农委等部门,采取"前期证据固定、深入调查摸底、窝点清挖震摄"的非现场执法方式,重点打击群众反映强烈、治理难度大的"双车"无照售货问题,共查扣农用机动36辆、马车27辆,街面秩序得到了明显净化。

(田 洁)

【治理非法小广告】 年内,组织各街乡、各部门开展16次"小广告清洁"行动,共清掏6个小广告窝点,收缴非法小广告61.2万余张,街面环境得到净化。

(田 洁)

【门前三包精细管理】 年内,城管大队以整治乱堆放、乱张贴、乱搭建、乱挖占、乱拉挂、乱停车等问题为治理重点,加大巡视检查力度,全年共检查门前三包单位7.4万家次,规范处罚2.1万家次,罚款8.4万元,以街带片、社会防控,提升了街面环境管理水平。

(田 洁)

【创新执法方式手段】 年内,城管大队积极探索加强城市管理的新思路、新方法、新手段,以创新增效能、以创新谋突破、以创新求发展,大幅度提升了城市管理水平。强化科技手段,提升执法效能。投资110万元,购置150部执法记录仪,配备到每个执法组,既规范了执法行为,又约束了相对人的言行,增强了执法效力,提高了执法效能;联合区市政市容委,运用高科技手段,在小广告张贴问题严重地区的沿街灯杆、墙体设置"防贴层",提高了清刷作业难度,大幅度缩短了小广告的停留时间，减少了非法张贴行为；建立高峰勤务模式，实施科学调度。汇总数据、分析研判，找准各类违法行为发生的高发时段、高发点位、高发类型“三高”问题，科学调度执法力量迎着问题走，关口前移，促进管控效果全面提升；采用“定点清掏”执法模式，取得良好的执法效果。采用“前期证据固定、深入调查摸底、窝点清挖震摄”的非现场与现场执法方式相结合，整治马车、农用机动车无照售卖和小广告乱张贴、乱发放问题，取得了明显工作成效，为治理城市痼疾顽症提供了有效执法模式；建立疏堵结合措施，提升管理水平。坚持民意主导，协调开设便民菜站、早餐车，开通社区微循环线路、早晚市、消夏市场，设立便民信息岛、信息栏、临时停车场等服务设施，疏堵结合、服务民生，既满足周边群众需求，又净化了地区环境，实现政府、群众、相对人的“三赢、三满意”，减少了执法压力，提升了管理水平。

（田　洁）

【开展城管开放日活动】 年内，邀请社会监督员、市民代表、学生代表参加“城管零距离”开放日活动12场次，搭建交流平台，使城管与群众联系更紧密，执法服务更利民，赢得了群众的理解和支持。

（田　洁）

【开展城管宣讲活动】 年内，邀请社会监督员、群众、委办局、街乡镇等各阶层代表组织开展2次队员自编自导工作展示会；深入社区、深入学校、深入工地开展6场次“城管人讲城管事”典型事迹报告会，积极回应了社会关注，有效增强了城管执法工作的社会影响力，使丰台城管品牌效应得以进一步提升。

（田　洁）

【实行电话回访机制】 年内，设立丰台区96005环境问题免费举报热线，畅通群众举报途径，实行信访、举报案件追踪督导回复机制。年内，大队共处理各类举报4.8万件，实现100%电话回复、100%定期分析，100%办结回访，年平均群众满意率为83.8%，同比提升了5.7个百分点，收到锦旗24面，来电来信表扬90余次，在全市城管系统中名列前矛。

（田　洁）

信息化城市管理

【概　况】 2012年，区城市管理监督指挥中心（以下简称城指中心）以“创新发展”为工作理念，以“精细管理，服务群众、美化市容”为工作目标，全面推进信息化城市管理，各项工作都取得了明显成效。全年共立案派遣各类城市管理问题165615件，日均543件，督促相关部门解决154152件，结案率为93.08%。完成市级平台下发问题核查处理2762件，完成市民举报、媒体曝光案卷核查处理134件。完成各种城市问题的倒查和现场核查1000余件；推进网格化社会服务管理信息平台建设和网格“社管通”终端的部署工作，初步建立丰台区网格化社会服务管理体系。建设丰台区12345、96005便民热线，及时响应群众诉求。

（孙淑香）

【建设网格化社会服务管理工作体系】 年内，全面推进全区十六个街道的网格化社会服务管理推广工作，共划分管理网格约981个，部署“网格五员”9600余人，全面构建“三级平台，四级管理”的丰台区网格化社会服务管理工作体系。

（孙淑香）

【设立丰台区12345、96005便民热线平台】 年内，按照区委、区政府要求，建设丰台区

12345非紧急救助热线和96005丰台环境热线等便民热线平台,通过倾听群众热线,及时落实响应群众反映问题和诉求。依托网络系统第一时间将市民反映问题派遣给相关部门和街乡镇进行处理,并对处理结果进行抽样回访。同时将热线平台与信息化城市管理平台和网格化社会服务管理平台对接,相关问题直接转入信息化管理流程进行处理,形成闭环模式,丰富了信息化城市管理问题发现的渠道,提高了城市管理问题解决成效。

(孙淑香)

【完善信息化城市管理基础数据】 年内,组织完成了丰台区所有道路两侧的立杆、井盖的普查和责任权属确认工作,共213481个,统计各类无主井盖3495个、无主雨水篦子3568个、无主路灯1255个;完成全区果皮箱和垃圾桶数据普查工作,根据相关设置规范,采集全区需建但未建果皮箱或垃圾桶的点位,共普查果皮箱和垃圾桶共10190个,建议增设果皮箱点位5358个,垃圾桶点位2409个;完成丰台区公厕设施情况、卫生情况、蚊蝇的数量情况等核查工作,共核查公厕3831个。

(孙淑香)

【提高城市智能化管理水平】 年内,与各职能部门配合建设各项信息化应用系统,完成丰台区综治维稳三级联动视频监控信息共享系统建设验收并正式运行,实现了区、街乡镇、社区(村)综治维稳工作的三级联动。按照市级要求开展市、区两级液化气公共服务用户远程监控系统并加装安全辅助设备试点工作,实现液化气出现危险情况的远程报警和自动采取紧急处置措施。与区住建委共同开发了丰台区建设工程管理系统,对全区在建227个建设项目工程,849个单体工程进行了数据普查,实现了对全区建筑工地施工环境、施工安全等各项工作的动态监管;与区市政市容委共同开发了道路保洁管理系统,实现对全区道路保洁工作进行信息化管理。

(孙淑香)

交通　邮电

交　通

丰台西站

【机构及人员】　丰台西站行政机构设有办公室、劳动人事科、计划财务科、安全技术科、职工教育科、运输和统计科、信息技术科7个科室;党群组织设党委、纪委、工会、团委,辖党群办公室。下设8个车间承担车站安全生产任务,包括:上行、下行、调度、货运、货检、西道口、南信号、设备8个车间。车站另有1个多经公司,即北京京铁泰和兴经贸中心。年末职工总数1718人。获北京铁路局2012年度全局调车职业技能竞赛直属站组团体第三名、2012年度“安康杯”竞赛先进单位、“十二五”建功立业先进单位、北京市2012年度交通安全先进单位。

（曹　燕）

【设备管辖及担当任务】　丰台西站为路网性特等编组站,站场为三级八场、双向纵列式,双推单溜,自动化驼峰。连接京广、丰沙、京原、京哈、京沪、京九、京通、京承八条铁路干线,担负华北、华东、中原、东北、西北等方向的货车中转和货物集散任务,是全路重要的咽喉枢纽,主要的车辆集散地和晋、蒙煤外运的重要通道。有一个货场,货场设3条货物线,办理整车发到业务及站整、倒装作业。配属调车机12台;有货检设备铁道货车超偏载检测装置5台、铁路货车超限检测及装载状态监视系统5套;机械动力设备22台。固定资产原值12745.18万元。

（曹　燕）

【生产与经营指标完成情况】　日均办理出入车24320.8车,其中有调13587.6车,无调10692.8车。中转时间6.4小时,停站时间21.8小时,日均装车20.4车,日均卸车46.8车。全年运输收入3850.09万元,货物发送量41.71万吨。截至12月31日,车站实现连续安全生产2647天,实现了第七个安全年。

（曹　燕）

【安全风险管理】　针对制约本站运输安全的突出问题,围绕人身、两峰、行车、正线安全和关键岗位,实施系统管理、过程控制,确保车站运输安全。全面推行安全风险管理,运用风险管理的理念和方法,与现行有效的安全管理制度、做法有机融合,突出安全风险管理基础、过程控制和应急处置,建立科学的安全风险管理运行机制和控制体系,实现安全管理标准化、规范化、系统化、科学化。

（曹　燕）

【车站人才“2+1”培养模式】　制定了《丰台西站人才培养管理办法(试行)的通知》,指导车间科室加强对大学生、大专生和青年技术业务骨干队伍(含复转军人)的培养,对大学生实行了人才"2+1"培养模式。确定业务指导人(大学生师傅)和培养人(车间干部)以及实践锻炼岗位(主要的运输生产岗位)。由车间推荐,"人才办"考察把关,择优选择技术业务过硬、责任心强的现场职工或班组长,签订师徒合同,为期三个月。

(曹　燕)

邮　电

南区邮电局

【概　况】 北京市南区邮电局(以下简称南区邮局)是北京市邮政公司所属的二级通信企业,承担北京市丰台区和东城区、西城区、朝阳区、大兴区部分行政区、北京西站地区以及北京经济技术开发区(亦庄开发区)、中关村科技园丰台园(总部基地)2个大型总部经济区的通信服务任务。2012年,南区邮局服务面积480平方公里,服务人口约400万人。南区邮局机关设办公室、计划财务部、人力资源部、党群工作部、监察室、市场经营部、监督检查与安全保障部、运行维护部、工会9个职能部室,账务中心、培训中心、大客户中心、信息技术中心4个挂靠单位(账务中心挂靠计划财务部、培训中心挂靠人力资源部、大客户中心挂靠市场经营部、信息技术中心挂靠运行维护部)。全局下辖23个邮政支局、71个邮政所、7个便民服务站,下设函件分局、邮票公司、报刊发行分局、代理金融业务分局、电子商务分局,员工1597人。经办国际和国内函件、包裹、特快专递、汇款、报刊订阅和零售、集邮业务和集邮品制作、商业信函制作、邮政贺卡、定制邮资封片、邮送广告、邮政物流、代理保险、代办电信以及金融类代办业务,邮政短信(彩信)、代收代缴业务、代售机票、火车票业务、自邮一族业务等。南区邮局为周边企事业单位、个体商户及社区居民提供普遍用邮服务,并与国家监察部、水利部、国家体育总局、北京市国资委、新华人寿保险股份有限公司、中国全聚德(集团)股份有限公司、北京同仁堂(集团)有限责任公司等大型企业建立业务合作关系。年内,成立国内首个以汽车和禁毒为题材的流动式临时邮局——"中国禁毒万里行"临时邮局。

(步安娜)

【两会服务】 年内,太平桥邮政支局在建银大厦"两会"政协委员驻地设置邮政驻会服务点,3月2日至3月15日期间,为委员提供用邮服务。该局印制了邮品目录供代表取用选择,结合代表需求随时补充丰富邮品品种,品种达百种以上,邮政服务人员延长服务时间至每晚10点,制定包退、包换、包邮寄的"三包"承诺,即:邮品买多了为您退,不满意帮您换,只要您写好地址替您寄。会议期间,该服务点共计提供流动服务55人次,收寄大会封3.63万件,销售邮册、邮折7000余册,收到委员表扬信14件。

(步安娜)

【村邮站建设】 年内,丰台区各村邮站的51名村邮员接受了邮政、金融、保险、电商、报刊发行、三农分销和邮政投递等业务的培训,参加考试并取得合格证。南区邮局与各村委会签订了"邮件接收妥投协议"和"邮政业务委代办协议",统一制发了用于交接给据邮件、特快邮件、报刊投递的"村邮站邮件收发章"。各邮政支局与村邮站建立一对一的联系,支局负责人随时解答村邮员的业务咨询。村邮员薪酬由540元调整为740元,按月兑现到人。南区邮局以南苑村邮站为试点,布放了EPOS机,南苑村、槐房村村民可通过该设备交纳固定电话费、燃气费、水费、手机费等。

(步安娜)

【开设中国禁毒万里行临时邮局】 6月至7月,南区邮局配合北京市禁毒委员会办公室和北京市禁毒教育基地共同发起的“中国禁毒志愿者汽车万里行”活动,开设了国内首个以汽车和禁毒为题材的流动式临时邮局——“中国禁毒万里行临时邮局”,启用“中国禁毒万里行(临)”字邮政日戳,并推出了个性化邮票及邮资明信片。6月2日,在永定门城楼,北京市邮政公司郭荣寰副总经理和中国药物滥用防治协会会长李宝惠为“中国禁毒万里行临时邮局”揭牌。万里行车队中专门设置了一辆禁毒万里行临时邮局流动车,随行一名邮政禁毒志愿者,在途经的15个城市(济南、淄博、潍坊、青岛、临沂、徐州、南京、扬州、苏州、南通、嘉兴、宁波、金华、杭州、上海)开展禁毒宣传,办理邮政业务,并为志愿者们全程提供邮政服务。在历时29天,5600公里的行程中,临时邮局为广大集邮爱好者加盖临时邮局日戳及纪念邮戳4万余次。

(步安娜)

【奥运纪念邮品】 年内,南区邮局与国家体育总局和北京奥运城市发展促进会合作开发了《奥运梦想 照亮世界》专题邮册。该邮册采取个性化邮票与主题邮票相结合的形式,集文化性、观赏性、收藏性与纪念性于一体。该邮册为北京奥促会唯一指定的奥运纪念邮品,共制作3000册,作为国礼在2012伦敦奥运会及残奥会馈赠使用。

(步安娜)

【成立红十字会预备役】 年内,为大力弘扬和传播“人道、博爱、奉献”的红十字精神,南区邮局于9月正式成立“南区邮电局红十字会预备役”,建立健全组织机构和规范管理制度,确立以党员先锋岗、青年文明号为载体的红十字应急救护网点。常态化开展爱心包裹、母亲包裹等公益捐助,以及红十字志愿服务特色活动。在红十字应急救护网点志愿者服务台设立紧急救助便民箱。在面临应急救灾任务时,将设立红十字捐助窗口、提供捐款专用账号和汇款专用服务代码,开辟救灾物资绿色运输通道,提供及时有效的企业支持。

(步安娜)

【国内(国际)电商小包业务】 年内,扩大国际小包的收寄范围,服务对象在原个人小件物品寄递的基础上,扩大到国际电商、邮购类客户,开始实行“整体称重、按公斤计费”的计费方式,并增加网上客户自助服务功能。11月11日,正式开办国内电商小包业务,主要服务于国内网络购物市场寄递公司、邮购类企业和其他有刚性寄递需求的企业。截至12月底,南区邮局共与14个商户签约,累计发寄国内小包18113件。

(步安娜)

【服务第九届北京园博会】 年内,先后推出《园博缘》邮册和“中秋慰问亲人祝福卡”等邮政产品。其中,《园博缘》纪念邮册作为第九届园博会组委会馈赠的纪念礼品,已制作1000册;“中秋慰问亲人祝福卡”作为长辛店镇政府向园博建筑工人表示祝福慰问的特殊节日礼物,于中秋前夕发到园博建筑工人手中。12月25日,中国邮政和其他6家企业,作为北京园博会首批合作伙伴正式与园博会方签定2013年第九届中国(北京)国际园林博览会合作伙伴赞助协议书。中国邮政为园博会提供的服务主要有:特许产品生产销售,门票代销和园区内的邮政服务。双方将共同合作开发、销售系列邮政特色特许产品,在园博园内按照一局多点规划建设临时邮局与流动服务点,提供园博会筹备期及展期内的各类邮政服务。

(步安娜)

科技　教育

科技工作

【概　况】 2012年,在全市率先出台《关于加强丰台区科技创新能力建设的若干意见》。年内,推荐申报的17个项目分获2010、2011年度北京市科学技术奖励一、二、三等奖;30个项目获得科技型中小企业创新基金资金扶持,扶持资金总额1160万元;认定技术合同登记270余份,成交总金额53785.58万元,位居全市第二位;推荐并立项国家重点新产品项目5项,国家火炬计划项目5项;市科技项目2项,分别是"高新技术在第九届园博会中的研发与应用"、"基于移动互联技术的'园区综合信息服务平台'在'智慧园区'中的应用",共获得1300万元科技资金扶持;制作播放科普讲堂6期。年内,北京营养源研究所、电子工业出版社少儿科普分社两单位通过市科委评审,成为北京市科普教育基地。丰台区南苑街道机场社区以"太阳能利用与展示,点亮社区科普生活",西罗园街道洋桥北里社区以"水资源利用科普展示,打造社区水岸生活"被市科委评为市级创新型科普社区,获得市科委资金支持,共计33万元,年底通过验收。新增5家区级特色科普活动站:卢沟桥街道望园社区、南苑街道西宏苑社区、大红门街道顶秀欣园社区、方庄街道芳群园一区社区和长辛店镇李家峪村。

(刘美玲)

【科普乐活小屋】 1月22-27日,把科普活动融入到传统的春节庙会中,"科普乐活小屋"继续走俏莲花池庙会,成为北京人逛春节庙会的新时尚。"科普乐活小屋"由一座简易的活动板房搭建而成,屋内摆出全套科普"家什",以及生活、消防等科普知识展览等内容。

(刘美玲)

【科技工作会议】 2月20日,召开2012年度丰台区科技工作会议,科委机关及系统中层以上干部参加会议。张婕副区长到会并讲话。科委主任刘少华对区科委2011年工作进行总结,对2012年的工作任务进行了安排。

(刘美玲)

【闫傲霜到区调研科技工作】 3月19日,市科委主任闫傲霜来到丰台区"园博园"、永定河生态文化新区规划展览中心、丰台科技园区等地,就丰台科技园区和区域特色产业发展情况进行考察。区委副书记、区长冀岩,区委常委、常务副区长高朋,副区长张婕等陪同考察。区科委、丰台科技园区、园博会筹备办等单位相关领导陪同调研。

(刘美玲)

【承担的课题通过验收】 年内,区科委承担的《北京亚太种业展示交易中心建设科技支撑》课题通过市科委验收。该课题在王佐镇新建日光温室26栋，总面积13034平方米，完成350亩节水灌溉设施，在品种展示基地完成道路、围栏、绿化等配套设施。展示蔬菜、花卉等作物1695个品种。配合丰台区种子交易大会，开发网上种子交易平台，设计了产品展示、展位预订、网上订购等功能。

（刘美玲）

【区中小企业贷款担保】 年内，区科委正式受理担保项目30个，金额5100万元；批准担保项目29个，金额4640万元；实际放贷项目24个，放贷金额3930万元；无代偿解除担保责任项目29个，金额4500万元；无代偿项目。

（刘美玲）

【专利奖励及转化资助稳步推进】 年内，共受理专利授权奖励申请1018件，是上年的1.6倍；受理专利转化资助项目申请57件。经过审核，共有164个单位、31名个人获得专利授权奖励资金435.5万元。经过专家评审、实地考察等环节，共有13个专利转化项目获得535万资金支持。

（刘美玲）

【首都科技条件平台丰台工作站】 年内，丰台工作站依托首都科技条件平台聚集的资源优势，全面开展供需对接工作。共聚集区内企业、高校、科研院所、金融机构等成员单位一百余家，整合6亿多元仪器设备资源；汇集科技人才近200人，征集企业创新需求180多项，对接企业需求近百项。组织开展丰台区工作站试点建设，重点为ISTA实验室建设、2014年种子大会规划设计、种子交易所等区中心工作提供科技支撑。丰台工作站在全市12家工作站评比中名列第二位。

（刘美玲）

【科技企业孵化器见成效】 年内，制定实施《丰台区科技企业孵化器认定和管理办法》，认定区级科技企业孵化器2家（北京燕康科技有限公司、北京搜宝创展科技孵化器有限责任公司）。北京扶星达科技发展中心被认定为北京市高新技术产业专业孵化基地。搜宝商务中心将为我区增加科技企业孵化面积2万—3万平方米。至此，丰台区科技企业孵化器有20家，其中，国家级孵化器4家。孵化总面积28万平方米，入户企业2000家，年收入规模700亿元，实现税费20亿元。

（刘美玲）

【区级科技项目成果显著】 年内，共征集区级科技项目202项，通过实地考察、专家评审、网上公示、政府批准等规范程序，30个项目获得科技型中小企业创新基金资金扶持，扶持资金总额1160万元，带动企业新增研发投入9600余万元，同比增长36%。

（刘美玲）

【高新技术企业认定】 年内，认定高新技术企业共计77家，其中园区外高新技术企业33家，园区内高新技术企业44家，截止到年底，丰台区共有高新技术企业531家。

（刘美玲）

【举办中小学生网上天文竞赛】 年内，在学生科技节期间，区科技馆与区学生科技节办公室联合举办“丰台区小学生网上天文竞赛”，参与学生5000余人次。

（刘美玲）

科协工作

【概　况】 2012年，实施“科普惠农兴村计划”，获得18万元资金资助。开展送科技下乡活动，先后给花乡羊坊村、长辛店镇妇联等单位赠送科普图书、科普挂图、科普台历等5万册。实施“社区科普益民计划”，评选优秀科普社区、资助经济适用房社区10个，优秀科普宣传员19名，优秀科普场馆1个，争取益民资金合计104.5万元。5月，针对基层科普设施不足的问题，对长辛店街道南墙缝社区、卢沟桥街道长安新城社区、云岗街道云西社区给予资金支持，合计资助社区资金25万元。9月，东高地角二社区获得中国科协"科普示范社区"项目的资助。全年区科协共落实10万元以上的科普项目共计12项。

（宗雪平）

【北京科技周活动】 5月12日，在莲花池公园承办中国科协2012年"防灾减灾日"主题科普活动暨丰台区科技周启动仪式。仪式现场设置互动区、综合区、车辆展示区、器材展示区、演习区、展板区、主舞台等共7个展区。现场活动包括：模拟体验、互动演练、专家咨询、资料发放、消防演习、多媒体宣传、减灾车辆及器材展示、舞台表演等内容。2000余名群众参加仪式和现场互动活动。

（宗雪平）

【全国科普日暨第五届百姓科普旅游月活动】 9月21日，在北京汽车博物馆举办丰台区"全国科普日"暨第五届百姓科普旅游月活动。百姓科普旅游月活动组织参加场馆10余家，发放科普旅游票6000余张，价值8万余元，受惠群众上万人次。市科协副主席景晓东、田文，以及区领导出席活动并讲话，科技日报、北京科技报、丰台有线等多家媒体予以报道。

（宗雪平）

【科普之夏和科普剧活动】 7月12日，在右安门街道开展"低碳、节能、环保、安康"为主题的科普之夏演出活动。10月13日，在和义街道举办科普剧演出活动，每次活动直接参与群众上千人次。

（宗雪平）

【北京市第32届青少年科技创新大赛】 4月，选拔42个项目参加第32届北京市青少年科技创新大赛，其中五个优秀作品入围决赛。十二中的张翰同学荣获一等奖，郭晓等四位同学荣获二等奖，郭晓同学获博思科技奖和钱学森青少年航天奖两个专项奖。十八中机器人代表队在2012年全国青少年机器人竞赛中获得金牌。东高地科技馆张光在2012年全国青少年科技创新大赛上获得"全国十佳科技辅导员"奖。

（宗雪平）

【科技下乡活动】 年内，"三下乡"活动启动仪式在南苑乡举行，区科协组织人员开展给农民朋友赠书、入户慰问等活动。累计赠送家禽养殖、花卉种植、节能环保、心理健康、奥运科普等图书4万册，发放《全民科学素质专刊》1万份、《科普惠农兴村专刊》5千份。针对"7·21"特大暴雨导致的自然灾害，组织印制《雨季防灾科普挂图》380套，配送到全区每个社区(村)。

（宗雪平）

冶金自动化研究设计院

【概　况】 2012年，实现营业收入15.37亿，同比增长7.72%；利润总额1.14亿，同比增长13.30%；归属于母公司所有者净利润4663万元，同比增长13.55%；新签合同额15.7亿元，同比下降32.19%。年内申报专利60项，其中发明专利38项，实用新型22项；获得授权专利20项，其中发明专利5项，实用新型15项。获省部级科技进步奖3项。截止到年底，全院从业人员1007人，博士研究生16人，硕士研究生125人，本科生487人；国家级突出贡献中青年专家1人，获得全国杰出专业技术人才荣誉称号1人，"新世纪百千万人才工程"1人，博士生、硕士生导师25人，享受政府特殊津贴专家79人，教授级待遇人员49人，高级职称人员174人，中级职称213人。

（孔　菲）

【科研工作】 年内,获得国家863计划、国际合作计划、国家重大科技成果转化、重点产业振兴和技术改造以及院所开发资金等项目共10项,取得国家拨款5300万元。获得国家批准的国际科技合作计划项目。在研项目进展顺利。其中:"钢铁制造流程优化国家工程实验室"、863课题"冶金电炉智能控制系统"、"大型联合企业先进能源管理系统开发与应用"、973"高性能大功率变流器设计和智能控制技术"通过验收。国家冶金自动化工程技术研究中心在科技部第4次评估中被评为优秀,获得科技部滚动支持;首钢京唐钢铁公司能源管控系统获得北京市科学技术二等奖;"122毫米自行榴弹炮弹药输送车"获2012年国防科学技术奖三等奖;大型矿井提升系统传动控制理论与关键技术研究获教育部科学技术进步一等奖。

(孔 菲)

【工程业务平稳运营】 年内,重点实施的总包工程项目有:唐山港陆转炉总包项目、川威集团两棒一线"三电"总包项目。在传统"三电"自动化工程方面有:平山敬业16#高炉三电工程、渝中灾后重建3400m高炉项目。其中渝中灾后重建3400m高炉一次性投产,各项技术指标均达到国内先进水平。

(孔 菲)

【新业务领域积极拓展】 年内,新开发的废气处理技术的"脱硫、脱磷和脱硝"市场得到推广,新推出的电除尘高频电源适用于冶金行业的烧结、炼钢、炼铁、自备电厂、石灰窑等所有电除尘场合,可节能80%以上,减少粉尘排放量30%以上。在对钾盐化工领域进行市场拓展方面,在青海盐湖集团和罗钾的新建项目中签订多个合同。

(孔 菲)

北京汽车博物馆

【概 况】 2012年,是北京汽车博物馆全面运营的第一年。全馆围绕管理常态和营销传播两大重点任务,坚持"传承、创新、合作、卓越、责任"的核心价值,将传承文化文明、创新驱动发展、加强多方合作、追求卓越服务、履行社会责任作为发展理念,以"服务一流、展示一流、效率一流"为发展目标,秉承"开门办馆融入社会"的办馆思路,以文化传播与服务保障双轮驱动为手段,拓展传播营销渠道,提升公益事业文化传播的影响力,逐步确立汽车文化品牌。年内,博物馆被授予"全国科普教育基地"、"北京市爱国主义教育基地"、"北京市校外教育先进集体"、"北京市百家科普基地对接百家社区活动"优秀单位等资质和称号。通过市旅游委"国家AAAA旅游景区"的预验收,并被列为全市第二批旅游标准化试点项目。成为中国自然博物馆协会会员单位和北京博物馆学会理事单位。全年实现100%运行开放和安全可靠连续高效运转,满负荷开放313天,接待来自政府、行业、媒体、普通大众等社会各界观众近50万人次,团队528批次,观众满意度90%以上,无安全事故,无服务投诉事件。

(黄小荣)

【文化传播与科学普及】 年内,开办讲座12场,举行专题展览4场,开发亲子活动5项20余场,进校园进社区7次。4月—11月承接区委宣传部"幸福生活讲师团"宣讲任务,7个月共接待区三乡两镇66个行政村、16个街道、235个社区9198人次参观,提供讲解服务303批次,荣获"幸福导航"先进单位奖。面向离退休老干部开展活动27场,近1500

人参与;接待了残疾人、孤残儿童、打工子弟、失足少年等特殊群体参观4场,近200人。

(黄小荣)

【特色活动】 年内,组织开展"我们的节日之安全驾乘文明出行体验幸福生活"春节系列活动;策划"交通文明随手拍"活动及优秀摄影作品展,推出《快乐的一天》科普剧和《红绿灯》、《大眼睛》两首原创歌曲;举办北京汽车博物馆-宇通全国中小学生交通安全体验日活动,参加北京市六一儿童节的游园活动;举办"雷锋——一个汽车兵的故事"主题志愿宣讲146场;推出"青年汽车模型师雕塑作品展暨'5·18国际博物馆日'活动";组织开展"科普之夏暑期体验营"系列活动、"汽车文明伴我成长"主题活动;策划并举办"见证汽车百年史——一周年纪念展览",启动"万名中小学生进汽博"活动;组织开展首都116所高校优秀学生代表参与的"筑梦未来·汽车文明之旅"主题参观、征文比赛和就业见习系列活动;推出"Music & Museum 音乐汇"跨界组合等活动。

(黄小荣)

【宣传推广与营销】 年内,共接待媒体百余家,报道400余次。开展景区联合线路,与60家旅行社建立联系,与19家签订意向协议书,签订电子票商4家。引进专业汽车模型经营公司设立专卖店,满足不同层次观众游玩之后"购"的需求。

(黄小荣)

【共建合作】 年内,与清华大学等5所大中小学建立战略合作意向,携手开展活动20余场;推出《汽车与安全》等7堂精品特色课程;将精品课程送进北京四中等3所院校,将北京教育学院丰台分院附属学校的国家级课程——美术课搬进博物馆;分步推进与清华大学、首都医科大学附属中学等学校校本课程开发工作。与国家博物馆、中国科技馆等14个博物馆进行交流,首次尝试与西城区青少年科技馆机器人部合作开展科普活动。设立丰台区政府新闻发布厅,承接"中国大学生方程式汽车大赛"、"北京国际铁人三项赛"、"第九届中国(北京)国际园林博览会"等新闻发布会10余场。承接了市科委双百对接总结表彰大会等。

(黄小荣)

【公共服务】 年内,完成1512批次、41692人次总计1000余小时的讲解。全面实行志愿者的招募、筛选、培训和考评相结合的管理机制,在"志愿北京"注册成功。全年共有注册志愿者1100名,其中有1022名志愿者累计提供服务6000余小时。

(黄小荣)

【接待领导】 年内,市委常委、组织部部长吕锡文,原国资委主任李荣融,原北京市政协主席阳安江,市人大常委会副主任刘晓晨、吴世雄,中国证监会党委委员、纪委书记黎晓宏,原中国人民对外友好协会会长陈昊苏,原北京市纪委书记李永安,原北京市人大常委会副主任陶西平,原北京市常务副市长翟鸿祥,市旅游发展委员会党组书记鲁勇,市科委党组书记、副主任杨伟光,市科协党组书记、常务副主席夏强,市教育委员会主任姜培民,市交通委员会党组书记、副主任曾刚健,首都综治办主任滕盛萍等领导到馆调研。中纪委部级退休老干部、市委党校第14期中青年干部培训班、印度德里市访问团、新加坡建设局国际开发署、北京英联邦协会等来馆参观。

(黄小荣)

教　育

【概　况】 2012年,丰台区托幼园123所,其中教育部门办22所,集体办园32所,民办46所,其他部门办园23所。离园幼儿8711人,入园幼儿12344人，在园幼儿40252人。教职工5859人，其中，专任教师3133人；学前三年教育普及率100%。小学87所，教学班1958个，毕业10277人，招生12186人，在校生66422人（其中北京市户口学生22889人）；教职工4583人，其中，专任教师3902人；小学入学率100%，巩固率100%，毕业及格率100%。中学44所（初中16所、高中4所、完中12所、一贯制学校12所），教学班939个（初中630个、高中309个），毕业8930人（初中6211人、高中2719人），招生9722人（初中6800人、高中2922人），在校生28611人（初中19344人、高中9267人）；在校生中，北京市户口学生19170人（初中10675人、高中8495人）；初中入学率100%，巩固率100%，毕业合格率99.13%，高中入学率85.7%；教职工5166人，其中，专任教师3166人（初中2094人、高中1072人）。特殊学校1所，10个教学班，毕业6人，招生6人，在校生96人，教职工40人，其中，专任教师33人。特殊教育残疾儿童入学率100%，巩固率100%，毕业率100%。校外教育单位4个，教职工266人，其中，专任教师185人。全区中小学教师学历合格率99.96%，市级特级教师27人（小学3人、中学24人），高级专业技术职务教师773人（小学15人、初中367人、高中391人）。中小学占地面积1890211平方米，建筑面积1074245平方米，图书馆藏书3475654册，电子图书22968.6 GB，固定资产总值162109.9万元。全年教育投入270648万元（含职业教育19481万元、成人教育1847万元），其中，国家拨款260168万元，自筹经费10480万元。职业高中5所，开设专业30个，教学班198个。毕业1332人，招生1642人，完成招生计划100%，在校生4378人。教职工650人，其中，专任教师383人。专任教师学历合格率91.38%，高级专业技术职务122人。学校占地面积116874平方米，学校建筑面积79387平方米，图书馆藏书140596册，电子图书184GB，固定资产总值9059.94万元。全区各级各类成人学校130所。其中，成人高校（社区学院）1所，开设15个专业，毕业480人，招生504人，在校生2354人。教职工85人，其中，专任教师53人。社会力量办学单位187所，全年培训113890人，教职工7056人，其中，专任教师3043人。乡办成人校5所，全年培训12562人次，教职工29人。村办成人学校66所。全区直属成人教育单位占地面积20496平方米，建筑面积15957平方米，图书馆藏书49000册，固定资产总值525.8万元。农村成人教育学校占地面积2993平方米，建筑面积1893平方米，图书馆藏书7300册，固定资产总值168万元。

（王宏波）

【签订“关爱警营 守护校园”共建协议】 4月18日，区教委与区公安分局、丰台交通支队签订“关爱警营 守护校园”共建协议，加强少年儿童的思想道德教育、法制教育和安全意识教育，提高师生守法自觉性，增强自我防范意识，培养拥警爱警思想，促进和谐警民关系，保证共建工作经常化、制度化。

（孙　琳）

【“我是国际小导游，带你畅游新丰台”实践活动】 5月13日—15日，少工委联合教委国际合作与交流办公室、小学教育科、丰台分院科研室国际理解教育项目组共同举办“我是国际小导游，带你畅游新丰台”风采展示活动。活动在芳草地学校丽泽分校多功能厅举行，特别邀请了英语教研室的教研员、外籍教师、英语教师代表等作为评委和现场指导。为期两天的展示活动分为中文、英文两个场次，全区300多名优秀少先队员参加展示活动。

（孙　琳）

【召开丰台区第五次少代会】 6月12日，中国少年先锋队北京市丰台区第五次代表大会在丰台西仓库礼堂召开，来自全区320名少先队员、少先队辅导员和少先队工作者代表参加大会。大会全面总结了第四次少代会以来的工作实践,明确了今后的工作目标任务。选举产生新一届丰台区少先队工作领导机构,成立丰台区少先队专家顾问团。表彰一批优秀辅导员、关心支持少先队工作的好领导、优秀校外(志愿)辅导员。启动了以"红领巾心向党、少先队员喜迎十八大"为主题的"三个一"教育活动。

(孙　琳)

【完成教育法律法规执行情况督导检查】 6月5日至19日,对区卫生局、区城管监察大队、丰台工商分局、区文委、丰台公安分局等五家单位进行督导检查。主要以听取工作汇报和座谈会形式了解相关单位教育法律法规执行情况。督导室分别于9月和11月完成《丰台区2012年教育法律法规执行情况自查报告》和《丰台区2012年教育法律法规执行情况整改方案》,获得区政府批准,并于12月上报市督导室,完成全年教育法律法规执行情况督导检查工作。

(钟小军)

【妥善解决随迁子女入学问题】 6月13日至9月7日,丰台教委小教科开展本年度随迁子女的入学安置工作。本轮随迁子女入学安置工作共分为两个阶段:6月13日至8月25日为登记协调阶段,共向45所学校安排7批次718人,实际报到420人,占安排人数的58.5%。民办小学共安排学生55人;8月25日至9月7日为集中安排阶段,共安置八批次随迁子女969人到45所公办小学查验证件,实际报到人数为621人,占安排总人数的64%。年内区小学一年级计划招收适龄儿童10250人,实际招生11324人。其中,随迁子女6943人,占全区小学人数的61.31%。

(刘　铮)

【新增1所市级早教基地】 7月4日,经过市教委京教学前(2011)2号认定,大红门东楼幼儿园被认定北京市早教基地,至此,全区社区儿童早期教育示范基地31所。

(陈　霞)

【召开庆祝第28届教师节表彰大会】 9月7日,丰台区庆祝第28届教师节表彰大会在丰台区青少年剧场召开。区委、区人大、区政府、区政协领导,全区21个街乡镇的领导,教育系统干部教师共计700余人出席了表彰大会。大会授予梅慧娟等10名同志"丰台区人民教师"称号,卢吉增等20名同志"丰台区优秀青年教师"称号,邓艳芳等439名同志"丰台区优秀教育工作者"称号。获奖教师代表职教中心校校长赵爱芹、丰台一小大队辅导员代淑娥、北京十二中物理教师孙德峰现场发言。

(王沁艳)

【新增3所北京市一级一类幼儿园】 9月11日至13日,南苑教工幼儿园、方庄第六幼儿园、意馨艺术幼儿园迎接区验收组验收,三所园在园所管理、教育质量、卫生保健工作方面达到一级一类标准,被评为北京市一级一类园,至此,区独立双一园已达到46所。

(陈　霞)

【北京长辛店铁路小学举行百年校庆】 9月27日,北京长辛店铁路小学举行庆祝建校百年庆典活动。丰台区委常委宣传部长顾晓园、副区长张婕为"扶轮百年纪念石"揭彩,北京教工委书记宋金忠、教委主任张立新以及师生敲响了"扶轮古钟"。

(王沁艳)

【丰台实验小学举行落成典礼】 10月12日,北京教育科学研究院丰台实验小学落成典礼在学校操场举行。年内学校招收一年级三个班,共有学生63人,教师13人。其中市区骨干教师6人,占教师总数的45%,教师学历100%为本科。

(袁富文)

【举办首届小学校园心理剧大赛】 11月3日,区首届小学校园心理剧大赛决赛及颁奖仪式在丰台影剧院举行。大赛以"演绎童年故事,感悟心灵成长"为主题,6支参赛队分别用短暂的十几分钟,把发生在自己身边的故事,编成"小剧本"进行表演,生动活泼地对学生进行心理健康教育,使学生在排练、表演和观看心理剧的过程中得到心灵的成长。比赛决出一等奖4名、二等奖9名、三等奖9名。

(程忠智)

【表彰中小学优秀班主任】 11月30日,区委教工委、教委召开表彰会,表彰25名获得北京市"紫禁杯"的优秀班主任和197名获得丰台区优秀班主任荣誉称号的班主任。获奖的优秀班主任们,是从丰台区2893名班主任中层层选拔出来的典型代表。

(胡 博)

【成立"京剧进校园、进课堂"实验基地】 12月4日,东高地教育集群创建"京剧进校园、进课堂"实验基地,京剧著名演员孙毓敏、杜鹏、王蓉蓉、陈俊杰、张菊萍等将走进教育集群内各个学校,向学生们免费教授戏曲艺术,传承和弘扬京剧这一国粹。

(胡 博)

【解决入托难见实效】 年内,为缓解入托难,教委、教工委积极协调相关部门,顺利完成新增5所园,扩充500名学位的任务。全区各级托幼园所在园内挖潜增建大力扩充学位。全年合计民办、公办共增园所12所,新增学位1557名,超计划完成任务。

(陈 霞)

【开展基础教育阶段创新人才培养项目】 年内,全区共有12所中小学校承担创新人才项目,此项目由北京市教委委托北京教育科学研究院、北京市青少年科技创新学院承办。市教委共计为丰台区创新人才培养项目拨款340万元,其中4所学校获得市级专项资金拨款超过15万元以上,8所学校获得15万元以下资金支持。各学校依据项目任务书开展系列活动座谈会共计6次。10月17日在北京十二中举行第四届北京青少年翱翔科学论坛物理与地球科学领域分论坛,来自全市16个区县的48名2011级翱翔学员和70多名2012级学员以及他们的指导老师参加论坛活动。11月24日,共有23名学生参加在北师大第二附中召开的"翱翔计划"第六届学员面试考试,最终有12名学员获得通过。

(唐汝育)

普通高等教育

【概 况】 年内,驻丰台区普通高等院校有首都经贸大学、首都医科大学、北京电子科技学院、中国戏曲学院等4所。共有在校生40926人,成人教育在校生14415人;毕业11060人,成人教育毕业生4177人;招生11985人,成人教育招生4430人;有教职工36201人,专任教师3583人;留学生毕业346人,招生693人,在校生1139人。

(杨晓靖)

首都经济贸易大学

【概 况】 2012年,学校占地面积39.68万平方米,建筑面积37.37万平方米。图书馆建筑面积3.57万平方米,藏书167.48万册。固定资产总值104895万元,其中,教学、科研仪器设备资产总值24477万元。全年教育经费投入78246万元,其中,国家拨款60354万元、自筹经费17892万元。学校信息化经费投入1239万元,拥有计算机5504台,多媒体教室座位16965个,信息化设备资产15564万元,网络信息点数28400个,校园网出口总宽带800Mbps,电子邮件系统用户25890个,上网课程184门,数字资源量20000GB,管理信息系统数据总量2048GB。设19个院系(系、部),41个本科专业,5个专科专业,10个硕士学位授予点,4个博士学位授予点,3个博士后流动站。1个国家重点学科,4个北京市重点学科,9个北京市重点建设学科。教职工1583人,其中,专任教师778人。专任教师中,教授136人,副教授298人,讲师256人、助教88人,博士生导师54人,硕士生导师348人,另聘请外籍教师3人,外聘高级专家74人。毕业生5452人,其中,全日制研究生778人(博士生46人、硕士生732人),普通本专科生2445人(本科2291人、专科154人),成人教育本专科生2229人(本科1006人、专科1223人);非计划招生高等教育学生在职人员攻读硕士学位117人。本科毕业生就业率99.66%,专科毕业生就业率100%,研究生毕业就业率97.81%。招生6208人,其中,全日制研究生931人(博士生59人、硕士生872人),普通本专科生2530人(本科2413人、专科117人),成人教育本专科2747人(本科1182人、专科1565人)。高考北京地区提档线本科第一批一志愿文科505分、理科500分。第一批二志愿文科559分,理科600分,第二批文科提档线490分,理科475分。在校生20908人,其中,全日制研究生2459人(博士生239人、硕士生2420人),普通本专科生9878人(本科9529人、专科349人),成人教育本专科生8371人(本科3867人、专科4504人)。留学生毕业234人、招生364人、在校生503人。网址:www.cueb.edu.cn。

(刘江霞)

【两课程通过香港会计师公会评审】 4月11日,首经贸大与香港会计师公会就学校会计学及财务管理专业本科课程顺利通过香港会计师公会评审举行认证证书颁授仪式。校长王稼琼、纪委书记杨世忠、北京会计学会秘书长李学平、香港会计师公会会长包凯、副会长赵丽娟、执行总监王熙风、校学生处处长马力、审计处处长许江波、会计学院全体领导班子、部分教师和学生代表以及来自《中国会计报》、《北京会计》等近十家媒体的朋友共130余人参加了此次仪式。

(刘江霞)

【新增两个北京市重点学科】 4月,经北京市教委批准,根据《北京市教委关于北京市重点学科调整及增补名单的通知》(京教研[2012]5号)精神,学校新增统计学一级学科北京市重点学科和会计学二级学科北京市重点学科。至此,学校已有一级学科北京市重点学科2个,一级学科北京市重点建设学科1个,二级学科北京市重点学科2个,二级学科北京市重点建设学科7个。

(刘江霞)

【成为首批北京市大学生创业培训服务基地】 5月23日,学校成为首批北京市大学生创业培训服务基地之一,授牌仪式暨首都经济贸易大学创业课程开课仪式同日举行。北京市高校毕业生就业指导中心主任张辉、北京市高校毕业生就业指导中心创业服务部主任刘永印、北京市教委特聘创业导师代表张晓农、学校党委副书记孙善学、学生处处长马力参加仪式。首批创业班学员共30名。

(刘江霞)

【成立国际比较管理研究院】 6月1日,由学校主办的"国际比较管理研究院成立仪式"在北京举行。校党委书记柯文进、校长王稼琼等领导及来自中国社会科学院、北京大学、清华大学、中国人民大学、香港理工大学等全国著名高校、研究机构、知名企业的专家学者60余人参加会议。

(刘江霞)

【举行实习基地授牌仪式】 6月13日,校城市经济与公共管理学院举行了实习基地授牌仪式及实习基地单位座谈会。来自中国城市经济学会、中国城市经济网络部、中国房地产估价师与房地产经纪人学会、国家奥林匹克体育中心体育场、国土资源部法律事务中心、北京市西城区城市管理监督指挥中心等18家实习基地代表及部分校领导共100余人参加了会议。

(刘江霞)

【与美国北卡州立大学签订合作谅解备忘录】 6月28日,校长王稼琼和副校长王文举会见了美国北卡州立国际事务副校长李百炼及金融数学教授庞涛。双方商定,首都经济贸易大学在北卡州立大学设立首都经济贸易大学驻北美国际合作办事处,负责首都经济贸易大学在北美地区的人才招聘和国际合作等事宜,并签署了首都经济贸易大学设立驻北美国际合作办事处协议书。

(刘江霞)

【工科实验楼和后勤服务楼竣工】 9月1日,位于校本部校医院北侧的工科实验楼以及东门西侧的后勤服务楼竣工并投入使用。工科实验楼建筑面积3097.45平方米,地下1层,地上3层。楼内设有实验、办公、会议、档案存放等功能区。后勤服务楼建筑面积3998.68平方米,上下共4层。

(刘江霞)

【举行会计学院海外学术院长聘任仪式】 9月5日,“首都经济贸易大学会计学院海外学术院长聘任仪式”举行。香港浸会大学商学院会计与法律系教授、系主任林志军教授应邀担任会计学院海外学术院长。

(刘江霞)

【成立国际经济管理学院】 9月7日,举行国际经济管理学院成立大会。上海财经大学经济学院院长田国强教授、清华大学经管学院常务副院长白重恩教授、西南财经大学经济与管理研究院院长甘犁教授,首都经济贸易大学柯文进等校领导,党委常委、校长助理孙昊哲,各学院院长、党总支书记、校部机关各部门负责人及国际经济管理学院的8名新教工参加了成立大会。

(刘江霞)

【新增两个博士后科研流动站】 8月29日,根据人力资源和社会保障部、全国博士后管理委员会《关于新设增设和确认博士后科研流动站的通知》(人社部发[201248号),经全国博士后管委会专家组评审,人力资源和社会保障部、全国博士后管委会研究决定,新增统计学、工商管理2个博士后科研流动站,确认应用经济学1个博士后流动站。至此,学校博士后科研流动站3个,形成覆盖经济学、管理学和理学3个学科门类、3个一级学科、涉及13个二级相关学科的博士后研究体系。

(刘江霞)

【《首都经济贸易大学年鉴》获奖】 10月,学校第一部综合性资料文献汇编——《首都经济贸易大学年鉴(2011)》获第一届北京市年鉴编校质量评比三等奖。

(刘江霞)

【学校新闻中心揭牌成立 】 12月20日,党委书记柯文进、校长王稼琼为新闻中心揭牌,标志着首经贸新闻中心正式成立。首经贸副校长王传生、党委副书记朱玉华、北京教育新闻中心副主任王成、北京市教工委宣教处王攀、赵国伟,首经贸部分职能部门和院系的领导,以及来自人民日报、新华社、光明日报等14家媒体的领导和记者参加揭牌仪式。

(刘江霞)

【与丰台区委组织部研讨共建产学研基地】 12月21日,学校召开产学研基地建设研讨会,此次研讨会由首经贸与丰台区委组织部联合主办。学校党委副书记孙善学等领导及丰台区委组织部部长霍连明、副部长郭晓一、肖敬、出席会议。学校表示:产学研基地建设是市教委为推动研究生工作而进行的创新之举,学生与企业的融合是重中之重,一是要带着研究任务到企业、单位、社区挂职,在具体的工作环境中发现新问题;二是针对新发现的问题,要从研究入手,形成课题,将问题的解决落到实处,积累经验,构成典范;三是订单培养,结合实际用人需要,做好人才储备,实现人才资源的最优化配置,提高人才的利用效率。丰台区组织部表示愿意为首都经济贸易大学的研究生教育真正实现产学研的结合创造条件,也希望学校可以为丰台区的建设与发展提供智力支撑。

(刘江霞)

首都医科大学

【概　况】 2012年,首都医科大学学校和附属医院总占地面积1361238平方米,总建筑面积2164884平方米,其中,学校占地面积246602平方米,建筑面积339112平方米。学校和附属医院固定资产总值1590613.05万元,其中,学校固定资产总值148831.96万元。学校和附属医院教科仪器设备资产值236116.51万元,其中,学校教科仪器设备资产值100210.14万元。全年教育经费投入125467.17万元,其中,国拨99101.10万元,自筹11095.36万元,科研经费15270.71万元。学校和附属医院图书馆建筑面积26241平方米,共藏书128.00万册,其中,学校图书馆建筑面积17901平方米,藏书79.66万册。学校信息化经费投入706.10万元,有用计算机7137台,多媒体教室座位8051个,信息化设备资产3450.58万元,网络信息点数9998个,校园网出口总带宽300Mbps,电子邮件系统用户数4580个,上网课程124门,数字资源量3000GB,管理信息系统数据总量61440GB。设有10个学院和1所研究院,18所临床医学院暨附属医院以及1个预防医学教学基地,设有4个专科学院和31个专科学系。开设本科专业16个、七年制专业2个。有一级学科博士学位授权点8个和一级学科硕士学位授权点11个,按照三级学科统计,有博士学位授权点59个和硕士学位授权点78个。有博士后流动站9个,出站20人、进站23人、在站74人。有国家重点学科8个、国家重点(培育)学科2个、国家临床重点专科32个、国家中医药管理局重点学科8个、北京市一级重点学科4个、北京市交叉重点学科1个、北京市二级重点学科6个、北京市一级重点建设学科2个、北京市二级重点建设学科4个,有省部共建国家重点实验室培育基地1个、教育部重点实验室2个、教育部省部共建重点实验室2个、北京市重点实验室24个,有国家工程技术研究中心1个、教育部工程研究中心1个、北京市工程技术研究中心6个、北京市高等学校工程研究中心1个、北京市哲学社会科学研究中心1个。设有国家生命科学与技术人才培养基地、卫生部全科医学培训中心、北京市全科医学培训中心、首都卫生管理与政策研究基地等。学校和附属医院共有教职员工和医务人员33870人,其中,校本部1567人、附属医院32303人;有院士3人、特聘顾问11人;正高职称1669人,其中,校本部96人、附属医院1573人;副高职称2988人,其中,校本部233人、附属医院2755人;有专任教师2433人,专任教师中教授617人,其中,校本部91人、附属医院526人,专任教师中副教授1108人,其中,校本部193人、附属医院915人;有博士研究生导师360人、硕士研究生导师742人;有"长江学者奖励计划"特聘教授3人;"千人计划"创新人才长期项目1人;校本部和直属附属医院有国家有突出贡献专家2人、省部级有突出贡献专家20人、享受政府特殊津贴专家105人;有外籍教师7人。年内有毕业生4126人,其中,学历教育学生中全日制研究生982人(博士生201人、硕士生781人),普通本专科生1597人(本科生874人、专科生723人),成人教育1251人(本科486人、专科生765人);以同等学力申请博士硕士学位296人(博士生84人、硕士生212人)。招生4492人,其中,学历教育学生中全日制研究生988人(博士生243人、硕士生745人),普通本专科生1657人(本科生894人、专科生763人),成人教育本专科生1525人(本科生846人、专科生679人);以同等学力申请博士硕士学位322人(博士生176人、硕士生146人)。在校生14321人,其中,学历教育学生中全日制研究生3144人(博士生726人、硕士生2418人),普通本专科生6217人(本科生4140人、专科生2077人),成人教育本专科生4551人(本科生2249人、专科生2302人)。留学生毕业5人,招生103人,在校生409人。本科毕业生就业率95.52%,高考北京地区本科一批理工最低录取分数484

分。网址：www.ccmu.edu.cn。

（方海侠　王于英）

【获8项中华医学科技奖】　1月7日，中华医学科技奖（2010－2011年）颁奖仪式在北京国家会议中心举行，首医大有8项成果获得奖励：获得一等奖1项、二等奖2项、三等奖5项。由附属北京同仁医院王宁利教授主持完成的成果“原发性闭角型青光眼防治技术及推广”获得一等奖；由附属北京天坛医院姜卫剑教授主持完成的成果“国人颅内动脉狭窄现状与支架成形术的关键技术和临床应用”、附属北京佑安医院李宏军教授主持完成的成果“艾滋病影像学的病理基础研究”分别获得二等奖；由吕国蔚教授主持完成的成果“低氧预适应的基础研究与应用前景”、徐群渊教授主持完成的成果“用组织工程技术修复中枢神经系统损伤的实验研究”、宣武医院李坤成教授主持完成的成果“医学影像存储与传输系统技术开发、临床验证及推广应用”、附属北京友谊医院张澍田教授主持完成的成果“降低肝硬化上消化道出血病死率临床与基础系列研究”、附属北京天坛医院赵继宗教授主持完成的成果“出血性脑卒中规范化外科技术推广及其血肿扩大（HE）机制和临床预测研究”分别获得三等奖。

（方海侠　王于英）

【举办临床技能大赛】　2月25日，2012年度首医大临床技能会考暨临床技能大赛在首医大临床技能中心举行。本年的临床技能竞赛由9个临床医学院的12个班级、共440余名2007级临床医学专业学生参加，14条赛道同时推进，是规模最大的一次。考核项目包括心电图和影像片的判读、局部体格检查、穿刺术、切开缝合等涉及内、外、妇、儿、护理等学科的20余项临床技能操作。

（方海侠　王于英）

【首都名医研修院揭牌】　4月28日，北京市中医管理局与首医大“首都名医研修院”揭牌暨“首都中医药教育与人才培养合作项目”启动仪式在东四十条校区举行。该项目以“局校合作、项目引领、资源整合、重点突破”方式，主要合作内容包括成立“首都名医研修院”；建设高等中医药教育创新示范基地；建设优秀中医药人才传承培养基地；建设燕京医学研究与首都中医药文化宣传基地；建设首都中医专业技术人才知识、技能培训基地；办好“首医大中医门诊部”等。燕京医学教育发展陈列馆和燕京中药资源陈列馆的开馆也是本次活动的亮点。燕京中药资源陈列馆着重展示首都中药资源的分布与实物；燕京医学教育发展陈列馆侧重展示首都医学教育的发展状况。

（方海侠　王于英）

【国际学院楼启用】　5月1日，右安门西校区国际学院楼装修改建完成并正式启用，国际学院迁入新楼。国际学院楼建筑面积34700平方米，功能齐全，有教室、会议室、学生公寓、餐厅等。

（方海侠　王于英）

【成立教育教学委员会】　5月4日，成立教育教学委员会，取消成人学历教育与继续教育工作委员会。教育教学委员会主任委员吕兆丰，常务副主任委员线福华，副主任委员徐群渊、付丽，办公室设在教务处。

（方海侠　王于英）

【与卡迪夫大学联合生物医学研究中心揭牌】

5月4日，英国卡迪夫大学代表团卡迪夫大学荣誉校长马丁·约翰·埃文斯爵士、校长大卫·格兰特、医学院院长保罗·摩根一行7人到校访问。校长吕兆丰与卡迪夫大学校长大卫·格兰特共同为“首都医科大学——卡迪夫大学联合生物医学研究中心”揭牌。校长吕兆丰与卡迪夫大学校长大卫·格兰特签署了合作交流备忘录、学生交换协议和首都医科大学——卡迪夫大学联合生物医学研究中心备忘录。

（方海侠　王于英）

【获北京市优秀调查研究成果奖】　5月23

日,北京市第十届优秀调查研究成果奖(2010－2011 年度)评比结果揭晓,由常文虎教授牵头完成的北京市哲学社会科学规划项目成果"以有效控制费用为目标的医疗服务预付费方式的选择研究"获得优秀奖。

(方海侠　王于英)

【获北京市重点实验室及北京市工程技术研究中心】 5 月 23 日,首医大获批 10 个北京市重点实验室、3 个北京市工程技术研究中心:中枢神经系统损伤研究北京市重点实验室、鼻病研究北京市重点实验室、磁共振成像脑信息学北京市重点实验室、帕金森病研究北京市重点实验室、癫痫病临床医学研究北京市重点实验室、精神疾病诊断与治疗北京市重点实验室、新发突发传染病研究北京市重点实验室、耐药结核病研究北京市重点实验室、儿童血液病与肿瘤分子分型北京市重点实验室、糖尿病防治研究北京市重点实验室,北京市免疫试剂临床工程技术研究中心、北京市儿童外科矫形器具工程技术研究中心、北京市大血管外科植入式人工材料工程技术研究中心。

(方海侠　王于英)

【获批国家自然科学基金项目资助金】 8 月 17 日,首医大获批 2012 年国家自然科学基金项目 241 项,总资助金额 11933.5 万元,首次突破亿元。与上年同期比较,获批项目数增长 18.1%,资助经费增长 52.4%。

(方海侠　王于英)

【主办医学教育全球化论坛】 9 月 12－13 日,首医大邀请泰国、巴基斯坦、孟加拉国、印度尼西亚和印度的医学会主席、大学校长及医学教育专家在国际学院参加"医学教育全球化"论坛。副校长线福华、中国医学院校联合会主席王德炳教授致辞,教育部国际合作司副司长陈盈晖就我国的留学政策与留学项目做主题报告。本次"医学教育全球化"论坛还安排各国专家学者访问了首医大及附属医院的对口专业学科,开展一系列学术交流活动。

(方海侠　王于英)

【康复医学系揭牌】 9 月 22 日,康复医学系揭牌仪式暨第七届北京国际康复论坛在北京国家会议中心举行。中国残疾人联合会教育就业部主任王建军、卫生部医政司副司长郭燕红、北京市卫生局副局长钟东波、北京市教委高教处处长黄侃、校党委书记李明、校长吕兆丰、北京市科委生物医药处王岱娟出席揭牌仪式。出席仪式的还有香港职业治疗学院黄锦文教授、挪威奥斯陆大学 Johan K. Stanghelle 教授、美国太平洋康复医院院长兼 CEO Timothy J Roe 教授等国内外知名专家、康复医学系的系务委员会全体委员、学术委员会委员,学校有关部处领导,有关附属医院和教学医院的领导,康复医学界的学者以及研究生代表等 300 余人参加揭牌仪式。康复医学系揭牌仪式后,举行第七届北京国际康复论坛。

(方海侠　王于英)

【新增 4 个博士后科研流动站】 9 月 26 日,人力资源和社会保障部、全国博士后管理委员会下发《关于新设增设和确认博士后科研流动站的通知》,首医大获批新设公共卫生与预防医学、中西医结合、药学 3 个博士后科研流动站,增设护理学 1 个博士后科研流动站。本次还确认临床医学博士后科研流动站。

(方海侠　王于英)

【英才学校第一期培训班结业】 11 月 1 日校逸夫楼报告厅举办英才学校第一期培训班结业暨第二期培训班开班仪式。校领导出席仪式。英才学校第一期、第二期培训班全体学员,各学院学生骨干代表共 200 人参加会议。

(方海侠　王于英)

【入选"卓越医生教育培养计划"试点高校】 11 月 9 日,首医大入选教育部、卫生部第一批"卓越医生教育培养计划"试点高校。获批 3 项改革项目,并成为全国唯一获批涉及拔尖创新医学人才培养模式改革、五年制临床医学人才培养模式改革、面向农村基层的助理全科医生人才培养模式改革的试点高校。

（方海侠　王于英）

【在首都大学生阳光体育体能挑战赛中获奖】 11月25日，学生健美操队参加在北京工商大学举办的2012年首都大学生阳光体育体能挑战赛，获得了北京市大学生体质健康测试赛一等奖，热力操比赛三等奖和团体总分三等奖。

（方海侠　王于英）

【举办首届“汉语桥”留学生中文演讲比赛】 11月27日，由国际学院、党委宣传部学生记者团共同举办首医大第一届“汉语桥”留学生中文演讲比赛。经过初赛选拔的10位选手在台上各显风采，以他们独特的视角展示了丰富多彩的留学生活，表达他们对中国、对北京、对首医大的热爱之情。决赛评出了前三名和最受欢迎奖，400多名中外学生观看比赛。

（方海侠　王于英）

【校园卡一期建设工程项目通过验收】 12月5日，校园卡一期建设工程项目通过专家组验收。该工程建设内容主要是搭建校园一卡通平台和门禁系统建设，以及图书馆通道机系统、图书馆自动化管理系统和学生宿舍楼无障碍通道管理系统对接。右安门校区主要楼宇、各教学实验中心实验室和进业桥等都实行门禁管理。校园卡一期建设工程于5月开工，7月初竣工并投入运行，自运行以来，共计发卡9484张，累计刷卡21万次。

（方海侠　王于英）

【应一获医学教育终身成就奖】 12月15日，中华医学会医学教育分会授予首医大原副校长应一教授医学教育“终身成就奖”。16日在湖南衡阳召开的中华医学会医学教育分会学术年会上，学会名誉会长、第二届医学教育“终身成就奖”获得者王镭教授为应一教授颁奖。应一教授终身从事医学教育和医学教育管理研究工作，在近60年的工作生涯中，教育研究涉猎广泛深入且多有创新，尤其对农村卫生人才培养的研究具有重要贡献。医学教育“终身成就奖”是由中华医学会医学教育分会设立的一个医学教育最高级别奖项。

（方海侠　王于英）

北京电子科技学院

【概　况】 2012年，学院占地面积7.93万平方米，建筑面积7.39万平方米，其中，教学行政用房建筑面积3.58万平方米、学生公寓建筑面积1.54万平方米。固定资产总值10158.33万元，教学、科研仪器设备总值5194.76万元。年教育经费投入14614万元，其中，国家财政拨款12774万元。《北京电子科技学院学报》设有自然科学、社会科学两个版、季刊、年发行4000册。图书馆建筑面积4700平方米，藏书27.68万册，中文报刊541种，外文期刊41种，网上全文数据库8个，教师阅览室1个，电子阅览室2个。信息化经费投入65万元，拥有计算机2303台，多媒体教室座位2081个，信息化设备资产4939.2万元，网络信息点数1260个，校园网出口总带宽130 Mbps，电子邮件系统用户总数3892个，上网课程数549门，数字资源量9000GB，管理信息系统数据总量90GB。下设5个系（信息安全系、电子信息工程系、计算机科学与技术系、通信工程系、管理系），2个教学部（人文社会科学教学部、基础学科教学部），开设7个本科专业（信息安全、信息与计算科学、电子信息工程、计算机科学与技术、通信工程、行政管理、信息管理与信息系统），2个工程领域硕士专业学位授予点（电子与通信工程、计算机技术），3个联合培养硕士研究生专业（密码学、通信与信息系统、计算机应用技术）。在岗教职工330人，其中，专任教师135人，教授18人、副教授56人；博士学位52人、硕士学位113人；硕士生导师33

人;15名教师享受国务院政府特殊津贴,4名教师获得"北京市教学名师",8名教师获得"北京市优秀教师"。该校教师新获1项"核高基"重大专项,2项国家科技支撑计划项目,2项国家自然科学基金课题,1项国家社科基金课题,1项教育部人文社会科学研究项目,28项国家密码科技专项,有2项科研成果获省部级三等奖。毕业生988人,其中,学历教育学生中全日制研究生0人(博士生0人、硕士生0人、研究生班0人),普通本专科生419人(本科生419人、专科生0人),成人教育本专科生569人(本科生227人、专科生342人),网络教育本专科生0人(本科生0人、专科生0人);非计划招生高等教育学生中在职人员攻读博士硕士学位0人(博士生0人、硕士生0人),研究生课程进修班0人。招生546人,其中,学历教育学生中全日制研究生30人(博士生0人、硕士生30人、研究生班0人),普通本专科生471人(本科生471人、专科生0人)、成人教育本专科生45人(本科生0人、专科生45人)。高考北京地区提档线理科496分、文科512分。网络教育本专科生0人(本科生0人、专科生0人);非计划招生高等教育学生中在职人员攻读博士硕士学位0人(博士生0人、硕士生0人),研究生课程进修班0人。在校生3105人,其中,学历教育学生中全日制研究生30人(博士生0人、硕士生0人、研究生班0人),普通本专科生1842人(本科生1842人、专科生0人),成人教育本专科生1233人(本科生415人、专科生818人),网络教育本专科生0人(本科生0人、专科生0人);非计划招生高等教育学生中在职人员攻读博士硕士学位0人(博士生0人、硕士生0人),研究生课程进修班0人。留学生毕业0人,招生0人,在校生0人。与西安电子科技大学联合培养硕士研究生毕业28人,招生29人,在校89人。举办北京广播电视大学开放教育工作,已进入收尾阶段,毕业34人(本科19人,专科15人),招收0人。学院网址:www.besti.edu.cn。

(张　斌)

【令计划慰问教职工】 1月14日,中共中央书记处书记、中央办公厅主任令计划在中央办公厅副主任赵胜轩陪同下,到电子科技学院看望慰问教职工。令计划一行在院领导的陪同下先后到"核高基"项目研发室、密码标准验证室、信息安全研究所看望了教职工。1月16日下午,令计划听取了学院工作情况汇报,并就做好学院工作发表重要讲话。

(张　斌)

【成功申报国家级人文社科研究项目】 3月,学院基础学科教学部吴培群副教授申报的课题《聘任制下大学教师流动的实证研究——基于国际比较的视角》获准教育部人文社会科学研究2012年度一般项目立项,获得资助经费9万元。4月,管理系孙宝云副教授申报的课题《中美比较视野下保密管理机制对政府信息公开的影响研究》获准2012年国家社会科学基金一般项目立项,获得资助经费15万元。

(刘旭然)

【完成硕士专业学位研究生招生工作】 2011年,国务院学位委员会批准电子科技学院开展"服务国家特殊需求人才培养项目"——培养硕士专业学位研究生试点工作。2012年,学院按照教育主管部门的有关要求和学院的招生录取办法,组织实施首届硕士专业学位研究生招生工作。4月16日至19日,39名考生参加电子科技学院2012年硕士专业学位研究生招生复试。经过笔试、机试、面试、体检和政审等环节,学院录取16名"电子与通信工程"专业领域和14名"计算机技术"专业领域的考生。

(刘旭然)

【获两项比赛冠军】 8月3日,管理系学生晋然赴美国参加"2012年微软国际办公软件应用技能(MOS)世界大赛"获Excel 2010项目组冠军。8月12日至17日,计算机系学生王俊达赴台湾参加“计算机综合应用能力海峡两岸总决赛”获大学组冠军。微软办公软件世界大赛和计算机综合应用能力海峡两岸赛中国大陆赛区组委会于9月13日在学院举行颁奖大会为获得两项大赛冠军的学生进行颁奖。

（刘旭然）

【举办建校65周年系列活动】 2012年是电子科技学院建校65周年。9月，先后举办了以“发挥行业特色院校优势，不断提高人才培养水平”为主题的中直四院校座谈会、校友座谈会暨《电科院人》首发式、学院毕业生密码业务提高专训班、以“聚焦国家急需，促进协同创新”为主题的第二十次兄弟院校座谈会、历任院领导座谈会、国家密码管理局和国家保密局领导座谈会、教学改革与创新性人才培养专题报告会、密码学术讲座以及校庆文艺演出等一系列重内涵、显特色、讲实效的庆祝活动。党委书记沈永社研究员撰写的全面反映学院光荣历史、大学文化和办学特色的《电科院赋》在《人民日报》发表。

（刘旭然）

【学生在全国翻译比赛中获一等奖】 11月，在第十届“语言桥”杯全国翻译大赛中，学院2010级通信工程专业学生黄雯从全国近30个省市130所高校的1300名选手中脱颖而出，荣获一等奖。黄雯同学是历届大赛一等奖中唯一一位非英语专业学生，也是学院学生首次在全国翻译比赛中获一等奖。

（张 斌）

【沈永社出席党的十八大会议】 6月8日，学院党委书记沈永社在中央直属机关党员代表大会上当选为中国共产党第十八次全国代表大会代表。11月8日至14日，沈永社同志出席了党的十八大会议，并在会议期间接受了光明日报记者的专访，就“立德树人是教育的根本任务”谈了自己的体会。

（刘旭然）

中国戏曲学院

【概 况】 2012年，学院占地面积86246平方米，总建筑面积65564平方米。分为教学区、办公区、体育活动区、生活区及后勤服务区，具有大、小剧场、影视制作中心、录音棚、体育馆等在内的教学实践实习场所。固定资产总值63797.19万元。全年教育经费24019.87万元，其中，国家拨款20537.27万元、自筹经费3482.60万元。图书馆总建筑面积5723平方米，藏有纸质图书23.52万册，中文图书22.27万册，西文图书2809册，电子图书173.31GB，中文期刊339种，外文期刊65种。设有京剧系、表演系、音乐系、导演系、戏曲文学系、舞台美术系、新媒体艺术系、国际文化交流系、基础部、附中（中国戏曲学院附属中等戏曲学校）等10个教学单位，有戏剧与影视学、音乐与舞蹈学2个一级学科硕士点，有艺术学理论1个二级学科硕士点，设有12个本科专业及25个专业方向。截至2012年12月底，全院在编教职工418人，其中从事教学的专任教师237人。专任教师中教授29人，副教授68人；硕士生导师50人。毕业生494人。其中，学历教育学生中全日制研究生90人，普通本专科生494人，成人教育本专科生128人（本科生87人、专科生41人）。本科毕业生就业率95.01%。招生739人，其中，学历教育学生中全日制研究生82人，普通本专科生514人、成人教育本专科生113人（本科生41人、专科生72人），非计划招生高等教育学生中在职人员攻读博士硕士学位30人。在校生2592人，其中，学历教育学生中全日制研究生223人，中国京剧优秀青年学员研究生班学员0人，普通本专科生2049人，成人教育本专科生260人（本科生108人、专科生152人），非计划招生高等教育学生中在职人员攻读博士硕士学位60人。留学生毕业107人，招生226人，在校227人。学院网址:www.nacta.edu.cn。

(王　媛)

【多剧种招生工作取得突破】 1月,戏曲学院表演系招收黄梅戏、闽剧、梨园戏、广东粤剧共4个剧种。至此,学院多剧种专业累计覆盖世界级非物质文化遗产剧种3个(昆曲、粤剧、京剧)、国家级非物质文化遗产剧种7个(歌仔戏、豫剧、晋剧、越剧、黄梅戏、梨园戏、闽剧)。

(王　媛)

【"青春国戏"和"十大剧种"展演】 5月3至6日,戏曲学院推出"青春国戏"系列教学成果展演。本次展演包括学生折子戏专场和中青年教师折子戏专场,先后上演了梅派、程派、张派等多流派经典剧目和武生、花脸、花旦等多行当基础剧目。10月30日—31日戏曲学院参加"春华秋实艺术院校舞台艺术精品展",在国家大剧院推出多剧种折子戏展演。

(王　媛)

【成立国际文化交流系】 6月19日,戏曲学院整合涉外资源及学院双语人才资源,成立国际文化交流系。该系旨在培养以戏曲艺术为代表的中国传统艺术对外传播相关人才。同时承担国际文化交流专业本科及研究生培养、全院大学英语教学和各层次、多种形式的留学生教育。该系现有专任教师18人,其中,高级职称2人。

(王　媛)

【一课程入选教育部精品视频公开课】 8月,戏曲学院《京剧经典剧目鉴赏》入选教育部精品视频公开课。《京剧经典剧目鉴赏》是戏曲学院京剧系表演人才培养的核心课程,也是全国戏曲院校中最具特色、最有影响力的优势课程。该课程在归纳总结传统戏曲教育经验的基础上,充分吸收在教学试验区中提炼出的独具特色的现代办学理念和教学方法,采取以启发、引导式教育为主的全方位教育模式,将京剧剧目教学从原来的模仿技能训练,提升为对综合素质和创造能力的培养,建立从技能型走向智能型,从传承型走向创造型,从单一的演员型走向复合的表导型的新型戏曲人才培养模式。

(王　媛)

【联合创作《仲夏夜之梦》】 9月27日,戏曲学院与美国马里兰大学联合创作的教学剧目《仲夏夜之梦》在马里兰大学进行首场公演。该剧目由戏曲学院于凡林副教授和马里兰大学 Mitchell Hebert 教授共同执导,两校学生担任演员。

(王　媛)

【举办剧种研究论坛·京剧人才培养高峰论坛】 10月31日—— 11月1日戏曲学院举办"2012剧种研究论坛京剧人才培养高峰论坛"。论坛以探讨"高层次京剧人才的遴选机制"为主题,研讨新时期京剧表演与京剧器乐人才培养的规格和目标、京剧表演和京剧器乐配合模式的创新、京剧人才实践与创造能力培养、京剧教学法的继承与创新、京剧教师的培养机制等问题。来自全国各地的著名戏曲表演艺术家、院团长、戏曲理论家和戏曲专业院校的领导,以及戏曲学院领导老师共60余人参加本届论坛。

(王　媛)

文化　体育　卫生

文　化

【概　况】 2012年，以“喜迎十八大”为主线，举办包括周末百姓大舞台、星火工程等活动在内的“我的丰台·我的家”等系列、“花好月圆·幸福丰台”等专题、“书香北京·文化丰台”等公益性文化活动，及“发现丰台之美·描绘幸福丰台”主题群众文化系列活动、第七个非物质文化遗产日等群众文化活动等，全年全区组织文化活动、文艺演出、电影放映、读者报告会等各类文化惠民活动4200余场次，累计受众80万人次。新建、改造卢沟桥街道、马家堡街道、长辛店镇、莲花池公园共4个文化广场，新建计算机图书联网点3个、益民书屋10个。以挖掘文化内涵为目标，加大文化资源保护传承发展。以保障十八大，落实“平安丰台”为目标，保持文化市场有序发展。开展“保两会”、开展“保两会”、出版物专项整治、文化娱乐场所火灾隐患排查整治等10余项“扫黄打非”和安全生产专项行动。获得第七届北京春节庙会·灯会·文化活动“社区活动奖”、北京市万场群众文艺汇演优秀组织奖、2012年北京市新闻出版先进单位等多项荣誉。

（王　蕊）

【三下乡活动】 1月9日至1月13日，组织开展文化、科技、卫生“三下乡”活动。依托区文化馆、文联、图书馆、电影发行放映中心开展送文艺演出、送影视光盘、送期刊、送书法、送春联、送字画等活动。

（王　蕊）

【各界人士春节团拜会】 1月19日，丰台区2012年各界人士春节团拜会暨文艺演出在蒲黄榆路40号院礼堂隆重举行。丰台区四套班子领导与驻区人民解放军指战员、武警官兵和公安民警、各行各业的劳动者、建设者和离退休老同志等各界人士欢聚一堂，共贺新春，共有近千人参加。

（王　蕊）

【区第三届室内新春游乐会】 1月25日至1月28日，在区文化馆举办第三届室内新春游乐会，游乐会延续往届深受广大群众喜爱的“曲艺联盟拜新年”专场演出，以中国传统的民间民俗为主线贯穿活动，包括民间花会表演、新春游艺项目、区内优秀非物质文化遗产项目展示制作、儿童游艺活动等板块，参与观众近万人。游乐会获得北京非物质文化遗产保护中心联合北京日报、北京电视台、北京青年报举办的“第七届北京春节庙会·灯会·文化活动评选”社区活动奖。

（王　蕊）

【签订守法安全责任书】 2月6日至10日，区文委与全区音像店、书店、印刷厂、电子市场、报刊亭等经营单位签订《丰台区2012年出版物市场经营单位守法经营、消防安全责任书》共计688份。

(王　蕊)

【纪念毛泽东题词发表49周年】 3月5日，区文化馆、区集邮协会承办的纪念毛泽东"向雷锋同志学习"题词发表49周年《弘扬雷锋精神 建设繁荣、文明、幸福新丰台》雷锋专题收藏展览，全部藏品由八一电影制片厂的董兴喜提供。各种书刊画报、塑像摆件、奖章纪念章、纪念品、唱片幻灯片、火花邮票品、书签门券等，共有1000余件。5天千余人前来参观。

(王　蕊)

【文艺演出星火工程】 4月至10月，共有北京歌舞剧院等12支专业演出团队及大红门群星艺术团等7支非专业演出团体参与此项工程。演出节目包括京剧、音乐、曲艺、舞蹈等。文艺演出星火工程实行"订单式"服务，实现"什么时间看就什么时间演"，"看什么演什么"，最大限度地满足群众多元化、多层次的文化需求。年内，共演出204场次，其中专业演出68场次，业余演出136场次，受众近10万人次。

(王　蕊)

【文化"四进"工程】 5月至10月，以文艺演出的形式，组织优秀文艺节目深入社区、村、军营和园博会工地等，进行慰问演出。文艺演出共40场。

(王　蕊)

【第七个"非物质文化遗产日"活动】 6月9日，在区文化馆举办全国第七个"文化遗产日"宣传纪念活动，活动主题是："文化遗产与文化繁荣"活动主要内容有：参加北京非物质文化遗产展、设立宣传咨询台、免费发放宣传纪念品，共发放宣传纪念品2000余件。

(王　蕊)

【"花开丰台"端午文化游园会】 6月22日－6月24日，依托世界花卉大观园、莲花池公园等文化旅游资源优势，首次推出2012"花开丰台"端午文化游园会，以"端午民俗展示传承"为主题，打造集游园赏花、民俗体验、产业交流于一体的端午节庆品牌活动，3天旅客人数6万人，活动期间两个主场地日均游客分别比上年同期增长100%和34%。6月28日，"我的丰台·我的家"群众合唱大赛决赛在区文化馆举行，此次活动惠及全区21个街道乡镇，结合区域特色组织文艺调演、汇演，经过两个多月的初赛和复赛，共有18支合唱队总计980名队员进入了决赛。

(王　蕊)

【"新疆洛浦民族艺术"走进丰台】 7月8日，新疆洛浦县文工团在丰台文化馆剧场开展一场极具新疆民族特色的歌舞盛宴，共有400余人观看。演出分塔什古丽的传说、玉石之路、丝绸之路、复兴之路和奔向辉煌五个部分。

(王　蕊)

【我的丰台·我的家"群众舞蹈大赛】 9月12日，"我的丰台·我的家"群众舞蹈大赛决赛在区文化馆举行，经过初赛和复赛，共有18支舞蹈队总计460名舞蹈爱好者进入决赛。最终《半个月亮爬上来》、《欢腾长鼓》、《盛赞》3支舞蹈获得年度丰台区"我的丰台·我的家"群众舞蹈大赛一等奖。

(王　蕊)

【"天涯共此时"卢沟晓月中秋晚会】 9月30日，以"两岸情、中华心"为主题的"天涯共此时"2012卢沟晓月中秋晚会在卢沟桥畔举行。此次活动首次实现两岸四地同步直播，通过对亲情、友情、同胞情、中华情的渲染，吸引全球华人共同感受幸福北京、文明丰台的美好意境。

(王　蕊)

【丰台时尚戏曲文化节】 10月2日－10月6日，在万方亭公园推出以"梨园大舞台、戏曲零距离"为主题的"2012丰台时尚戏曲文化节"，活动涵盖演出、比赛、互动、体验、参观、讲座等多种形式内容，将丰台厚重的戏曲文化底蕴进行时尚演绎，日均客流量近万人。

（王 蕊）

【举办“喜迎十八大”集邮展览】 10月15－18日，丰台区“喜迎十八大”集邮展在丰台文化馆举办，免费面向市民全天开放。展览内容以歌颂党的光辉历程、展现祖国的大好河山为主，共展出邮集64部，作品近千件。

（王 蕊）

【“六个十”示范工程】 年内，从21个街乡镇的121个推荐项目中，评选出10个示范性街乡镇文化服务中心、优秀文化广场；10个示范性社区文化室、村文化大院；10支优秀群众文艺团队；10个特色文化活动；建立10个基层图书配送点；扶持10个非物质文化遗产项目。

（王 蕊）

【文物保护工作】 年内，挖掘永定河流域历史及周边历史文物文化内涵，将资料加工整理成册，完成《历史文化名城保护之丰台文物篇》（初稿）；以全面收集、挖掘、整理和记载全区珍贵文物为目的，整理收录全区35处三级文保单位文字资料、照片，编辑《新编名胜古迹词典》三级文保单位的撰写。

（王 蕊）

【文物安全工作】 年内，与全区有属地管理职责的街道及乡镇单位签订了《2012年丰台区文物安全保护工作责任书》》。节日期间烟花爆竹燃放重点时段，对全区21处古建文物保护单位内部及周边进行巡视检查。对全区35家区级以上文物保护单位进行6次以上安全巡视检查。

（王 蕊）

广播电视

【概 况】 2012年，广播电视围绕全区中心工作，做好党的十八大、市第十一次党代会、创建首都文明区和园博会建设等重点工作的宣传保障，完成区政府和区委宣传部的折子工程、区政府办实事项目。年内，《丰台新闻》制作、播出254期，总时长约为6350分钟、1900余条，《聚焦丰台》制作、播出50期，总时长约为1000分钟；各栏目制作106期，总时长1650分钟，同比增加120分钟；现场录制各类大型活动、文化演出和报告会27场，2405分钟；制作各类专题片66部511分钟。拍摄各类资料8560分钟。

（张欣悦）

【完成区委宣传部4项折子工程】 年内，组织实施“科学发展 辉煌成就”主题宣传，《丰台新闻》开设《喜迎党代会》专栏，重点围绕城南行动计划给丰台区带来的变化进行系列报道；开设《喜迎十八大》、《党代会回眸》、《学习贯彻市党代会精神，迎接十八大胜利召开》等专栏。开展“创建文明区”主题宣传，《丰台新闻》开设《创建文明区》和《身边好人》专栏，重点报道创建文明区的相关活动；完成《我的丰台我的家》等8条“创建文明区公益广告”的制作播出；配合区环境办制作环境整治工作专题片31部。完成并播出《幸福生活大讲堂》栏目。与宣传部共同策划、制作完成《幸福生活大讲堂》，年内录制4期，播出2期。开展丰台形象宣传，制作、播出丰台形象、丰台logo和党的十八大期间环境美化等宣传片和公益广告。制作播出公益广告11条。其中，“丰台形象”宣传片全年累计播出1800余次700多分钟，“文明创建”累计播出800余次300多分钟。

（张欣悦）

【新闻宣传主题突出】 年内，落实区委《关于把丰台建设成为充满活力的首都文化强区的实施意见》，策划推出“寻访文化”主题系列报道20期。策划并开设《聚焦园博会》、《绿化美化丰台》、《劳模风采》、《幸福丰台过大年》等专栏。

（张欣悦）

【栏目建设创新创优】 年内，推出新栏目《幸福生活大讲堂》；文化类新栏目《花卉与文化》

方案,通过市广电局组织的专家评审,签约获得专项购买经费57万,已正式播出;《丰台故事》获中国电视艺术家协会全国"2012十好电视栏目"和"北京广播电视奖(华彩杯)优秀栏目"两项大奖。合办栏目新增《人口与家庭》、《丰台经济报道》两档栏目,截至年底,10档合办栏目共制作节目80多期,时长近1500分钟。

(张欣悦)

【应对灾害不辱使命】 年内,完成"7·21"特大自然灾害全区抢险救灾、灾后重建工作的宣传报道。《丰台新闻》播发相关新闻稿件72条,共357分钟,开播特别专栏《风雨同舟众志成城》;《丰台警方》、《政协视窗》等栏目同步宣传行业和各界积极抢险救灾等情况;派出记者深入河西再生水厂采访南岗洼桥大营救当事人,制作《生死大营救》专题片;调整频道节目编排在丰台有线和丰台官方微博播出赶制完成的《守望相助在一起》等四部宣传片。

(张欣悦)

【频道形象整体提升】 年内,累计完成频道、栏(节)目和专题节目(片)整体包装设计及制作时长2000余秒。中心第一次参加中国北京国际文化创意产业博览会(第七届),编排的频道、节目宣传片,被组委会办公室授予"最佳组织奖"。

(张欣悦)

【引进节目体现主旋律】 年内,规划引进新节目14档,引进节目与自办、合办节目形成互补。丰富频道资源,满足百姓收视需求。特别是主旋律影视剧等节目的引进有力地配合了全区宣传工作的需求。

(张欣悦)

【前期设备实现高清】 年内,完成378.15万元高清设备政府采购,实现前期设备和后期部分设备高清化。

(张欣悦)

卢沟桥文化旅游区

【概　况】 2012年,景区共接待游客数量共计508062人,收入3861524元。接待团队391批次,接待的重要团体有全国人大、国家文物局、国家工商局等;境外贵宾团包括:克罗地亚大使等。完成并保障节日及"中秋文化节"等大型活动期间景区夜景照明工作。完成雕塑园内12座雕塑的养护工作。新增加5个摄像头,摄像头总数47个。年内对景区内所有标识牌维修更换,新装标识牌40个,并通过市旅游委委托交通部门设计制作雕塑园交通标识牌。完成桥、城、园8个检售票厅测量、预算、设计、订做、安装等工作。更换景区内垃圾桶80个,制作安装路椅90个。完成雕塑园内2座厕所的改造验收工作。对桥、园破损地面和雕塑进行及时修补。在雕塑园南门外设立三面翻公益宣传长廊及小型公益宣传灯箱12块,按照五A级景区质量评定规范要求从新设计制作了五种语言文字的景区标识系统,完成景区宣传片拍摄制作工作并制成光盘向游客和嘉宾进行宣传。完成景区电子语音导览系统。

(冯立华)

【博物馆日宣传活动】 5月18日是第36个世界博物馆日,与区文委、卢沟桥一小、二小等地区学校联系,共同推出"珍爱卢沟文物 弘扬民族文化""博物馆进校园"2012国际博物馆日主题宣传月活动。国际博物馆日当天景区实行半天免费开放的优惠政策。

(冯立华)

【纪念"七·七事变"七十五周年活动】 7月6日上午,"重温历史 缅怀先烈"—宛平城地区纪念"七·七事变"爆发七十五周年主题活动,在"七·七事变"爆发地—卢沟桥举办。活动特别邀请了"七·七事变"的亲历者郑福来老人,讲述事变的经过。前期在卢沟桥一小、卢沟桥二小、晓月苑小学、卢沟桥中学和圣云中学5所中小学校进行的“我眼中的‘七·七事变’”演讲比赛中脱颖而出的优秀小选手，用演讲的形式进行现场展示。与此同时，5所学校向卢沟桥文化旅游区授“爱国主义教育基地”铜牌。

（冯立华）

【举办第二十六届醒狮杯越野跑】 9月2日，由政协北京市委员会、北京市体育局和丰台区人民政府主办的第26届北京卢沟桥醒狮越野跑“诺德杯”越野跑在卢沟桥头名枪发令。副市长刘敬民，市政协副主任沈宝昌、傅惠民、王永庆、蔡国熊，秘书长闫仲秋，市体育局长李颖川，丰台区委书记李超钢等领导出席开幕式。比赛分男女老年组、男女少年组、男女成年组和全民健步走方阵四个组别，分别进行2公里和8公里的比赛，越野跑路线由卢沟桥东桥头起跑，延城南街行至中国人民抗日战争纪念雕塑园东门进入雕塑园，从雕塑园南门出沿路返回起点，全程2公里。男女老年组和男女少年组比赛为2公里，男女成年组比赛为8公里。数千名长跑爱好者参加此次群众性体育传统赛事。

（冯立华）

【天涯共此时卢沟晓月中秋晚会】 年内，天涯共此时卢沟晓月2012年中秋晚会在卢沟桥畔举行，实现第一次两岸四地电视晚会同步直播，晚会主题“文化同根 情感同源 两岸情 中华心”。晚会以“亲情、友情、同胞情、中华情”的情感线贯穿始终，共抒中华民族独有的中秋情怀。北京市委常委、市委宣传部部长、北京市副市长鲁炜、市旅游委主任鲁勇、丰台区区委书记李超钢、区人大主任杜瑞琴、区委副书记、区长冀岩、区政协主席初建华等领导一同观看演出。文化旅游节期间游客27941人。

（冯立华）

【《走进卢沟桥》丛书正式出版】 年内，为纪念卢沟桥建桥820周年、“七七事变”爆发75周年，旅游区与九三学社的学者合作编辑《走进卢沟桥》大型画册。《走进卢沟桥》于10月出版。

（冯立华）

中国人民抗日战争纪念馆

【概　况】 2012年，共接待观众56万余人次。民族精神大讲堂全年共举办17场，10000多名社会观众聆听讲座，被评为2012年十大首都市民学习品牌。组织开展中小学生社会大课堂活动30批，7000余名中小学生参加。开展“牵手计划”活动3批，2000名学生参加。全年共征集各类文物藏品1300余件(套)。其中针对“台湾同胞抗日斗争史实展”，共征集台湾抗战相关文物400件套。先后荣获北京市抗击“7·21”特大自然灾害宣传报道工作先进集体、市委宣传系统百姓宣讲双十佳比赛团体一等奖，其中2名同志荣获“十佳宣讲员”荣誉称号、2012年丰台区旅游行业中国国际园林博览会知识大赛团体第二名、“北京地区博物馆第六次学术会议”学术活动组织奖、“社会科学普及试验基地”称号、2012年度系列科普讲座组织工作先进单位、北京市校外教育先进集体和阳光少年活动优秀组织奖、北京市校外教育先进个人荣誉称号等，“民族精神大讲堂”被评为2012年十大首都市民学习品牌，荣获联合国国际科学与和平周二十四周年优秀活动组织奖。

（赵建军　欧阳敏）

【开展爱国主义教育活动】 年内，开展民族精神大讲堂、中小学生社会大课堂、清明节系列主题教育活动、“扬正气 铸军魂——抗战英烈故事进军营”等品牌活动。推出“牵手计划”活动，将红色教育资源送到京郊山区和打工子弟学校。参加市委宣传系统百姓宣讲双十佳比赛，荣获团体一等奖。完成“魅力北京·百场讲述”—北京博物馆志愿者文化讲述团进部队、学校、社区演讲工作。举办“爱国主义教育基地践行北京精神座谈会”和“中国人民抗日战争纪念馆开国将帅后代趣味运动会”。

（赵建军 欧阳敏）

【组织抗战全面爆发75周年纪念活动】 年内，是中国人民抗日战争全面爆发75周年，也是抗战馆建馆25周年。举办“六个一”系列纪念活动，即：举办一个抗战馆馆藏精品文物展，编辑一部抗战馆画册，制作一台纪念建馆25周年节目，征集一首馆歌，拍摄一部建馆25周年宣传片，设计制作一套文化产品。馆藏文物展共精选馆藏文物700余件(套)，其中一级文物36件(套)。以“民族之魂”为主题的馆歌征集活动，吸引全国31个省市自治区以及海外的专业音乐人，著名词作家石顺义、著名歌唱家阎维文和王宏伟等积极参与，共收到作品600余件，评选出七首优秀歌曲。

（赵建军 欧阳敏）

【举办专题展览】 年内，举办了五个专题展览。“光辉典范——抗战时期中国共产党的廉政建设”得到中纪委、市纪委、市委宣传部的大力支持，市纪委书记叶青纯、市委宣传部长鲁炜为展览揭幕。加强与国外二战类纪念馆的合作与交流，与韩国独立纪念馆互相在对方馆内举办国际交流展览，在韩国举办的《中国抗战(1931－1945)》展览、韩国独立纪念馆在抗战馆举办《在中国的韩人抗日武装斗争》展览。赴日本举办《友谊铸春秋——纪念中日邦交正常化40周年展览》。与市台联共同举办“成功在两岸——郑成功收复台湾350周年纪念展”。

（赵建军 欧阳敏）

【搞好学术研究和编辑出版工作】 年内，与中国抗日战争史学会举办“纪念中国远征军入缅作战七十周年座谈会”。举办“历史记忆中的1937——北京、江苏两地学者纪念七七事变和南京大屠杀事件75周年学术交流会”。与中国抗日战争史学会、中共山西省委党史研究室联合举办了“纪念平型关大捷75周年学术研讨会。与韩国独立纪念馆达成学者互访机制，该馆研究员金周溶博士作为首位访问学者，在抗战馆进行为期两个月的访学，抗战馆也派出一名副馆长赴韩国独立纪念馆访学两个月。编辑出版《中国人民抗日战争纪念馆故事》、《北京中国抗日战争史研究会建会20周年文辑》和《光辉典范——抗战时期中国共产党党风廉政建设》画册。

（赵建军 欧阳敏）

体 育

【概 况】 2012年，为丰台区强势崛起营造“健康、向上、和谐”的浓厚氛围，在4－9月期间举办丰台区创建首都文明区全民健身系列赛事—暨纪念毛泽东同志“发展体育运动，增强人民体质”题词发表60周年体育活动，共组织田径、足球、篮球、登山、门球、健身操舞等14项比赛，6月9日在丰体中心举行开幕式。以“四模两电”为亮点，打造科技体育产业集聚区，建设国家首座“四模两电”专业场馆，定期承办品牌赛事。科技体育馆总投资估算为9991万元，总建筑面积12530平方米。为区工会俱乐部等几家单位安装室内室外健身器材及篮球架；在丰台区左安门桥建设健身步道。加强对公共体育设施管理，符合开放的条件的10所学校，全部向社会开放。对2007年为全区配建的149套全民健身器材进行更新，其中居家工程145套、标准工程3套、市级工程1套。年内，共办理“二、三级运动员技术等级证书”17件(二级运动员证书16件，三级证书1件)、办理“二、三级裁判员等级证书”243件；办理政协委员提案1件、市体育局网民建议1件、群众信访件8件。

（付爱红）

【一区一品群众体育品牌活动】 9月2日上午，北京第26届卢沟桥醒狮越野跑"诺德杯"比赛在丰台区卢沟桥畔开幕。副市长刘敬民、市政协副主席沈宝昌、市体育局局长、市体育总会主席李颖川，丰台区委书记李超钢、区长冀岩等领导出席开幕式。3000余名爱好者在细雨中展开比赛，市残疾人联合会组织的20名残疾人运动员也与社会各界的体育爱好者一同体验这场具有爱国主义纪念意义的活动。9月22－23日在绿堤公园组织一区一品品系列赛事的8公里接力、定向越野、健身秧歌三项比赛。

（付爱红）

【完成2012北京国际铁人三项赛】 9月16日，2012北京国际铁人三项赛在丰台区青龙湖公园顺利举行。这是全球知名的美国旧金山"逃离恶魔岛"铁人三项赛的亚洲唯一一个分站赛。本次比赛设专业组、业余组和企业挑战赛，比赛赛道总长度51.5公里，其中游泳1.5公里，比赛设在青龙湖公园水域；40公里自行车骑行，途经世界地热博览园、南宫温泉度假村、千灵山怪坡等著名景点，到达千灵山公园门口折返；10公里跑主要在青龙湖公园内进行。来自25个国家和地区、近300名运动员参赛，11名世界知名铁三专业运动员受邀参赛。来自新西兰的贝文．多切蒂获得男子专业组第一名，美国选手莎拉．格罗夫获得女子专业组第一名。国内选手白发全获得男子组第5名，北京汽车北京青年队夺得企业挑战赛冠军奖杯。

（付爱红）

【举办2012年全国车辆模型锦标赛】 8月18日至22日，由国家体育总局、教育部等6家单位主办，国家体育总局航空无线电模型运动管理中心、中国车辆模型运动协会、北京市丰台体育中心承办，奇瑞汽车股份有限公司协办的2012年全国车辆模型锦标赛在北京丰体模型赛车场和北安河TZ越野模型赛车场举行，来自全国14个省、市的120余位选手前来参加平路、越野两大类共6个项目的比赛。

（付爱红）

【开展国民体质测试活动】 年内，全区16个街道的72个社区被评为今年的"北京市体育生活化社区"达标社区。6月10日由丰台区二级国民体质测试站在丰体中心免费为市民进行体质测试。按照市体育局要求，对全区2000人的体质状况进行跟踪监测。

（付爱红）

【推广普及广播体操、健身操】 4月18日，在丰台体育中心体育场举办第九套广播体操培训班，全区委办局及街乡等58家单位62名骨干学员参加培训。4月23—5月4日到各个街道、乡镇推广健身操—舞动"北京精神"，1500名体育骨干参加了培训。

（付爱红）

【参加市级比赛】 年内，组队参加北京市青少年锦标赛16个项目的比赛，参赛运动员280人，获金牌25枚、银牌26枚、铜牌30枚。参加2012年北京市青少年室内田径锦标赛，获金牌1枚、银牌3枚、铜牌3枚。在2012年北京市青少年业余体校田径比赛中，区内运动员38人报名参赛，获金牌6枚、银牌5枚、铜牌3枚。

（付爱红）

【承办大型体育活动】 年内，共组织、承办、组队参加市级比赛12次；组织区级大型群体赛事3次（创建首都文明区全民健身系列赛事、一区一品群众体育品牌系列赛、第六届"和谐杯"乒乓球比赛）运动员、裁判员、工作人员、观众等参与总人数22万余人次。

（付爱红）

【安全生产咨询日】 6月10日上午，在莲花池公园东广场参加第11个"安全生产月咨询日"活动，制作4幅展板，发放相关法律法规小折页300余份，组织体育经营单位50多人参加。

（付爱红）

卫 生

医疗卫生

【概　况】 2012年,全区有16个街道办事处、293个社区居委会、5个乡镇、65个行政村,全区常住人口221.4万人。有卫生机构516个(不含3家部队医院),其中医疗机构511个(含北京市丰台区疾病预防控制中心),包括营利性138个、非营利性373个,部队医院3个(不含)。卫技人员15353人(含乡村医生43人,卫生员5人),其中执业(助理)医师5720人、注册护士6439人。实有床位8275张。全区平均每千常住人口拥有卫技人员6.93人、执业(助理)医师2.58人、注册护士2.91人、床位3.74张。全年出生8885人,出生率8.16‰;死亡7481人,死亡率687.12/10万;人口自然增长率1.29‰。死因顺位前十位依次为:恶性肿瘤、心脏病、脑血管病、呼吸系统疾病、消化系统疾病、内分泌,营养和代谢的其他疾病、损伤和中毒、神经系统疾病、传染病和泌尿生殖系统疾病。

(吕媛媛)

【卫生改革】 年内,落实《丰台区深化医药卫生体制改革2012年主要工作任务责任书》,完成重点任务41项,完成率100%。

(吕媛媛)

【社区卫生】 年内,有社区卫生服务中心23个、社区卫生服务站140个(实际运行130个)。有社区卫生工作人员2897人,其中全科医生702人、社区护士668人、防保医师179人。全年门诊600.3万人次,同比增长38.96%;医疗总收入2.38亿元,同比增长40.83%;医疗和药品总收入14.08亿元,同比增长20.96%。社区卫生服务机构和农村卫生所共销售零差率药品6.15亿元。区财政补偿政府购买服务单位所减少的合理收入4730.94万元(除外收支两条线管理单位的补助经费4488.45万元)。右安门、卢沟桥社区卫生服务中心荣获北京市示范社区卫生服务中心称号。23家社区卫生服务中心完成新社区卫生服务综合管理信息系统的切换和使用。

(吕媛媛)

【为老服务“三优先”】 年内,为老年人提供“三优先”服务1473793人次,免收挂号费1255713人次,减免627856.5元;为15505名无社会养老保障的老年人提供免费体检,减免1515910元。

(吕媛媛)

【社区健康教育】 年内,制作健康教育宣传栏909期;发放健康教育宣传材料22.05万份;发放健康处方14.67万份;开展健康教育讲座次数1164次,3.24万人参加;开展健康促进活动604次,3.72万人参加;接待健康咨询7.58万人次。

(吕媛媛)

【健康档案】 年内,全区社区卫生服务机构建立家庭健康档案53.64万份、居民个人健康档案173.05万份,建档率81.95%。其中电子健康档案136.19万份,个人电子健康档案建档率64.5%,上传至市信息平台的电子健康档案123.94万份,上传率71.62%。

(吕媛媛)

【健康服务】 年内,17个社区卫生服务中心为19个企事业单位提供健康服务。为功能单位职工建立健康档案1326份、提供心理健康干预服务140人次;巡诊769次;开展健康教育讲座55场次,受众22304人次;发放健康教员宣传材料6245份;功能单位职工签订家庭医生式服务856人。

(吕媛媛)

【社区支援】 年内,选派专家支援社区卫生服务中心1188人次，支援专家门诊诊治患者119753人次，疑难病会诊1281人次，带教医务人员579人次，开展健康大课堂讲座100场次。

（吕媛媛）

【家庭医生式服务】 年内，建立社区卫生服务团队255个，签约303437户664617人，其中重点人群342295人、四种慢性病人245482人、65岁及以上老年人206983人。发放家庭医生服务联系卡、家庭医生式服务指南、宣传海报、致居民一封信共279203份。开展签约居民健康评估129948人次，发放针对性健康教育材料395214份，发送告知信息204885人次，提供主动服务108413人次，提供上门服务23029人次。培养家庭保健员821名，其中中医家庭保健员87名。

（吕媛媛）

【延时服务】 年内，23家社区卫生服务中心延长门诊服务时间，投入工作人员33562人次，诊治门诊病人105037人次，免费测量血压22662人次，提供健康咨询27201人次；在24小时应急处置服务时间内，7家社区卫生服务中心投入医务人员12263人次，诊治病人10923人次。

（吕媛媛）

【农村卫生】 年内，有乡级医疗机构5个，其中区政府办2个、乡政府办2个、社会办1个；有村级医疗机构68个，均为村集体办，覆盖率100%。注册乡村医生392人，其中参加在岗培训313名，参加理论考试157名。

（吕媛媛）

【新型农村合作医疗】 年内，参合125382人，参合率99%。筹资8024.448万元。报销补偿158935人次，补偿支出11952.50万元，其中门诊补偿145868人次，补偿3773.15万元；住院（含特病）补偿13067人次，补偿8179.35万元。

（吕媛媛）

【疾病控制】 年内，新增307医院、南苑医院2家医院肠道门诊。完成全国职业健康状况调查工作，完成重点职业病（锰中毒）哨点监测（13家用人单位，925人）工作，完成全市重金属（铬）污染健康监测（6家企业，41人）工作。举办新型冠状病毒、不明原因肺炎监测培训会。

（吕媛媛）

【传染病管理】 年内，报告法定传染病25种19030例，发病率875.28/10万，同比下降3.88%，报告死亡27例，报告死亡率1.24/10万，同比上升4.92%。甲乙类传染病共发生18种5397例，发病率248.23/10万，同比下降16.40%；死亡27例，死亡率1.24/10万，比上年同期上升4.92%；痢疾2274例，发病率104.59/10万；肺结核1477例，发病率67.93/10万；梅毒457例，发病率21.02/10万。丙类传染病发生7种13633例，发病率627.05/10万，比上年同期上升2.18%；其它感染性腹泻7472例，发病率343.67/10万；流行性腮腺炎485例，发病率22.31/10万。14个肠道门诊共开诊214天，门诊18136人次，同比下降6.3%；其中初诊17616人次、复诊520人次；自11月1日起，仅保留丰台医院及长辛店医院2个肠道门诊。

（吕媛媛）

【结核病管理】 年内，新登记管理肺结核病例314例，其中涂阳病人79例占25.2%；区户籍131例（41.7%），外地户籍183例（58.3%）。314例病人全部进行免费监化治疗和管理。为12112名新生儿接种卡介苗。

（吕媛媛）

【性病防治】 年内，新增艾滋病病毒感染者及患者319例。5种性病新增1076例，其中梅毒469例、淋病163例、尖锐湿疣269例、生殖器疱疹19例、生殖道沙眼衣原体感染156例。HIV/AIDS流调456例。完成高危人群HIV抗体筛查2894例，筛查率100%，检出HIV抗体阳性7例。

（吕媛媛）

【狂犬病管理】 年内,报告狂犬病2例。报告输入病例8例,其中佑安医院6例、解放军三〇二医院2例;户籍分布河北7例、山西1例。人狂犬病免疫预防门诊开诊6家,疫苗接种14616人次,比上年下降10.29%。

(吕媛媛)

【手足口病防治】 年内,报告手足口病5518例,发病率253.80/10万,占丙类传染病总数的40.48%,无死亡病例。其中男性病例3353例,占60.76%。1-5岁患儿占86.77%。散居儿童、托幼儿童及学生3种人群5471例,占99.15%。完成全区医疗机构及200余个托幼园所工作人员的手足口病防控知识培训,举办手足口病诊疗知识培训班。

(吕媛媛)

【地方病管理】 年内,对樊家村小学、岳各庄小学、槐房小学的210名8~10岁儿童进行尿碘水平监测,尿碘中位数170.3μg/L。孕妇与育龄妇女尿碘监测400人份,孕妇尿碘中位数135.8μg/L,育龄妇女尿碘中位数165μg/L。居民户碘盐监测288户,非碘盐率5.6%,碘盐覆盖率94.4%,碘盐合格率96.3%,居民合格碘盐食用率90.97%。养殖业从业人员血清布氏杆菌抗体检测33名,无阳性病例。全年报告布氏菌病3例。

(吕媛媛)

【精神疾病防治】 年内,有重性精神病4492人,检出患病率2.14‰,发病率0.03‰,病人管理率96.7%;6类重性精神疾病规范化建档3245人,规范化管理2202人,规范管理率67.9%。免费投药353人。精神病人轻微滋事3例,未发生重大肇事肇祸事件。

(吕媛媛)

【学校卫生】 年内,中小学生健康监测86530人,沙眼检出率0.005%,蛔虫感染率未检,贫血检出率0.68%,营养不良率12.5%,龋齿患病率13.42%,肥胖率22.87%,视力不良率59.32%。物质环境监测学校69所教室138间,教室人均面积合格率71.01%,课桌配套符合率74.63%,课椅配套符合率70.29%,黑板反射系数合格率26.9%,黑板照度合格率94.2%,教室采光系数合格率81.88%,墙面反射系数合格率34.06%,窗地比合格率26.09%,室内二氧化碳合格率98.55%,室内温度合格率100%,教室噪声合格率69.57%。开展卫生视导学校136所,视导覆盖率100%,整改合格率100%。

(吕媛媛)

【慢病管理】 年内,管理4种慢性病34.46万人,其中管理高血压18.63万人,规范化管理11.19万人,规范化管理率60.06%;管理糖尿病5.99万人,规范化管理4.51万人,规范化管理率75.29%;管理冠心病4.47万人、脑卒中2.25万人、其他慢性病3.12万人。完成市医改项目中关于高血压、糖尿病患者规范化管理工作,其中管理高血压11.3万人,完成率100.37%;管理糖尿病4.45万人,完成率137.64%。开展脑卒中筛查工作,筛查居民3520人,发现高危人群2622人、脑卒中患者472例,完成颈动脉彩超2304例,发现颈动脉狭窄者435人。

(吕媛媛)

【计划免疫】 年内,抽查210人,建卡率100%,建证率100%,卡证符合率100%,五苗全程合格接种率97.6%。基础免疫接种424082人次,加强免疫接种203695人次。基础免疫接种:卡介苗100%,脊髓灰质炎98.6%,百白破99.0%,麻疹99.5%,乙肝100%、首针及时率96.2%,风疹100%,流腮100%,流脑98.7%,乙脑100%,甲肝94.2%。加强免疫接种:百白破100%,麻疹99.0%。北京市户籍常规免疫接种率监测:基础免疫接种率99%以上;加强免疫接种率99%以上。外省户籍常规免疫接种率监测:基础免疫接种率99%以上;加强免疫接种率99%以上。

(吕媛媛)

【职业卫生】 年内，有接触职业病危害因素单位139个，职工32275人，其中接触职业病危害因素4748人。开展职业病危害评价单位1家委托项目1个，开展职业病危害现状评价单位4家。完成职业病危害因素检测单位31家，采集536个作业点3016件样品，超标点数46点，超标率8.58%。职业健康检查93家单位3074人，检出职业禁忌证18人、疑似职业病6人、需要到职业健康检查资质机构复查154人、其他异常1021人，总异常1199人，总异常率39.00%。

（吕媛媛）

【放射卫生】 年内，有放射工作单位125个，其中医用诊断X射线应用单位96个、工业探伤27个、其他射线装置2家。有放射工作人员644人，其中医疗卫生机构504人、工业探伤126人、其他射线装置14人。完成放射工作人员个人剂量监测4次，完成放射工作单位监测458家次2473人次，完成11家单位11人的大剂量核查。

（吕媛媛）

【健康教育与健康促进】 年内，开展手足口病预防、结核病预防、流感、艾滋病、高血压等重点传染病和慢性病的健康教育宣传工作，开展宣传9次，干预人群20343人。创建健康社区167个、健康促进示范村44个、健康促进学校131个、健康促进医院11个、健康促进工作场所4个。承接国际及市级健康教育相关“健康素养调查”等5个项目，干预调查人群1300余人，撰写论文1篇。

（吕媛媛）

【卫生监督】 年内，有餐饮服务单位4091户，监督检查7972户次，监督覆盖率99.14%，合格率97.04%。开展鲜肉和肉制品安全整顿治理、火锅底料违法添加罗丹明B整治、餐厨垃圾调研等10余项食品卫生专项工作。

（吕媛媛）

【公共场所卫生】 年内，有公共场所2419户，监督3380户次，监督覆盖率98.08%，合格率99.02%。

（吕媛媛）

【饮用水卫生】 年内，有生活饮用水单位772户，监督1071户次，监督覆盖率99.87%，合格率98.20%；开展饮用水专项检查，检查二次供水单位385家、自备水源22家、小型集中式供水248眼。

（吕媛媛）

【医疗卫生专项检查】 年内，监督风险较大医疗机构40家，实现监督全覆盖。继续实施医疗机构不良执业行为记分办法，推行卫生监督信息公示制度，向医疗机构发布预警信息；开展医疗执业风险隐患排查及“人类辅助生殖技术”等专项检查，出动监督员464人次、车辆158车次。

（吕媛媛）

【公共卫生投诉举报】 年内，受理社会举报投诉案件1301起，其中餐饮服务869起、公共场所96起、生活饮用水52起、医疗机构283起、传染病与消毒1起。办结1301起，满意率100%。

（吕媛媛）

【妇幼保健】 年内，区户籍活产8885人，孕产妇8800人，孕产妇系统管理率98.63%，高危妊娠管理率100%，住院分娩率100%。区户籍孕产妇死亡0例。区户籍围产儿死亡率4.38‰（39/8911）。剖宫产率50.93%。

（吕媛媛）

【儿童保健】 年内，新生儿访视8796人，覆盖率99%。0－6月纯母乳喂养率70.2%。出生缺陷发生率14.01‰。新生儿听力筛查率99.7%，疾病筛查率98.0%。0－6岁儿童系统管理率97.2%。婴儿死亡率2.81‰，5岁以下儿童死亡率2.93‰。

（吕媛媛）

【计划生育】 年内，开展计划生育手术21602例，并发症0例。婚前检查2082人，婚检率8.57%。孕前检查3702人，孕检率

15.23%。

(吕媛媛)

【医疗工作】 年内,门诊12380483人次,急诊936804人次,留观421415人次,入院146896人次,出院146011人次,病床使用率83.69%,死亡率2.43%,出入院诊断符合率99.75%。住院手术42137例。

(吕媛媛)

【院内感染管理】 6月,在一级医院开展"医疗质量万里行、三好一满意"现场督导检查,重点检查医院感染管理情况。11月,邀请市级专家抽查辖区口腔门诊部院感质控管理情况。

(吕媛媛)

【病历质控】 8-10月,组织市级专家督查二级医疗机构病案首页填报情况。9月、12月,组织二级医疗机构相关工作人员50人次参加市病案首页信息填报工作培训。

(吕媛媛)

【护理工作】 年内,在二级以上医疗机构实施优质护理服务示范工程,33个病区实现优质护理服务。举办护理管理培训班3次,参加1320人次。

(吕媛媛)

【预约挂号诊疗服务】 10月,在二级综合医院开展预约诊疗服务工作,提供网上预约、114电话预约及院内诊间预约3种挂号方式。

(吕媛媛)

【对口支援】 年内,16家医院123名医务人员为农民义诊1062人次、健康宣教512人次、发放宣传材料19750份、走访困难家庭11家,投入经费49422元。对口支援房山区、怀柔区中医院和乡镇卫生院,7家医院117名医务人员为农民义诊267人次、健康查体197人次、门诊3929人次、手术3例、疑难会诊16次、学术讲座65次,捐赠书籍、药品、器械价值725000元。培训内蒙古宁城眼科和阿旗中医院肺病科医护人员30人次。

(吕媛媛)

【中医工作】 年内,丰台区人民政府与北京市人民政府签署《北京市丰台区基层中医药服务能力提升工程目标承诺书》,开展国家基本公共卫生服务中医药服务项目试点区创建、丰台区中医药文化建设工作。开展三级中医院帮扶基层中医药服务工作,东方医院与丰台中西医结合医院、丰台区社管中心签署《北京市基层中医药服务能力提升工程三级中医院帮扶基层工作责任书》。70余家医疗单位和社区卫生服务机构开展冬病夏治三伏贴工作,诊治患者4万余人次。朱跃兰等8位同志被授予"丰台区名中医"荣誉称号。

(吕媛媛)

【血液管理】 4月,新建马家堡公益西桥华联超市街头固定献血点,设置莲花池公园庙会、亿客隆万丰店2个临时献血点。5个街头献血点采血47758单位,同比增长16.7%。210家单位5109人次参加应急献血,献血5945单位。全年临床用血22478单位,其中红细胞20728单位、血小板1080单位、其它670单位,成分输血率100%。批准东方建都医院增设血库。完成右安门医院、711医院、东方建都医院血库备案登记。

(吕媛媛)

【麻醉精神药品管理】 年内,受理印鉴卡审核报批1家,完成变更事项18次,换发印鉴卡8家。医师麻醉药品处方权资格备案416人次。9月,联合药监部门开展医疗机构麻醉药品、第一类精神药品专项检查。

(吕媛媛)

【医疗设备】 年内,全区有万元以上医疗设备10867台,总资产625023.1万元,其中医院有万元以上设备10460台。

(吕媛媛)

【医学教育】 年内,26个继续教育基地申报继续医学教育区级项目448项,34家医疗卫生单位开展院内自管项目608项。12805名卫生技术人员中有12527名参加继续医学教育培训,达标12335人,参与率97.8%,达标率96.3%。开展继续教育基地中期评估工作。313名乡村医生参加培训，157名乡村医生参加考试，155名通过理论考试，通过率98.7%。31名农村卫技人员到区属二级医院及社区卫生服务中心参加临床轮训。70名医学专业本科及以上学历的毕业生参加北京市住院医师规范化培训。

（吕媛媛）

【科研工作】 年内，科研立项186项，获资助6551.678万元，其中国家级课题35项，获资助5624.57万元；市级课题29项，获资助410.108万元；区级课题28项，获资助143万元；其他课题94项，获资助374万元。

（吕媛媛）

【财务管理】 年内，卫生事业总收入238138.98万元，总支出232040.39万元。专用基金收入3047.53万元，支出2896.79万元。审计系统基建工程70项，送审金额1392.22万元，审定金额1347.24万元，审减金额44.98万元，审减比例3.23%。

（吕媛媛）

【基本建设】 8月1日，妇幼保健院装修改造工程开工，年内完成工程总量的95%。该工程位于右外开阳里危改小区3区1号，为建成楼房装修改造工程。该建筑地上八层、地下二层，建筑总高33.45米，总建筑面积17433.7平方米，其中地上12860.33平方米，地下4573.37平方米。预计工程总投资8080.97万元。

（吕媛媛）

药品监督管理

【概　况】 2012年，区药品监督管理工作受理许可事项1308件，即时办理239件，办结率100%。受理药品零售企业行政许可426件，其中筹建98件、核发45件、变更35件、换证40件、注销18件、GSP认证117件、变更集中设库2件、即时办理71件；医疗器械经营企业行政许可495件，其中核发285件、变更159件、换证51件，即时办理45件。注销《医疗器械经营企业许可证》139家。医疗器械生产企业行政审批37家，其中核发5家、变更26家、换证6家。接待各种咨询300余次，组织培训和考试20场次，参加145人次。向灾区捐款6200元。

（李嘉惠）

【安全用药宣传】 年内，组建“药师讲师团”队伍，参与区“幸福生活大讲堂”的“百姓与法”栏目；在社区、学校和军营等场所开展安全用药知识讲座112场次。组建“志愿服务者”队伍，向3000多户家庭讲解安全用药常识，帮助清理过期药品，赠送家庭小药箱3000多个，制发安全用药知识普及读本7万多本。参与“北京市药品安全公众服务平台”，向公众提供药品安全信息查询、咨询服务。

（李嘉惠）

【药品安全百千万工程】 年内，新聘任药品监督员、协管员和安全员892名。为21个街乡镇设置药品回收箱335个。组织9个街乡镇、98家企业完成北京市评审验收考核。截止年底，辖区21个药品安全示范街乡镇、111家药品质量管理示范企业全部通过达标考核，三年“药品安全百千万工程”建设目标任务提前完成。

（李嘉惠）

【药店管理】 年内，优化零售药店布局，方便群众就近购药。把药店配备血压计、体重计、腰围测量工具情况和药学服务内容纳入日常监督检查中，规范药店服务行为，提高服务质量。

（李嘉惠）

【药械市场治理】 年内，加大违法行为打击力度，开展针对非法收售药品、非法制售药品、“黑诊所”、“黑药店”等专项行动。受理投诉举报等案件379件，其中涉及药品185件、医疗器械77件、保健食品111件、化妆品5

件,可回复案件答复率100%,查办率100%,办结案件408件(含2011年立案案件)。立案调查案件24起,立案率6.3%。执行行政处罚36件(其中一般程序28件,简易程序8件),结案率85%。没收物品折合人民币15.89万元,没收违法所得11.65万元,罚款30.50万元,罚没42.15万元。与公安、卫生、工商等单位联合执法42次,摧毁窝点36个,查获药品180余种、10万余盒(瓶),出动药监执法人员230余人次、车辆50余台次,抓获犯罪嫌疑人100余人,涉案案值约370余万元,关闭涉嫌邮售假药邮箱12个。

(李嘉惠)

【专项整治】 年内,开展专项整治行动18项,包括联合打击假冒侵权酒类产品、打击利用互联网非法收售药品行为、打击农村市场假劣药品、北京市"一日游"市场治理整顿、养犬集中年检、查处黑龙江鑫威格药业生产假药、毒胶囊、集中整治"两非"、保健食品违法添加化学药物成分和化妆品违法使用禁限用物质、中药饮片整治、药品生产流通领域集中整治、追查和谐通肾牌蛇力康胶囊等12种非法添加化学药物保健食品来源、查处上海益健生物科技有限公司等14家企业虚假标示保健食品、查处7色瘦等假冒保健食品、金帝华牌糖舒尔克胶囊监督检查、停止浙江省新昌县华星胶囊厂卓康胶囊厂和浙江新大中山胶囊有限公司所产空心胶囊用于药品生产、查处富来森牌糖舒宁胶囊等假冒保健食品、熊去氧胆酸软胶囊监督检查。

(李嘉惠)

【"三品一械"抽验】 年内,抽验药品批发企业24家、零售企业73家、生产企业7家、医疗机构64家,抽验药品660件,其中监督性抽验460件、针对性抽验120件、基础测试80件(含25件快筛);抽验化学药407件、中成药228件、中药饮片25件。发现不合格药品2件,合格率99.6%。抽验医疗器械51批次、保健食品27批次、化妆品45批次、基本药物251批次、药包材22批次。药检所抽验检品786批次,其中丰台检品566批次,全检率75%以上,发现不合格检品1批次,合格率99.7%。

(李嘉惠)

【"三品一械"市场安全监管】 年内,开展日常监督检查,检查高风险药品生产企业30家次、日常监督58家次,监督医疗机构196家次,检查药械经营企业653家次、保健食品企业335家次、化妆品企业126家次,注销药械经营企业97家,要求26家企业整改,查处企业8家、医院2家。

(李嘉惠)

【十八大安保】 年内,组织"迅雷行动"、"利剑行动"、"平安行动"市场安全应急演练,开展中药饮片、含麻黄碱复方制剂、一次性无菌物品、植介入类物品等10余项整治行动,出动执法人员2023人次,检查重点企业756家次,抽验药械、保健食品和化妆品共68批次、药包材12批次,抽查药品132批次、购销票据1650余份,检查各类场所131间,发现并排查隐患18个。

(李嘉惠)

【处置铬超标胶囊事件】 年内,处置铬超标胶囊事件,出动执法人员235人次,监查药品、保健食品生产经营企业和医疗机构共43家次,抽验药品56批次,发送短信3200余条,配合7家外省药品生产企业召回药品19批次。

(李嘉惠)

【基本药物监督管理】 辖区药品生产企业全年生产基本药物5016批次,产品全部赋码,分1.64亿个最小包装,上传出入库单据1.6万笔。加强基本药物监查管理,对8家基本药物生产企业监查率、对在产29个基本药物品种监督抽验率、对107个国药准字药品文号电子监管率均为100%。

(李嘉惠)

【特殊药品监督管理】 年内,检查第二类精神药品批发企业21家次、蛋白同化制剂肽类激素药品批发企业46家次、放射性药品使用单位7家次、美沙酮门诊3家次，规范企业经营行为，督导不经营企业核销特药经营范围。

（李嘉惠）

【保健食品监管】 年内，出动执法人员1335人次、车辆145车次，监查保健食品生产企业45家次、经营企业400余家次，抽检27个品种，包括高风险保健食品（减肥、增强免疫力、调节血脂、调节血糖、改善睡眠、抗疲劳六类），其中不合格品1个批次，合格率96.3%。辖区有26家保健食品企业建立信用档案。

（李嘉惠）

社　会

民政工作

【概　况】　2012年,民政工作围绕建设“繁荣、文明、幸福”新丰台的大局,以“保障改善民生,创新社会管理”为着眼点,充分发挥民政在社会建设中的骨干作用和社会和谐中的基础保障作用,为促进区域经济和社会发展做出了应有的贡献。

(宋连生　盛　蕾)

【突发事件】　“7·21”特大自然灾害发生后,协调各方面力量,及时调运物资,先后向受灾群众发放棉被、折叠床、帐篷、食品、电风扇等14万余件,组织接收捐款640余万元,并下拨了临时性生活补助费,为临时安置房配备了家具和生活物品,保障了受灾群众的基本生活,实现了让受灾群众“有饭吃、有水喝、有衣穿、有被盖、有房住”的目标。

(宋连生　盛　蕾)

【社会救助】　调整低保标准,全区共有6897户、13143名城乡低收入群体纳入低保范围,支出低保金7477余万元。落实城乡特困人员医疗、教育等救助政策,4101人次得到医疗救助,支出救助金605.8万元。对6292人因病因灾等暂时生活困难的群众进行了临时救助,支出资金279.8万元;对123名特困人员重大疾病实施救助,共计74.5万元;对7个农村特困户危房进行了翻建。结合“两节”慰问,开展了“幸福丰台过大年”送温暖系列活动,全区5万余人受益。完善救助工作联动机制,提高了救助效率和管理水平,共救助流浪乞讨人员3200余人次,位列全市第一,救助站被评为“全国民政工作先进集体”。

(宋连生　盛　蕾)

【社会捐赠】　以社会互助为宗旨,广泛开展了送温暖献爱心活动,全年共筹集善款1015万元,支援了受灾地区和本区困难群众。创新爱心超市管理和运营模式,首家慈善超市中心店正式营业。

(宋连生　盛　蕾)

【社会福利】　年内,建成养老床位695张,超额完成区政府折子工程确定的目标。截止2012年底,全区养老服务机构达到23家,养老床位总数达到4860张。全区福利彩票销售5.78亿元,居全市第三位。创新养育方式,拓展送养渠道,促成了涉外和国内收养儿童12名。促进孤残儿童健康成长,为残疾儿童进行康复手术。

(宋连生　盛　蕾)

【老龄工作】　落实“九养政策”,发放养老券4800万元,建成了16个居家养老服务中心,超额完成了任务。组织了“重阳节”系列活动,评选表彰了900名“孝星”和90家“为老服务先进单位”。

（宋连生　盛　蕾）

【双拥建设】 贯彻军民融合式发展的要求,开展双拥共建活动。“7·21”特大自然灾害发生后,驻区部队官兵积极出动投入到抢险救灾第一线,有效地保护了人民的生命财产安全。5000余名官兵参与植树活动,确保了平原造林任务的完成。为随军家属发放自谋职业补助金1177余万元。组织了“军民鱼水情”书画摄影展和羽毛球赛,促进了军民融合。

（宋连生　盛　蕾）

【优抚安置】 贯彻优抚政策,重点优抚对象抚恤和生活补助标准提高11.4%,义务兵优待金由1.8万元提高到2万元,发放优抚金3823万元。拓宽退役士兵安置渠道,实行“双向选择、择优录取”的就业方式,组织专项招聘会21次,安置退伍士兵271名。

（宋连生　盛　蕾）

【见义勇为】 确认并大力宣传了河西再生水厂175名工作人员奋不顾身、成功救援207名被困群众及高铁成等12名同志的见义勇为行为先进事迹,弘扬了社会正气,营造了见义勇为的社会氛围。

（宋连生　盛　蕾）

【军休服务】 接收安置军休干部1196人,数量居全市第一。推进军休服务管理社会化改革,军休干部政治和生活待遇得到落实。截止年底,丰台区管理服务的军休干部和无军籍退休职工10522人。

（宋连生　盛　蕾）

【基层政权建设】 完成对全区288个社区选举工作,对890家社区社会组织进行了备案。

（宋连生　盛　蕾）

【社区服务】 推进“干净、规范、服务、安全、健康、文化”的“六型社区”创建工作,53个社区被评为达标单位。组织开展了各类社区志愿者服务活动,完成了11个农村社区服务站标准化建设。

（宋连生　盛　蕾）

【行政区划】 开展“平安边界”创建工作,为街乡镇边界的认定提供服务,编撰了《政区大典》。

（宋连生　盛　蕾）

【婚姻登记】 年内办理结婚登记11000对,离婚登记3092对,补领婚姻登记1800对,执法合格率达100%。

（宋连生　盛　蕾）

【殡葬管理】 清明节期间,接待祭扫群众49.5万人,实现了“平安清明”的目标。落实“零百千万”殡葬惠民工程,103人认购万元墓穴,为1289人发放丧葬补贴费644.5万元。

（宋连生　盛　蕾）

【地退超转】 落实地退和征地超转人员生活和医疗各项待遇,举办了地退超转老人专场演唱会和“健康大讲堂”等活动,促进了这一群体的思想稳定。

（宋连生　盛　蕾）

社会建设工作

【概　况】 2012年,社会建设工作把握“稳中求进”的总基调,注重创新,打牢基础,社会服务管理工作稳步推进。出台了《丰台区网格化社会服务管理工作实施方案》,初步建成了社会服务管理网格化体系框架。制定了《丰台区“幸福街道、幸福社区”创建活动实施方案》,在5个街道和部分社区开展了试点工作。推进“六型社区”创建工作,制定并下发了《丰台区关于创建北京市“六型社区”示范单位评选活动的实施方案》,完成了20个市级“社区规范化建设示范点”的创建工作;在全区112个社区中开展了“社区规范化建设示范点”创建活动。加强社区工作者队伍建设,举办各类培训班12个,培训人员2433人次。提升社会组织的服务功能,举办各类培训班6次,培训人员500人次。

(王莎莎)

【“一刻钟社区服务圈”建设】 按照“抓整合、重需求、全覆盖”的思路,推进“一刻钟社区服务圈”建设。截至年底,全区已建成“一刻钟社区服务圈”试点150个,覆盖200余个社区,惠及125万人。实施“一社区一网站”建设工程,实现了社区网站全覆盖。

(王莎莎)

【社区办公和服务用房建设】 采取新建、改扩建、租赁、置换等方法,年底前,有214个社区办公和服务用房达到350平米,占全区社区总数的74%。规定要求,社区办公和服务用房应达到350平方米。

(王莎莎)

【基层民主政治建设】 右安门街道玉林西里社区“三会一评三监督”工作机制、永乐社区小区事务协管会“3+2”管理模式进一步深化;和义街道社区事务会商制度的做法在全区推广;方庄地区芳群园一区“日巡制”工作模式,得到市社会工委的肯定。

(王莎莎)

【成立社区工作者合唱团】 为丰富社区工作者的业余文化生活,在全区社区工作者队伍中组建了一支合唱团——丰台区社区工作者合唱团。这是北京市首支区级社区工作者合唱团。

(王莎莎)

【接待新加坡社区工作访问团】 3月12,应中外友好国际交流中心的邀请,以新加坡国会议员维凯为团长的社区基层工作访问团一行40余人,到丰台区怡海花园社区进行访问考察。

(王莎莎)

【“幸福街道 幸福社区”创建工作】 年内,启动了“幸福街道、幸福社区”创建工作,计划从2012年起至2014年,利用3年时间,在全区所有街道和社区开展“幸福街道、幸福社区”的创建活动。创建活动整合“六型”社区、“和谐”社区、社区“双争创”活动等各类考评资源,将各种指标体系进行整合、提炼纳入“幸福街道、幸福社区”创建工作指标体系,重点围绕社区安全、社区环境、社区文化、社区服务、社区文明、居民健康、群众参与等内容进行评价考核。

(王莎莎)

【社区党组织换届选举工作】 完成了全区288个社区的党组织换届选举工作,共选举产生新一届社区党组织班子成员1548名,其中专职党务工作者612名,班子成员平均年龄42.3岁,比上届下降了5.1岁;大专及以上学历1228名,占79.3%,比上届提高了21.9%。社区党组织书记288名,平均年龄为45.9岁,比上届下降了2.3岁;大专及以上学历253名,占87.8%,比上届提高了16%;班子中大学生社区工作者100名,其中担任专职副书记1名,兼职副书记2名,担任兼职委员97名。

(王莎莎)

【社区社会组织】 截止年底,全区正式登记注册的社区社会组织417家,其中社团类社会组织65家、民办非企业352家;备案的社区社会组织800余家,已成为服务区域经济社会发展的一支重要力量。

(王莎莎)

【“知民情 解民忧”大比武大练兵活动】 开展了“知民情、解民忧”大比武、大练兵活动。参加活动的是全区所有在社区党委、社区居委会和社区服务站工作的社区工作者。活动的主要目的是引导社区工作者能够真正把社区民情“绘在图上、记在心里、落到实处”,提高服务群众的工作能力。

(王莎莎)

人口管理

【概　况】2012年，丰台人口管理工作坚持“以数据监测为指导，以专项行动为引导，以实地检查为督导”的“三导”工作机制，在社区安全防控、重点人员管控、流动人口重点地区清理整治、户政管理与服务等多方面实现了良好的效果。完善了社区民警驻区制建设、人力情报社会信息员建设和实有人口服务与管理全覆盖体系建设。

（郭凤华　陈　刚）

【固化和完善重点人员动态管控机制】组织社区民警对辖区人、地、物、事开展了全面排查和风险评估，落实重点人员动态分级管控措施，截至十八大安保结束，重点管控人员无一漏管失控，全区各类重点人员未发生一起到中心区域及重点地区威胁会议安全的行为。

（郭永新）

【建设实有人口服务管理全覆盖体系】整合各类信息采集员3019人，组织社区民警及信息采集员培训120余次；走访登记各类房屋79余万户、采集实有人口210余万人；检查重点场所及部位7204处、发现并消除各类安全隐患3622处，共发放宣传材料110余万份；发现各类涉案线索300余件，从中抓获违法犯罪人员168人。

（郭凤华　郭永新）

【开展抓逃“清网行动”】在抓逃“清网行动”专项工作中，组织属地派出所发现各类违法犯罪前科人员613人，抓获流动人口网上在逃人员136人。

（郭凤华　王　希）

【开展人力情报社会信息员建设】制定了《北京市公安局丰台分局人力情报社会信息员奖励实施办法》，并成立了由警务保障处、情报信息中心、人口管理大队三部门组成的评审小组，定期对各单位呈报拟予以奖励情况进行综合评审；建立并完善了日监测、周小结、月评审及电话回访等多项人力情报社会信息员建设督导机制。各户籍派出所在“社会信息员管理系统”中登记社会信息员人数提前完成了市局规定“物建总数达到全区实有人口1.5%”的常量标准，累计搜集情报线索218832条，其中反映突出价值情报线索690条；从中发现并打击处理各类违法犯罪嫌疑人926人，处置群访事件12起，化解不稳定因素145件。

（郭凤华　王　希）

【提升常住人口服务管理水平】采取周履职、月审核等方式，严格审查户口登记和常口月报，确保数据准确无误。全年制作办理临时身份证8243件，军人身份证2333件，边境通行证600件；办理各委办局审批进京户口4934人、市招办录取大学生3179人；变更主项数据1181件；接待来电来访1700余人次，为群众解决疑难户口15件，收到群众送来的锦旗14面、表扬信8封。

（郭凤华　陈　刚）

【开展流动人口办证竞赛活动】8月至12月，开展了流动人口办证竞赛活动。通过细化常量测算、定时监测通报、强化督导、约谈派出所主管领导、实地检查等方式，提升了流动人口在视线率和登记办证率。截至11月底，全区共新增登记办证流动人口89276人，总量已达到96余万人。

（郭凤华　王　希）

人口和计划生育

【概　况】2012年，人口和计划生育工作围绕“稳定低生育水平,统筹解决人口问题,促进人的全面发展”这一主题,以“幸福家庭工程”为核心,推进人口文化建设,完成了既定工作任务。“深入推进幸福家庭工程,建设区人口与家庭公共服务中心”被列为区政府折子工程项目;“为全区有生育意愿的已婚育龄夫妇进行免费孕前优生健康检查”被列为区政府为民办实事项目。年内,为流动人口免费生殖健康体检5000人;开展免费孕前优生健康检查,共为1697对夫妇进行检查,其中城镇1465对;为全区农村长效节育户籍已婚育龄群众免费健康体检7004人;为全区农村1—18岁10285户31010人投保“国寿计划生育家庭意外伤害保险”;开展纪念“5·29”和“幸福工程—救助贫困母亲”募捐活动,募集资金89598元;开展亲情牵手活动,843名志愿者与522个特殊的计划生育家庭结成亲情帮扶“对子”,开展“一对一”的服务;实施流动儿童早期发展项目(由国家计生协和中国人口发展研究中心统筹的促进流动儿童早期发展的国际合作项目),选定10余所流动儿童幼儿园进行调研,招募社区家长骨干40余人,招募大学生志愿者20余人。

(宋新华)

【人口和计划生育数据】 年内,户籍人口出生9922人,计划生育率98.38%,完成了市政府下达的责任指标。

(宋新华)

【队伍建设】 邀请人口计生委专家就推进流动人口基本公共服务均等化、优生优育、依法行政、国家免费孕前优生健康检查项目、宣传教育等内容做专题报告,对街乡(镇)人口计生干部进行培训。

(宋新华)

【依法行政】 加大人在户不在育龄妇女的信息登记力度,进一步摸清人在户不在人员底数;落实《关于区县间联手做好人户分离人员计划生育管理服务工作协议书》,探索跨区人户分离人员计划生育管理办法。对街乡(镇)计生干部进行法制和信访培训,规范执法行为。全年共审批二胎851例,共征收社会抚养费135例。

(宋新华)

【奖励扶助工作】 年内,新进入奖励扶助对象886人,15人退出,年审复核677人,全区累计奖励扶助对象1563人;新进入特别扶助对象232人,退出29人,年审复核1990人,全区累计特别扶助对象2222人。

(宋新华)

【信访工作】 年内,处理来电1666例,来信9封,来访115人次,电子邮件32件。

(宋新华)

【人口问题研究】 落实市人口计生委布置的“丰台区流动人口基本公共服务均等化”课题研究。围绕促进人口与经济社会、资源环境协调和可持续发展这一主题,在全区街乡(镇)和相关职能部门开展“人口计生工作拓展转型”调研活动。

(宋新华)

【宣传工作】 利用科技、文化、卫生“三下乡”活动进行家庭人口文化、优生优育、生殖健康等方面知识的宣传,开展“送温暖、送知识、送健康”活动;组建了由“幸福家庭之星”优秀代表组成的宣讲团,并在21个街乡(镇)巡回宣讲;在丰台有线开设“人口与家庭”电视专栏,开通“北京丰台人口计生”政务微博;举办了丰台区首届“人口文化周”系列宣传活动。

(宋新华)

【流动人口管理工作】 协助国家和市人口计生委对丰台区开展均等化试点工作的调研。在全区商务楼宇中建立计划生育工作站,实现计划生育服务管理、药具发放全覆盖。依托元旦、春节为流动人口开展服务活动,增强流动人口的归属感、认同感和幸福感。完成国家流动人口动态监测800份调查问卷及北京市流动人口生存状态及未来预期849份入户调查任务。印发《丰台区流动人口计划生育基本公共均等化服务指南》5万份;制定

《流动人口计划生育宣传员管理细则》，印制下发《流动人口宣传员工作手册》，推进流动人口自我宣传、自我管理、自我服务工作。

（宋新华）

【药具服务工作】 为新建社区居委会和社区卫生服务站补充38个药具自取架和34个药具展示柜，在全区安装了61台网络版药具自助发放机，方便了育龄群众领取药具。

（宋新华）

【督查“免费孕前优生健康检查”项目】 3月13日，国家计生委科技司副司长许梅林、市计生委副主任耿玉田、科技处处长周新茹等一行4人，对丰台区“免费孕前优生健康检查”项目进行了督查。

（宋新华）

【查处非法胎儿性别鉴定场所】 5月31日，查处三处非法胎儿性别鉴定场所。根据安徽省怀宁县、江西省瑞昌市所移送案件，组成由区人口计生委、区卫生局、公安丰台分局及案件移送市（县）人口计生委的联合执法小组，依法查处邓村、马村及石榴园三处非法胎儿性别鉴定场所，没收用于非法鉴定胎儿性别的B超机2台、吸引器1台、血液细胞分析仪1台、非法药品30余箱。当事人已被刑事拘留。

（宋新华）

【流动女青工社会公平促进项目】 7月23日，由国家人口与发展研究中心与德国罗莎卢森堡基金会合作项目——流动女青工社会公平促进项目在丰台启动。此项目将流动女青工社会公平作为研究重点，通过探索提升流动女青工社会平等和自我保护意识的有效途径和方法，从社会公平角度出发，创造条件，帮助流动人口适应流入地生活，获得充分信息，维护自身权益，改善和提高流动女青工的工作和生活质量。

（宋新华）

【落实“暖心计划”工作】 9月12日，联手中国人保寿险丰台分公司，举行关爱特殊困难计生家庭“暖心计划”项目培训会。“暖心计划”是本年度北京市人口计生系统创新工作理念、帮扶特殊困难计划生育家庭的一种新模式，内容主要是政府出资，为全市特殊困难计生家庭的父母购买养老和医疗保险。年内，全区保障对象涵盖21个街、乡（镇），投保人数为853名。

（宋新华）

老龄工作

【概　况】 2012年，区老龄工作以居家养老“九养”政策为主线，围绕满足老年群体多层次、多样化的养老服务需求，加强老年文化建设，营造有利于老年人健康长寿的物质文化和社会环境。

（陈　垒）

【老年优待】 为有特殊困难的“空巢”家庭老年人免费安装紧急医疗救援呼叫器（“一按灵”）995户；为3012名90岁以上的老年人发放高龄津贴292.36万元；为9758名60岁以上老年人办理了《北京市老年人优待证》，为15113名65岁以上老年人办理了优待卡；看望特困老人249人，发放慰问金9.86万元。

（陈　垒）

【深化居家养老服务“九养”办法】 继续开展“孝星”和为老服务先进单位评选活动，评选出市级命名的“孝星”900名、为老服务示范单位90家；为符合条件的老年人发放养老券4709.05万元；落实95周岁及以上老年人补助医疗待遇，办理95周岁及以上老人医疗补助200人次，报销金额46.15万元；做好养老管理服务中心建设，年内达到16家，全部通过了市级考核验收；签约、指定养老（助残）服务商480家，为老年人（残疾人）提供生活照料、家政服务、保健护理、精神慰藉四大类20项服务,并印制《丰台区居家养老(助残)服务单位名录》4.2万份,免费发放给老年人;为有需求并具备使用能力的60周岁以上老年人配备“小帮手”电子服务器3000台,使老年人在享受科技成果的同时也提高了生活质量。

(陈　垒)

【“银龄行动”进社区】 5月9日,举办了2012年丰台区“银龄行动”进社区老年书法知识讲座,以送知识、送教育进社区为目的,鼓励老年人发挥自身特长,实现老有所为、老有所乐。

(陈　垒)

【参加中国国际养老产业博览会】 5月17日,区老龄委副主任、老龄办主任刘藏生带队参加了上海首届中国国际养老服务业博览会开幕式,仔细观看了各地展示的养老服务业展品和服务管理机构展示的先进经验和科技成果,并就居家养老服务工作与其他省市同行进行了交流。

(陈　垒)

【召开“孝星”评审会】 8月14日,组织召开了2012年度丰台区“孝星”暨为老服务示范单位评审会,对推荐上报的1043名“孝星”候选人和109个候选单位材料进行了评审,评选出王德燕等900名丰台区“孝星”和云岗街道云西路社区等90家丰台区“为老服务示范单位”。

(陈　垒)

【孝星宣讲进军营】 9月4日,以李立、韩秀艳等“孝星”和为老服务示范单位代表为成员的丰台区“孝星”事迹宣讲团到武警十五支队驻地,开展“孝星”宣讲进军营活动,用实际行动传承爱老之心和敬老之情,为部队建设和社会和谐发展贡献力量。

(陈　垒)

【第四届健康老人之星评审会】 10月11日,召开第四届“健康老人之星”评审会,评选出闫松如、金凤鸣、李玉凤等10名老人为丰台区第四届健康老人之星。

(陈　垒)

【参加北京国际老龄产业博览会】 12月19日至21日,参加了北京国际老龄产业博览会。参会期间,与参展商进行项目洽谈12人次;吸引新闻媒体和网站10家,并向新闻媒体和公众发布了“丰台区为老服务分布图”,让公众了解丰台区的养老场所和为老服务的资源;参加了老龄产业博览会高峰论坛,了解到最新的老龄产业动态。

(陈　垒)

【老年文体活动】 举办了丰台区老年健身项目大赛、第四届“银龄之声”老年合唱大赛、第四届“丰台区健康老人之星”评选、“情系银龄·2012年丰台区庆重阳暨‘孝星’命名 健康老人之星”颁奖典礼等一系列老年文体活动。选拔了7支优秀健身队伍近百名老年人参加了“北京市第十五届老年健身大赛”,其中2支队伍获一等奖。

(陈　垒)

【宣传信息工作】 收集整理了2012年“孝星”典型材料,编印了《丰台区百名“孝星”事迹选编》;刊发《丰台老龄信息》87期;市、区政府等刊物信息51条,媒体刊登老龄信息85条,视频15条,《丰台新闻》播出相关新闻报道26条。拍摄制作了《幸福丰台 宜居丰台》、《孝星和为老服务示范单位先进典型》、《居家养老服务中心建设》等专题片6部。

(陈　垒)

【爱老敬老实践活动】 帮助“7·21”受灾老年人解决生活困难,上门走访慰问高龄困难老人249人,发放慰问金9.86万元。全年接到反映居家养老服务工作信访件9件,均在办理时限内得到妥善处理。

(陈　垒)

残疾人工作

【概　况】 2012年，丰台区委、区政府制定出台了《关于促进残疾人事业发展的实施意见》；举行了第二十二次全国助残日庆祝活动；完成了21个街道乡镇残联换届选举工作；召开了丰台区残联第六次代表大会；建立起丰台区残疾人温馨家园首个法律援助爱心书屋和首个法律维权服务工作站；征缴残保金1.3亿元，新安置残疾人就业270名；1.6万残疾人享受到各类保障政策；丰台区温馨精康园被中残联树为托养服务工作品牌单位，被北京市评为首批“阳光家园”示范机构；丰台区残联被中国残疾人联合会评为2012年度“两刊”宣传工作先进单位。

（闫根旺）

【关于促进残疾人事业发展的实施意见】 12月14日，丰台区委、区政府制定出台了《关于促进丰台区残疾人事业发展的实施意见》京丰发[2012]28号。《实施意见》共有七部分23条，从贯彻落实科学发展观的高度和促进经济社会协调发展的全局出发，按照建设繁荣、文明、幸福新丰台的总体部署，提出了促进丰台区残疾人事业发展的指导思想、目标任务和主要原则，以及发展残疾人事业的重大措施、工作部署和基本要求。在加强残疾人工作领导和康复、教育、就业、文化生活、社会保障、社会环境等方面都作出了部署。

（闫根旺）

【全国助残日活动】 5月20日，是第22次法定“全国助残日”，活动主题是“加强残疾人文化服务，保障残疾人文化权益”。围绕这一主题开展了形式多样的助残活动。助残日当天，举行了庆祝第二十二次全国助残日大型文化助残活动。活动中，举行了为丰台区文化志愿助残服务基地授牌和为丰台区文化助残志愿者服务队授旗仪式。据统计，助残日期间，全区参加走访慰问的各级领导751人次，慰问残疾人家庭1992户、2466人，文化助残2533户、3682人，为残疾人发放钱物59.34万，出黑板报448块，悬挂横幅424条，参加各种文化助残活动的残疾人达1.13万人。

（闫根旺）

【换届选举工作】 2012年是残联的换届选举年，6月底前完成了21个街、乡镇残联的换届选举工作。12月18日—19日，丰台区残疾人联合会第六次代表大会召开。会议听取、审议、通过了区残联理事长王跃进代表第五届主席团作的题为《科学发展、促进融合，努力开创丰台区残疾人事业新局面》的工作报告，部署了《中共丰台区委区政府关于促进残疾人事业发展的实施意见》，选举产生了丰台区残疾人联合会第六届主席团。会议期间，召开了六届主席团一次会会议，选举产生了新一届区残联领导机构，李军会副区长当选区残联第六届主席团主席，王跃进当选区残联执行理事会理事长；通过了丰台区残疾人各专门协会领导机构；推举产生了出席北京市残联第六次代表大会代表和主席团委员建议名单。

（闫根旺）

【康复工作】 成立了丰台区残疾人家长康复培训学校和残疾人家长康复培训基地。出台了《丰台区残疾人工作者适配辅具补贴办法》。1020名残疾人得到康复救助，残疾人家长培训150名，残疾人适配辅具292件。九家民办康复机构、社会组织直接为700名残疾人提供服务。

（闫根旺）

【就业工作】 扶持残疾人自主创业5人，残疾人个体就业2人。举办残疾人专场招聘会61场，新安置残疾人就业270人。征缴残保金1.3亿元。完成了丰台区社区残疾人就业情况的调研课题和1.7万就业年龄段残疾人就业状况的调查工作。

(闫根旺)

【教育培训工作】 慰问残疾儿童480名,走访特教教师180人,158名残疾人学生和生活困难残疾人家庭子女学生受到捐助。职业技能培训884名。承办了北京市残疾人技能大赛丰台赛区初赛和复赛,丰台区1253名残疾人选手报名参赛,11名残疾人选手在市级决赛中获奖,区残联获得了优秀组织奖。

(闫根旺)

【社会保障工作】 年内,有1.6万名残疾人享受到各类残疾人社会保障政策。全年参加走访慰问残疾人的各级领导2348人次,走访残疾人家庭8784户次,慰问残疾人1万多人次,发放钱物达435.1万元。在"7·21"特大雨灾中,432户残疾人家庭、二个残疾人温馨家园、四个职康站及一个农村扶贫基地和二个残疾人"民非"企业机构受灾,直接经济损失409.36万元,区、街乡镇各级残疾人组织积极行动,处置灾情,实施善后帮扶,确保了全区残疾人在雨灾中无一人伤亡。

(闫根旺)

【文体工作】 组织1560余名残疾人分别参加了国际、国家及市、区残联举办的系列文体活动,共获得第一名15个、第二名18个、第三名8个。举办了丰台区第十一届残疾人棋类比赛。

(闫根旺)

【宣传信息工作】 在区有线电视台《真情零距离》栏目连续两个月播出了十集"北京市残疾人保障法实施办法"宣传片。制定了《丰台区残联系统信息工作管理办法》。在全国省市以上报刊杂志网络刊发文章95篇条,在《丰台报》出专版三期,制作电视专题片二部、播出《真情零距离》节目12期,编制《和谐共享·融合发展》画册一本,区残联被中、市残联评为"两刊"宣传工作先进单位。

(闫根旺)

【信访维权工作】 以宣传贯彻《北京市实施〈中华人民共和国残疾人保障法〉办法》为重点,组织45名残疾人开展了普法教育进法庭旁听案件审理活动。在和义街道残疾人温馨家园建立起丰台区首个法律援助爱心书屋和首个法律维权服务工作站。年内,共办理来信来访316件次;法律援助案件38件,法律咨询512人,代书23件;普法宣传1200人。

(闫根旺)

【无障碍工作】 为老年残疾人家庭无障碍改造1150户,完成了区政府为民办实事500户任务的2.3倍。完成了20个老旧小区无障碍改造任务,完成计划的2倍。为837户聋人家庭安装了可视闪光门铃。为25个温馨家园配备电脑120台。

(闫根旺)

【组织建设工作】 区残联建立"四部一室",执行理事会领导职数由两名增至三名。在推荐"身边好人"活动中,区残联推荐的四名自强、助残典型被评为"最美丰台人",其中自强典型金伯宏被首都文明办推荐参加全国"助人为乐"好人评选活动。

(闫根旺)

私营个体经济

【企业结构调整转型】 截止2012年底,丰台有私营个体经济主体139596户,其中私营企业60310户,比2011年增加了10.51%;个体工商户79286户,比2011年少了7.99%。私营企业增加,个体工商户减少,表明私营个体经济正在调整结构加快转型,为加快发展积蓄力量。

(刘秋芝)

【个体工商户向公司制企业转型】 截至年底,个体工商户完成向公司制企业转型升级

1518户,企业注册资金12.81亿元,解决就业人口5324人,比转型前增加176.7%。

(刘秋芝)

【组织建设】 截止年底,区私个协会有9个分会,6个行业支会,204个会员小组,组织健全。

(刘秋芝)

【召开联席会议】 与税务局、商委、财政局、人力资源和社会保障局等单位,就财政补贴及相关税务的帮扶、人才技能培训、评定及用工服务等项事务召开联席会议2次。各分会与街乡镇召开联席会议11次,就如何对会员在旧村改造经营地址迁移补偿、无照经营取缔等问题与当地进行协调解决。

(刘秋芝)

【义务年检验照工作】 利用"集时通"短信及时提示企业参加2010年度企业年检。各分会加强宣传,为验照个体工商户提供帮助,对伤、病、残等行动不便人员进行上门验照。各分会还组织了市场集中验照、现场办公,方便了商户。年内,私营企业年检53661户,年检率91.8%;个体验照66235户,验照率76.8%。

(刘秋芝)

【担保贷款工作】 截止年底,有165户获得贷款31070万元,比上年同期增加了49.04%。其中区担保公司担保贷款39户,贷款金额26000万元,政府贴息130万;邮储银行贷款134户,贷款金额4440万元;其他金融机构贷款2户,贷款金额630万元。

(刘秋芝)

【为受灾会员捐款】 7月21日,北京市遭遇特大暴雨袭击,云岗、长辛店地区有14个私营企业和46户个体工商户受灾,直接经济损失达2093.7万元。面对灾难,组织会员捐款89248元,并及时送到受灾会员手中。

(刘秋芝)

【商品配送】 全年商品配送35510户,配送金额15504万元。

(刘秋芝)

【培训工作】 聘请市协会法律服务中心律师对会员进行《商标法》、《劳动法》、《合同法》、《消费者权益保护法》、《个体工商户条例》、《个体工商户登记管理办法》培训,培训会员4263人。举办"法律知识竞赛"。

(刘秋芝)

【宣传报道工作】 年内,报纸、电视台刊用稿件79篇,各分会上报信息646篇,编发《丰台私营个体经济动态》专刊12期。推进"首都私营个体经济网络服务平台"建设,建立了服务平台会员产品信息发布、会员移动电话信息群发、会员信用公示、服务平台后台管理、数据的安全使用、安全维护和管理等制度。向"首都私营个体经济网络服务平台"推荐优秀私营企业和先进个体工商户。

(刘秋芝)

消协工作

【概　况】 2012年,消协工作围绕"消费与安全"年主题,以服务区域经济发展、促进社会和谐稳定为目标,倡导健康、文明、节约的消费方式,营造了一个安全放心的消费环境。全年共受理消费者投诉877件,解决800件,结案率为91.22%,为消费者挽回经济损失43.7万元;受理消费者咨询8721人次;开展公益宣传活动235次,消费教育196次,经营者自律教育63次,发放宣传资料10万余份,参与群众12万余人次。

(李建中)

【"3·15"国际消费者权益日活动】 活动期间,组织宣传活动32次,设立宣传咨询点28个,制作宣传展板46块,发放宣传资料2万余份,接待群众咨询3361人次,媒体报道16次;开展进社区、进农村、进景区、进企业活动32次;组织消费课堂11次,发布消费警示提示 93 条。

(李建中)

【设立"双基"教育基地】 为拓展消费教育途径,延伸消费教育受众范围,引导大学生关注社会民生与消费问题,号召大学生积极参与消费维权和公益宣传与服务活动,更好地培养具有理性消费观念和良好消费行为的当代大学生,丰台分局、丰台消费者协会在首都经济贸易大学设立了"消费教育基地"和"实践教学基地"。

(李建中)

【绿色能源消费教育基地】 为倡导节能、环保、安全的消费理念,联合北京照明电器协会灯具灯饰专业委员会,在北京万隆汇洋灯具灯饰时代广场成立了"丰台区绿色能源消费教育基地"。年内,组织企业代表、社区代表等 200 余人参加消费教育基地活动,举办"节能与科技照明高峰论坛",消费者在受到教育的同时,企业的产品也得到宣传。

(李建中)

【诚信服务示范单位】 年内,丰台区消费者协会授予北京集美家居市场集团有限公司等 43 家企业为"诚信服务示范单位"。

(李建中)

【成立消费纠纷人民调解委员会】 年内,在沐浴行业成立了"消费纠纷人民调解委员会",在首地大峡谷购物中心成立了"北京市丰台区首地大峡谷购物中心人民调解委员会"。委员会成立的目的在调解纠纷行为,预防和化解社会矛盾。

(李建中)

【营造氛围扩大影响】 在万丰路餐饮一条街组织开展了为消费者服务无障碍活动,督促指导企业更好的为消费者服务,志欣海鲜城等企业作了经验介绍;组织"诚信示范单位"企业代表到"绿色能源消费教育基地"参观学习,提高企业自觉守信,爱护环境,绿色服务的意识;利用各种媒体发布消费警示信息,指导科学安全消费。年内,利用丰台有线、《新丰台报》和"彩虹网"、"彩虹微博"、电子显示终端等平台,发布消费警示信息,用以指导消费。

(李建中)

【消费调解】 4 月 26 日,消费者张女士来到六里桥消协分会投诉,称自己在蓝海雅苑美容美体店办理的美容卡里还有 600 元,因搬家原因不便于消费,要求退卡,商家拒绝。听完消费者陈述后,了解是消费者违约在先,但是本着对消费者负责和维护其权益的前提,分会工作人员与商家联系,向商家讲解有关《消法》及一些法律法规,最终商家同意退还消费者 600 元现金。张女士表示满意。

(李建中)

【消费提示】 由于当下美容行业普遍存在虚假夸大宣传效果,或以低价、赠送的方式诱惑消费者办卡,提醒消费者在办理相关美容健身卡前一定要谨慎,切勿轻信美容店做出的口头承诺,避免办卡后出现问题造成损失。

(李建中)

人民生活

【城镇居民收入增速居城六区首位】 2012 年,据对 450 户城镇居民家庭抽样调查资料显示,丰台区城镇居民人均可支配收入为 34200 元,比上年增加 3518 元,增长 11.5%,高于全市 0.7 个百分点,增速位于城六区首位。全区城镇居民人均家庭总收入为 38349 元,比上年增加 3944 元,增长 11.5%,其中人均工资性收入为 25195 元,比上年增加 2817 元,增长 12.6%;工资性收入增长对总收入增长的贡献率为 71.4%,全年工资性收入均保持平稳增长。全区城镇居民人均转移性收入为 11724 元,比上年增加 732 元,增长 6.7%。工资性收入和转移性收入仍然是收入主体,是拉动可支配收入增长的重要因素。

（刘　红）

【城镇居民收入主体】　通过对家庭总收入构成分析,工资性收入和转移性收入是收入主体,是拉动可支配收入增长的重要因素。人均工资性收入25195元,比上年增长12.6%,占人均家庭总收入的65.7%,其中人均工资及补贴收入24653元,增长12.9%,人均其他劳动收入(从事第二职业、兼职、零星劳动所得报酬)542元,增长0.6%。人均转移性收入11724元,比上年增长6.7%,是家庭收入的第二大来源,其中人均离退休金收入10740元,占人均家庭总收入的28.0%,增长11.7%。人均财产性收入693元,增长44.5%。人均经营净收入737元,增长32.6%。

（徐红果）

【经营净收入和财产性收入增速较快】　随着全区经济不断向好和政府出台的各项创业扶持政策效应显现,带动了全区城镇居民经营净收入大幅度增长。2012年全区城镇居民人均经营净收入为737元,比上年增长32.6%,对总收入的贡献率达到4.6%。受出租房屋周期影响拉动,2012年丰台区城镇居民人均出租房屋收入593元,比上年增加221元,增幅高达59.6%。丰台区房租的上涨,带动了财产性收入的增长,2012年达到近几年来增速最快,对总收入的贡献率达到了5.4%。

（李　遥）

【城镇居民生活消费支出稳步增长】　年内,据对450户城镇居民家庭抽样调查资料显示,人均生活消费支出22869元,比上年增加2321元,增长11.3%,增速比上年减少1.6个百分点。八大类消费性支出中,其他商品和服务、家庭设备用品及服务和衣着支出增速分别排在前三位,人均其他商品和服务支出1081元,比上年增加386元,增长55.6%;人均家庭设备用品及服务支出1701元,增加299元,增长21.3%;人均衣着支出2393元,增加388元,增长19.4%。

（徐红果）

【农村居民收入稳步提高】　年内,据对180户农村居民家庭抽样调查资料显示,人均纯收入18502元,比上年增长11.8%。收入构成中,人均工资性收入13125元,增长7.7%,占农村居民人均纯收入的70.9%,拉动收入增长5.7个百分点。其中人均外出从业收入2556元,增长16.5%,外出从业不仅是工资性收入的主要来源而且也是农村居民现金收入的主要增长点。人均家庭经营纯收入349元,比上年增长1.2%。人均财产性纯收入1800元,增长9.9%,其中人均集体分配股息和红利631元,增长51.0%。人均转移性纯收入3228元,比上年增长35.3%,其中人均离退休金、养老金收入2799元,增长49.0%。

（刘　苏）

【农村居民生活消费全面增长】　年内,据对180户农村居民家庭抽样调查资料显示,人均生活消费支出15340元,比上年增长14.4%,八大类消费呈现全面增长态势。人均食品消费支出5278元,增长14.7%。人均衣着消费支出1504元,增长6.8%。人均居住消费支出2173元,增长30.2%。随着城乡一体化重点村改造步伐的加快,拆迁居民租房居住导致房租支出上涨明显。房租支出增长迅速导致居住消费支出增长迅猛。人均家庭设备、用品及服务支出1117元,增长0.4%。人均交通和通讯支出1689元,增长25.8%。其中人均购买交通工具支出增长87.8%。人均文化教育、娱乐用品及服务消费支出1800元,增长3.8%。得益于新农合制度的完善,人均医疗保健消费支出为1325元,增长14.0%。人均其他商品和服务消费支出456元,增长17.8%。

（李　娜）

街 乡(镇)

丰台街道

【概　况】 丰台街道位于丰台区中部，是区委、区政府所在地。东起西三环南路和造甲街，西至程庄路和京山铁路线与卢沟桥乡接壤；南有丰台南路和看丹路与新村街道毗邻，北至丰北路和丰体南路与卢沟桥街道相望，属城乡结合部。西四环南路和京沪高速铁路纵横交织，将辖区划为四大板块。2012 年，辖区面积 9.18 平方公里，设 24 个社区，常住人口 14.3 万人，流动人口 37000 人。有回、蒙、藏等 16 个少数民族，信仰伊斯兰、佛教、基督教、天主教、道教的信教士。驻辖区单位 3000 余家，中学 5 所，小学 7 所，少年宫 1 所，幼儿园 15 所，医院 10 家，敬老院 1 家。清真寺 1 座于 1895 年由大井村迁驻。火车站 1 处建于 1896 年。花园一座。市级保护二级古树 6 棵。丰和轩饭庄是百年老字号。年内，获国家级先进 3 项，市级先进 15 项，区级先进 20 项，连续第 12 次被评为区政府机关行政效能建设考核评估街道系统第一名。

（金　芳）

【协税护税】 年内，地税代征个体户税款和房产税 178.86 万元，与去年同期 194.04 万元相比，减少税款收入 15.18 万元，实现留区税收 2.9 亿元，比上一年同期 2.49 亿元增长 16.8%。

（金　芳）

【城市环境建设】 年内，投资 188 万元，对五个重点地区进行了环境整治，打造了“护心工程”、精品街区建设工程、净化校园周边环境等八大亮点工程，加大违法建设拆除力度，全年共拆除违法建设 66 处 4911.90 平方米。做到“发现一起、制止一起、拆除一起、巩固一起。”

（金　芳）

【文体活动】 年内，开展“唱幸福丰台，奏和谐乐章”新春团拜会、第六届社区庙会暨首届社区元宵灯会、百姓周末大舞台；组织辖区居民参加“龙战虎争”戏曲演唱大赛、“北京精神美德传承”读书演讲比赛、“颂祖国华诞、喜迎十八大”读书演讲比赛、庆三八“畅北京精神韵丰台文化 展巾帼风采”趣味才艺展示大赛、“家庭教育主题周”等活动，各社区成立社区艺术团、合唱团、民乐队、秧歌队等群众性文艺队伍 131 支，开展“快乐节日颂华夏”、“做文明有礼北京人”等群众性主题文化活动，组织百场演出、百场电影等“五百活动”。

（金　芳）

【劳动就业】 年内，办理灵活、自谋就业 2251 人，退休人员生辰认证 18742 人，异地认证 220 人。办理医保卡业务 4938 人次，管理无保障老年人福利待遇 2097 人；管理城乡居民养老保险 1300 人，办理“一老一小”和无业人员大病医疗8611人、无业780人;新增参保人员1261人,药费报销516人次,金额2424467元;失业人员领取失业保险金1772人次,金额2789924元;退休人员养老金2814人次,金额1194228.64元;代收个人保险4064人次,金额456756.44元。

(金　芳)

【基础设施建设】　年内,投资30余万元,制作500多米长的文化墙8处。完成北大街南里小区、北大街15号楼等6个老旧小区2245户改造及设计任务,筹措资金56万元,为社区居民解决管线跑冒、滴漏问题。

(金　芳)

【社会救助】　年内,对辖区的低保家庭403户745人建立、完善工作台帐,帮助申办低收入家庭23户45人,发放低保金324.79万元、粮油补贴11.55万元。开展慈善爱心卡捐赠、危重病应急救助、困难生助学等活动。完成捐赠款项35.90万元。为优抚定补对象发放补助、慰问金129.50万元,为伤残军人发放伤残抚恤金275.90万元。受理廉租房备案79户,入住32户,受理经济适用房取得备案资格家庭73户,限价商品房取得备案资格272户,公共租赁房取得备案资格59户,具有"三房"轮侯资格申请公共租赁房取得备案资格387户。

(金　芳)

【助老服务】　年内,签约服务商40家,其中老年餐桌24家,实现社区全覆盖;家政服务公司3家,为辖区老年人提供10余项服务。全年结算居家养老(助残)券资金约609.96万元,其中结算老年券约517.44万元、助残券约92.52万元。189系统及小呼叫服务工作完成服务单301张,小呼叫接听电话866个,拨打回访电话280个。为北京市社区公共服务信息网录入非居家生活信息777条,居家生活信息44条;96156服务网站录入信息200条。

(金　芳)

【矛盾化解】　年内,接待信访182批158件256人次(重访7批18人次),其中来电28件、来信107件、来访47件。办理信访事项批办单65件,办结60件,信访办结率92%。办理维稳事项批办单5件,办结4件。

(金　芳)

【社会治安综合治理】　年内,成立联合执法小分队,先后30余次共2000多人参加执法行动,查扣各类"黑车"200辆,取缔无照商贩1000多起,拆除地锁150个,取消废品收购网点5个,取缔无照歌厅1处、游艺厅3处,抓获盗窃自行车嫌疑人5人、入室盗窃5人、制假贩假12人、诈骗11人。

(金　芳)

【安全生产】　年内,与辖区2165个生产经营单位全部签订《安全生产责任书》,与24个社区签订安全责任书,重点时期再次对辖区签订《丰台街道十八大期间安全生产责任书》,加强烟花爆竹的安全监管,与8家单位签订安全责任书;加强对建筑施工行业的安全监管,多次对辖区12家建筑工地召开会议;出动检查力量660人次,检查480家单位,发检查记录单480份,发现隐患140处,整改140处。对检查过的单位下发《丰台区安全生产"护航"联合行动检查记录表》。开展有限空间作业安全生产专项整治,摸排出有限空间68个单位,全部填写《有限空间作业情况表》。开展安全生产"打非治违"专项工作,出动车辆60辆(次)、执法人员300多人次,打击非法经营单位93家。

(金　芳)

【和谐社区建设】　年内,投入46.50万元,在全街道24个社区打造社区"1+6+N"一刻钟精品服务体系,与辖区245家服务商签订服务协议,街道"一刻钟社区服务圈"网站建成并投入试运行。

(金　芳)

卢沟桥街道

【概 况】 卢沟桥街道位于丰台区北部，东与太平桥街道接壤，南与丰台街道、新村街道交界，西与宛平城地区相连，北与石景山区、海淀区毗邻。西三环、西四环、京石路、卢沟桥路、万丰路、青塔西路、小屯路、丰北路、吴家村路等交通路线贯穿整个辖区，构成便利的交通网。2012年，辖区范围59.73平方公里，实际面积27.59平方公里。街道属典型城乡结合部，与卢沟桥乡11个行政村相融交错管理。管辖33社区居委会，有常住人口85941户195380人，其中流动人口61330人。全年地区出生人口554人，计划生育率98.37%。辖区内国家机关、文化、教育、商业设施相对集中。有中央、市、区属单位中建一局、中铁电气化集团公司、铁路通信号集团公司、中国电子工业出版社等178家；有中国人民解放军八一电影制片厂、海军装备研究院、解放军总参谋部第六十一研究所、解放军第三O二医院、武警北京总队第三师等13个驻区部队，有公安派出所、工商所等11个区政府职能部门派出机构；有外埠驻京办事处机构13家；各种企事业单位4200余家。

(周亚妮)

【环境建设】 年内，组织专项拆除行动51次，拆除违法建设100处36025平方米，辖区新生违法建设保持“零状态”。京石客专沿线拆除违法建设7500平方米，清运渣土垃圾12000多吨，园博会梅市口路西延拆除违法建设2200平方米，取缔出租大院、废品大院各1个。全年开展“学雷锋见行动、城市清洁日”活动41次，累计清除房(楼)顶270010平方米，清扫堆物堆料、无主垃圾3399吨，铲除非法张贴小广告75900张，受理城市管理网格案卷3800件。植树3000余棵，清理绿地50000余平方米，新增绿化面积6600平方米。

(周亚妮)

【老旧小区改造】 年内，完成青塔东里1号楼62户居民楼房抗震加固工程、大井中北里10栋楼房1400户居民房屋34000平方米节能保温工程和西五里店、农场宿舍、大井、岳各庄562户居民自来水改造工程。

(周亚妮)

【社区建设】 年内，开展“三级联创”活动和“六型社区”创建活动，推进市级社区规范化示范点建设。长安新城、油泵厂、丰台路口、京铁家园、大井5个社区被命名为北京市“六型社区”示范社区。11个社区被评为“四权实践”达标社区，其中，长安新城被评为“四权实践”示范社区。长安新城、民岳家园被评为社区规范化建设市级示范点。引导、培育社区新闻直播间、亲情养老互助会、环境自管会等创新品牌。

(周亚妮)

【民生保障】 年内，城乡劳动力就业指标完成2107人，公共职业介绍指标完成3981人，社区就业指标完成321人，创业带动就业指标完成370个，专项指标完成262人。全年发放低保救助金389.05万元，帮困补贴193120元。办理老年人优待证、卡1443个，审核上报养老助残券590人次，发放高龄津贴15.6万元，办理“小帮手”940人次，为36户高龄孤寡老人免费安装“一按灵”。组织开展“春雨行动”、“送温暖、献爱心”、“共产党员献爱心”、“7·21”北京水灾募捐等共募集善款326040元。

(周亚妮)

【矛盾调处】 年内，街道共接待群众来访145次273人、群众来电、来信93件，深入现场解决问题42次，街道领导接待调处40余件，解决群众诉求问题78件。

(周亚妮)

【安全管理】 年内,完成"十八大安保"十大专项行动及安全生产标准化等各项专项整治工作,建立安全隐患台账446处,与辖区各类生产经营单位2106家及辖区33个社区签订安全责任书,组织消防演练33次,食品安全演练2次,发放安全宣传册50000张,交通安全移车卡50000张,开展联合执法检查43次,整治非法违法经营户446家。

(周亚妮)

【文化教育】 年内,开展各类文化活动260多场,受众35400余人次。举办"书香弥漫卢沟桥·文化惠民进万家"等"六个卢沟"系列活动,为社区发放电子钢琴13架、手风琴7台、拉杆音箱13台及图书2000余册。培育发展街道文化队伍81支,计4000余人。创建体育生活化社区7个,文化型社区7个。完成10个社区114件健身器材更新并投入使用。举办第六届"和谐杯"乒乓球比赛,参与1200余人。整治辖区12所非法自办幼儿园,其中,关停新滋生3所,取缔反弹2所,整改7所。

(周亚妮)

【精神文明建设】 年内,开展"学雷锋志愿者日"、"城市清洁日"和城乡环境建设年活动,设置宣传站点67个,悬挂横幅140多条,发放《致居民群众一封信》近万份。开展大走访活动,宣传创建"首都文明区"的目的、意义和要求。组织文明引导员进站台、进社区宣传活动20余次,开展幸福生活讲师团进社区活动35场。

(周亚妮)

【劳动监察】 年内,检查用人单位584家,涉及职工1万人,发放《无工资拖欠承诺书》528份,帮助198名劳动者追讨拖欠工资126.18万元。受理劳动保障监察举报投诉案件26件,结案26件,结案率100%。

(周亚妮)

【协税护税】 年内,完成招商引资283家,其中注册资金千万以上企业6家,完成留区税收40818元。卢沟桥集中办公区已签协议入驻企业491家。

(周亚妮)

【住房保障】 年内,取得保障性住房市级备案资格的家庭386户,其中:限价房265户,经济适用房69户,廉租房23户,公租房29户;完成住房保障资格复核1032户,其中限价房870户,廉租房118户,公租房44户。为限价房办理入住153户,为廉租房办理入住38户。

(周亚妮)

太平桥街道

【概　况】 太平桥街道位于丰台区的中北部,东与西城区接壤,北与海淀区毗邻,西南分别与卢沟桥、新村、右安门街道和南苑乡搭界,属典型的城乡结合部。2012年,辖区面积9.81平方公里,驻有中央和市、区属单位、外埠驻京办事机构245个,个体、私营企业1032个。街道办事处内设25个科室,下辖16个社区居委会。辖区常住人口8.09万人,计划生育率99.53%。被评为"首都全民义务植树先进单位"及"北京市药品安全示范街道"、"北京市安全生产工作先进单位"等市级先进10项,连续2年进入区政府机关效能建设考核评估街道系统表彰行列。

(孙　光)

【协税护税】 年内,受理入驻企业680家,注册资本6.95亿。全年完成招商引资258家,注册资金4.5亿,其中千万元以上的企业20家,完成留区税收23783万,同比增长51.5%。

(孙　光)

【环境建设】 年内,广安路改造投入1600万元,太平桥西路改造投入150万元,重新铺设步道砖4000平方米,铺设柏油面积5000平方米,对路两侧围墙进行细化改造整体粉刷。通过巡查发现新生违法建设苗头10处1703平方米,全部实现自拆和帮拆,既有违法建设全部销账。

(孙 光)

【绿化美化】 年内,投入绿化经费70多万元,补植补种北京桧柏、沙地柏等树种3645株,养护树木18200株,认养绿地1054平方米。在太中里等6个社区实施屋顶绿化6300平方米。金泰丽湾社区被评为"首都绿化美化花园式社区",蓝调国际小区被评为"环境优美居住小区"。

(孙 光)

【民生工程】 年内,对3栋常年采暖温度不达标楼房进行楼体外保温节能改造,改造面积1.7万平方米,惠及268户居民。出资20多万进行燃气接口,出资40万元建设南广场出租调度站。养老助残餐桌、托老所在13个社区达到全覆盖。"一刻钟社区服务圈"认证签署服务商120家,开展各类便民服务200多项,实施服务12415件。"爱心家园"对1024名保障对象进行爱心救助,为350户低保老年家庭配备电子小帮手,为607户煤火取暖户配备一氧化碳报警器。

(孙 光)

【安全稳定】 年内,与辖区400多家重点单位签订了《生产、消防、食品安全责任书》和《交通安全责任书》。安全生产检查4728家,填写检查记录单3901份,排查隐患592处,企业整改592处,检查覆盖率100%,完成"亿霖木业"案款清退工作任务,调处各类矛盾纠纷129件,接待群众来访827人次,接办信访件72件,排查各种矛盾纠纷14件,办结率98%。

(孙 光)

【综治工作】 年内,新登记3467人、核销2318人、更新2639人、迁移710人;新登记出租房屋606户,核销229户,更新1165户。人、房信息采集登记率、核销率95%以上,完整率和准确率100%。收缴出租房屋税130.87万元,流动人口总量减少12%。

(孙 光)

【就业工作】 年内,新采集用人单位信息558个、更新用人单位信息3264条。组织劳动法律法规培训2次,印发宣传材料3000余份。专项检查11次,日常巡查406户次。对53家用人单位进行书面审查,监督企业与职工补签劳动合同88份,解决投诉举报案件17件,处理突发事件10件。为161名农民工追讨工资92万余元,督促400余家单位为职工补缴社会保险。采集空岗信息3324个,安排失业人员就业600人,完成创业带动就业56个,零就业家庭始终保持动态为零,城镇登记失业率控制在1.19%。

(孙 光)

【文化建设】 年内,举办"周末百姓大舞台"、"莲花杯"摄影书画手工展、街道第六届"和谐杯"乒乓球比赛、"读红书、颂党恩、迎十八大"读书演讲等各类文化体育活动70余场次,参与群众达3万人。检查文化市场30余次,没收盗版光盘7000多张。投入资金130余万元,为太南里等社区建设文化活动室,完成基层图书室资产清查工作。

(孙 光)

【社区建设】 年内,投入470多万元对莲花池、太东里、东管头3个社区办公服务用房进行建设改造,面积分别达到680平方米、596平方米和701平方米。出资近40万元,分别为社区开发建设网站、街居电子屏显示系统。

(孙 光)

新村街道

【概 况】 新村街道位于丰台区中南部,东至草桥、新发地一线,西至丰台西站,南至羊坊、与大兴相接,北至京广铁路、造甲街、丰台南路和看丹路,2012 年,行政区域总面积 50.28 平方公里,常住人口 8 万余户 22.4 万余人,流动人口 4.2 万余人,辖区有 31 个社区。全年地区出生人口 1399 人,生育率 98.99%。年内,开展 3 个波次的专项整治行动;创建鸿业兴园社区为"北京市优美小区";创建丰葆路和三环路为精品大街;创建北京银建实业股份有限公司为"首都花园式单位"和"丰台区最美单位";创建怡海社区为"首都花园式社区"和"丰台区最美社区";完成新建公厕 2 座;完成银地西路、育芳园北路、丰台东路、桥梁厂路四条重点大街的整治,铺设步道砖 21149.99 平方米,铺设沥青路面 44752.50 平方米;完成造甲村东路、看丹铁路东侧路、造甲南里南路、看丹路四条街坊路的整治,面积为 4453 平方米;硬化小区道路 700 多平方米;清洗粉刷建筑外墙面 400 多平方米;新砌挡墙 600 余平方米;清运垃圾渣土 2680 吨;新做围墙 1800 平方米;清运垃圾渣土 144 吨。完成怡海、育仁里、银地、鸿业兴园四个小区垃圾分类试点工作,垃圾分类全区排名第一。

(石　利)

【拆违工作】　年内,出动人员 6300 余人次、车辆 520 台次,劝拆并制止违法建设 26 处;全年累计拆除违法建设 7718.35 平方米,其中通过网格举报拆除 5082.7 平方米,通过社区居民举报拆除 956.71 平方米,拆除既有违法建设 1678.94 平方米。

(石　利)

【社会综合治理】　年内,个人出租房屋税完成征收 334 万元,完成三环新城地下空间整治工作,清退 21 处地下空间;投入资金 35 万元组建治安巡逻队,志愿者 4536 名,在重点节假日、敏感日,加强治安志愿者巡逻;拨款 8 万余元,对辖区内监控探头进行维修保养,辖区各类科技防范设施正常运行率 98%;冬季投入 17.91 万元购买一氧化碳报警器,实现辖区煤炉取暖户 100%全覆盖;各社区安装治安监控探头覆盖率 94%;街道 31 个社区全部成立综治维稳工作站,铁路护路工作被评为区级先进集体。

(石　利)

【矛盾排查化解】　年内,处置各类信访案件 288 件次,化解率 98%;接待各类来访 561 人次,回复率 100%;办事处领导接访 30 余件,10 余批次,约访 20 次,下访 80 余次,涉及 5000 多人,化解 20 件,重点包案 6 件;解决育仁里房产证问题和三环新城道路向市政公司移交问题。

(石　利)

【安全生产】　年内,与辖区单位和 31 个社区签订四项安全责任书 986 份,31 个社区居委会与中小门店签订安全责任书 1154 份;与地区各单位、社区、私人大客车、大货车签订各种交通安全责任书 739 份、办理外省市机动车登记备案 225 辆;检查辖区单位 2262 个次,消除隐患 158 个;开展专项行动 24 次、联合执法 35 次、取缔整改违法经营商户 129 家;制定文件 80 个、召开会议 38 次、安全培训 15 次、上报信息 313 篇;清理可燃物约 300 余立方。

(石　利)

【社区建设】　年内,为三环新城一、二社区购买办公用房 299 平方米,为芳菲路社区租用办公用房 350 平方米,为优筑社区租用办公用房 88 平方米,为风格与林社区租用办公用房 272.39 平方米,为电力机社区修缮车棚 200 平方米;推进"一刻钟服务圈"建设,街道投资 15 万元,为 31 个社区全面开通社区门户网站,同时建设"一刻钟社区服务圈"网上平台;为社区干部印制了《新村街道社区干部工作手册》。

(石　利)

【社会救助】　年内,捐助困难学生 4 人,共计金额 5000 元;向低收入群体发放爱心物资 15

万元;冬季送暖捐赠衣被45020件、捐款2205.50元;春雨行动捐款20798.70元、献爱心捐款4567.60元;"7·21"水灾捐款101459.17元;共产党员献爱心捐款63151.60元;区慈善拨款救助辖区年度高校新生6人,共计金额24000元;救助贫困家庭11户,共计金额64000元。

(石　利)

【老龄九养工作】　年内,为882人办理老年证;为1028人办理老年优待卡;为2000余名80岁以上老年人发放居家养老服务券;为4名高龄老年人办理了医疗补助;为134名90岁以上的老年人办理高龄津贴;为符合申请条件的老年人安装"小帮手电子服务器"532台,其中低保老人5人;为50户符合条件的空巢老人家庭安装紧急呼救装置"一按灵"。有养老餐桌19个、托老所26个;推荐市、区级孝星96人。

(石　利)

【住房保障】　年内,共受理审核申请家庭383户,其中:限价房69户、经适房129户、廉租房17户,已入住实物配租家庭67户,每月续租88户;全年发放选房单442个;完成210户保障房档案整理工作;共接待咨询和家庭审核约3600户;受理来电咨询4600个。

(石　利)

【劳动监察】　年内,劳动保障监察员完成日常巡查248家企业,劳动保障监察协管员完成巡查1298家企业;地区单位2423家;就业人数1.8万;参保人数净增1050人;对10人以上未参保单位逐一进行检查,对37家没有办理社保登记证的单位进行限期整改,办证率由39%上升到84%;辖区有126家,对其中18家企业进行规范,涉及员工576人,其中外地工396人;劳动合同签订率99%,续订率99%;有7家企业补签规范的劳动合同,劳动合同签订率由62%上升到100%。

(石　利)

【社会保障】　年内,失业人员就业人数完成1334人;困难人员就业人数完成695人;推荐失业人员就业完成545人;空岗信息采集3354人;依托子系统开展职业指导2973人,一对一职业指导专线小组完成职业指导235人;安置就业困难人数673人;完成创业项目1个;完成3次创业项目推介活动;实现创业人员41人;带动就业人员287人;完成小额贷款1项;实现16个社区充分就业;组织培训生源259人;完成70名外地进京务工人员推荐。办理"一老一小"参保9700人,办理城乡居民无社会保障待遇510人。

(石　利)

【文教工作】　年内,有108支文艺队伍1658名文艺骨干;开展文艺活动112场,观众16000余;开展6场"五月鲜花"文艺节目演出,观众1600余人;建成银地社区文化广场;开展文化市场专项整治行动,出动车次12台,人员185人;投入经费达10万余元开展地区首届全民健身运动会暨第五届"和谐社区杯"乒乓球比赛。

(石　利)

右安门街道

【概　况】　右安门街道位于丰台区中东部,东至北京南站与东城区相邻,南至京山铁路与西罗园街道相连,西至菜户营与卢沟桥乡、太平桥街道接壤,北至护城河与西城区隔河相望。街道办事处坐落在右安门外翠林小区。2012年,辖区面积4.70平方公里,有大街小巷25条。下设16个社区,常住人口3.5万户8.5万人。流动人口5200户1.6万人。驻辖区单位1902个,大学1所,中学3所,小学3所,幼儿园2所,医院2家,敬老院1家。计划生育完成率98%。获得"首都环境建设先进单位”、“北京市无偿献血先进单位”、“北京市人口和计划生育工作红旗单位”称号。街道被评为“首都文明街道”,开一、开四、玉林里、玉林西里、永乐被评为“首都文明社区”。荣获北京市96156社区服务平台工作先进街道及2012年度北京市96156社区服务平台服务系统2012年签约服务商前50名(右安门街道社区服务中心获第17名)。

(季　静)

【城市建设与管理】 年内,投入上亿元,对翠林二里、玉林东里二区、玉林东里三区等老旧小区实施综合整治。完成1条大街、5个居住区、5个街巷的达标创优任务。深化4个社区的基础设施改造。取缔右外大街、翠林小区非法经营场所,重新梳理完善770户“门前三包”责任制。拆除11处上账既有违章建筑,1370平方米,拆除30处新生违章建筑,582平方米。出动3万余人,清理楼道250余栋,清理绿地近万平方米,清除堆物堆料上千吨、清理非法小广告万余张,消除卫生死角263处,集中解决群众反应的突出市容环境卫生问题百余件。2012年度丰台区城乡环境建设综合考核中排名第一。

(季　静)

【“网格化”社会服务管理工作】 年内,完成丰台区“网格化”社会服务管理试点工作,16个社区共划分44个网格,组织试点成果汇报3次,组建包括网格管理员、助理员、派驻员、督导员、信息员在内的网格化“五员”实名制队伍,计325名。

(季　静)

【安全维稳】 年内,开展“打四黑除四害”等十大专项行动,完成党的十八大安保工作,累计投入各类社会面防控力量53876人次,暂扣东庄无照小旅馆住宿用品200件,清除地区上访及流浪乞讨人员300人次。关闭地下空间3处。组织召开联勤联动会12次。被评为“2012年度丰台区社区管理综合治理先进单位”。对208家单位进行打非治违专项检查,完成了106家挂账单位的整改工作。开展消防安全检查工作,检查商市场54户次,餐饮场所73户次,施工现场49户次,校园及周边地区单位67户次,彩钢板建筑13处,检查灭火器909个。发放一氧化碳报警器365个。检查食品生产经营单位180次,出动社区干部、居民代表1500多人次,检查餐饮单位和超市300余家。

(季　静)

【矛盾排查】 年内,调解纠纷3012件,调解成功率99%,制作人民调解协议书119件。协调处理解决各类来访信件98件,接待群众来访547次,到期结案率100%。协调解决多项重点矛盾,使468户居民获益。

(季　静)

【首都文明区创建】 年内,创办《街道创区简报》和《北京右安门新闻网》,在《右安门报》中增加专栏,开设创区微博。设计安装右外大街等四处宣传文化墙1222平方米,制作安装硬式和软式“创区”宣传横幅150多条,安装国旗座1127套。成立街道“创区巡视督导组”、“街道宣讲团”、“文明劝导队”。坚持每月第一个周末,机关干部、社区志愿者、社会单位人员走进街头巷尾,清理暴露垃圾、清洗公共设施。评选出辖区100名身边好人,推荐16名到区文明办。参加丰台区军民共建30周年成果图片展,荣获第三名。9个社区被评为“丰台区文明社区”,10家单位被评为“丰台区文明单位”。

(季　静)

【社区建设】 年内,完成东滨河路、开二、东庄3个社区办公用房建设。制定《右安门街道关于开展争创北京市“六型社区”示范社区的方案》,申报永乐、玉林西里、玉林东里二区三个市级示范单位(占全部社区的25%)。申报第二批示范点共6个社区,占全部社区的50%。拓宽“一刻钟服务圈”建设,设立早餐车、垃圾回收站,开通“绿色银行通道”,拓展了超市免费送货上门服务。在所有社区中推行永乐社区的“3+2”工作模式、玉林西里社区的“三会一评三监督”和玉东二社区的“社区事务自管会”工作机制。

(季 静)

【住房保障】 年内,完成地区居民保障性住房审核232套,其中廉租住房23套,限价商品房131套,经济适用房23套,公共租赁住房55套。对507个申办保障性住房家庭进行资格复核,取消48个超标申办家庭,为45个申办家庭办理保障性住房信息变更。新签廉租住房协议书23份,续签118份,为129个家庭242人进行了廉租住房补贴发放,补贴金额117万余元。组织459个家庭参加限价商品房摇号,完成配售63户;组织36个家庭参加廉租住房摇号,完成配租33户。

(季 静)

【社会救助】 年内,发放低保金及生活补助金494.2万元。新增低保71人,撤销低保106人。办理医疗救助236人,临时医疗救助124人,重大疾病救助9人。抚恤、补助各类优抚对象61人,发放抚恤金费38.2万元。完成各类募集捐款15.4万元。为204名贫困残疾人办理生活补助55万余元,为72名残疾人办理社会保险补助31万元。为300名残疾人办理养老“助残”补贴36万元。为“两类”人员新办理低保16人次,发放困难补助款8人次,发放物资10人次。

(季 静)

【社会保障】 年内,规范签约服务商13家,为辖区2424人发放养老卷近275万元。辖区失业人员就业人数871人,完成全年指标的100%,困难人员就业405人,完成全年指标的104%。采集就业空岗信息3479个,完成全年指标的116%。实现创业人数47人,完成全年指标的157%,带动就业221人,完成全年指标的201%。成功推荐就业人数504人,完成指标的152%。失业人员依托子系统职业指导开展1976人,完成全年指标的116%,组织培训290人,完成全年指标的242%。外地进京务工人员成功推荐就业73人,完成指标的146%。失业率控制在2.1%以内。2012年被评为“丰台区充分就业街道”。坚持网格化日常巡查与专项检查相结合,检查近千人次,补签劳动合同68份,纠正违规行为为12起,涉及人数100余人。完成社会保险扩面征缴任务305个。

(季 静)

【文体活动】 年内,创建一家计算机联网图书馆。完成北京市语言文字示范街道创建工作,获得北京市教育和语言工作委员会联合颁发的语言文字规范管理奖。举办第三届右安门地区文化体育艺术节,组织6场百姓周末大舞台演出,4场片区凉水河夏日文化演出等活动。东滨河“阳光管乐团”被丰台文化委员会评为优秀文化团队。完成4个北京市体育生活化社区的创建。

(季 静)

【卫生工作】 年内,完成北京市药品安全示范街乡的创建。组织500人参加了国民体质监测。完成对体育协会70人红十字初级急救员培训工作,获得区红十字会颁发的“初级急救员优秀组织单位奖”。完成献血工作任务60人。

(季 静)

马家堡街道

【概 况】 马家堡街道位于丰台区东南中部,东与西罗园街道、大红门街道接壤,西与新村街道相邻,南与南苑街道交界,北与右安门街道隔路相望;辖区内南三环中路、角门北路、角门路、嘉和路、枫竹路、南四环路、马家堡路、马家堡中路、马家堡西路和嘉园路贯穿东西南北,构成便利的交通网。辖区呈长方型,东西宽1.53公里,南北长3.21公里,2012年,辖区面积5.15平方公里,居民小区73个,居民57411户,127638人,设16个社区居委会。年内,完成机关软件正版化安装,网上办公审批办结2130件,全程办事代理服务大厅全年共接待来电来访3000人次,共受理300余件,即办率100%,群众满意率100%。首批18辆便民服务车,12辆便民服务小巴分2条路线已开始服务于民,完成96156社区服务平台各项服务工作。嘉园三里广场建成“生命乐章—马家堡街道人口文化园”,在时代风帆楼宇党总支部建立人口和计划生育工作站及计划生育协会,开展流动人口均等化服务工作。在非公经济组织中建立妇代会67家,社区母亲课堂、“三八”妇女维权周、组织辖区失业妇女参加招聘会,切实维护好妇女权益。今年辖区内非公企业和社会组织建立团组织26个,工会累积建会715家。完成14件人大建议和2件政协提案的督促办理工作。

(陈学新)

【社会治安综合治理】 年内,治安志愿者网上注册人数3900人;建立三方排查、四级管控、七项手段、五个确保的管控机制及巡查机制,对重点人采取“1+6”、“1+4”、“1+3”24小时监控,做好重点时期社会面防控工作。组建联合执法小分队,开展联合执法80余次。

(陈学新)

【安全工作】 年内,与辖区重点生产经营单位签订安全责任书;开展安全生产“打非治违”、消防安全平安三号、燃气安全、地下空间等专项整治行动,对商市场、餐饮等人员密集场所、施工工地等进行“拉网式”检查;组织消防应急救援实战演练、举办“安全杯”家庭消防知识竞赛,为各社区增添和维修230具轻便灭火器,器材箱58个,干粉车2辆,水带水枪5套;为燃煤取暖用户安装了一氧化碳报警器,安装率100%;开展食品安全专项联合执法行动,查抄取缔无照摊点14个,无照食品经营32家。

(陈学新)

【环境整治】 年内,打造嘉园路文化墙,对无物业公司管理的老旧小区、三不管地区先后种植各类绿植。开展“学雷锋志愿活动日”、“城市清洁日”活动,成立环境应急小分队。完成门前三包责任告知书的签订及责任落实,工地渣土消纳许可证、准运证办理。开展“垃圾分类竞赛”、“世界环境日”等环保宣传和“双护工程”、“小广告清洁行动”、“违法建设专项整治”等专项整治工作。查处无照经营3700余起,没收、查扣三轮车、黑出租车等189辆,查处非法散发、张贴小广告60余起,拆除违法建设12处811.61平方米。

(陈学新)

【精神文明建设】 年内,开展“创建首都文明区”工作,开辟专栏,制作专题片,动员5万8千余人次参与活动,完成首都文明办的考察和市社科院、市统计局的检查。全年编发《马家堡街道报》12期、《马家堡街道情况》45期,市、区两办采用信息66条;评选出辖区内道德楷模108名,其中嘉园一里社区的保安公司员工被首都文明办推荐为11月份“中国好人榜”候选人;4人获得丰台区百名“最美丰台人”称号。编印《身边的感动》、《最美丰台人》等书籍;西里第三社区协调产权单位和企业资金400余万元,化解矛盾8起。

(陈学新)

【文化体育事业】 年内,和韵京剧团平均每周一场演出,在年底成立“马西右戏迷协会”。开展“五月鲜花艺术节”、“社区居民走秀大赛”等180余场特色活动,“周末百姓大舞台”、“星火工程”、“宣传十八大、首都文艺家进社区”等28场演出受众广泛,参与“我的丰台 我的家”舞蹈大赛等活动取得优异成绩。举办乒乓球赛、象棋比赛、趣味运动会等全民健身活动,更新健身工程器材8套,4个社区申报“北京市体育生活化社区”。

(陈学新)

【信访工作】 年内,开展"拉网式"矛盾纠纷排查4次,排查出矛盾纠纷隐患33个。制定信访应急预案,成立突发事件处置领导小组和工作队,建立劝返处置保障机制和信访工作责任制,"亿霖木业"善后清退工作成效显著。受理群众来信来访186件,办结率100%。

(陈学新)

【劳动监察】 年内,受理劳动投诉案件40余件,处置突发事件2起,追回拖欠工资79.8万元。投诉、举报案件同比下降8%,办结率100%。"劳动用工规范一条街"工程规范单位200余家,督促用人单位补缴保险费近10万余元。

(陈学新)

【社会保障和捐助】 年内,实现754名失业人员再就业,帮助"4050"和"零就业家庭"等就业困难人员447人实现灵活就业,保持"零就业家庭"安置率100%。鼓励32人实现自主创业,失业率控制在3.0%以内。1866人次领到失业救济金,1014名低收入群众纳入低保范围,2419名老年人享受养老券服务、157位90岁以上老人享受高龄津贴;为困难家庭募集到辖区单位捐款23000元,发放爱心卡370户,医疗救助100余人次。全年办理、申报、备案各类政策房1406户。对小区楼门进行无障碍坡道改造并安装扶手,为6户残疾家庭进行无障碍改造,12户安装了可视门铃,安置8名残疾人就业,慰问、救助困难残疾家庭200户。北京"7·21"大暴雨后,为受灾群众捐款70511元,为受灾最严重的长辛店和南苑街道的受灾群众送去了价值6.6万元的生活用品。

(陈学新)

西罗园街道

【概　况】 丰台区西罗园街道位于丰台区东北部,东起木樨园立交桥中心线,西到右安门外大街草桥路口,北起北京南站东南侧,南至角门路。辖区面积2.86平方公里。凉水河由西北向东南蜿蜒过境,境内长2公里,马草河经海户西里汇入凉水河。南三环中路、马家堡东路、马家堡路、角门路纵横交错,交通便利。2012年,辖区内常住人口为84641人,流动人口12353人。计划生育率99.5%。街道办事处下设16个社区居委会。辖区内设有中小学校7所、职高1所、托幼园9所,医疗卫生机构4所,社区卫生站4所,养老院1所,驻辖区部队2个。中国评剧院和北京京剧院坐落于辖区内,中国评剧大剧院是集戏剧、歌舞、音乐、演出为一体的一所多功能文化场所。年内街道被评为"全国安全社区"。

(宋玉彬)

【精神文明建设】 年内,为营造"首都文明区"创建氛围,发放、张贴宣传海报1500张,自制发放宣传册6万份,打造宣传文化墙42处,辖区社区95块电子显示屏滚动播出"创建首都文明区"宣传口号。筹办"心连心唱响红色五月,手牵手共创文明丰台"大型歌赛活动,辖区居民300余人参加。16个社区围绕"创建首都文明区",举办50余场故事会,150余名居民讲述自己亲身经历或发生在自己身边的故事,参加故事会的居民达到2000人次。9月25日,举办以弘扬传统文化,共创文明城区的街道戏曲票友联谊会成立仪式暨戏曲文艺展演活动,吸引了辖区内120余名票友参加。

(吴高平)

【矛盾排查调处工作】　年内,排查出各类矛盾90余件,接收处理完成案卷33件,处理完成率100%,回访案卷当事人100%;通过市级综合系统和市长信箱办理信件26件,办结率100%。

(刘建忠)

【监察工作】　年内,督促办理政风在线、行风热线投诉8起,解答咨询2起。

(李克俭)

【社会治安综合治理】　年内,与社区和辖区单位签订社会治安综合治理管理责任书和十八大安保责任书1500余份,责任书签订100%;组织联合执法28次,检查出租房屋298间、门店450家、地下空间45处、单位297个;排查法轮功9人,确认4人;纠正安全隐患667处;拆除违章建筑2处,310平方米;查处无照经营和黑车载客违法行为100余起;扣留黑车55辆、治安拘留8人、行政拘留5人。

(韩建宝)

【住房保障工作】　年内,受理、审核保障性住房538户;变更、终止、续签各类保障性住房258户;完成限价房复核350户、廉租房复核94户;完成限价房意向登记及摇号485户;完成公租房意向登记149户、租金补贴审核111户;完成选房10户;完成限价房选房84户;完成公租房选房94户。

(游贤春)

【募捐活动】　年内,"送温暖,献爱心"等活动共募集善款19322元,举办"冬衣送暖"捐赠活动,募捐衣被4389件。

(俞忠文)

【就业再就业工作】　年内,新增城镇登记失业人员1020人,893人已实现就业;就业困难人员452人实现就业。职介推荐失业人员成功就业373人,外地工实现就业68人。组织政策指导培训8次,开展职业指导48场,开展"一对一"专项小组指导12次,165人接受指导;开展技能培训8次,210人接受技能培训。470名失业人员办理了自谋和灵活就业。

(詹惠萍)

【社会救助工作】　年内,为319户600名低保对象办理低保审核并发放低保金300余万元。撤销低保家庭30户。为30名医疗救助对象申请医疗救助7万元;教育救助4人1.8万元;临时救助10人1万元。为43名无丧葬补助人员发放丧葬费21万5千元。

(詹惠萍)

【安全工作】　年内,街道被中国职业安全健康协会评为"安全社区"。先后投入200余万元兴建集家居、消防、交通、安全生产、食品卫生为一体的西罗园安全文化教育展馆,完成对辖区内16个社区的部分学生、居民等共700余人次的安全教育培训,摸底排查查出非法经营单位94个,通过20余次联合执法,对其中9个单位进行了关停处理,对19家单位予以取缔,对66家单位责令整改。

(肖　辉)

【老旧小区整治】　年内,完成西罗园一区和二区共37幢楼的改造工程,总工程面积13.6万平方米,惠民5053户14368人。

(宋　勇)

【环境建设】　年内,完成木樨园西北角果园石码坟拆迁地、300路草桥车站周边、洋桥西车站周边的环境整治。投入环境建设经费160余万元,在辖区65个居住小区开展"清洁城市,净化市容"环境建设工作。投入18万余元对西罗园卫生服务中心进行全面绿化改造。开展小广告专项行动,共将违法办证等159部手机号移送办理停机。开展治理露天大排档专项整治行动20余次。与846家经营单位签订《门前三包责任书》。拆除既有违法建设75处1363.80平方米,拆除新生违法建设46处511平方米。新建环保公厕2座。新改建残疾人坡道9处;完成马家堡路68号院防水缓坡建设。

(宋　勇)

【社区文体活动】　年内,组织合唱指挥培训4场计47人、戏曲健身操培训12场千余人次、文化信息员培训11人次。两节期间开展迎新春、幸福过大年、元宵节灯谜游艺等活动20余场;"五一"期间组织"五月鲜花"群众歌会活动9场;国庆中秋、重阳节开展"喜迎中秋、齐颂祖国、温馨伴重阳"等文化活动13场;8.1期间组织慰问消防官兵大型演出活动。发动16社区开展乒乓球训练、比赛,组织街道"第六届和谐杯乒乓球赛"赛事,近百名乒乓球爱好者参与了此次活动。

(王子静)

【网格化管理工作】　年内,成立网格化社会服务管理指挥分中心,完成辖区网格划分,以及人房信息和专题录入工作。接收城市环境热线96005平台案卷和北京市非紧急救助热线12345的案卷共216件,完成率100%,回访案卷当事人100%。

(耿连明)

【助残工作】　年内,组织残疾人参加市、区残联举办的各种职业技能培训班,受培训人员40人次,取证12人,安置残疾人就业8人。办理城镇个体就业残疾人社会保险补贴57人260035.44元;享受城乡居民养老保险补贴131人;享受残疾人燃油补助245人;办理临时救助3人,共22800元;办理发放助残券283人,办理各类生活补助216人,共59400元。享受政府补贴入住精康园2人。

(李晓月)

东铁匠营街道

【概　况】　东铁匠营街道位于丰台区的最东部,辖区北部与东城区、方庄地区相邻,东部与朝阳区接壤,南部与大红门街道、南苑乡搭界,西部与东城区、西罗园街道相连。北部毗邻京津城际高速铁路,京广铁路,南二环路,南护城河。南三环路东西贯通辖区,地铁5号线南北纵贯辖区至宋家庄总站,蒲黄榆路、榴乡路南北横跨辖区,紧邻京津塘高速公路的进、出口。2012年,辖区总面积13平方公里,社区居委会25个,辖区总人口139874人,户籍人口80432人。计划生育率98.4%。总人口中,以汉族为主,135066人,占96.6%;有回族、满族、朝鲜族等24个民族,共408人,占3.4%。辖区有北京市同仁堂科技发展股份有限公司、北京地铁车辆装备有限公司、方庄污水处理厂、方庄供热厂等单位1959家,其中,各类学校、幼儿园40家,医院2家,液化气站2家,加油站3家,大型商市场25家,电影院2家,物业单位49家。年内,被评为"2012年度北京市环境秩序整治先进单位"、"北京市消防工作先进单位"、"北京市科协先进单位"等荣誉称号。

(朱伟成)

【社会治安综合治理】　年内,集中整治120余次,出动车辆480余车次、人员7000余人次、查扣黑车500余辆,清理游商散摊、规范店外经营等违法行为120余起,出动各级群防群治力量10万余人次,为全国"两会"、十八大期间和各项维稳工作提供安全保障。

(王志海)

【公共安全生产】　年内,与辖区1673家单位和25个社区分别签订《2012年度安全生产责任书》、《2012年度食品安全责任书》、《交通安全责任书》,5项签约率均为100%。对辖区1673家单位进行了逐一调查摸底,采取分类统计、分类管理;在"平安三号"行动中,检查各类单位、场所1194家,整改火灾隐患63处,对辖区75家企业劳动合同履行情况实行监控;对辖区200个用工单位实行日常巡查,对辖区670家规模性的非公企业进行检查,全年检查非公企业600家,占用工单位的89.6%。开展消防灭火演习110次,参加应急演练的单位120余家,参加人数4800余人。

(李　海)

【市容环境整治】　年内,拆除新生违法建设31处,面积2402平方米;拆除既有台账违法建设4处,面积136平方米;拆除街道自发现违法建设75处,面积5876平方米。接收处理网格案件约17000余卷。完成南三环中路2栋楼,苇子坑1栋楼,定安西里5栋楼的老旧小区改造;蒲黄榆路、榴乡路、南三环辅路、刘家窑路和安乐林路的环境整治和环境建设工作已经完成;蒲黄榆十一巷工程验收完毕;对电话局西侧胡同、皮革胡同进行道路整修和外立面粉刷。

(张　岩)

【社会服务】　年内,为享受居家养老政策的老人发放服务券493.69万元。收回服务券40.74余万元。累计发放低保金428万元、帮困金15.65万元,慰问金113.63万元。办理临时救助46人,救助金额6.2万元。办理老年证446个;老年优待卡673个。为10个社区2000户居民更换节水型马桶;为3个小区4栋楼房298户居民接通暖气。继续完善25个社区"一刻钟"服务圈工作。

(曹乃斌　邢志辉)

【就业与再就业】　年内,为4055名失业人员进行就业指导,完成105%;通过多种就业方式,使1503人走上就业岗位。在丰台区举办的"基层公共就业服务达人竞赛"中,街道以总分第一的成绩夺得团体冠军。

(肖俊亭)

【文化教育活动】　年内,开展"周末百姓大舞台"演出近10场;放映公益电影58场。为木樨园第二社区及政馨家园社区新建文化活动室,配置近三万元的卡拉OK设备;为红狮社区配备近3000册图书;出动各类巡查执法人员700余人次,检查文化市场经营户近800余家、收缴盗版书籍近百余册、盗版光盘400余张。

(杨章君)

【信访工作】　年内,共排查62件矛盾纠纷,化解37件,接收群众来信88件;接待群体访2批30余人次,信访件办结率99%。

(张春华)

方庄地区

【概　况】　方庄地区位于丰台区东北部,北至南二环路与东城区(原崇文区)搭界,东至方庄东路与朝阳区接壤,西至蒲黄榆路、南至南三环路与东铁营街道相连。分芳古园、芳城园、芳群园、芳星园、紫芳园、芳城东里6个园区,2012年,总面积5.53平方公里,总人口10.04万人,外来人口2.81万人。计划生育率98.6%。人口构成以汉族为主,占95.7%;有满、回、蒙古、朝鲜、藏族等35个民族,人口密度为每平方米0.019人。辖区有中央、市、区属单位105个,社区居委会15个。地区有非公有制企业1189家,其中私营870家,个体308家,外资企业11家,规模以上企业20家。

(秦立元)

【经济工作】　年内,代征个体工商税173万,出租房屋税收374万元,地区实现留区税收3.59亿元,同比减少6.8%。招商引资企业14个。

(秦立元)

【综合治理】　年内,建立由2393名成员组成的治安志愿者队伍,投资4万元为志愿者配备110部对讲机,十八大等重大政治活动期,每一时段各社区志愿者巡逻人数300人以上。录入流动人员28140人,出租房屋5923户,做到采集登记率、核销率95%,准确率和完整率100%。全年出动民警、保安、流管员、机关和社区干部1000人次,进行夜间大清查12次。

(秦立元)

【安全工作】 年内,在《方庄生活》开辟《关注身边安全,共创幸福生活》专栏。组织地区75家单位的安全负责人到消防中队参观事故展板,在方庄博纳汇鑫国际影院滚动播放安全警示教育片《人命关天》600余次,开展4次防灾减灾大演练。举办安全知识竞赛活动,近200名地区企事业单位的安全负责人参加。检查单位2065家,发现隐患1750处,查封单位37家、拘留4人、罚款32万元。

(秦立元)

【信访工作】 年内,接待群众来访19件、800人次;受理群众电话求助28件,办结28件,办结率100%;受理群众来信48件、市长信箱转办件136个,办理回复率100%。

(秦立元)

【劳动监察】 年内,完成劳动用工日常巡查183次、涉及职工12545人;开展劳动用工规范一条街行动,规范单位439家,涉及职工8860人。在辖区内开展小企业和中央在京企业劳动关系状况调研工作,调查小企业320家,涉及职工6669人,调查中央在京企业1家,涉及职工4723人。

(秦立元)

【就业再就业】 年内,采集空岗信息3150条,组织招聘会10次,失业人员培训100人,推荐就业260人,安置外来务工人员50人,连续6年保持地区无"零就业家庭"。

(秦立元)

【社会救助】 年内,最低生活保障家庭由149户317人,调整为129户242人,发放低保金115.91万元;办理低保、低收入家庭新入学教育救助6人2.7万元;为28户低保对象办理医疗救助,发放救助资金6万元;为10人办理临时救助,发放救助资金近2万元;追回违规享受低保金4520元。慰问地区低保户、优抚对象、残疾人及困难妇女等300余户,发放慰问金13万元,赠送米、面、油等慰问品400余份。

(秦立元)

【老龄服务】 年内,为2445名老人发放养老服务卷283.07万元,回收养老券239.24万元。发放95岁以上高龄老人医疗补助金2.7万元,高龄特困老人救助金4000元。春节前夕,走访慰问社区内90岁以上高龄老人143名。对150户空巢老人提供"家庭医生式"服务项目。

(秦立元)

【法律服务】 年内,组织矛盾排查15次,调解各类矛盾纠纷459件,调解成功449件,成功率97.8%,其中化解重大疑难矛盾纠纷12件,达成口头协议76份,制作调解协议36份,其中1份经过司法确认。开展法制宣传教育活动20次,发放法制宣传材料2000多份,接待居民法律咨询200多人次,提供法律建议150多条。律师参与帮助居民化解矛盾纠纷60多次,化解家庭房产纠纷36件,为地区办事处提供法律建议4条,挽回经济损失100多万元。

(秦立元)

【城市管理】 年内,开展"双护工程"、拆违宣传以及月末清洁等宣传活动,制作宣传横幅570余条,板报535块,发放宣传材料10000余份,宣传展板108块;组织周末清洁日活动17次,2.5万余人参加。清刷小广告17万余条,捡拾白色垃圾2330公斤,清理无主垃圾626吨,绿地清理13.8万平方米,清理垃圾房120处,为辖区树木打药13000余株。拆除新生违法建设16处、既有违法建设1处,拆除面积为1746平方米;拆除广告牌匾546块,规范户外广告牌匾158块。打击违法运营行为30起,查处夜间违法行为2起,扣缴黑车、黑摩的47辆,取缔马车售货1处、农用机动车售货1处、游商20余起、占道经营13起,规范店外经营3起。接到网格案件1858件,签收率100%,处理案件1573件,处理率84.7%。

(秦立元)

【文化体育】 年内,举办地区第四届文化体育节,先后组织"昂利杯"幼儿足球邀请赛、竞技麻将比赛、第五届百家社区才艺表演、象棋比赛、文联大讲堂等系列活动。举办第三届和谐家庭书画摄影大赛、厨艺大赛、门球赛、歌舞联欢会、趣味运动会、金婚庆典、包粽子比赛、摇元宵、中秋笔会、为老人送寿桃等活动100余场。组织第四届全国体育进社区志愿服务优秀健身项目展演和交流活动。各社区开展法律知识讲座、参观、快乐学习生活、消防安全等丰富多彩的课外教育活动120余场次。丰台区文委电影公司放映数字电影50场。

(秦立元)

南苑街道

【概 况】 南苑街道位于京城正南,丰台区境域东南部,人称"天安门前第一镇"。历史上是元、明、清三代的皇家苑囿旧址,元称"飞放泊",明称"南海子",清称"南苑"。2012年,辖区面积13.62平方公里,居民25424户,常住人口49272人,计划生育率99.5%。包括汉族、回族、满族、蒙古族、朝鲜族等13个民族。街道东至南苑路和三营门大街,与东高地街道相邻;南至南苑飞机场南侧,与大兴区接壤;西至新宫村以西,与新村街道相接;北至大红门铁路,与马家堡街道隔路相望。辖区内有8家中央、市属单位和武警北京总队二师、空军南苑场站等38个驻区部队,11个社区,清真寺和基督教堂各1座。

(谢长年)

【棚改工作】 年内,动迁居民3198户,占项目一期、二期总数的80%,还有798户未拆迁。已有3182户居民参加选房,选出房屋4371套,2194户居民办理入住手续。三期按照国有土地房屋征收办法,拟征收2400户,征收工作于8月7日正式开始。

(谢长年)

【民生工程】 年内,协调做好槐房地区居民自来水改造工程和南苑东路164、166号楼老旧小区供暖改造;对李家庄1号楼天燃气进行改造;推进诚苑小区电力改造工程和南苑北里四区1号楼地下水管更换;规范改造红房子大兴街便民市场等;解决槐房大泡子居民和新华里2号院居民的出行问题;为机场、南庭新苑社区建立科普活动站;投资50多万元为南庭新苑小区安装技防设备;建成街道级文体活动中心和综合图书阅览室。

(谢长年)

【劳动监察】 年内,督促企业签订集体合同和工资集体协商;完成社会保险扩面征缴192名;促进劳动就业和失业服务7270人次;调解劳动纠纷25起,涉及到农民工285人,为农民工讨薪100余万元。

(谢长年)

【矛盾排查调处工作】 年内,受理各类矛盾纠纷213件,调解纠纷179件,制作调解卷宗159件,达成口头协议20件,调解率和调解成功率均100%,其中群体性纠纷21件,涉及9000人次。做好"亿霖案件"清退款发还。安排4次现场清退工作,5次组织到其他街乡清退,计40份,已清退38份,清退率95%,未清退2份。

(谢长年)

【社会治安综合治理】 年内,查处出租大院和工地等重点场所较大隐患30多处;组织联合执法专项行动21次,查扣运营黑摩的、黑三轮26辆;拆除各类违章建筑2128平方米,规范无照经营行为500余起,清除非法小广告1800余张;完善重点人员台帐管理,在帐重点人共8类244名,其中法轮功邪教分子42名,刑释解教人员114名,重点精神病人34名,流动高危人员15人。法轮功人员和"两类人员"由社区进行专人管控,落实"1+

1+X"巩固帮教方案,帮教率100%。

(谢长年)

【社会管理服务】 年内,以信息化城市管理网格和96005热线为平台,积极为民排忧解难,建立街道24小时管理服务热线"67999659"。负责对群众的咨询、投诉、举报进行登记、受理,并及时派遣至责任科室和社区处理。全年处理网格案卷2430余件,96005热线接到电话196个,96005平台接到涉及到违建、非法小广告、店外经营、暴露垃圾、井盖、雨水篦子丢失等问题,正确处理率99%。

(谢长年)

【社会保障】 年内,新增低保41户66人,终止56户116人;办理低收入认定14户、医疗救助167人、发放医疗救助金238113.27元、办理重大疾病救助15人、发放救助金118558.98元,为低保家庭申请贫困孕产妇救助2人、发放救助金4948.54元,办理临时救助21人、发放救助金37945.88,办理低收入医疗救助1人,发放救助金1839.17元,为低保家庭办理小学免学费76人,办理高等新生入学救助12人、发放救助金52560元,为60岁以上低保老人新办理慈善助老医疗卡5人,办理医疗救助24人,申请救助金9841.09元。

(谢长年)

【社会捐赠和慈善】 年内,开展"情系民生、关爱特困群体"慈善救助特困人员2人,资金16500元;永辉超市"慈善情暖万家"行动向50户困难家庭发放面值为1000元购物卡,计50000元;开展"春雨行动"慈善捐款活动,收到7个单位,288人捐款,金额5294元。为辖区15户患危重病的困难家庭申请慈善救助款,计5.6万元。开展"送温暖 献爱心"捐款月活动,收到23个单位2537人捐款,金额达146906.50元,为3户家庭困难群众申请区救助资金4000元。

(谢长年)

【住房保障】 年内,受理申请保障住房193户、廉租房续租合同130户、做家庭变更70户、终止资格30户、摇号登记252户、选房92户,复审廉租房实物配租家庭38户。

(谢长年)

【"7·21"抢险救灾】 年内,在"7·21"抢险救灾工作中,出动机关和社区人员300多人、抽水车辆50车次、机械设备48台次,武警丰台支队和空军南苑场站2个部队400多人参与抢险救灾,转移群众547户,疏散机场旅客,疏散受阻车辆100余辆,处理269户居民家中进水情况、修缮116处约3000平米的房屋、对6间约150平米的房屋进行翻建。救助1223户受灾居民群众、对15名因灾致困的群众发放救助金15000元。

(谢长年)

【助残工作】 年内,持证残疾人1359人。其中肢体残疾792人、精神残疾132人、视力残疾219人、听力残疾66人、言语残疾9人、智力残疾125人、多重残疾16人,人数较上一年增加7.6%。为183人办理城市居民特困残疾人生活困难补助,11人办理城镇失业残疾人生活困难补助、38人办理重残无业无固定收入生活补助;发放200张助残服务券,为62名残疾人审核并申请个体就业保险补贴,133名残疾人享受了城乡居民养老保险全额缴费补贴,11名残疾学生和生活困难残疾家庭子女享受扶残助学政策。

(谢长年)

大红门街道

【概 况】 大红门街道地处丰台区东部,距离丰台区政府11公里,位于南三环、南四环之间,分布于南中轴线两侧,辖区面积9.56

平方公里,东与朝阳区交界,西与西罗园街道、马家堡街道接壤,北与东铁匠营街道和西罗园街道相邻,南与和义街道相连;与南苑乡8个行政村交错,是典型的城乡结合部。辖区覆盖了北京市丰台区十二五规划"一轴两带四区"经济发展战略之一的时尚创意产业聚集区、三四环产业带。2012年,大红门街道辖区内有28个社区,共有常住人口223233人,在册外来流动人口52595人,计划生育率99.1%。拥有轻纺、服装、鞋业、小商品批发等大中型商贸市场32家,日客流量约10万人。地区驻有3支空军部队和2支消防中队;有大红门、石榴园、洋桥、商城和铁路5个公安派出所;有东铁营二中、大红门一小等12所中小学校,有东楼幼儿园等3个公立幼儿园;有大红门医院等2个公立医院。

（曹　洋）

【环境治理】　年内,共接办涉及私搭乱建网格案件237件,其中认定并拆除新生违法建设7处1050平方米,累计查处新生违法建设54处,拆除2854平米,将50处自查发现的违法建设遏制在初始阶段;累计拆除既有违法建设60余间3300平方米。共投资60余万元,清运垃圾、渣土近1200余车,市容卫生问题网格件处理合格率95%以上。投入近300万元集中治理一批环境薄弱区域,木樨园南里13号楼下水管线、苗西17号楼和石榴园北里污水管线得到彻底疏通;苗西社区5号、9号楼前路面破损得到修复;华远社区广场改造于10月底全面竣工,对雨水管线进行重新铺设、对广场路面进行重新铺装硬化、对四周围墙进行修复、贴砖;投入27万余元,修复粉刷南顶路沿线围墙600米,更换树池132个,硬化路面160平方米,补修人行道300平方米。

（曹　洋）

【社会治安综合治理】　年内,开展安全生产护航行动,组织集中检查52次,出动检查人员992人次,累计检查各类单位349家,消除隐患296处,隐患整改率98%;成立消防安全专项整治排查工作领导小组,共检查各类单位511个,消除安全隐患216个,发放消防安全隐患整改通知书216份;开展地下空间综合整治工作,组织专项检查23次,综合执法6次,检查人防工程115处,消除隐患92处,组织2次防汛演练,在全区率先和平关停人防工程3处,普通地下室5处。

（曹　洋）

【流动人口管理】　年内,签订各类安全责任书3000余份,签订率100%。先后8次组织辖区内的流动人口参加法律、安全等方面学习,进行文化教育15764人次、法律常识教育19544人次、健康教育32751人次、优生优育教育11387人次、安全教育48132人次,开展针对来京务工经商人员的"普法暖流惠民生,向导服务保平安"主题法制宣传活动。

（曹　洋）

【信访维稳】　年内,处理各类信访件255件,已办结226件,有29件正在办理中。接待群众来电、来访232人次,各类信访件办结率89%,群体性矛盾纠纷办结率95%。"亿霖木业"案,完成144名涉案购林人的清退任务,完成率96%。

（曹　洋）

【社区建设】　年内,28个社区均成立不少于80人的劝导队;抓好"六型社区"创建和"四权实践"活动,怡然家园等6个社区通过市级"六型社区"评估,石南二等6个社区已通过区级"四权实践"示范项目初审。争取上级资金近400万元,为顶秀欣园社区购置办公用房100余平方米,为石北二等4个社区改善办公用房400余平方米,为石南二等4个社区改善办公用房400余平方米;街道自筹资金近100万元,用于华远等社区办公用房装修改造,改造面积1500余平方米。

（曹　洋）

【社会救助】　年内,有社会救助对象782户1524人(其中重残生活困难补助38人,原工商业者生活困难补助13人),超转343人,优抚76人,军工地退32人。全年共计发放低保金615万余元、帮困卡22.9万元、困难补助27.6万元、各类一次性补贴79.3万元。办理各类人员医疗救助164人次,金额为25.9万元;为无丧葬抚恤金人员办理丧葬补助80人次,发放金额40万元。管理低保户家庭729户1472人,发放各类低保、补助金856万元。各类救助、补助338人次,救助金额89.3万元;医疗救助176人。两节期间,发放慰问金及各类补贴共计150余万元。完成限价商品房申请初审179套,经济适用房申请初审59套,公租房申请初审114套,廉租房申请初审35套,签订廉租房合同140份,限价商品房复审460余户。

(曹　洋)

【就业和再就业】 年内,共接转失业人员档案3100份,办理失业登记1600人,挖掘空岗信息3445个,组织失业人员技能培训12期,培训466人,职业指导3530人,组织招聘会12场,实现1392名失业人员再就业,其中就业困难人员875名。市、区灵活就业3213人,新增灵活就业人员887人。创业项目展示3次,促成自主创业51人,带动就业361人。为失业人员发放失业金1696人次,金额384.5万余元。

(曹　洋)

【助残服务】 年内,共计发放各类补贴款190多万元。其中,为531名残疾人及其子女申请发放助残券补贴、扶残助学补贴、康复训练补贴、燃油补助、临时救助、三险补贴等各类补贴76.3万多元;为130名重度无业残疾人申请发放每月520元的生活补助,为273名轻残待业残疾人发放每月100元的生活补助,两项共计113.9万元。组织400多名残疾人参加技能培训,安置16名残疾人就业,为10名残疾人发放轮椅,为5名残疾人安装假肢,为2名残疾人发放"小帮手服务器"。

(曹　洋)

【老龄服务】 年内,为60岁以上的老年人办理老年证499份;为65岁以上老年人办理优待卡534张;发放高龄津贴14万余元;为279位老人配备"小帮手电子服务器";为292位80岁以上老年人办理养老服务券,累计为地区10820位享受居家养老服务的老年人发放养老服务券107.56万元。

(曹　洋)

【劳动监察】 年内,集中审查辖区369家单位的劳动用工情况,督办18家企业签订员工集体合同,责令"十全舫"补发70余名员工的拖欠工资6万余元,实现辖区内农民工工资拖欠突发事件"0指标";对辖区28个社区范围内家政服务及职业介绍机构进行普查。

(曹　洋)

【精神文明建设】 年内,28个社区全部开展"争创文明社区"活动,申报"首都文明社区"7个、"丰台区文明社区"18个、"丰台区文明单位"15个。开展"爱国、创新、包容、厚德"宣传教育活动,组织公共文明引导员在春运、雷锋纪念日、两会期间和传统节假日开展咨询引路、维持秩序活动。开展"阅读点亮人生"活动,向社区工作者进行征文,编写《大红门小故事》小册子。在地区主要大街制作硬式宣传展板56块580余米,发放宣传画13800余张。

(曹　洋)

【文化活动】 年内,建设集多媒体电教室、会议室、电子图书馆于一身的街道市民文化教育信息中心,收录七大类150000余册电子书籍。年初成立街道文艺联盟,整合地区文化队伍和骨干,成立书法、绘画、戏曲等八支文体协会,组织"大红门街道流动人口文化艺术节"系列活动,开展第二届草根卡拉OK大赛,在部分社区举办"我爱第二故乡"书画、摄影、手工编织展,收到社区居民170余幅作品。举办科普活动近30次;组织流动人口艺术团参加"星火工程"演出27场,"周末大舞台"演出9场。指导远洋自然等7个社区进行市级“体育生活化社区”达标工作；组织社区干部和地区居民参加丰台区第八届全民健身体育节入场式和荷花扇表演。

（曹　洋）

东高地街道

【概　况】　东高地街道位于丰台区东南部，东南与大兴区接壤；西与南苑街道毗邻，北与和义街道相连。2012年，辖区面积3.27平方公里，常住居民1.8万余户，常住人口5.3万人、流动人口5000余人，计划生育率99.3%。辖区有以航天一院为首的303所、508所、704所、772所等7个航天科研系统的中央单位，市、区直属单位20个，中学1所、小学4所、科技馆1所、老年活动中心1所、幼儿园1所3个分园，医院1家，90%的常住人口是航天科研人员、职工和家属，是典型的单位型街道。辖区有万源南路、东高地斜街等7条大街，东高地斜街、万源南路、中路被评为“丰台区2012年最美街巷”，同时入围“北京市最美街巷”的评选，角二和梅源社区入围“北京市最美社区”的评选，其中南大红门路东高地段被评为“首都文明示范街”。年内，实现留区税收6385万元。

（吴文清）

【城市环境整治】　年内，投资280万元，对104国道道路及两侧围墙进行修缮。投资50余万元，出动各类车辆100台车次，清运生活垃圾及渣土300余吨。投资31万元对三角地第二社区近5000平方米的空地进行绿化美化。万源北路拓宽改造工程，已完成道路两侧房屋的拆迁和移树工作。

（杜百杰）

【社会治安综合治理】　年内，完成街道43个网格划分。推出东里社区“一格一特色”工作方法。开展综合执法维护社会秩序活动18次，集中整治，查处非法运营摩的24辆，电动三轮车43辆，批评教育及警告126人。帮扶西洼地社区改造自行车棚36个970平方米，安装晾衣架7处700延米。改造万源路北侧自行车道与辅路140延米。

（李克俭）

【安全监督工作】　年内，与辖区的中央、市区属单位、地区商市场、餐饮宾馆等543家分别签订安全生产责任书、消防安全责任书、食品安全责任书。为弱势群体家庭安装消防报警器115个，发放呼吸面罩115个，灭火毯234个，水基灭火器286个，阻燃被罩29个。对辖区的安全生产、消防安全、食品安全、交通安全进行隐患大排查，查出安全隐患521起，现场整改496起，限期整改5起。

（常文杰）

【社会保障工作】　年内，安置失业人员250人；接收失业人员档案410份，就业534人；为失业人员发放失业保险金505人次1007758元；办理灵活就业保险补贴236人，自谋职业保险补贴5人；办理城镇居民大病医疗保险3127人，城乡居民养老保险85人，发放无保障人员的养老待遇879人；组织220名无保障老年人进行免费体检；为266户558名低保人员累计发放低保金2358682.84元；为14名失业人员办理退休审批手续；协助外省退休人员进行养老资格认证103人；办理退休人员大额药费手工报销42人次近14万元。

（唐　红）

【信访接待工作】　年内，接待来访群众300余人次，接区政风在线、信访综合办公平台，转来问题信件47件，市长信箱转来问题邮件20件。全部信访件答复率100%、回复率100%。辖区“亿霖木业”案件善后处置工作，完成清退79份合同，清退率为94%。

（徐树林）

【保障救助工作】 年内,为79人次办理医疗救助,金额121280.05元;对5名新入学大学生给予22200元的助学救助;为37户贫困家庭申请采暖补助金49086元;为11人发放慈善救助金24400元。爱心家园为415户贫困家庭发放价值53000元生活用品;开展各类募捐活动7次,接收捐款155465.40元,接受衣被6386件。

(王丽红)

【为老服务工作】 年内,提取养老助困基金近20万元为地区146户困难老人发放生活补贴;对地区232名高龄、困难老人进行入户和电话巡视;扶持建立4家老年餐厅和三个流动餐车,每天解决地区1000余名居民就餐问题,为地区400余名80岁以上老人制作爱心联系卡,为26户孤寡老人提供邻里守望服务;投入2万余元组织地区乒乓球赛、趣味运动会等文体活动,端午节、中秋节为地区困难老人发放粽子、月饼等300余份。

(许 刚)

【帮残助残工作】 年内,完成6名盲人定向行走培训、10名肢体康复训练,为5人配发辅助器具,为8名儿童申请北京残疾儿童少年康复补助金49936元,为1名精神病人办理入住"精康园"手续;投资近5万元新建40余平方米的三角地第一社区康复站;安置10名残疾人就业,10人取得技能培训证书;对77名残疾人个体进行保险,实际补贴金额341358.56元,为50名残疾人办理城乡居民养老保险补贴,金额47520元;为29户听力障碍家庭安装闪光可视门铃;为11名学生发放补助助学款38400元;为1名残疾人家庭申请"7·21"暴雨救助款1000元。

(赵德强)

【精神文明创建】 年内,举办"学雷锋"志愿服务月、"绿色出行,文明交通,从我做起"文明交通月、"低碳生活你我他"垃圾减分月等主题创建月活动。开展"美好家园,幸福共享"主题摄影展,收集反应地区风土人情的照片300余张。10个社区共开展垃圾分类回收、兑换活动200余次,出资6万余元购买生活用品用于居民兑换。举办科普制作系列活动5场,惠及群众2400余人。

(芦 玮)

【文化建设】 年内,争取区级投资27万余元,改建西洼地社区文体活动中心;投入30余万元完善社区文化站设施、设备;开展文化惠民系列活动128场,参与群众30669人次。扶植"繁星志工社"成立;为地区27名贫困学生发放助学金14800元;开展知识讲座、应急培训等活动42次,覆盖青少年5568人。

(魏 倩)

【科普工作】 年内,完成"科学在身边,科技进万家"科技东高地项目的策划、启动、组织、开展工作。包括食品安全、花木养殖、防灾减灾、低碳节能科学知识讲座10场、开展家庭摄影、模型制作、风筝制作、业余无线电等科学兴趣小组12场、举办"爱我丰台 放飞梦想"手工风筝制作放飞比赛、"科学嘉年华"青少年科普制作系列活动、"知识产权进社区"启动仪式、"节能金点子征集"等互动活动5次,惠及群众2400余人。

(芦 玮)

和义街道

【概 况】 和义街道地处中轴路南部,位于丰台区东南部,东与大兴区旧宫镇竖桥村毗邻,东南与东高地街道相邻,西南与南苑街道接壤,北与南苑乡、大红门街道搭界。周边与南苑村、槐房村、大红门村相邻,区域为典型的城乡结合部。办事处驻丰台区南苑北里一区二号楼(南中轴路快速公交三营门站)。2012年,辖区面积6.8平方公里,管辖社区9

个，辖区常住人口5.0万人，出生人口153人，计划生育率98%。辖区有单位390家，主要餐饮店有江山城、巴蜀旺龙居等，主要超市有天客隆超市、迪亚天天超市、首航超市等，主要金融网点有东高地邮局和义邮政所和农业银行三营门分理处2家，辖区内派出所2个，共建部队9家，居民区占地面积80万平方米，住宅总面积75万平方米。

（李　雪）

【环境建设】　年内，接收、核查城市网格管理私搭乱建案卷150余件，开展拆除违法建设行动30余次，拆除违法建设面积14309.38平方米。发动6000余人次，40多车次，对9个社区40余处脏乱点进行环境卫生清理；规范门前三包160家，清理非法小广告近2万余条，清理各类暴露垃圾渣土100多吨，清理绿地近10万平方米，捡拾白色污染及树挂1000多包。

（李　雪）

【公共安全】　年内，出动执法检查人员300余人次，关停、取缔、清理、整改违法生产经营单位188家。防火委为辖区120栋居民楼3处平房区制作1200块“居家消防安全提示牌”，为辖区57家防火单位制作200块“消防四个能力”和“消防安全三提示”提示牌，对企事业单位、出租大院进行704次排查，排查整改和消除火灾隐患90处。

（李　雪）

【精神文明建设】　年内，组织“幸福生活讲师团”知识讲座6场；组织社区干部、居民到丰台规划馆参观5次；为辖区群众发放街道自办刊物《和义家园》10000份。组织社区志愿者、青少年、文明引导员开展“学习雷锋好榜样”、“争创文明区 你我齐参与”等志愿服务活动，范围覆盖9个社区，服务辖区千余名住户。举办近50次书画、合唱、戏曲表演、器乐培训，居民参与率90%以上。投资25万元，举办2012年“和文化节”，受众人数2万人。

（李　雪）

【民生工程】　年内，落实低保对象389户780人，发放最低生活保障金3595217.56元，粮油帮困154680元；受理新申请低保35户50人，变更136户301人，终止38户81人；为辖区内符合条件的19户家庭进行低收入认定，办理发放《北京市低收入家庭救助证》。为辖区5名大病特困人员办理大病周转金借用手续；实施医疗救助157人，共计167922.34元；实施临时救助13人，共计47837元。

（李　雪）

【社会保障】　年内，新增退休人员182人；申领挂失医疗卡815个，报销退休人员药费145人次，共计32 .8万余元，变更医疗机构437人次；为30名辖区人员发放丧葬费15万元；参保无业人员医疗保险235人，新参保“一老一小”医疗保险235人，报销药费105人次，无业人员报销药费12人次，计27 .5万余元。新增失业人员486人，全年发放失业保险金140万余元，开发就业岗位2138个；实现创业人数38人，带动就业人数72人；实现失业人员再就业478人；实现就业困难人员再就业220人；城镇登记失业率控制在4.0%以内。全年办理灵活就业人员236人，停止251人，为灵活就业人员报销药费14人，共计4万余元。

（李　雪）

【社会服务】　年内，确定17项为民办实事工程，完善“幸福家庭快乐园”、“温馨家园”等8处民生服务阵地；申请筹集资金70余万元，接手南苑北里、和义东里两个老旧小区14万余平米的卫生保洁工作，彻底搬掉4座垃圾渣土山；建设2.1万平方米的街心公园；投资10余万元在和义东里小区、南苑北里小区安装150套标准化的钢构示范晾衣杆；在和义西里建立260多平方米的社区医疗服务站；开展“一刻钟”便民服务圈工作，整合60多家社区企业参与社区服务工作。

（李　雪）

【住房保障】　年内，受理经济适用房、限价住房、廉租住房606户；“三房”变更申请家庭情况73户;“三房”终止申请家庭情况30户;进行2次限价房、廉租房200户的复核。

(李　雪)

【劳动安全】 年内,开展“春暖行动宣传”、“营造氛围,推进扩面征缴”等活动,95名工作人员参与活动,为200余名群众回答、解决相关问题。企业劳动合同签订率90%以上;辖区单位未发生工资拖欠现象,未发生使用童工现象,未发生劳动争议案件;解决外来人员讨要工资问题9起,涉及人员160余人,追要工资近36万余元,调解率100%。

(李　雪)

宛平城地区

【概　况】 宛平城地区因宛平城(原名拱极城)在辖区内而得名,位于丰台区的中西部卢沟桥永定河畔。它是在筹备卢沟桥文化旅游区的过程中成立的,1992年1月正式对外办公,是丰台区唯一有行政村的街道。东起西道口大枣园,与卢沟桥街道接界,西至杜家坎环岛和京港澳高速收费站,与长辛店街、镇毗邻,南至北天堂,与房山区、大兴区接壤,北至铁路石景山南站,与石景山区相望。城内交通发达,路网密集,铁路、公路、城轨纵横交错。京广、京九、京石、京山、丰沙等专线贯穿境内。2012年,辖区面积42.67平方公里(含北天堂、永合庄农村集体土地在内),共有居民23060户,人口59184人,其中常住人口51346人,主要聚居在高速路以南和宛平城东地区,少数部分散居于北部平房地带,农居混杂,是典型的城乡结合部。城内产业分布特点:北部地区以建材和建工业为主,汇集了北京六建混凝土公司、北京建工博海建设有限公司、北京第一建筑工程有限公司等。南部地区则以机械加工业为主,主要代表企业有北京第二机床厂、北京华德液压泵厂、中奥电梯厂、北人印刷机械公司等。此外,宛平城地区旅游资源也极为丰富,中国人民抗日战争纪念馆、中国人民抗日战争纪念雕塑园、卢沟桥、宛平城、赵登禹墓、大王庙、绿堤公园、宛平湖、晓月湖、园博湖等均坐落于此,形成了一个集历史、文化、艺术和爱国主义教育于一体的观光和旅游胜地。

(周艳明)

【环境整治】 年内,完成老庄子南、木材厂西、宛平幼儿园东、齐庄子、石景山南站居民区等6条街坊路的整治工作;解决辖区内居民渗水井排水和门前道路硬化问题;完成卢沟桥北里7栋楼和卢沟桥南里4栋楼的老旧小区改造任务,对绿堤公园进行提升改造;为做好园博会环境保障工作,拆除既有违法建设和新生违法建设共21处5882平方米,拆除园博园周边私搭乱建围墙600余米,在晓月苑中路建“文化墙”1600余平方米;改造辖区内旧有公厕6座,新建公厕7座;清理废品回收站80余家,清理废品5000余吨;清理各类渣土和垃圾总共3000余吨。

(周艳明)

【综治维稳】 年内,开展“温暖二号”、“温暖三号”、“温暖四号”行动,出动各类检查人员2000人次,张贴各类宣传资料4000余份,检查3200户煤火取暖户;两会期间,累计出动治安志愿者23500人次,专职巡防队员840人次,民兵1050人次,邻里守望8400人次;排查重点人20余人,出租房屋1200间,完成各类信息采集2000余项。

(周艳明)

【社会保障和救助】 年内,提出了“321”即“三个引领、二项培育、一帮一结对子”为民办实事的工作方法,新增创业人数23人,带动就业人数109人;扶持自主创业,做大做强“百人创业,千人就业”工程;发放低保、困难、医疗等各类救助金、慰问品70余万元;开展

“送温暖 春雨行动”爱心捐赠活动，捐款33536.86元，其中慈善募捐14604元；7·21大暴雨后，向长辛店街道捐赠27000元救灾物资，地区妇联向区妇联上交1000元捐款；为辖区残疾人举办诗朗诵和艺术作品展等活动；发放残疾人生活补助金31.40万元，助残111人，折合人民币11.60万元 。

（周艳明）

【文体建设】 年内，在辖区10个社区（村）开展10场“幸福生活讲师团”的知识讲座，举办“宛平大舞台，想唱您就来”等活动近96场，累计受益群众2.5万人次；组织8个社区、2个村的300余名群众赴区“十二五”规划馆和汽车博物馆参观学习；开展“践行北京精神，弘扬丰台文化”征文活动、“祝福百姓，送福到家”写福字赠春联活动和“喜迎十八大”文艺汇演暨“身边好人评选”等活动；投资30余万元建成400多平米的社区体育活动中心。

（周艳明）

【安全生产】 年内，取缔黑窝点2家，关停无证经营单位2家，责令整改卫生不合格单位5家；对辖区单位进行每月拉网式安全检查达3725家次，参加检查人员7450余人次，检查出各类安全隐患514起，整改514起；建立地区三级防火委，8个社区和2个行政村全都挂牌成立消防工作室；统计超标单位46家，严重违章单位21家。

（周艳明）

【劳动监察】 年内，完成纳入劳动用工管理范畴的单位562家，其中企业226个，个体经济组织309个；调解劳动纠纷6起，调节率85.71%，涉及农民工314人，涉及金额753.028万元；发放劳动合同样本300份，散发法律法规宣传折页500张；组织辖区内的8个社区、61个社会单位的主管领导80余人，参加劳动法律法规培训会；对雇佣农民工较多、社会保险上缴率较低的社会单位41家，督促其完成任务。

（周艳明）

【社区建设】 年内，8个社区开展“六型社区”创建、“社区规范化建设示范点”创建和“四权实践”活动；新建城南2个社区办公服务用房建筑面积612.92平方米；装修晓月苑第二社区服务站办公用房145.69平方米；打造完成600多平米的“一刻钟社区服务圈”一条街；新建了400多平米的社区体育活动中心。

（周艳明）

长辛店街道

【概　况】 长辛店街道位于丰台区西南部，辖区位于卢沟桥西侧，东临永定河，西至镇岗塔，与云岗街道、王佐镇相邻，南接房山区南岗洼，北到鹰山公园，与石景山区、门头沟区接界，南北长、东西窄，地势东低西高。东临永定河、哑巴河、小清河、大宁水库，西靠南北走向的两道丘陵。属城乡结合部。中部有京广铁路、京周公路、京石高速南北向穿过。2012年，辖区面积59.4平方公里，下设24个社区，常住户40365户，居民96218人，计划生育率99.64%。辖区内有中央企业16家，市属企业19家，区属企业42家，驻军部队12支。所驻单位有南车集团二七车辆有限公司（原二七车辆厂）、北京二七轨道交通装备有限责任公司（原二七机车厂）、中国北方车辆研究所、北京北方车辆集团有限公司（原六一八厂）、装甲兵工程学院及长辛店火车站等近百家企事业单位，以铁路、军工业为主，为丰台区重工业集中地。

（贺丽梅）

【“7·21”特大暴雨抢险救灾工作】 7月21日，北京市遭受61年一遇的特大暴雨，长辛店地区受灾尤为严重，北关外、东山坡一里等多处居民区积水严重,街道党政主要领导迅速成立由辖区部队、消防中队、城管分队、街道机关和社区干部组成的多支应急抢险分队,开展人员搜救及转移工作,经过13个小时,解救和转移受灾群众1000余人,未发生一起亡人事故。在为期近三个月的善后救灾工作中,争取多方援助,保障灾民基本生活,建立战时会商机制,确保各项救灾措施全面落实;完善领导接访机制,化解各类矛盾;把握程序,确保安置房分配过程的平稳有序。123户受灾家庭入住临时安置房。

(贺丽梅)

【环境建设】 年内,朱北社区路、张家坟东路等道路修缮改造面积7000平方米。新建垃圾中转站1座、水冲式公厕1座、修缮旱厕24座,安装休闲座椅168把,植树1150株,新增绿化面积3347平方米,拆除违法建设2.3万平方米。引导东方锐波化工厂等3家高污染的企业有序退出,促成装甲兵工程学院与区城建开发公司签署土地置换协议,推进新长周路、梅市口路西延项目。

(贺丽梅)

【协税护税】 年内,召开经济形势分析会,扩大税源,全年财政税收达到5902万元,较上年增长5.39%。

(贺丽梅)

【就业和社会保障】 年内,帮助1600人实现就业,解决投诉、举报案件21起,为民工追回工资148.44万元。做好大病救助、医保报销、困难家庭帮扶等工作,简化城镇居民医疗保险和养老保险的办事流程,落实退休人员社会化管理服务工作。完成700个楼门的无障碍设施改造,建成1处综合养老服务中心。

(贺丽梅)

【综治维稳工作】 年内,在"两节"、"两会"、"涉日维稳"、"十八大"安保等重大节日和敏感时期,对重点人和"法轮功"人员24小时监控。完成"亿霖木业"善后清退工作。接待来访群众340余人次,受理人民群众来信281件,办结率100%。查处非法运营黑摩的15辆,关闭非法液化气灌装站1处,取缔非法制售食品摊点40家,查处非法生产经营单位20余家。

(贺丽梅)

【文教工作】 年内,开展50场文化大舞台活动,完成东山坡、北关等8个社区更新健身器材的申报工作,建成"815"小区专项篮球场、门球场各1处。

(贺丽梅)

【争创首都文明区工作】 年内,悬挂硬式标语口号、绘制宣传墙百余平方米,软式标语900余平方米,设置电子宣传屏、宣传栏、板报600余平方米,发放各类创建宣传材料5万多份。开展"城市清洁日、全民动员清扫"等主题活动。

(贺丽梅)

【"网格化"社会服务管理工作】 年内,"7·21"特大暴雨灾害影响了"网格化"社会服务管理工作进程,针对这一情况,抽调年轻力量,成立"网格化"服务管理工作办公室,在建筑物对应关系表、社区四至划分、基础数据录入等重点环节给予实际指导,赶上全区的整体进度。

(贺丽梅)

云岗街道

【概　况】 云岗街道地处丰台区西南部,东与长辛店街、镇为邻,西南与王佐镇相连,北与门头沟区接壤,2012年,辖区面积8.53平方公里,常住人口13056户32708人,人口密度3834人/平方公里,计划生育率98%。商业、服务业、文化、卫生等设施较为丰富,辖区内主要有航天科工集团第三研究院、航天科技集团十一院、101研究所、京丰热电有限责任公司等中央及市属单位8个,区属单位23个,中学2所、小学2所,社区居委会9个。年内,发稿823篇。其中《丰台报》刊登23篇、专版2期,《北京日报》等市级主流媒体刊登3篇,丰台有线电视台播出47条。在市、区、街道等各种网站发表信息975篇次,其中在《新华网》、《中国文明网》、《首都之窗》、《首都科技网》、《首都精神文明网》等网站发表69篇次。荣获丰台区第九套广播体操比赛团体第一名、丰台区职工第五届乒乓球比赛团体第二名、五月的鲜花文艺汇演比赛优秀奖,荣获北京市人口和计划生育工作先进单位。

(何　丹)

【防汛救灾工作】　年内,在"7·21"特大自然灾害期间,安置京港澳高速公路17.5公里处受困群众200余名,协助区委、区政府做好京港澳高速3名遇难者善后工作。为受灾严重的长辛店地区运送两批价值近20万元的物资。暴雨后协调水务部门运送生活用水,保障5000余名居民群众的正常生活,向受灾群众发放过渡期生活费2.5万元。

(何　丹)

【养老助残工作】　年内,筹资20.42万元创建云西路社区区级居家养老服务中心。为1216名老年人发放养老服务券105万元,为90岁以上老人发放高龄津贴4万元;办理老年优待卡550人次,老年优待证233人次。安置残疾人就业12人,推荐残疾人用工10人次;成人智障康复训练20人次,肢体康复训练15人次。申请残疾人助听器、助视器3人次,家庭内部无障碍改造45户,安装闪光门铃24户,走访残疾人家庭110户,发放慰问金、慰问品66000元。

(何　丹)

【社区服务】　年内,拥有专业服务队伍26支约2000余人,签约商户78家,服务项目316类,服务44600余次。严格使用社区公益金管理程序,惠及社区居民公益金90万元。

(何　丹)

【志愿服务】　年内,成立云岗街道志愿者大队和9个志愿者分队,注册志愿者1692人,经常性志愿者503人。组织志愿服务38次,参加人数3600余人次。

(何　丹)

【城市建设】　年内,拆除违法建设23处1693平方米;开展联合执法27次,整治环境秩序乱点5处,排查各类环境秩序问题45起,渣土整治查处违章行为10起。补种树木1300余株,新增绿化面积2400平方米;更新草坪4100平方米,新增屋顶绿化面积900平方米,荣获"北京市屋顶绿化先进单位";全民义务植树3700株;环境清洁集中整治行动16次,参加人数2400余人次。

(何　丹)

【治安防范】　年内,辖区9个社区划分为34个网格,形成65项网格化基础数据信息无缝衔接;投入25万元租用巡逻车和雇佣保安人员;开展联合执法12次。

(何　丹)

【信访工作】　年内,组建159人的信访信息员队伍;完成"亿霖木业"的清退工作,清退近70户,涉案金额300余万元;申请"五七连"123人的基本养老金。

(何　丹)

【社会保障】　年内,安置就业207人,实现创业21人,带动就业73人。签订《空岗报告协议书》54家单位,开发岗位381个。为失业人员申请小额担保贷款1名;办理灵活就业社会保险补贴150人。为居民印制90项服务工作便签;撤销不符合低保标准家庭77户,新增低保家庭26户,发放低保金、粮油帮困卡近200万元,为困难群体申请医疗救助8.9万元。办理地区"一老一小"大病医疗保险3586人,累计报销医疗费43万元。对地区882名老年人发放社会福利养老金293万余元。

(何　丹)

卢沟桥乡

【概　况】 卢沟桥乡位于北京市区西南部、丰台区的西北部,东起菜户营桥与西城区毗邻,西起永定河西畔,东至西二环南路与西城区交界,北与石景山区、海淀区接壤,呈东西狭长分布,乡域面积 56.3 平方公里,与卢沟桥、宛平、太平桥、丰台镇 4 个街道办事处管理交叉,是典型的城乡结合部地区。全乡下辖 19 个行政村、一个社区、6 个直属公司、6 个直属事业单位、3 个改制企业,农业人口 4.04 万人,城镇人口 3.55 万人,常驻人口 9.9 万人,其中,流动人口 6 万人,乡域内共有 7 个驻地派出所。

卢沟桥乡素有北京南大门之称,自古便是通南贯北的交通要地,紧邻北京西客站客运枢纽,境内二、三、四、五环路和京港澳高速路等 15 条干线公路纵横交错,京广、京哈、丰沙三条铁路大动脉穿乡而过。2012 年,全乡完成总收入 88.2 亿元,增长 9.8%,农民人均收入 15174 元,同比增长 10.9%,劳均收入 27883 元,同比增长 11.3%,实际完成留区税收约 8 亿元,超额完成任务。

圆满完成村党总支换届选举工作。全面统筹换届选举工作,制定下发《卢沟桥乡村党总支换届选举工作手册》,采取"三个超前"、"三项措施",除三路居村已整建制撤村转居外,剩余需要换届的 19 个村全部全部实行了公推直选。新当选的村党总支委员为 125 人,平均年龄由上届的 46 岁降低到 44.6 岁;大专以上学历为 123 人,由上届 93.9% 提高至 98.4%;女性委员 27 人,比例与上届持平。书记、主任、集体经济组织负责人任职数各为 19 人,其中 17 个村的书记兼任经济组织负责人(除周庄子村、小瓦窑村),3 个村党总支书记兼任村委会主任(太平桥村、菜户营村、小瓦窑村),基本上完成区委要求的"两保持一确保一降低"的工作目标。

产业结构多元化发展。欢乐水魔方项目运营良好,万丰餐饮街伊尹海参、翠清、巴音浩日娲等名牌企业陆续开业并形成影响力。靛厂特色商业街满满海、北京宴于年内相继营业,形成集聚效应。三路居村成立高端物业管理公司,东管头村的东管之家家装项目建成营业,探索了现代服务业在乡域内的发展。三路居村、周庄子村小额贷款公司投入运营,运营状况良好;大胆创新农村融资新渠道,全力推进"北京丽泽创投小额贷款有限公司"的筹建设立工作,促进了地区金融产业发展。

重点功能区建设有序推进。丽泽金融商务区北区共计约 102 万平方米的集体企业全部签订拆迁协议,拆除 62 万平方米;C9 安置房实现一期回迁入住;在"乡统筹"战略的推动下,由集体经济组织取得了二级开发权,开创乡村集体经济发展新模式。完成京周新线涉及卢沟桥乡集体企业的拆迁工作和绿化地块的拆迁整治,为园博会顺利召开提供保障。中阳大厦主体、卢沟桥五星酒店、小屯温泉酒店主体结构完工,六里桥大厦已进行地基建设,中都大厦地上物拆迁工作完成。

城市化进程稳步推进。围绕"拆"、"建"、"融资"三个核心内容,稳妥推进各项工作。完成住宅腾退约 69%,新村建设竣工面积 477 万平方米,万泉寺回迁房小区实现开工。重点村住宅腾退全面完成,企业腾退取得突破,完成 92.3%,拆除建筑面积 79 万平方米,回迁安居房建设全面开工,施工总量完成 50%,完成融资 108 亿元,保证了重点村腾退及安居房建设的顺利推进。西局村、周庄子村已获得征地批复。整建制转居稳步实施,三路居村在完成整建制撤村转居的基础上,成立金鹏天润社区党委,并依据相关法律程序选举出第一届社区居委会,成为全区唯一完成此项工作的村。

招商引资取得重大进展。相继出台招商引资一条龙服务、促进经济发展税收返还办法等相关政策。共登记备案各类企业316家,注册资金1000万元以上规模企业56家,同比增加45家,亿元以上企业14家,同比增加9家。调整税收返还奖励政策,调动各部门和基层对协税护税工作的积极性。加强与区财政局、国税等相关部门的沟通协调,对税源建设中存在的问题探寻解决办法。贯彻落实建筑企业属地纳税工作,带动留区税收增长。

市政基础设施建设全面推进。抓好园博会周边、重点道路及轨道交通征占地的拆迁工作,为园博会及重点交通项目建设创造良好环境。完成京石客专集体企业、住宅院拆除工作以及地铁十号线、地铁十四号线拆迁工作,大瓦窑停车场及菜户营站等六个站点均已施工建设。市政基础设施进一步完善,推进张仪村二号路、岳各庄南路等五条在施道路的施工进展,办理西局南街、西局中街等道路的手续及开工事宜。完成乡域5座生态达标公厕建设,方便群众生活。

社会矛盾化解和综治维稳取得新成效。各级领导坚持到基层一线带案下访,包村约访,充分发挥"两个三级四层管理网络"优势,以"突出重点、以人为本、标本兼治、综合治理"为原则,实现全乡社会秩序稳定、安全生产监管有序、综治维稳工作高效运行。协调工商、城管、公安、消防等部门,推进"护航"行动和"打非治违"执法活动,全年共开展各类联合执法300余次。结合乡域特点,成立由村巡防队、消防应急队、城管协管队180名队员组成的应急小分队,并投资近40万元配备通讯设备,提升突发事件应急处置能力。成立以65名队员组成的安全生产专职检查队,检查违法单位780余家,查处安全隐患3100余处。开展社区矫正、安置帮教工作,对"两类人员"进行管控、教育和帮扶。610工作成绩出色,超额完成涉外网上斗争工作指标,位居全区前列,为党的十八大及"两会"顺利召开提供安全保障。

社会各项事业全面发展。全乡新型农村合作医疗参合人数33019人,参合率96%,上交区农合资金共计822.428万元。城乡居民养老保险参保率99.4%。将免费为育龄妇女健康体检列为办实事的重要工作,为10230名育龄妇女体检,对查出的疾病进行追踪治疗,共计花费124万元。创新服务机制,提升农村养老服务水平,将全乡老年人优先纳入农村新型合作医疗,保证老年人小病不出村即可得到治疗;强化属地责任,建立保健按摩室,对老年人实施优先优惠服务。社会救助机制不断完善,按时向全乡低保户、五保户等困难群体发放低保费、重残无业补助,在区补助的基础上,乡政府再补贴15.4万元,同时建立规范系统的救助档案,逐步实现救助机制科学化、系统化、常态化。立足在常规救助机制中查漏补缺,更加关注失去子女的失独家庭、空巢家庭,进一步完善救助政策,乡政府给予每人每月100元,村集体一次性补助5000元,并做好重要节日的走访慰问工作。不断创新救助机制,推进"大病应急救助周转金"制度。根据《卢沟桥乡贫困单亲母亲救助办法》规定,确定12名单亲母亲成为首批受助对象,共发放救助金3万元。开展了覆盖全乡20个村和乡属企业的农村劳动力就业情况调研活动,为下一步建立乡统筹、村主体的就业保障体系提供了有力支撑;加大就业培训工作力度,加强对农村劳动力就业、择业的指导,促进农村劳动力持续、稳定就业。

社区化服务水平和模式迈上新台阶。在大瓦窑、岳各庄、张仪村探索社会管理取得初步经验的基础上,以惠民、便民为目的,不断创新社会服务。郭庄子村通过小区居民提名选举,实行"楼管会"制度,东管头村借鉴"莛租式”、“物业式”管理模式,市场化运作,进行管理、服务。西局、郭庄子、张仪村作为“一刻钟”便民服务圈试点,服务设施已基本建设完成。全乡10家便民菜店已投入运营,极大方便了周边百姓。

文化教育服务水平不断提高。对全乡新建居住区配套规划建设幼儿园、学校情况进行调查分析,制定了《卢沟桥乡新建居住区配套规划建设幼儿园、学校的实施意见》(丰卢发〔2012〕48号)。组织开展了“喜迎十八大、放歌新卢沟”系列文化活动,成立全市首家大学生村官艺术团,为全乡文化繁荣奠定了基础。组织开展“星火工程”“周末百姓大舞台”文艺演出及数字电影放映、益民书屋等形式多样的文化活动670余场,丰富了全乡人民文化生活。2012年,卢沟桥乡被国务院评为“全国新型农村和城镇居民社会养老保险工作先进单位”、北京市民政工作先进单位、北京市阳光计生行动规范化建设示范单位,荣获北京市第六次全国人口普查先进集体,北京市人口和计划生育系统先进集体,荣获“北京市环境秩序整治突出贡献奖”。

(杨　蕊)

花　乡

【概　况】　花乡位于北京市区西南,东临南苑乡,西临宛平城地区,北与丰台街道、卢沟桥乡相邻,南与大兴区接壤。主要乡域范围在北京西南三环至南五环路之间地区,南四环路东西贯通。乡域面积50.3平方公里,下辖15个行政村、4个专业公司、11个直属单位,农业人口3.1万人,户籍人口5.5万人。乡境内有三环、四环、五环、京开、丰南西路、丰葆路等城市公路网和京开高速路及京九、京广、京沪高铁等三条铁路大动脉;有草桥欣园、天伦锦城、富锦家园、万年花城等17个居民小区,6个驻地户籍派出所。2012年,花乡党委、政府坚持以邓小平理论和“三个代表”重要思想为指导,全面贯彻落实科学发展观,认真学习贯彻党的十八大和市十一届党代会精神,按照区委区政府的决策部署,紧紧围绕“十二五”规划确定的总体目标,坚持“一二二四”经济发展思路,以增长方式转变为主线,着力推进产业结构调整,不断增强综合经济实力;以城市建设为突破口,加强基础设施建设和城市管理,不断优化发展环境;以民生改善为落脚点,着力解决人民群众最关心、最现实的利益问题,进一步促进社会和谐,全乡经济社会各项事业稳步发展。全年经济总收入完成86亿元,同比增长9.3%;人均纯收入达到1.86万元,同比增长10%。

产业结构调整加快。着眼区域发展全局,大力实施“一二二四”经济发展战略,统筹产业项目引进和服务,及时解决项目运行中存在的问题,促进结构调整和产业优化升级。15万平方米的城南购物中心、10万平方米的赛尔奥特莱斯购物中心和13.5万平方米的高立庄科技商务综合体项目开工建设;纪家庙、黄土岗京沪高铁整治和樊家村天坛医院还建项目陆续开工;结合三环路沿线环境优化开展了纪家庙产业用地规划调整,加快白盆窑村、夏家胡同产业用地功能定位研究。协调科技园区、京投万科、金隅大成等单位,落实四合庄村、郭公庄村补偿项目建设。深化集体经济产权制度改革,完成夏家胡同的产权制度改革,加快了乡级产权制度改革步伐。

传统优势品牌得到提升。整合优势产业资源,注重打造花卉、农产品、物流等品牌经济,提升花乡优势产业的品牌知名度。由乡、村、花卉骨干企业共同投资一亿元成立了“北京花乡国际花卉产业有限公司”,为进一步打造花乡花卉品牌奠定了基础。加快新发地农产品批发市场升级,国际水产城、冷藏中心等项目开工建设,电子交易快速增长,实物交易和电子交易共同提升了新发地的品牌影响力。榆树庄加快外扩与内升,河北榆构纳入中关村科技园固安园区,北京榆构与亚泰集团合作成立了北京预制建筑工程研究院,成为全国首家致力于预制建筑工程研究的专业机构,与万科、金隅的合作也正在快速推进,申请北京数字出版基地项目,为培育和发展高新技术、文化创意等高端现代服务业提供了空间。

强化税源建设。进一步梳理乡域招商引资空间,优化乡域投资和发展环境,积极参加专项、重点招商推介活动,"招商选资"质量不断优化。引进了中视电广国际文化创意产业有限公司、北京瑞得在线科海探宝上网服务公司等高端服务企业。加强税源企业服务,强化重点工程税源属地征收,确保个体工商税、房产税等零散税源不流失,税源建设成效显著。全年实现留区税收4.82亿元、同比增长64%,乡域经济实力进一步增强,加快发展的基础进一步夯实。

重点工程建设提速。加快重点项目征地拆迁、建设进度,完成天坛医院新址地上物清理;高效完成地铁十号线二期造甲村段137处宅基地院落的拆迁,保证了十号线二期按期通车。推进康辛路二期、万寿路南延、看丹路东段、张新路等工程建设。如期完成马草河黄土岗段35处宅基地院落的拆迁,白盆窑、郭公庄段施工进度过半;葆李沟—黄土岗灌渠治理工程基本完工。协调推进草桥热电厂外围配套燃气、中水管线等基础设施施工。高立庄村污水处理厂和变电站的建设如期推进。

加快推进城乡一体化。城市化推进过程中回迁房建设进一步提速,新发地、高立庄、白盆窑、郭公庄、六圈、葆台、纪家庙、四合庄等八个村实现回迁房开复工104万平方米。新发地(潘家庙)天骄俊园小区22个楼座,760户、2600多人拿到了回迁房钥匙。羊坊村、造甲村、草桥村回迁房开展了设计和前期手续申报。实现郭公庄四期、高立庄与西城对接地块供地;樊家村9号地块已挂牌出让,夏家胡同入市地块正待入市交易;白盆窑、葆台、羊坊、新发地、造甲等村土地一级开发工作正在有序推进。

强化环境综合治理。夯实生态环境基础。实施1254亩年度平原造林工程,建成白盆窑百花园精品园林;打造京沪高铁纪家庙段至高立庄段绿色走廊。积极开展"环境建设年"活动,坚持巡查、整改、督办、约谈、问责等工作机制,强化责任意识,加大统筹力度,广泛动员、全乡参与,狠抓工作落实。坚持源头治理,投资40余万元对相关河道及两侧进行清理整治。坚持开展"周末清洁日"活动,乡域环境面貌逐步改善。全乡环境卫生问题发生率下降50%以上,处理率达到95%以上,环境秩序在全区各乡镇中排名前列。

遏制和拆除违法建设。对2012年8月1日以前上账的违法建设,坚决予以拆除,共拆除违法建设93处、20011平方米。严管严控新生违法建设,对未经请示报告的违法建设无论任何理由坚决拆除,实现了新生违法建设零增长。全乡共拆除既有违法建设64700平方米,超额完成区拆违办下达的2012年既有违法建设的拆除任务。

争创首都文明区。全力推进首都文明区创建,在三、四环万柳桥、花乡桥、马家楼桥及樊羊路、二手车市场等重点路段,架设、悬挂横幅标语360余条、印发《花乡报》创建首都文明区专版1万余份。充分发挥花乡农民宣讲团、来京建设者宣讲团的作用,巡回全乡各单位及其他乡镇、街道开展百姓宣讲活动。把创建首都文明区的过程融入弘扬雷锋精神和践行"北京精神"的过程,提升了花乡文明形象。

健全社会保障机制。完善农村社会保障

体系,不断扩大农村社会保障覆盖面。城乡居民养老保险参保人数达到17088人,参保覆盖率达97%;全乡社会保险扩面征缴实现3050人,完成了全年指标任务;享受城乡无保障老人待遇补贴政策5050人。全年参加新农村合作医疗人数达到31315人,报销金额3000万元以上。新建樊家村居家养老中心,看丹村居家养老中心改造完成并投入使用。2012年,花乡政府获得“北京市药品安全百千万工程示范单位”称号。

创新社会服务模式。加强职业技能培训,全年开展引导性培训9期、培训578人次;职业技能培训321人、职工培训907人,培训了花卉园艺、物业管理等技能;职业指导、介绍1390人次,实现转移就业725人。慰问低保、贫困、残疾1400余户,发放慰问金320多万。新建葆台、高立庄、四合庄、郭公庄等4个农村社区服务站,实现了全乡社区服务站全覆盖。推进郭公庄村、四合庄村整建制撤村转居,完成宣传动员、入户签字、村民代表会议审议等关键环节。

丰富群众文体生活。成功举办花乡第六届和谐杯乒乓球比赛,选派优胜队参加丰台区乒乓球大赛,获得一等奖。组织“星火工程”演出45场,为群众放映电影488场,受到群众好评。圆满完成丰台区“花开丰台”端午文化游园活动保障任务。组建了北京花城春秋书画院,征集职工书画、摄影作品200余件,丰富了干部、职工的文化生活。

全力保驾党的十八大。乡村两级充分动员、周密部署、扎实工作,保证了十八大安保工作万无一失。加强走访联系群众,关注群众诉求,及时掌握社情、舆情动态,帮助群众妥善解决好生产、生活等方面的切身利益问题。深入落实领导接待、包案和督办制度,加大矛盾排查化解力度,扎实做好群众来信来访接待,全年接待群众来访272件616批次,同比减少了69件、203批次,矛盾化解率达到98%。配合公安、司法等部门,加强对重点人的稳控和人民调解工作,确保不稳定因素及时化解在基层、化解在萌芽状态,保证了十八大期间乡域安全稳定。

强化安全生产监管和综合治理。组织开展“护航”、“打非治违”、“四不伤害”、“平安三号”等专项整治行动,对667家生产经营单位开展无盲区检查;在全区率先成立三级防火委员会实体;构建三级食品安全管理网,建立并坚持执行花乡食品安全联席会制度,统筹解决乡域范围内食品安全问题。以辖区29处人防工程、71处地下空间、65处高大建筑(桥梁)和36处在施工地、人员密集场所等易发生问题的地区、部位为重点,开展生产安全、卫生安全、食品安全等各类安全隐患排查和整治,有效预防重大生产、卫生、食品安全事故和重大治安事故的发生。同时,围绕治安秩序整治,对旧车市场周边机动车乱停乱放、黑车揽客等影响社会秩序的问题集中整治。拆除白盆窑汽配市场,治理、清除葆台村、纪家庙村废品回收站点,对夏家胡同公交车站及周边重点挂账地区进行治理,保证了乡域安全稳定。

强化民兵预备役队伍建设。为提高民兵防范和实战能力,组织民兵参加北京卫戍区组织的民兵高炮集训实弹射击训练和北京市民兵预备役应急分队实装检验性拉动演练。我乡20名优秀青年应征入伍,超额完成丰台区下达的任务。

深入推进学习型党组织建设。紧紧围绕“贯彻决策有力、学习载体有效、学习机制健全、学习成效显著”的目标要求,深入推进学习型党组织建设,切实增强党员队伍的整体素质,全面促进了花乡各项工作水平的提升。在抓好乡党委理论中心组学习的同时,结合发展现状,加强全乡人才队伍建设。广泛覆盖,抓好流动党员和群众学习。借用资源,与市委讲师团结“亲家”;创新形式,与国家机关做“同学”;联系实际,让大专家讲“花乡话”,积极探索途径,加强合作,注重理论学习质量。在学习的基础上，党员干部充实了头脑，启发了思路，有力地推进了经济社会稳步协调发展。

着力加强机关干部队伍建设。结合乡镇机构改革，实施“四个一批”：即通过公开招聘引进一批人才，通过竞争上岗选拔一批青年人才，通过沟通协调选调一批专业人才，通过关键岗位锻炼培养一批后备人才，不断改善干部队伍素质和结构。在选拔任用科级干部工作中，始终坚持德才兼备、以德为先的原则，严格遵守干部选拔任用工作各项规定，做到记录完整，考察材料、任免职审批表等资料齐全、规范，客观真实地反映干部选拔任用的运行过程，保证了“能干事、想干事”的干部能够充实到科级干部岗位。全年共选拔任用科级干部7人，通过竞争上岗1人由副科任正科，通过民主推荐6人任副主任科员。此外，通过机构改革交流任职科级干部6人，通过外部引进任职2名科级干部。

不断夯实党建工作基础。对全乡参加分类定级的75个党组织进行定级，指导各党组织梳理了突出问题，建立了问题和整改措施台帐，确定了改进提高的目标、责任、措施和时间进度，加强督促指导，目前查找的突出问题大都得到了较好解决，取得了整改成效。积极推进非公党建任务落实，通过单独组建、联合组建、党群共建、选派党建工作指导员，有7家企业单独建立了党支部，23家企业分别建立了5个联合党支部，党组织覆盖率为50%，实现了党的工作100%覆盖，目前已有38名优秀骨干向党组织递交了入党申请书，非公企业党建工作影响力得到有效提升。加强了对后进村整顿工作的指导，各类问题得到了转化改善。积极推进乡党代表任期制，规范了党代表在工作站开展接待日等活动的形式和内容。

学习贯彻十八大精神。全乡党政班子积极学习十八大精神，谋划全乡重点工作。分专题组织领导班子研讨学习十八大精神，真正做到了言之有效，对今后花乡工作开展具有指导意义。在全乡范围内开展“一篇学习体会”、“一次研讨”、“一次专题论坛”三个一活动，全乡广大党员干部深入学习和领会十八大精神尤其是报告中有关农村、农民和城乡一体化的新指向和新动态，在“真学”上下功夫、深入思考，将思想和行动统一到党的十八大精神上来。

圆满完成村级党组织换届。乡党委认真贯彻落实市区有关规定，早谋划、早部署，抓结合，成立考察组，深入各村采取民主测评、座谈会和个别谈话的形式，对村“两委”班子进行届末考察，研究制定村党组织换届选举工作实施方案，建立了乡领导、机关科室联系村制度，进行全程督促指导。全乡15个村级党组织圆满完成换届选举。通过选举产生新一届村党组织班子成员101人，党组织班子平均年龄46岁，女性委员25人，大专及以上学历89人。其中，新进党组织班子15人，全部为大专及以上学历，年龄35岁以下5人。大学生村官2人。新一届村级党组织班子整体素质得到提高，呈现出年龄结构进一步优化、学历层次普遍提高等特点。

发挥群团组织作用。在群团组织中开展党建带群建活动，地区总工会积极推动全乡各村、专业公司、直属单位的工资集体协商和集体合同签订工作，开展法律援助维护职工利益。工资集体协商新增18家企业、覆盖职工1379人，辖区内百人以上企业工资集体协商签订率达到100%；乡团委以乡镇大团委建设工作为契机，提前完成了30个基层团组织的团建任务。通过创先争优，在全乡各项重点工作中发挥了共青团的生力军和突击队作用，激发了广大团员青年推进花乡城乡一体化进程，建设富裕、文明、和谐的新花乡的热情和动力。乡妇联加强“妇女之家”建设，开展“巾帼建功”、“巾帼志愿者”活动，推进广大妇女在岗位上发挥优势做贡献。

深入推进党风廉政建设。强化廉政教育，

坚持廉政教育与推进城乡一体化中心工作相结合,组织开展以《领导干部廉洁自律从政若干准则》为主要内容的专题教育活动,不断增强干部的自我约束力。强化制度建设,完善和规范村级民主管理制度,加大对"三重一大"的制度执行监督检查力度。加强对重点工程项目资金的监管,认真落实《花乡农村征地补偿专用存储账户管理办法实施细则》,确保各村重大资金使用规范合理。强化廉政风险防范管理,找准重点,指定严禁的防范措施,确实达到防范目的。加强机关效能建设,建立办事高效、运转协调、行为规范的机关管理体系。

(庄怀春)

南 苑 乡

【概　况】 南苑乡地处北京市中轴线南部两侧、丰台区东部,东与朝阳区相连,西与本区的花乡、卢沟桥乡毗邻,南与大兴区接壤,北与东城区、西城区相接。北京市二环以南,五环以北,有三环、四环路、铁路丰双线横贯东西,南中轴路、马家堡东路、马家堡路、马家堡西路、右外南延路、地铁四号线、地铁五号线、亦庄线、蒲黄榆南延路纵贯南北。乡域内分布着9个街道办事处,7个税务所,4个工商所,11个驻地派出所,属城乡结合部。乡行政面积56.74平方公里(含9个街道办事处),下辖14个行政村,63个自然村,另有中苑盛世公司及所属企事业单位。乡域常住户数32389户,常住人口117519人,其中外来人口88808人,户籍人口29276人,其中农业人口21462人。

经济持续增长。国内生产总值完成16.5亿元,同比增长12.9%;人均从集体得到的收入达到20702元,同比增长13.2%;上缴国家税金完成6.08亿元,同比增长13.4%。强化了19个重点项目、重点工程的组织领导,编印成册《南苑乡2011年政府重点工作文件汇编》下发。

同步推进新兴产业与业态调整。以民俗旅游文化街、国际汽车露营公园、一分地等为主体的绿色休闲产业聚集和以大红门集聚区为主体、辐射乡域的文化创意服装服饰产业聚集初现规模。以城市化建设为依托,通过拆旧建新使东罗园村手机市场、才华客运站、南苑村国际汽车露营公园等集体经济逐步从低端产业向高端产业转变。正在筹建和改造的西铁国际、侨园饭店等多个项目,产业品质和功能定位立足高端。

加强选商引优工作。全年新引进企业427家,注册资金9.37亿元,其中千万元以上企业11家、亿元以上企业7家。积极拓展税源,逐步探索小税种的征收途径,个人出租房屋房产税的征收方案已初步完成。

深化集体经济改制,规范集体资产运作。时村村的股份制改革工作顺利完成,制定了北京时海祥源投资管理公司章程;分中寺村成立改制机构,劳龄统计和资产评估工作基本完成,已取得阶段性进展;花园村、果园村、右安门村、中苑盛世公司的股份制深化工作已经乡党委、乡政府批准,正在有序推进。15个村集体经济组织的农村集体财务管理规范化建设全部达标。规范租赁合同,14个村集体经济组织合同规范化管理工作顺利通过验收。推动高端服务产业发展,大红门会展中心、国际汽车露营公园等运作良好,以新理念创造新的经济增长点的效果已初显。

统筹城乡发展,提升城市化水平。全乡开复工面积176万平方米,完成全年计划152万平方米的116%。其中新开工面积93万平方米,竣工面积14.6万平方米,完成竣工投资2.12亿元。南苑乡纳入区固定资产投资计划折子工程的8个项目,已累计投资46.68亿元。加大民生工程和重点项目建设,南苑西经济适用房项目16万平方米主体结构、金泰彤翔商厦2号楼项目前期手续已全部完成;南苑棚户区改造二期工程、分中寺土地一级开发项目、右安门医院扩建项目、成寿寺三定三限房拆迁项目等已部分取得前期手续。加大城南行动计划项目建设,全力配合、支持市、区政府轨道交通10号线二期、14号线、亦庄线震动带、马西路南延二期、石榴庄路(东延)、晨光路、光彩北路七个基础设施重点工程的征地拆迁建设,确保了重点工程顺利实施。同时加快落实土地储备项目,鑫福海大厦、大红门一期项目的土地入市任务全部完成,为项目落地打下坚实基础。加大重点村城市化工程,各部门加强协调,统筹推进重点村改造前期手续办理和规划调整;各村发挥主体、抓好实施,4个重点村已腾退宅基地3820宗,集体企业腾退已完成80%;落实资金73.5亿元,大红门村、石榴庄村、新宫村三个重点村已启动回迁房建设,在建面积53.8万平方米,其中大红门村35万平方米的回迁房被评为"北京市长城杯"建筑工程;社保转居、产业建设前期准备工作已经开始;重点村劳动力就业、技能培训、创业扶持及社区组建等社会管理服务工作也在同步推进。

稳妥推进撤村建居工作。花园村、马家堡村在全区率先启动整建制撤村工作,已获市、区政府批准;东铁营村、右安门村已经区领导小组办公室批准启动。

以产业创建促进劳动力就业。完成转移就业1676人,完成率239%;引导性培训1040人,完成率149%;岗位技能培训461人;提供空岗信息1201条。南苑村国际汽车露营公园增加就业岗位371个,实现了变"包袱"为"财富";大红门村嘉合久源超市实现农民自主经营、自主管理,为本村提供就业岗位150个,村民实现了"足不出村、就地上岗";槐房村的温馨家园与民间工艺大师签订共建协议,吸收21名残疾人就业,从简单的康复劳动上升到泥塑技艺传承制作,康复效果显著。建成南苑、槐房等7个"双网一站式"村级社保工作站。全乡12个村被区评为充分就业社区(村),大红门村被区评为充分就业示范社区(村),乡社保所通过市人力社保局测评,晋升为五星级社保所。充分发挥劳动监察的职能作用,快速处理突发事件,在全区树立了"无拖欠工资"经验典型。

以无缝保障着力改善民生。有序推进新农合参合、养老保险续保工作,11985人参加了城乡居民养老保险,参保率达到99.6%;20014人参加了新型农村合作医疗,参合率达到96.2%,193人参加了"一老一小",3569名老年人享受了无保障待遇,60名低保人员和466名残疾人员在享受政府补贴的基础上参加了城乡居民养老保险,社会保障做到了应保尽保,实现了无缝隙的全覆盖。"5.12"防灾减灾宣传日主题活动深入人心,取得良好效果,果园村获得了全国综合防灾减灾社区(村)荣誉。完成10家农村社区服务站的建设。按照"无社会救助盲点"工作要求,为2户符合低保条件家庭和20户符合低收入条件的家庭办理了认定手续;为14户符合临时救助的家庭办理新生入学救助;财政支出35.6万元对145户因病致困家庭和18户优抚对象进行了走访慰问;为10户残疾人家庭进行了无障碍设施改造和9户聋人家庭安装了闪光门铃。落实"九养"政策,为26名符合居家养老高龄补助条件的老人办理享受补贴的审批手续,享受居家养老服务券补贴人员达到645人,累计发放居家养老服务券63.3万元;为全乡375名80岁以上高龄老人发放高龄津贴23.85万元;开展了第二届"孝星"评选活动,34名同志被评为北京市"万名孝星",4个单位被评为市级为老服务先进单位。乡社保所被评为北京市五星级社保所。

以优质服务营造和谐氛围。广泛开展了健康教育和健康促进活动,印制了健康知识读本15000余册,举办了防病防疫培训4场,全乡户籍育龄妇女体检4761人。进一步推动流动人口的管理服务，为外来务工人员进行流脑、麻疹疫苗接种 6780 人次；流动儿童预防接种核查 7487 人次，强化查漏补种 1523 人次；对 3369 名流动人口育龄妇女进行了孕情检查。开展食品安全专项整治，严查经营主体、地沟油黑窝点、农贸市场等 60 余次；打击非法行医 76 家。坚决依法取缔违法和存在严重安全隐患的自办园 40 所。切实保障计生家庭利益，落实了计生利益导向措施，投入 11.8 万元开展了“幸福家庭”评选活动。乡、村投入 15 万元建成了 2000 平方米的西铁营村快乐园。以庆祝建党 90 周年为契机，组织多种形式的红色主题文化活动，举办了“庆七一”群众歌咏比赛；星火工程文艺演出 42 场次、百姓周末大舞台 5 场、数字电影放映 775 场次，8 个文化建设项目入选区“六个十”示范项目评选，排名居全区街乡镇前列。组织了“和谐杯”羽毛球、乒乓球比赛，“三八”趣味运动会和青年健身竞赛等一系列群众喜闻乐见的体育活动。11 月再次获得文化部授予的“中国民间文化艺术之乡”称号。

加强社会管理，改善环境秩序。加强源头预防，落实领导干部大接访、接待日制度，实现来访办结率 98%、重访化解率 90%、来信办结率 100%；司法调解民间纠纷 286 件，成功率 98 %，并实现社区矫正及帮教对象管控“双零”指标。加强流动人口和出租房屋管理。累计登记流动人口 67189 人、出租房屋 8407 户，全年流动人口累计减少 23868 人，完成流动人口总量减少 15% 的目标任务。完善乡、片、村、点四级安全管理网络，最大限度的防止和减少各类安全事故。召开安全生产工作专题会议 38 次，制定各类方案、通知 89 件；敏感期，坚持群防群治、严防死守，特别是“4.25”火灾事故后，各相关部门积极行动，认真落实了“两打一消除”各项措施；开展清除“三合一”场所专项行动，取缔存在严重安全隐患的服装加工单位 21 家；加强施工工地安全生产管理，检查安全 124 次；完成了地下空间专项整治工作，确保地下空间的规范管理和安全使用；深入推进消防“四个能力”建设，为全乡在账关爱群体发放消防器材 150 套。全年开展安全隐患排查行动 2871 次，消除隐患 1860 处，实现了无重大事故发生和交通亡人“零”指标的安全工作目标。建成了集日常值班值守、合署办公、联席会商、应急指挥于一体的乡综治维稳指挥大厅，提高了应急处置能力；积极延伸综治维稳工作网络试点，有条不紊地推进 7 个二级工作站建设，扩大了综治维稳网络的覆盖面；进一步完善信访工作“六抓一强化”模式，促进了强化预防、排查预警、化解协调的信访工作一体化建设；深化大综治格局和运行机制建设，提高了统筹协调能力；加强综治工作评价考核，建立健全了 18 类《流动人口和出租房屋工作台账》，实现了电子化台账管理；创新社会管理模式，落实社会治安综合治理责任制，扎实开展大红门集聚区、市级挂账重点村和高发案地区的治安环境秩序集中整治，初步形成了大红门商圈团队化管理、分中寺地区一元化综合治理工作经验。深入推进村庄社区化管理，完成了首都综治办对西铁营村庄社区化管理的检查验收，得到了市区综治领导的充分肯定。

城市管理成效明显。结合精细化管理目标，以抓好环境秩序整治和遏制违法建设为中心，以开展“精细化管理美化市容”工作为抓手，加大查处和拆除违法建设力度，共拆除违法建设 145 处、拆除面积 43.65 万平方米，圆满完成区年度 17 万平方米的拆违工作任务；积极开展重点地区、街巷胡同的环境整治，清运垃圾渣土 50 余万吨，规范广告牌匾 1000 余块、粉饰外立面 1 万余平方米；高标准整治进京第一印象区域京沪高速、京沪铁路两侧的环境秩序，清理垃圾渣土 2.4 万吨、排水沟 1.8 万平方米，砌筑围墙 1.3 万平方米，绿化植树近万株，全乡环境明显改善。完善基础设施建设，大修改造街坊路 5 条、便民路 3 条、安装照明设施道路 17 条、修建达标公厕7座。落实环境保护和大气污染治理措施,进一步改善了农村环境质量。在“环境优美居住小区街巷胡同”为主题的评选活动中,新宫村的新宫家园小区和南苑村的民俗文化街初选入围。

加强依法行政和执政能力。认真办理区人大代表建议4件,政协委员提案1件,受理乡人大议案10件;办结区政府电话交办件132件、政风在线举报件70件。自觉接受社会各界的群众监督,及时关注和解决电视、报纸报道反映区域的各类问题;推进政府信息公开,主动公开信息329条,受理依申请公开23件,全部按时答复,政府信息公开工作位列丰台区街乡镇第一名。进一步规范政府行政行为,完善重大行政决策程序,落实重大事项集体讨论制度,召开乡长办公会22次;注重重大项目推进、阶段性工作部署,组织专题会议50余次。稳步推进基层民主政治建设,基层组织领导能力得到加强。“五五”普法获市区先进单位,启动了“六五”普法宣传教育,法律服务和法律援助进一步增强。

提升政府办事效率和服务水平。乡政府为民办实事资金投入752.8万元,占公用经费的25.6%,年初研定的22件实事全部落实;相关职能部门办理各类房产证明578件、流动人口儿童入学证明1300份;通过会议讲评和网上工作通报等形式,高效办理了区政府专项督查件19件、27份,决策督查件10件、38份,下发乡级督查件18件。破解重点项目推进难题,实现了大红门一期、西铁营亚林西、分中寺一级开发等项目的历史性突破,年度制定的96个责任制项目全部完成。

各项社会事业全面发展。接收捐赠款物40余万元,超额完成区下达的募捐任务;严格选拔,14名优秀青年应征入伍;积极实施拥军优属工程,军政军民关系进一步加强;民兵预备役、国防教育、民族、宗教等工作也取得了新成绩。

（蒲金艳）

长辛店镇

【概　况】 长辛店镇位于北京西南永定河西岸,距卢沟桥仅一公里。辖区细致太行山余脉,马鞍山脚下,东与永定河畔卢沟桥乡为邻,北邻石景山区,门头沟区,南与房山区接壤。

长辛店镇总面积62.44平方公里,丘陵面积占镇域面积三分之二,丘陵地带森林覆盖率达60%以上,地势西高东低,辖区呈扇面形,京广、京原、京九铁路,京石客专和京周公路,京港澳高速公路及十多条公交车线路都从境内穿过,是北京西南方向交通枢纽,长辛店镇下辖九个行政村,33个自然村,总人口11万人。

长辛店镇历史文化悠久,有市级文物保护单位3处,区级文物保护2处,文物普查册记项目5处。镇域内自然条件优越,规划中的科技产业园区正式启动,以第九届园博会,北宫森林公园为主线的绿色生态带,已呈现出林木繁茂花果飘香,四季常青的怡人景观。按照丰台区“一轴两带四区”的战略构想,借助园博会、中关村科技园西一区,四条城市主干路等项目建设,实施“首都园林文化休闲镇”发展定位,坚持统筹发展,狠抓重大项目和拆违工作,集中力量改善镇域环境和基础设施建设,着力改善和保障民生,全镇经济和各项事业继续保持着持续、稳定、健康的发展态势。

进一步转变地区经济发展方式,加快产业结构优化调整,按照保持经济发展“稳中求进”的总体要求,全镇实现经济总收入36.5亿元,同比增长11.4%。农民人均分配实现13512元,较上年增长9.2%,留区税收完成10175万元,较上年增长10.4%,历史上首次突破亿元大关。全年共审批办理各类工商企业注册 403 家,引进注册资金 21529.7 万元,其中注册资金超过 1000 万元的企业有 6 家,争取市区级项目资金支持 2892 万元。

产权制度改革工作取得了实效,基本完成了农龄统计。资产清查基础性工作"三资"监管工作进展顺利,进一步加强了农村征地补偿费管理。

根据重大项目建设工作目标,落实责任、强化管理、多措并举、全面推进,确保了重点工程项目进展平稳迅速,京周新线北宫路,北宫南路一期,园博会周边道路过度方案工程项目,宅基地腾退,非宅拆除工作均已完成。梅市口路西延、河西再生水厂项目、地铁十四号线高压塔迁移工程,东河沿 110KV 变电站等项目已完成全部拆迁任务,为全镇跨越式发展夯实了基础。

中关村科技园西一区项目,已全部签订了腾退补偿协议。太子峪 764 套周转房,燃气,用电已经供应,现入住 210 户,建设任务全部完成。园博会、地铁十四号线主体工程已经完工,将于 2013 年 4 月份进行试运营。

加快房地产一级开发速度。辛庄居住区土地一级开发项目已于 12 月正式启动宅基地腾退工作。张郭庄村土地一级开发一期 48.59 公顷,已授权万年长兴公司,2011 年上市,现已进行施工。东河沿回迁房项目已进入评估工作,入户资料已整理完毕。中体奥林匹克二期,长辛店新区生活区,太子峪回迁房,以及长馨园经济适用房等项目,都完成了宅基地腾退等基础性工作。将进入实质性施工阶段。

加强土地管理巡查工作,坚决遏制违法建设,强化基层单位,控违意识,增强多部门联合执法能力,全年全镇共拆除占用耕地违法建设 20 宗,腾退土地 30.15 亩,拆除既有违法建设 143 处,66993.45 平方米,违建总量处于明显下降趋势。

加强指导,强化监督,促进环境建设顺利开展,以全力服务园博会为契机,配合区有关职能部门重点做好镇域环境卫生综合治理工作。按照"精细管理、服务群众"为工作目标重点整治了辛庄南路,北宫南路,大灰厂东路,射击场路等园博会周边道路,对道路两侧暴露垃圾、渣土、非法小广告进行了集中清理,达到了主要街区优美整洁,小街小巷无卫生死角的环境建设目标。为迎接中央领导园博会植树,在段时间内对植树总可视范围完成了坡体绿化,圆满完成了 975 亩平原造林工程,并打造一个 300 亩药用林的亮点工程。

社会事业健康发展民生民计逐步改善,建立健全基本公共服务体系,全年登记农村劳动力转移就业 597 人,解决困难人员就业 426 人,有 1554 人实现了跨地区就业,享受交通补助 30 余万元。有 106 人享受就业补助 15 万余元。大灰厂村成立的劳动服务公司半年享受各类补贴 30 万元,引导村民就业 102 人,为镇低保 188 户,365 人累计发放低保金 167 万元,为 36 名优抚对象发放生活补助金 37 万元,办理了城乡居民养老保险 9128 人,办理老年证 183 人,发放养老助残卷 22 万元。

教育卫生条件逐步改善,分别在赵辛店村、张郭庄村建设了托幼站,将于 2013 年 6 月份投入使用,继续提升公共卫生医疗水平,组织完成了 1140 位无保障老人免费进行了体检。开展了中医专家免费巡回义诊,受益群众 330 人,坚持稳定低生育水平,推动流动人口计划生育均等化服务,为流动人口免费孕检 1200 人次,坚决抓好食品安全工作,组织食品安全联合执法,杜绝食品中毒事件的发生。加强残疾人就业和扶贫解困工作完成 30 户贫困残疾人家庭无障碍设施的改造,举办了残疾人种养殖培训班,残疾人生活得到了改善。

文化体育活动丰富多彩。举办了第十二届花会大赛、第十届大枣文化节,开展了"迎盛会 庆佳节 提前过中秋"慰问园博会施工人员。加强公共文化设施建设,在张郭庄村建设3000多平方米的民间花会文化广场,在开展丰富多彩的文体活动基础上,举办了长辛店镇第三届全民健身运动会,积极开展"文化、科技、卫生"三下乡活动,"星火工程文化演出",百姓"周末大舞台"和"数字电影放映"工作,丰富了群众文化生活,营造了新农村建设精神文明的良好气氛。

民主法制建设深入展开,认真执行人大各项决议,自觉依法接受人大代表法律监督,解决了一批群众关注的热点难点问题。在"7·21"特大暴雨中,面对灾情,镇村领导第一时间启动应急预案,亲临现场指挥抢险救援工作,妥善安置受灾村民,确保大灾之后无大疫,取得了"7·21"抢险救灾工作的全面胜利。

(刘博忠)

王佐镇

【概　况】 王佐镇地处丰台区的西南部,北部毗邻门头沟区,南部与房山区相连。辖区面积61.33平方公里,下辖8个中心村,36个自然村,户籍人口33751人,农业人口14938人。

全镇经济总收入完成27.53亿元,同比2011年的25.4亿元增长了8.3%;农民人均纯收入完成14046元,同比2011年的12566元增长了11.8%。

王佐镇紧紧围绕建设"休闲、宜居、生态、和谐"的"国际化、花园式旅游小镇"的功能定位。全力推进城镇化建设,重点项目建设取得突破。全力推进青龙湖国际文化会都、2014年世界种子大会、中央民族大学新校区等重点项目建设。完成了青龙湖会都核心区A地块土地上市交易,世界种子大会主酒店开工建设。中央民族大学新校区项目用地范围内非住宅企业拆迁以及住宅入户调查和宅基地认定工作基本完成。完成了河西再生水厂项目、陕京三线工程和京良路改扩建工程用地范围内地上物拆迁工作。初步完成了集体土地所有权确权和土地整治方案编制工作。

全镇旅游接待人数共计125万人次,同比增长9.6%。在确定旅游业为主导产业,"山、湖、泉、村"为旅游格局的基础上,继续深化产业结构调整,对千灵山、青龙湖、南宫地热博览园进行提升改造,丰富完善功能。2012年王佐镇南宫旅游景区荣获首批"北京市旅游标准化示范单位"称号,并一举夺得2012年丰台区旅游行业中国国际园林博览会知识大赛一等奖。王佐镇利用独有的温泉资源推出了"打造都市里的温泉小镇"与"南宫温泉冰雪嘉年华"活动。借助2012年北京青龙湖国际铁人三项赛及长青路获得"北京最美乡村路"荣誉称号的契机,策划推出"南宫旅游景区骑游北京最美乡村路"活动。

不断壮大农村集体经济。加快庄户、怪村产业园建设,启动沙锅村产业园前期手续办理等工作。对镇域内5家"三高"企业进行关停退出。启动西王佐农业园基础设施建设。落实项目征集申报,企业属地纳税管理进一步得到强化。结合镇村发展实际,借助丰台区促进河西经济发展的有利契机,全镇加大了与区发改委、区农委等职能部门的联系,积极沟通,全年落实各类项目23个,落实资金超过4000万。完成了王佐镇可持续发展实验区重新申报认定工作。结合今年重点项目的实施,与镇域外来17家建筑施工企业和2家房地产企业建立沟通联系的平台,完善了镇域协税护税工作的协调机制,确保镇域税源稳定增长。

城镇建设步伐明显加快。西王佐鑫悦家园一期取得占地批复和建委协办单并开工建设;庄户滨河家园一期南区完成占地手续办理并取得开工证;怪村文慧家园一期前期手续全部完成,二期北侧地块已完成规划、占地手续并取得开工证;魏各庄滨湖家园一期、二期和沙锅村绿洲家园一期取得占地批复。灾后永久安置房建设前期手续顺利推进。

全面打造环境新面貌,生态环境更加优美。全镇以创建首都文明城区和环境建设年为契机,深入落实王佐镇"十二五"规划环境建设要求,以环境保持常态化为目标,以 建立健全环境建设机制和考核体系为抓手,制定了《王佐镇2012年环境建设方案》、《王佐镇主要大街综合整治方案》、《王佐镇2012年村庄环境卫生整治方案》等文件。着力加强市容卫生管理、环境秩序整治、建筑工地监督、道路遗洒治理等基础工作,重点做好旅游景区周边、主要大街沿线、村内主街主巷、高速出口等区域的环境保持,全年持续开展环境意识宣传,组织"清洁日"志愿服务活动22次,为2012北京国际铁人三项赛的顺利举办提供了优美、整洁的环境保障,提升了我镇国际化、花园式旅游小镇的形象。经过不懈努力,在全区的环境考核排名中我镇在市容环境卫生和环境秩序方面取得了较好的成绩,被评为北京市爱国卫生先进集体。提前完成平原造林工程1425亩,打造了150亩特色柿子样板林。

违法建设得到有效控制。结合全镇拆违工作实际情况,制定了《王佐镇2012年遏制和查处违法建设的整治方案》,以村民自治为主,以控制新生违法建设和拆除既有违法建设为工作切入点。全年共拆除违法建设58宗31570平方米,制止违法建设行为85余起,违法建设蔓延势头得到有效遏制。完成了对2012年违法占用土地的建设项目的整改、拆除和恢复工作。

不断加强和创新管理,社会环境更加稳定。为圆满完成党的十八大、全国两会、市十一次党代会、北京国际铁人三项赛等一系列重大活动安保任务,全镇开展了"十大专项行动"等统筹落实专项经费450余万元,投入各类社会面防控力量18000余人次,组织社会面防控执法活动250余次,整治隐患422余处,配合实有人口全覆盖,开展了流管信息平台流动人口基础信息采集和数据更新,实现了流动人口网格化管理。依托信访综合管理系统和综治维稳平台开展社会矛盾化解,全年共接访248件,其中解决劳动纠纷92起,探索建立了预防、联动、运行三项机制。通过源头治理、动态协调和应急处置帮助农民工维权。强化了610、反邪教工作,加强了对有害功法的监控,进一步巩固了帮教成果。

进一步完善安全生产责任体系建设,落实安全生产责任制。开展了"打非治违"、"护航"、"消防平安"等专项行动,对建筑工地、人员密集场所、旅游景区、地下空间等重点区域进行各类安全检查500余次。督促企业和生产经营单位,完善各类安全管理制度和安全应急机制,进一步落实了企业安全生产的主体责任。关停和拆除了王佐液化气站。开展了2012年度企业安全生产标准工作,航南金属结构厂等6家单位通过了安全生产标准化复评验收。

不断加强就业和技能培训工作。从就业需求出发,在培养实用型人才上下功夫。全年共完成各类技能取证培训500余人,其中461人取得技能等级证书。围绕就业政策,在落实上下功夫。协调区就业主管部门进行政策培训解读,理解政策核心意图,掌握政策操作方法。在转变就业方式上下功夫。全年共实现安置就业229人。

不断提高社会保障水平。年内全镇办理城乡居民养老保险12417人,办理城乡居民基本医疗保险1557人,新农合参保人员23976人,预计全年医药费用报销金额超过1200万,为2011年住院和大病进行二次报销107万元;结合区优惠政策,指导完成了4个中心村的农村社区服务站和3个中心村社保大厅的规范建设工作。以"幸福家庭工程"为平台认真做好人口计生服务工作。

7·21防汛抢险应急和善后工作进展顺利。2012年7月21日,我镇遭遇了62年一遇的特大自然灾害。镇政府立即启动镇村两级防汛抢险应急预案,当天全镇共紧急转移人员297人,未发生一起人员伤亡,直接经济损失6.6亿元。面对灾害,积极开展自救善后工作,设置临时安置点4个,用于受灾村民安置;及时抢修恢复市政道路、水利等设施,确保村民正常生产生活;镇党委、佃起村总支顾全大局、果断决策,引水入村,为京港澳高速早日抢通做出了巨大贡献。

大力发展文化体育事业繁荣发展。建立了文化工作基础台账,做到底数清、情况明,为做好公共文化服务管理工作打下坚实基础。以"喜迎十八大 创建文明区"为契机,开展了"恒源杯"群众系列文化活动40余场,"星火工程"和百姓大舞台文艺演出30场,播放数字电影450余场。完善各中心村花会队伍,择优打造一村一品。高水平完成2012北京国际铁人三项赛各项协调、保障工作。

不断强化政府履职能力,大力提升综合服务水平。进一步加强了政府机关规范化建设,完善了政府工作程序和机关规章制度。进一步深化了机构改革成果,通过科学界定各科室职能职责和细化行政工作目标责任制,梳理优化了各项工作流程。进一步强化了行政监察、督查与考核,确保事事有回音,件件有落实,有效推动了政府各项工作落到实处。

(赵　培)

人 物

组织机构负责人名单

丰台区委员会

书　记　李超钢
副书记　冀　岩　于长辉
常　委　顾晓园　李　军　衡晓帆
　　　　霍连明　高　朋　孙军民（女）
　　　　刘　宇　朱继明

丰台区委工作机构负责人

区委办公室主任　孙军民(女)
组织部部长　霍连明
宣传部部长　顾晓园(女)
精神文明办公室主任　高文娟(女)
统战部部长　孙军民(女)
台湾工作办公室主任　房书勇(女)
区编办主任　许　民
区委区政府政策研究室主任　汝玉虎
政法委员会书记　王苏维
常务副书记　杨永华
社会治安综合治理委员会办公室主任
　　姚建国
农村工作委员会书记　肖文燕(女)
区委区政府信访办公室主任　尚振国
保密局局长　王京荣(女)
区直机关工委书记　徐鸣凤
党史资料征集办公室副主任
　　冯树海(日常工作)
老干部局局长　朱运昌
区委党校校长　于长辉(区委副书记兼)
　常务副校长　李富国

中国共产党北京市丰台区纪律检查委员会

书　记　李　军(安徽利辛县)
副书记　胡春溪　李　军(北京丰台)
　　　　王和友
常　委　吴　燕(女)　翟光红　杨　杰
　　　　刘彤燕(女)　徐振华

丰台区第十五届人民代表大会常务委员会

主　任　王苏维
副主任　吕跃进(常务)　苗　华(女)
　　　　郭振江　李　杜
　　　　薛　明(不驻会)
委　员　王　丰　王志江
　　　　王跃进　伊　敏(女)
　　　　刘　颖(女)　李大维
　　　　李有毅(女)　李　军
　　　　李　奇　李跃生
　　　　杨元智(回族)　吴　恒
　　　　迟　岚(女)　张小玲(女)
　　　　张世伟　张金豹
　　　　陈运柏　陈　鹏
　　　　赵万军　俞亚茹(女)
　　　　姜　萍(女,满族)　贺俊崎
　　　　夏　华(女)　徐朝辉

徐 颖 高彦彬
梁小虹 程里全
薛 红(女)

丰台区人大工作机构负责人

办公室主任 梁金学(1月免)
赵万军(1月任)
研究室主任 曹 生(1月免)
陈运柏(1月任)
代表联络室主任 石玉焕(女,1月免)
李 军(1月任)
财政经济工作委员会主任 孙金来(1月免)
张世伟(1月任)
内务司法工作委员会主任
鲍国森(1月免)
张小玲(女,1月任)
教科文卫体工作委员会主任
顾志强(1月免)
张金豹(1月任)
城建环保工作委员会主任
高海松(1月免)
俞亚茹(女,1月任)
农村工作委员会主任 陈 鹏

丰台区人民政府

区 长 冀 岩
副区长 高 朋 刘 宇 张建国
张 婕(女) 刘文洪 李军会
高 峰

丰台区政府工作机构负责人

政府办公室主任 高 峰
发展和改革委员会党组书记、主任
周新春
经济和信息化委员会主任 吴神赋
中关村科技园区丰台园主任
张 婕(女,2月任)
国有资产监督管理委员会党委书记 刘 军
主任 李东明
人口和计划生育委员会主任 李小娟(女)
住房城乡建设委员会主任
刘文洪(2月免)
刘 郦(女,月任)
危改开发管理办公室主任
刘文洪(2月免)
刘郦(女,2月任)
市政管理委员会主任 李春滨
科学技术委员会主任 刘少华(3月任)
农村工作委员会主任 肖文燕(女)
文化委员会主任 王 虹(女)
党组书记 周衔临
教育委员会主任 冯晓光(3月免)
张立新(3月任)
书记 宋金忠
教育督导室主任 孔令斌(2月免)
张 婕(女,2月任)
社会工作委员会书记、社会办主任
王珮琦
民族宗教侨务办公室主任 李小月(3月免)
马士有(3月任)
民政局党委书记兼局长 李秀瑛(女)
财政局党组书记、局长 李 屹
人力资源和社会保障局局长、书记
李 岚(女)
安全生产监督管理局党组书记 沈瑞平
局长 董铁铮
商务委员会主任 周新春
北京市丰台区旅游发展委员会党组书记
曹 生(3月任)
主 任 于临溏
统计局党组书记 牛春凤(女,3月免)
刘庆文(3月任)
局 长 韩 伟(3月任)
国家统计局丰台调查队队长 亓学霞(女)
审计局局长 段德珍(女)
质量技术监督局局长、书记 刘新华
房屋管理局局长 苏 军
国家税务局局长、书记 王忠新
地方税务局局长 金志雄(满,民建)
工商行政管理局局长 李 异
环境保护局局长 李向林(2月免)

隆 重

党组书记 鲍国森

卫生局党委书记 毕永丰

局长 张 杨

地震局局长 吕广生

国土资源分局局长 孙连喜(8月免)

李文忠(8月任)

房屋经营管理服务中心主任

邓永权(10月免)

李 勇(10月任)

农村合作经济经营管理站站长 王升贵

广播电视中心主任 谷 卫

卢沟桥文化旅游区办事处主任 刘建伟

中国人民抗日战争纪念馆馆长 沈 强

规划分局局长 杨 浚(女)

环境卫生服务中心主任、书记 左兰萍(女)

园林绿化局局长 张小龙

绿化办主任 高胜印

气象局局长 杨玉华

水务局党组书记 顾志强

局长 刘权来

体育局局长 李靖生

药品监督分局党组书记、局长 闫学会(女)

地方志办公室主任 吴永利

法制工作办公室主任 张 悦

外事办公室主任 梁艳梅(女)

机关行政事务管理处处长 王秋利

监察局局长 胡春溪

档案局局长 董化斌

书 记 车安慎

丽泽开发办主任 史卫民

城市管理监察大队队长 姜东升

卢沟桥文化旅游区办事处主任 刘建伟

城市管理监督指挥中心主任 李春滨

世界公园总经理、书记 张 军

第九届园博会丰台筹备办公室(筹建期间临时机构)主任

张建国

常务副主任 陆 军

政协北京市丰台区第九届委员会

主 席 李昌安(侗族)

副主席 周大春(女) 李新民 邢方岭

刘占良 张兆旗(回) 程留恩

秘书长 赵冬辰

常务委员(主席、副主席、秘书长均为常务委员,从略。按姓氏笔画为序排列)

万艳生 马洪波

王 虹(女) 王 强

王卫军 王忠新

王诗雪 王艳霞(女)

王德文 韦 云(女)

邓继林 田秀华

史文彬 刘 郦(女)

刘少华 刘文辉(女)

孙金来 杜 涵(满)

李小月(回) 李春明

李海云 吴神赋

宋耕福 张 苑

张 涓(才旺卓玛,女,藏)

张立新(女) 张俊峰

张振军 张燕琴(女)

陈兴华 陈景泉

林海青 金 铮(女)

房书勇(女) 胡国强

姚建国 徐培发

蒋旭东 韩 伟

温智勇 樊 维(女)

区政协机构负责人

区政协办公室主任 陈 阳(3月免)

区政协研究室主任、学习委员会主任

张全开(10月免)

杜彦奎(10月任)

区政协专门委员会工作一室主任、教文卫体委员会主任、文史资料委员会主任

李 一(女,3月免)

解明珠(女,3月任)

区政协专门委员会工作二室主任、经济科技委员会主任 许 伟

区政协专门委员会工作三室主任、城乡建设和管理委员会主任　綦建国
区政协专门委员会工作四室主任、社会法制委员会主任、民族宗教和港澳台侨委员会主任　洪　玫(女、回,3月免)
陈　娟(女,回,3月任)
区政协专门委员会五室主任　许　翔(女)
提案委员会主任　陈　阳(3月免)
许　翔(女,3月任)

丰台区各民主党派负责人

民革丰台区工委主任　张兆旗(回)
民进丰台区工委主任　刘占良
民盟丰台区工委主任　薛　明
民建丰台区工委主任　王　虹(女)
农工民主党丰台区工委主任　温智勇
九三学社丰台区工委主任　程留恩
致公党丰台区工委主任　王艳霞(女)

丰台区群众团体负责人

丰台区总工会主席　王建斌
共青团北京市丰台区委员会区委书记　王松涛
丰台区妇女联合会主席　姜　萍(女)
丰台区工商联主席　王宝军
党组书记　刘蓉蓉
老龄工作委员会办公室主任　刘藏生(女)
区归国华侨联合会主席　李继英(女,7月免)
孙金来(7月任)
残疾人联合会主席　李军会
残疾人联合会执行理事会理事长　王跃进
区私营个体经济协会会长　杨　光
区消费者协会会长　张　京
秘书长　李建中(2月免)
崔国华(2月任)
饮食服务旅店行业协会会长　李京华
丰台区维修服务行业协会会长　王德意
科学技术协会常务副主席　邓继林
党组书记　邓继林
区红十字会会长　张　婕
常务副会长　张秋光(女)

丰台区工商企业负责人

北京博兰特食品工贸集团党委书记、总经理　刘　峰
兴源粮油贸易总公司党委书记兼总经理　李茂林(8月免)
刘　峰(8月任)
北京市裕丰投资经营公司总经理兼党总支书记　许庆丰
丰台区烟草专卖局党组书记、局长　武　斌
丰台区修理公司总经理兼党委书记　刘立志
京都公司总经理　刘　视
丰台区财政贸易干部学校支部书记　杨宝森
中关村科技园丰台区管理委员会主任　孔令斌
丰鑫源物资集团公司党委书记、总经理　米惠鹏
综合投资公司党委书记、总经理　马福江(回族)
城市建设综合开发公司经理　魏景秀
北京汽车博物馆馆长　樊　维(女)

丰台区政法军事机构负责人

检察院检察长　叶文胜
法院院长　夏俭军
区人民武装部部长　郭兴斌
政委　苗连成
民防局局长　崔爱国(9月免)
刘　涛(9月任)
司法局局长　李秀瑛(女,免)
李　华(7月任)
公安分局局长　衡晓帆
政委　耿　飞
交通支队支队长　孙　浩
政　委　孟宪忠
消防支队支队长　刘万生(6月免)
古炳文(6月任)
政　委　古炳文(6月免)
靳文忠(6月任)

丰台区街道、乡(镇)负责人

大红门街道办事处主任 张国强
工委书记 杨玉喜(10月免)
李建刚(10月任)
东高地街道办事处主任 李海秋(3月任)
工委书记 连 宇
东铁匠营街道办事处主任 李广民(10月免)
工委书记 李广民(10月任)
赵万军(10月免)
方庄地区办事处主任 冯志成
工委书记 朱京宁(10月任)
张小龙(8月免)
丰台街道办事处主任 张莉(女)
工委书记 邢方岭
和义街道办事处主任 赵 新(3月任)
工委书记 王 京(2月任)
马士有(2月免)
卢沟桥街道办事处主任 王俊山(3月任)
王萍(女,3月免)
工委书记 陈 建
马家堡街道办事处主任 丁小君(9月任)
常志杰(9月免)
工委书记 李大维
南苑街道办事处主任 田秀文(4月任)
工委书记 李振茹(3月任)
太平桥街道办事处主任 裴玉珍(女)
工委书记 郗俊生
西罗园街道办事处主任 董铁铮
工委书记 李 刚(8月免)
常志杰(8月任)
新村街道办事处主任 刘涛(11月免)
张 洋(11月任)
工委书记 段德珍(女,4月免)
李跃生(7月任)
右安门街道办事处主任 杜来全
工委书记 王百玲(女)
长辛店街道办事处主任 史文彬
工委书记 徐莺(女,9月任)
云岗街道办事处主任 刘友才(2月免)
陈 阳(3月任)
工委书记 刘友才(2月免)
刘权利(3月任)
宛平城地区办事处主任 杜平勋(4月免)
于 清(4月任)
工委书记 刘建伟
卢沟桥乡党委书记 吴继东
人大主席 管洪波
乡长 李惠松
南苑乡党委书记 王振华
人大主席 陈福启
乡长 刘永宗
南苑地区工委书记 王振华
南地区办事处主任 刘永宗
花乡党委书记 李 智
人大主席 刘翔龙
乡 长 李 勇(11月免)
王世义(11月任)
长辛店镇党委书记 李春生
人大主席 李永勤
镇 长 王 萍
王佐镇党委书记 吴 恒
人大主席 芦 杰
镇 长 李军会(4月免)
纪亚辉(4月任)

丰台区部分金融单位负责人

中国工商银行北京市丰台支行行长 尹承德
中国农业银行北京市丰台区支行行长、书记 姜 华(女)
中国建设银行北京市丰台支行行长 秦伶华(女)
中国银行股份有限公司北京丰台支行行长 王 强(女,满族)
北京农村商业银行丰台支行行长 孔贵真

荣 誉 栏

全国先进单位

全国“五一”劳动奖状获得者
丰台区环卫中心
全国民族团结进步创建活动示范单位
新发地农产品批发市场
全国统计系统先进集体
统计局
全国一体化住户调查先进集体
统计局
2011－2012年度中国信息报统计宣传工作先进单位
统计局
2012年全国检察宣传先进单位
区人民检察院
全国优秀公安基层单位
丰台公安分局情报信息中心
全国公安机关严厉打击经济犯罪“破案会战”成绩突出集体
丰台公安分局经侦大队
全国公安机关经侦部门执法示范单位
丰台公安分局经侦大队
全国公安机关重点信访案件专项治理工作成绩突出集体
丰台公安分局重点信访案件专项治理领导小组办公室
2012年度中国残疾人联合会“两刊”宣传工作先进单位
丰台区残联
国家烟草专卖局2012年上半年烟草打假重大案件表彰奖
丰台区烟草专卖局破获的“3·09”制售假烟网络案件
全国供销合作社系统先进集体
北京市赛欧工贸有限公司
国家创新型企业
北京三兴汽车有限公司
中央企业五四红旗团委创建单位
北京三兴汽车有限公司团委
全国环保系统“为民服务创先争优”优质服务窗口称号
环境保护局“12369”环保服务热线
全国建设工程质量监督系统先进单位
丰台区建设工程安全质量监督站
全国艾滋病防治优秀示范区
丰台区
全国医药卫生系统创先争优活动先进集体
卫生局

全国先进个人

全国企业“一套表”联网直报先进个人
范卫华
全国一体化住户调查先进个人
刘　红　徐红果
学习和践行社会主义核心价值体系先进个人
工委委员、锦绣年华信息技术有限公司董事长　张　锦
全国优秀人民警察
东高地派出所民警　罗　建
石榴园派出所警长　刘福亮
全国公安机关爱民模范
东高地派出所民警　罗　建
2012年度“身边好人”
蒲黄榆派出所民警　刘　安
“十八大”消防安全保卫突出个人
丰台分局副局长　隰振德
六里桥派出所副所长　马　征
南苑派出所副所长　武洪杰
全国公安机关网上追逃专项督察“清网行动”突出个人

丰台公安分局人口管理大队 王二虎

全国公安机关严厉打击经济犯罪"破案会战"突出个人

丰台公安分局经侦大队 宁 伟

十大公益影响力人物

巡警支队民警 王彦坤

全国禁毒宣传教育先进个人

丰台分局禁毒中队 孙 飞

2008－2011 年度全国残疾人事业统计工作先进个人

包慧娟

2012 年全国环保系统规划财务工作先进个人

芮元鹏

北京市先进单位

北京市爱国卫生先进集体

丰台区环卫中心

北京市人口和计划生育工作先进单位

卢沟桥街道办事处

北京市无偿献血先进集体

宛平地区办事处

太平桥街道办事处

卢沟桥街道办事处

统计局

区地税局

北京市三八红旗集体

区地税局

首都文明单位标兵

丰台公安分局西罗园派出所

首都文明单位

区国税局

区地税局花乡税务所

区地税局南苑税务所

区地税局第一税务所

区地税局长辛店税务所

丰台公安分局蒲黄榆派出所

花乡医院

京环永利投资管理有限公司

新发地农产品批发市场

新发地京新酒店

北京市第六届和谐杯乒乓球比赛三等奖获得者

宛平地区办事处

北京市抗击"7·21"特大自然灾害先进集体

丰台区环卫中心

北京农村劳动力就业安置先进单位

丰台区环卫中心

北京市公安局系统集体三等功

丰台教委保卫科

2012 年首都文明交通安全目标管理先进单位

丰台区教委

2010－2012 年度北京市妇女儿童工作先进集体

丰台区教委

2012 年度北京市少先队评估考核工作优秀单位

中国少年先锋队北京市丰台区工作委员会

北京市社会领域创先争优先进基层党组织

太平桥街道办事处

北京市语言文字规范化示范街道

太平桥街道办事处

北京市药品安全示范街道

太平桥街道办事处

北京市安全生产工作先进单位

太平桥街道办事处

北京市安全生产月活动优秀组织奖

太平桥街道办事处

北京市敬老爱老为老服务示范单位

太平桥街道办事处

北京市万名孝星暨千家为老服务示范单位

太平桥街道办事处

北京魅力社区系列活动街道组织奖

太平桥街道办事处

北京市优秀残疾人职业康复站

太平桥街道办事处

卢沟桥街道办事处

首都城市环境建设环境优美居住小区

太平桥街道蓝调国际小区

2012年度北京市“96156”社区服务平台工作先进单位

卢沟桥街道办事处

北京市阳光计生行动规范化建设示范单位

卢沟桥街道办事处

2012年北京市残疾人联合会信息直报点先进单位

卢沟桥街道办事处

北京市城乡结合部重点村建设先进基层党组织

花乡党委

市委讲师团理论宣讲示范基地先进单位

花乡

首都文明乡镇

花乡

全国果品行业信息采集定点单位

新发地农产品批发市场

2012年度北京农副产品信息工作先进单位

新发地农产品批发市场

全国价格监测定点单位

新发地农产品批发市场

北京市优秀基层百姓宣讲团

新发地来京建设者宣讲团

北京市交通管理先进集体

新发地长途客运站

首都文明村

草桥村

榆树庄村

六圈村

葆台村

造甲村

樊家村

黄土岗村

首都文明旅游景区

北京花乡世界花卉大观园

首都文明示范村

草桥村

榆树庄村

首都文明示范街

草桥村镇国寺大街

北京市先进村民委员会

纪家庙村村委会

首都绿化公益事业先进单位

北京草桥实业总公司

2012年度北京市政府统计系统专项调查工作综合奖

统计局专项调查科

2012年北京政府统计建模大赛优秀奖

统计局

2010－2012年度北京市妇女儿童工作先进集体

统计局社会人口科

2011－2012年度中国信息报统计宣传工作先进单位

统计局

2012年度税收工作先进单位

区国税务局

区国税局第二税务所

2012年度交通安全先进单位

区地税局

首都绿化美化花园式单位

区地税局

北京市青年文明号集体

区地税局科技园区税务所

区地税局第一税务所

北京市工人先锋号

区地税局第一税务所

北京市医疗器械不良事件监测工作先进单位

药监丰台分局

北京市药品监督管理系统乒乓球团体比赛第一名

药监丰台分局

2010－2012年“涉法涉诉信访工作”先进集体

区人民检察院

区委政法委

2010－2012 年首都国家安全工作先进集体
区维护稳定工作领导小组办公室
2012 年度北京市规划系统优秀单位
丰台规划分局
2012 年度北京市规划系统政务微博工作先进集体
丰台规划分局
2012 年度北京市规划系统政务信息工作先进集体
丰台规划分局
首都民政系统行风建设示范单位
民政局婚姻登记处
北京市工人先锋号
丰台公安分局出入境管理大队接待大厅
看守所女子管教岗
北京市政法系统“五好”党支部
丰台公安分局刑侦支队技术队党支部
北京市公安系统先进党支部
丰台公安分局刑侦支队技术队党支部、办公室党支部、西局派出所党支部、西罗园派出所党支部、科技园区派出所党支部
北京市公安系统 2012 年“两节两会”安保先进集体
丰台公安分局太平桥派出所勤务警卫组、青塔派出所、治安支队
2012 年度群众满意的派出所
丰台公安分局东高地派出所
百姓心目中的平安社区
丰台公安分局东高地万源路社区
北京市公安系统“十八大”安保先进党支部
丰台公安分局巡警支队直属二队、治安支队行业管理中队
北京市“扫黄打非”先进单位
治安支队行动中队
北京市公安局优秀青年警队
丰台公安分局刑侦支队技术队、右安门派出所、西罗园派出所、政治处组织人事科、预审大队六中队、西局派出所、勤务指挥处、出入境管理大队、治安支队处置中队、和义派出所青年警队
北京市涉法涉诉信访工作先进集体
丰台公安分局信访科
集体二等功
和义派出所打防管控工作组
洋桥派出所十八大安保打防管控工作组
岳各庄派出所
西罗园派出所
警务保障处
情报信息中心
刑侦支队命案侦破组
2012 年北京市残联《中国残疾人》《三月风》宣传发行工作一等奖
丰台区残联
北京市私营个体经济系统先进集体
丰台区私营个体经济协会
北京市私营个体经济系统先进分会
丰台区私营个体经济协会丰台、长辛店、岳各庄、右安门、六里桥等五个分会
北京市卷烟打假特殊贡献奖
丰台区烟草专卖局
北京市第二届卷烟商品营销职业技能竞赛团体竞赛三等奖
丰台区烟草专卖局
2007－2011 年市科协先进集体
首都航天机械公司
北京市抗击“7·21”特大自然灾害先进集体
丰台区住房和城乡建设委员会
北京市房地产开发资质审批工作标兵单位
丰台区住房和城乡建设委员会
北京市敬老爱老为老服务示范单位
卫生局
北京市无偿献血工作先进单位
卫生局
北京卫生统计工作先进单位
卫生局
北京市卫生监督绩效考核优秀单位
卫生局
北京市疾病预防工作考核优秀单位

卫生局

北京市医师定期考核工作先进奖

卫生局

北京市医师定期考核工作贡献奖

卫生局

北京市医疗卫生行业网站考核评议互动交流奖

卫生局

北京卫生系统第一届职工运动会优秀组织奖

卫生局

第二届北京健康之星评选(大赛)活动优秀组织奖

卫生局

北京市先进个人

北京市"三八"红旗奖章获得者

裴玉珍 亓学霞 王晓梅

2012年度北京市无偿献血先进个人

孙 科 王燕燕 谢 艳

首都劳动奖章获得者

区地税局 金志雄 康志刚

北京二七轨道交通装备有限责任公司金属结构分厂 孙立山

2012年度北京市语言文字工作先进个人

田 莉

2012年度首都城市环境建设先进个人

范先元 张浣中

2012年度北京市消防工作先进个人

刘宏亮

"北京市人民教师奖提名奖"获得者

北京教育学院丰台分院 孙 楠

北京市档案工作先进个人

郭世凤

北京市党在百姓心中"优秀百姓宣讲员"

李振兰

首届北京市运输物流行业评选表彰先进个人

赵义全

北京市孝星

宋金荣 芦淑香

首都绿化公益事业优秀个人

北京草桥实业总公司 王茂春 刘宝杰 吴 杰

中国信息报统计宣传工作先进个人

薛俊玲

廉政勤政文化作品展活动书画三等奖得者

许 坤

数据杂志社2012年度热心支持奖获得者

胡小友

执法岗位标兵

张 敏

北京市内部安全保卫工作个人嘉奖

区地税局 赵燕娜 李晓闯

北京市药品监督管理系统先进工作者

杨志刚

"孝老爱亲"安监卫士

庆 锐

2012年度"创先争优"活动优秀共产党员

马若怡

2010-2012年"涉法涉诉信访工作"先进个人

陈江林 张 旭 郑经杰 颜 利

2012年北京市防范处理邪教工作先进个人

于 薇

2012年度北京市规划系统政务信息工作先进工作者

朱玉洁

北京市城乡结合部重点村建设工作先进个人

卢 希

首都人民警察道德模范

丰台公安分局蒲黄榆派出所民警

刘 安

北京市公安系统2012年爱民模范

丰台公安分局人口管理大队民警

余 静

丰台镇派出所民警 李春海

西罗园派出所民警 李建凯

东铁匠营派出所民警 于长顺

北京市政法系统优秀共产党员

丰台公安分局网安大队 金国强

北京市公安系统优秀共产党员

丰台公安分局网安大队副中队长 金国强

丰台公安分局刑侦支队探长 杨 鹏

丰台公安分局预审大队探长 杨会利

丰台公安分局人口管理大队民警 王晓梅

东铁匠营派出所警长 孙晓峰

卢沟桥派出所警长 张 弛

丰台公安分局勤务指挥处主任 李省会

北京市公安系统"十八大"安保基层基础工作先进个人

丰台公安分局网络安全保卫大队政委 柴 悦

丰台公安分局刑侦支队三大队三中队副中队长 侯哲利

丰台公安分局治安支队副支队长 王春友

丰台公安分局人口管理大队民警 王晓梅

蒲黄榆派出所民警 薛刘君

樊家村派出所民警 郅 维

成寿寺派出所民警 刘建明

东铁匠营派出所警长 刘新颖

丰台镇派出所民警 李 军

西局派出所民警 李玉国

右安门派出所民警 张 政

岳各庄派出所民警 王运涛

北京市公安系统2012年"两节两会"安保先进个人

马家堡派出所科员 那建民

丰台公安分局巡警支队中队长 刘 峰

丰台公安分局网络安全保卫大队科员 韩延昭

岳各庄派出所警长 郭 鹏

丰台公安分局预审大队助理调研员 郭来柱

丰台公安分局第一支队副支队长 张 阳

丰台公安分局治安支队副中队长 张天金

丰台公安分局刑侦支队队长 钱承军

丰台公安分局科技园区警长 荆子飞

丰台公安分局勤务指挥处科长 张 鹏

北京市第一届"我最喜爱的首都人民警察"

丰台公安分局东高地派出所 罗 建

丰台消防支队西客站特勤中队党支部书记、指导员 王 伟

北京市"人民满意的政法干警"获得者

丰台公安分局东高地派出所 罗 建

2012年度"居民满意的驻区民警"

丰台公安分局东高地派出所 罗 建

北京市公安系统爱民模范

丰台公安分局民警 李建凯 于长顺

北京市"扫黄打非"先进个人

丰台公安分局民警 岳 园

北京市公安局优秀驻区民警

方庄派出所 郭保涛

北京市公安系统"和谐家庭"

岳各庄派出所 郭 鹏 段亚宁

北京市"7·21"抢险救灾先进个人

大红门派出所 谭 铮

北京市公安机关先进个人

丰台公安分局蒲黄榆派出所 刘 安

北京市公安局优秀复转军人

丰台公安分局蒲黄榆派出所 刘 安

北京市公安局优秀青年警队队长

成 程 刘希鹏 樊 飞 潘承泉

何 悦 刘博宇 张 剑 孟晨钢

李建然 李 威

北京市公安局优秀青年警队队员

毛占军 于 洋 谭 铮 褚平阳

秦良臣 尹 明 王 希 肖云飞

葛 飞 秦 岭 关向军 宋一洙

吴 冰

个人二等功

丰台公安分局经侦大队 宁 伟

丰台公安分局网安大队　金国强

蒲黄榆派出所　刘　安

丰台公安分局国保支队　常广军

2012 年度法律援助工作先进个人

闫根旺

2012 年妇女儿童工作先进个人

袁晓燕

2011 – 2012 年度北京市交通工作先进工作者

苏　颖

统计资料

丰台区国民经济主要指标一览表
MAIN NATIONAL ECONOMIC INDICATORS FOR FENGTAI DISTRICTS

项目		Item		丰台区 Fengtai 2012	2011	2012年为2011年% 2012 as% of 2011
综合		**General Survey**				
地区生产总值	(万元)	Gross Domestic Product	(10000 yuan)	9224798	8426811	109.5
第一产业		Primary Industry		11948	8911	134.1
第二产业		Secondary Industry		2065289	2072879	99.6
第三产业		Tertiary Industry		714561	6345021	112.6
财政收入	(万元)	Fiscal Revenue	(10000 yuan)	1538341	623642	246.7
#增值税		Increased Value Tax		56475	54089	104.4
营业税		Operating Tax		288458	253009	114.0
个人所得税						
企业所得税		Enterprise Income Tax		99041	89347	110.8
财政支出	(万元)	Fiscal Expenditure	(10000 yuan)	2189080	1409091	155.4
人口和劳动力		**Population and Labor Force**				
总人口	(人)	Total Population	(person)	2214000	2170000	102.0
常住户籍人口	(人)	Permanent Registered Population	(person)	1096766	1080805	101.5
#非农业人口		Non – agriculture		978271	960207	101.9
男		Male		556599	548984	101.4
女		Female		540167	531821	101.6
出生率	(‰)	Birth Rate	(‰)	9.79	8.39	
死亡率	(‰)	Death Rate	(‰)	4.35	4.10	
自然增长率	(‰)	Natural Growth Rate	(‰)	5.44	4.29	
非私营单位从业人员	(人)	Nov – prvate persons units (person)		449826	462543	97.3
按产业分		Grouped by Industry				
第一产业		Primary Industry		1131	1214	93.2
第二产业		Secondary Industry		125742	130076	96.5
第三产业		Tertiary Industry		323223	331253	97.6
按职工非职工分		Grouped by Staff and Workers or Non – staff – and – worker				
在岗职工人数	(人)	Fully Employed Staff and Workers at their Posts (person)		375420	384491	97.6

续表 1

项目	Item	丰台区 Fengtai 2012	2011	2012年为2011年% 2012 as% of 2011
#国有经济	State – owned	132504	132829	99.8
集体经济	Collective – owned	23186	27478	84.4
城镇个体劳动者	Urban and Rural Individuals			
劳动工资	**Wages**			
在岗职工工资总额（万元）	Total Wages of Fully Employed Staff and Workers (10000 yuan)	2482241	2215833	112.0
#国有经济	State – owned	1121705	992843	113.0
集体经济	Collective – owned	78992	76069	103.8
在岗职工平均工资（元）	Average Wage of Fully Employed Staff and Workers (yuan)	66369	57518	115.4
固定资产投资	**Investment in Fixed Assets Assets**			
全社会固定资产投资（万元）	Total Investment in Fixed Assets (10000 yuan)	6600634	5529661	119.4
新增固定资产（万元）	Incremental Fixed Assets (10000 yuan)	1229040	673780	182.4
房屋施工面积（万平方米）	Floor Space of Buildings under Construction (10000 sq. m)	1482.5	1175.4	126.1
房屋竣工面积（万平方米）	Floor Space of Buildings Completed (10000 sq. m)	218.8	185.7	117.9
农村经济	**Rural Economy**			
农村劳动力（人）	Labor Force (person)	228835	244947	93.4
种植业	Planting	6481	6852	94.6
林业	Forestry	5088	5875	86.6
牧业	Animal Husbandry	382	335	114.0
渔业	Fishery	81	83	97.6
农村工业	Rural Industry	24505	27021	90.7
农村建筑业	Rural Construction	15400	16778	91.8
农村运输业	Rural Transportation	16136	18302	88.2
农村商、饮食业、服务业	Commerce, Catering and Services	97321	80556	120.8
耕地面积（公顷）	Area under Cultivation (hectare)			
农业机械总动力（千瓦）	Total Power of Agricultural Machinery (kw)	52788.9	44460.6	118.7
化肥施用实物量（吨）	Consumption of Chemical Fertilizers (ton)	359.9	462.8	77.8
化肥施用折纯量（吨）	Consumption of Chemical Fertilizers (100%) (ton)	124.1	195.0	63.6
农村用电量（万千瓦时）	Consumption of Electricity (10000 kwh)	45426.1	43795.3	103.7
农业总产值（万元）	Gross Output Value of Agriculture (10000 yuan)	34454.1	26277.2	131.1
种植业	Planting	13891.3	14026.9	99.0
林业	Forestry	14424.4	3803.9	379.2
牧业	Animal Husbandry	3258.0	5093.5	64.0
渔业	Fishery	1684.2	2404.2	70.1
农作物总播种面积（万公顷）	Sown Area of Farm Crops (10000 hectare)	0.082	0.113	72.6

续表 2

项目		Item	丰台区 Fengtai 2012	2011	2012年为2011年% 2012 as% of 2011
粮食作物		Grain			
经济作物		Industrial Crops			
其他作物		Other Crops	0.051	0.072	70.8
农副产品产量		Yield of Farm and Sideline Crops			
粮食	(万吨)	Grain (10000 tons)	0.10	0.14	70.0
蔬菜	(吨)	Vegetable (ton)	4043.6	7413.8	54.5
干鲜果	(吨)	Dry and Fresh Fruits (ton)	149060	1737.6	85.8
畜产品产量		Output of Livestock Products			
生猪出栏	(头)	Slaughtered Hogs (head)	4795	10742	44.6
猪牛羊肉	(吨)	Pork, Beef and Mutton (ton)	430.7	1004.1	42.9
#猪肉		Pork	360.1	832.6	43.3
禽肉		Meat of Poultry (ton)	122.6	107.1	114.5
禽蛋		Poultry Eggs (ton)	851.1	1664.6	51.2
牲畜年底头数	(头)	Number of Livestock (year-end) (head)			
大牲畜		Large Animals	856	1107	77.3
猪		Hogs	2993	3518	85.1
羊		Goats and Sheep	2440	2443	99.9
水产品产量	(吨)	Output of Aquatic Product (ton)	623	682	91.3
农村经济总收入	(万元)	Total Rural Economic Revenue (10000 yuan)	3193881.1	2966240.8	107.7
农村利润总额	(万元)	Total Profits of Rural Economy (10000 yuan)	222462.2	187452.0	118.7
国家税金		State Taxes	123867.6	111810.9	110.8
提取盈余公积金		Surplus Accumulation Funds Drawn	40246.9	32392.0	124.2
劳动所得	(元)	Income from Work	17417.9	15757.0	110.5
乡镇企业单位个数	(个)	Number of Township Village Enterprise (unit)	603	725	83.2
乡镇企业个数	(个)	Number of Persons of Township Village Enterprise (person)	48320	58741	82.3
乡镇企业净利润	(万元)	Net Profit of Township and Village Enterprise (10000 yuan)	123080	128178	96.0
工业		**Industry**			
企业单位个数	(个)	Number of Enterprises (unit)	238	238	
国有		State-owned	13	13	
集体		Collective-owned	6	6	
其他		Others	231	219	219
工业总产值(现价,万元)		Gross Output Value of Industry (at current prices, 10000 yuan)	3728705	3992564	93.4
国有		State-owned	430613	383841	112.2
集体		Collective-owned	17988	37357	48.2
其他		Others	3280104	3571366	91.8
轻工业总产值(现价,万元)		Output Value of Light Industry (at current prices, 10000 yuan)	678450	696885	97.4

续表 3

项目	Item	丰台区 Fengtai 2012	2011	2012年为2011年% 2012 as% of 2011
重工业总产值（现价，万元）	Output Value of Heavy Industry (at current prices, 10000 yuan)	3050254	3295678	92.6
工业增加值（现价，万元）	Gross Output Value of Industry (at current prices, 10000 yuan)	1062837	990315	107.3
工业企业财务指标	Financial Indicators for Enterprises with Independent Accounting System			
主营业务收入（万元）	Business income of the main products (10000 yuan)	4635798	4598654	100.8
#国有	State - owned	503640	426486	118.1
主营业务成本（万元）	Core business cost (10000 yuan)	3822954	3796461	100.7
#国有	State - owned	395079	330833	119.4
固定资产原价（万元）	Original Value of Fixed Assets (10000 yuan)			
#国有	State - owned			
固定资产净值（万元）	Net Value of Fixed Assets (10000 yuan)			
#国有	State - owned			
全部流动资金年平均余额（万元）	Annual Average Balance of Circulating Funds (10000 yuan)			
#国有	State - owned			
利润总额（万元）	Total Profits (10000 yuan)	276208	339376	81.4
#国有	State - owned	44757	39442	113.5
产品销售率（%）	Ratio of Sales Value to Gross Output Value (%)	101.3	98.0	
商业	**Commerce**			
社会消费品零售额（万元）	Retail Sales of Consumer Goods (10000 yuan)	8268046	7385339	112.0
按类别分	Grouped by Type of Goods			
吃的商品	Food	1728022	1544274	111.9
穿的商品	Clothing	785464	699392	112.3
用的商品	Daily Used Articles	5448642	4863246	112.0
烧的商品	Fuel	305918	278427	109.9
网点数（个）	Number of Outlets (unit)	85341	74639	100.9
#商业	Wholesale and Retail	69411	68735	101.0
饮食业	Catering	5279	5262	100.4
住宿	Accommodation	651	642	101.4
营业人员（人）	Personnel (person)	291405	296684	98.2
#商业	Wholesale and Retail	236536	240530	98.3
饮食业	Catering	40039	39526	101.3
住宿	Accommodation	14830	16628	89.2
外经、外贸	**Foreign Economy and Trade**			
海关进出口贸易总额（万美元）	Total Value of Imports and Exports at Customs (USD 10000)	1360673.7	1168551.3	116.4
利用外资签订协议（合同）数（个）	Number of Signed Agreements and Contracts of Foreign Capital to be	20	30	66.7

续表 4

项目	Item	丰台区 Fengtai 2012	2011	2012年为2011年% 2012 as% of 2011
利用外资签订协议(合同)金额 (万美元)	Amount of Foreign Capital to be Utilized through Agreements and	3522.5	27720.4	12.7
实际利用外资 (万美元)	Amount of Foreign Capital Actually Used	16648.0	7355.0	226.3
旅游人数 (万人)	Number of Tourists (10000 persons)	1592.2	1396.0	114.1
教育	**Education**			
学校数 (个)	Number of Schools (unit)	262	255	102.7
小学	Primary Schools	87	86	101.2
普通中学	Regular Secondary School	44	44	100.0
招生数 (人)	New Student Enrollment (person)	36464	35930	101.5
小学	Primary Schools	12186	11644	104.7
初级中等学校	Junior Secondary Schools	6800	6317	107.6
高级中等学校	Senior Secondary Schools	2922	3075	95.0
在校学生 (人)	Student Enrollment (person)	141623	139083	101.8
小学	Primary Schools	65935	66422	99.3
初级中等学校	Junior Secondary Schools	19344	19863	97.4
高级中等学校	Senior Secondary Schools	9267	9658	96.0
毕业生 (人)	Graduates (person)	29796	28684	103.9
小学	Primary Schools	10277	9115	112.7
初级中等学校	Junior Secondary Schools	6211	6249	99.4
高级中等学校	Senior Secondary Schools	2719	2924	93.0
幼儿园、托儿所个数 (个)	Number of Kindergardens (unit)	123	116	106.0
幼儿入托数 (人)	New Enrollment (person)	40252	37040	108.7
文化	**Culture**			
文化馆、站 (个)	Cultural Centers (unit)	18	21	85.7
公共图书馆 (个)	Public Libraries (unit)	2	2	100.0
公共图书馆藏书 (万册)	Collection (10000 volume)	77	67	114.9
电影放映单位 (个)	Film Projection Units (unit)	1	1	100.0
区级以上重点文物保护单位 (个)	Cultural Relics Preserved at District Level and above (unit)	35	35	100.0
卫生	**Health**			
卫生机构数 (个)	Number of Health Institutions (unit)	516	502	102.8
#医院	Hospitals	64	61	104.9
卫生院	Clinics			
床位数 (张)	Number of Beds (unit)	8275	7999	103.5
#医院	Hospitals	8038	7740	103.9
卫生院	Clinics			
平均每千人拥有床位数 (张)	Average Number of Beds Per 1000 Persons (unit)	3.74	3.69	101.4
卫生技术人员 (人)	Medical Technical Personnel (person)	15353	13996	109.7
#医生	Doctors	5720	5227	109.4
公用设施	**Public Utilities**			
区级以上公园 (个)	Parks at District Level and above (unit)	24	24	100.0
体育场馆 (个)	Stadiums and Gymnasiums (unit)	372	372	100.0
道路长度 (公里)	Length of Roads (km)	1334	1308	102.0

(丰台区统计局提供)

附 录

中共北京市丰台区委主要文件目录

中共北京市丰台区委文件

京丰发〔2012〕1号 关于做好党的十八大代表候选人推荐提名工作的通知
京丰发〔2012〕2号 关于印发《区委常委会2012年工作要点》的通知
京丰发〔2012〕3号 关于印发《区委常委会2012年议题计划》的通知
京丰发〔2012〕4号 关于印发《区委常委会2012年工作要点责任分解》的通知
京丰发〔2012〕5号 关于印发《区第十一次党代会工作报告责任分解》的通知
京丰发〔2012〕6号 中共丰台区委 丰台区人民政府关于进一步加大水务改革发展的意见
京丰发〔2012〕7号 关于做好出席中共北京市第十一次代表大会代表选举工作的通知
京丰发〔2012〕8号 关于印发《丰台区创建首都文明区工作实施方案》的通知
京丰发〔2012〕9号 中共丰台区委 丰台区人民政府关于印发《丰台区城乡环境建设年活动方案》的通知
京丰发〔2012〕10号 关于把丰台建设成为充满活力的首都文化强区的实施意见
京丰发〔2012〕11号 中共丰台区委 丰台区人民政府关于促进河西地区经济落后村发展的实施意见
京丰发〔2012〕12号 中共丰台区委 丰台区人民政府关于表彰2011年度农村党建"三级联创"活动先进单位的决定
京丰发〔2012〕13号 关于成立中共丰台区委丰台区人民政府信访办公室党组的批复
京丰发〔2012〕14号 关于成立中共丰台区委丰台区人民政府机关事务管理处党组的批复
京丰发〔2012〕15号 关于成立丰台区卢沟桥文化旅游区办事处、中国人民抗日战争纪念雕塑园管理处党组的批复
京丰发〔2012〕17号 中共丰台区委 丰台区人民政府关于进一步加强廉政风险防控管理的实施意见
京丰发〔2012〕18号 关于表彰丰台区创先争优先进基层党组织和优秀共产党员的决定

中共北京市丰台区委办公室文件

京丰办发〔2012〕1号 中共丰台区委办公室丰台区人民政府办公室关于印发《丰台区2012年春节走访慰问活动方案》的通知
京丰办发〔2012〕2号 中共丰台区委办公室丰台区人民政府办公室关于规范使用丰台区城市形象标识的通知

京丰办发〔2012〕3号 中共北京市丰台区委大事记(12月)

京丰办发〔2012〕4号 中共北京市丰台区委大事记(1月)

京丰办发〔2012〕5号 关于印发《丰台区2012年组织工作要点》的通知

京丰办发〔2012〕7号 中共丰台区委办公室丰台区人民政府办公室印发《关于成立丰台区2012年社区"两委"换届选举工作领导小组的通知》的通知

京丰办发〔2012〕8号 中共丰台区委办公室丰台区人民政府办公室关于成立丰台区地区环境和社会建设协调委员会的通知

京丰办发〔2012〕9号 中共北京市丰台区委大事记(2月)

京丰办发〔2012〕10号 中共丰台区委办公室丰台区人民政府办公室关于印发《丰台区社区居民委员会换届选举工作的意见》的通知

京丰办发〔2012〕11号 关于印发《丰台区2012年宣传工作要点》的通知

京丰办发〔2012〕12号 中共丰台区委办公室丰台区人民政府办公室关于印发《北京市丰台区南苑乡(南苑地区办事处)机构改革方案》的通知

京丰办发〔2012〕13号 中共丰台区委办公室丰台区人民政府办公室关于印发《北京市丰台区花乡(花乡地区办事处)机构改革方案》的通知

京丰办发〔2012〕14号 中共丰台区委办公室丰台区人民政府办公室关于印发《北京市丰台区卢沟桥乡(卢沟桥地区办事处)机构改革方案》的通知

京丰办发〔2012〕15号 中共丰台区委办公室丰台区人民政府办公室关于印发《北京市丰台区长辛店镇机构改革方案》的通知

京丰办发〔2012〕16号 中共丰台区委办公室丰台区人民政府办公室关于印发《北京市丰台区王佐镇机构改革方案》的通知

京丰办发〔2012〕17号 关于调整中共丰台区委外事工作领导小组成员的通知

京丰办发〔2012〕18号 中共丰台区委办公室丰台区人民政府办公室关于印发《丰台区2012年信访工作要点》的通知

京丰办发〔2012〕19号 中共北京市丰台区委大事记(3月)

京丰办发〔2012〕20号 中共丰台区委办公室丰台区人民政府办公室关于统筹做好近期外出学习考察工作的通知

京丰办发〔2012〕21号 中共丰台区委办公室丰台区人民政府办公室印发《关于深化领导干部接访积极推动积案化解全面提升矛盾纠纷排查化解工作水平的实施意见》的通知

京丰办发〔2012〕22号 中共丰台区委办公室丰台区人民政府办公室关于进一步严格执行外出请假报告制度的通知

京丰办发〔2012〕23号 中共丰台区委办公室丰台区人民政府办公室关于加强重要活动请示报告的通知

京丰办发〔2012〕24号 中共北京市丰台区委大事记(4月)

京丰办发〔2012〕25号 关于转发《丰台区直机关2012年运动会工作方案》的通知

京丰办发〔2012〕26号 中共丰台区委办公室丰台区人民政府办公室关于调整丰台区城乡结合部建设指挥部组织机构及工作职责的通知

京丰办发〔2012〕27号 关于成立丰台区关心下一代工作委员会的通知

京丰办发〔2012〕28号 中共丰台区委办公室丰台区人民政府办公室关于调整丰台区双拥工作委员会成员的通知

京丰办发〔2012〕30号 中共北京市丰台区委大事记(5月)

京丰办发〔2012〕31号 中共丰台区委办公室丰台区人民政府办公室关于印发《"前线·丰台在线"手机报工作方案》的通知

京丰办发〔2012〕35号 中共北京市丰台区委大事记(7月)

京丰办发〔2012〕32 号　中共丰台区委办公室 丰台区人民政府办公室关于进一步严格外出学习参观考察制度的通知

京丰办发〔2012〕33 号　中共北京市丰台区委大事记(6 月)

京丰办发〔2012〕34 号　中共丰台区委办公室 丰台区人民政府办公室关于印发《丰台区社区工作者“知民情、解民忧”大比武、大练兵活动实施方案》的通知

丰台区人民政府主要文件目录

丰台区人民政府文件

丰政发〔2012〕1 号　北京市丰台区人民政府关于印发区十五届人大一次会议审议批准的工作报告

丰政发〔2012〕2 号　关于印发《2012 年丰台区政府折子工程》的通知

丰政发〔2012〕3 号　关于印发《丰台区“十二五”时期老龄事业发展规划》的通知

丰政发〔2012〕4 号　关于调整丰台区安全生产委员会组成人员的通知

丰政发〔2012〕5 号　关于印发《丰台区“十二五”时期轨道交通产业发展规划》的通知

丰政发〔2012〕6 号　关于印发《丰台区“十二五”时期旅游业发展规划》的通知

丰政发〔2012〕7 号　关于印发《丰台区“十二五”时期信息化发展规划》的通知

丰政发〔2012〕8 号　关于印发《丰台区“十二五”时期现代制造业发展规划》的通知

丰政发〔2012〕9 号　关于印发 2012 年在直接关系群众生活方面拟办的重要实事的通知

丰政发〔2012〕10 号　关于印发《丰台区“十二五”时期文化事业发展规划》的通知

丰政发〔2012〕11 号　关于印发《丰台区“十二五”时期路网建设规划》的通知

丰政发〔2012〕12 号　关于印发《丰台区“十二五”时期土地资源集约利用规划》的通知

丰政发〔2012〕13 号　关于加快河西地区建设发展的意见

丰政发〔2012〕14 号　关于印发《丰台区“十二五”时期水资源保护与节约利用规划》的通知

丰政发〔2012〕15 号　关于印发《丰台区“十二五”时期档案事业发展规划》的通知

丰政发〔2012〕16 号　关于印发《丰台区“十二五”时期民政事业发展规划》的通知

丰政发〔2012〕17 号　关于印发《丰台区“十二五”时期现代服务业发展规划》的通知

丰政发〔2012〕18 号　关于印发《丰台区“十二五”时期应急体系发展规划》的通知

丰政发〔2012〕19 号　关于印发丰台区 2012 年城南行动计划暨政府投资建设项目计划的通知

丰政发〔2012〕20 号　关于印发实施平原地区造林工程建设的意见

丰政发〔2012〕21 号　关于北京市康利群养殖场的封锁令

丰政发〔2012〕22 号　关于印发老旧小区综合整治工作方案的通知

丰政发〔2012〕23 号　关于表彰 2011 年度行政机关效能建设工作先进单位的决定

丰政发〔2012〕24 号　关于解除对北京市康利群养殖场封锁的决定

丰政发〔2012〕25 号　关于印发 2012 年价格综合调控任务分解方案的通知

丰政发〔2012〕26 号　关于印发《丰台区“十二五”时期丽泽金融商务区发展规划》的通知

丰政发〔2012〕27 号　关于印发丰台区 2012 年重点经济指标任务分解方案的通知

丰政发〔2012〕28 号　丰台区“十二五”时期主要污染物总量减排工作方案的通知

丰政发〔2012〕29 号　关于印发加快河西地区建设发展 2012 年行动计划的通知

丰政发〔2012〕30 号 关于印发《丰台区"十二五"时期节能发展规划》的通知

丰政发〔2012〕31 号 北京市丰台区人民政府 北京市丰台区人民武装部关于做好 2012 年兵役登记工作的通知

丰政发〔2012〕32 号 关于集中开展安全生产领域"打非治违"专项行动的通知

丰政发〔2012〕33 号 关于印发 2012 年节能工作行动计划的通知

丰政发〔2012〕34 号 关于授予高铁成同志"见义勇为积极分子"称号的决定

丰政发〔2012〕35 号 关于印发丰台区划拨使用国有建设用地工作规则的通知

丰政发〔2012〕36 号 关于成立北京市丰台区国土资源节约集约模范区创建活动领导小组的通知

丰政发〔2012〕37 号 关于印发整合设立丰台区经济发展专项资金意见的通知

丰政发〔2012〕38 号 关于授予北京久安建设投资集团有限公司河西再生水厂项目部"见义勇为先进集体"荣誉称号的决定

丰政发〔2012〕39 号 关于促进丰台经济发展综合政策的意见

丰政发〔2012〕40 号 关于授予叶涛同志"见义勇为积极分子"称号的决定

丰政发〔2012〕41 号 关于授予江勇、徐文宝同志"见义勇为积极分子"称号的决定

丰政发〔2012〕42 号 关于授予刘刚等六名同志"见义勇为积极分子"称号的决定

丰政发〔2012〕43 号 关于印发《北京丽泽金融商务区低碳生态建设指标体系》的通知

丰政发〔2012〕44 号 关于印发《丰台区落实市政府 2012 - 2020 年大气污染治理措施实施方案》的通知

丰政发〔2012〕45 号 关于印发《丰台区市政基础设施实施建设规划》的通知

丰政发〔2012〕46 号 关于印发《丰台区种业发展规划(2011 - 2015)》的通知

丰政发〔2012〕47 号 关于促进现代种业发展的意见

丰政发〔2012〕48 号 北京市丰台区人民政府 北京市丰台区人民武装部 2012 年冬季征兵命令

丰政发〔2012〕49 号 关于印发《丰台区国土资源节约集约模范县(市)创建活动总体实施方案》的通知

丰政发〔2012〕50 号 关于印发《丰台区 2012 年食品安全工作意见》的通知

丰台区人民政府办公室文件

丰政办发〔2012〕1 号 关于转发 2011 年度土地矿产卫片执法检查工作方案的通知

丰政办发〔2012〕2 号 关于转发丰台区农村土地确权登记颁证工作方案的通知

丰政办发〔2012〕3 号 关于转发街乡镇防火安全委员会工作规范的通知

丰政办发〔2012〕5 号 关于印发丰台区服务中央、市属单位和驻区部队联系人制度的通知

丰政办发〔2012〕6 号 关于调整食品安全委员会领导及有关事项的通知

丰政办发〔2012〕7 号 关于建立健全共同查处利用集体土地违法建设

丰政办发〔2012〕8 号 关于印发实施丰台区"十二五"时期应急体系

丰政办发〔2012〕9 号 关于调整丰台区环境保护委员会成员名单的通知

丰政办发〔2012〕10 号 关于转发进一步加强企业生产经营建设上下游环节

丰政办发〔2012〕12 号 关于转发园博会绿化景观及相关基础设施

丰政办发〔2012〕13 号 关于转发落实健康北京"十二五"发展建设规划工作方案的通知

丰政办发〔2012〕14 号 关于调整丰台区燃煤锅炉清洁能源改造工作

丰政办发〔2012〕15 号 关于调整丰台区燃煤锅炉清洁能源改造工作

丰政办发〔2012〕16 号　关于分解落实清洁空气行动计划(2012 年大气污染控制措施)任务的通知

丰政办发〔2012〕17 号　关于调整丰台区全民科学素质建设工作关于调整丰台区全民科学素质建设工作领导小组成员的通知

丰政办发〔2012〕18 号　关于丰台区 2012 年整治违法排污企业保障群众健康环保专项行动工作方案的通知

丰政办发〔2012〕19 号　关于调整土地储备联席会议制度的通知

丰政办发〔2012〕21 号　关于调整丰台区金融服务工作领导小组成员的通知

丰政办发〔2012〕22 号　关于转发 2012 年丰台区创建首都文明区全民健身系列赛事工作方案的通知

丰政办发〔2012〕23 号　关于转发进一步发挥工商职能作用积极参与

丰政办发〔2012〕24 号　关于转发丰台区城乡住户调查一体化改革方案的通知

丰政办发〔2012〕25 号　关于转发进一步加强业态调整支持产业优化升级若干意见的通知

丰政办发〔2012〕26 号　关于印发丰台区重大行政决策和行政规范性文件合法性审查工作办法的通知

丰政办发〔2012〕27 号　关于做好重点领域政府信息公开工作的通知

丰政办发〔2012〕28 号　关于成立丰台区“7·21”特大自然灾害善后工作领导小组的通知

丰政办发〔2012〕29 号　关于做好重点领域政府信息公开工作的通知

丰政办发〔2012〕30 号　关于转发《“人文北京”行动计划 2012 年度折子工程》的通知

丰政办发〔2012〕31 号　关于认真做好 2012 年第二季度突出火灾隐患挂牌督办工作的通知

丰政办发〔2012〕32 号　关于印发《丰台区办理人大建议政协提案专项资金管理办法》的通知

丰政办发〔2012〕33 号　关于转发丰台区食品安全行政问责办法的通知

丰政办发〔2012〕34 号　关于认真做好 2012 年 8 月份突出火灾隐患挂牌督办工作的通知

丰政办发〔2012〕35 号　关于转发丰台区“矿山复绿”行动工作方案的通知

丰政办发〔2012〕36 号　关于印发北京市丰台区投资促进局主要职责创建活动总体实施方案》的通知

丰政办发〔2012〕37 号　关于印发北京市丰台区旅游发展委主要职责内设机构和人员编制规定的通知

丰政办发〔2012〕38 号　转发区国土分局关于丰台区国土资源节约集约模范县(市)创建活动宣传方案的通知

丰政办发〔2012〕39 号　关于转发丰台区空气重污染日应急工作方案的通知

丰政办发〔2012〕40 号　转发区国土分局关于丰台区国土资源节约集约利用考核办法的通知

丰政办发〔2012〕41 号　转发区国土分局关于促进节约集约用地意见的通知

丰政办发〔2012〕42 号　转发区国土分局土地整治规划编制工作方案的通知

丰政办发〔2012〕43 号　转发区国土分局关于 2012 年度土地矿产卫片执法检查工作方案的通知

丰政办发〔2012〕45 号　转发市公安局等七部门关于推行消防安全网格化管理实施意见的通知

丰政办发〔2012〕46 号　关于转发开展保护森林资源目标责任制

2012年丰台区各级各类学校基本数据一览表

项　目	学校(所)	教职工数(人)	在校生数(人)	招生数(人)	毕业生数(人)
总　计	261	15684	139372	32397	26573
中学小计	44	5166	28611	9722	8930
初级中学	16	991	5967	2295	1634
完全中学	12	2469	8838 + 6780	2963 + 2161	3219 + 2102
高级中学	4	96	1098	327	231
九年一贯制学校	9	936	2998	1072	922
十二年一贯制学校	3	674	1516 + 1165	470 + 374	367 + 309
附设普通高中班	0	0	224	60	77
附设普通初中班	0	0	25	0	69
职业高中	5	650	4378	1642	1332
小学小计	87	4583	65935	12186	10277
教育部门办	82	4224	61121	11277	9398
其他部门办	0	0	49	7	17
民办	5	359	4765	952	862
幼儿园小计	123	5859	40252	8791	5978
教育部门办	22	1098	11047	3172	2550
其他部门办	4	451	2971	951	658
民办	46	2485	13978	2365	1413
集体办	32	1153	7553	1264	705
地方企业	5	159	1307	250	213
部队	14	513	3396	789	439
特殊教育小计	2	76	196	56	56
工读学校	1	36	100	50	50
弱智儿童学校	1	40	96	6	6

说明:工读学校目前有100名学生,但学籍档案管理在原校。故不计入在校生总数。

驻区高等院校一览表

学校名称	学校详细地址	邮编	电话
首都经济贸易大学	北京市丰台区张家路口121号	100070	83952350
首都医科大学	北京市丰台区右安门外西头条10号	100069	63291983
中国戏曲学院	北京市丰台区万泉寺400号	100073	63353774
北京电子科技学院	北京市丰台区富丰路7号	100070	83635022

索　引

说明：1. 主题词首按汉语拼音序排列，首字相同按第二字音序，其余类推。

2. 主题词后的数字表示该词及内容页码，a、b 字母在双栏文中分别表示左、右栏。

3. 特载、附录部分不作索引。

B

C

D

F

G

H

J

K

L

M

N

P

Q

S

T

W

X

Y

Z

第九届中国（北京）国际园林园博会

2012年是园博会工程建设、邀展招商、宣传推介及各项保障工作全面推进的决战之年。为保证如期举办一届高水平、有特色的园博会，第九届园博会丰台筹备办公室按照区委区政府的总体要求，充分发挥领导、协调、和服务保障作用，全力推进园区绿化景观及相关设施、中国园林博物馆、园博会主展馆、园博园水源净化（湿地）四大主体项目和永定塔三大标志性建筑的全面建设，各项工程建设取得阶段性成果：

一、国内邀展城市结束 截至10月底，共有全国（含港澳台地区）60个城市选定地块，共建设展园46个，面积约14万平方米，展园投资总额超过3亿元。

6月15日—6月17日，在北京国际会展中心参加2012北京国际旅游博览会开幕式

二、园博会占地拆迁工作 截至年底，园博会用地范围内的房屋拆迁、林木伐移、地上地下附属物改移工作完成。其中，拆迁房屋共计约14万平方米，改移、伐移、翻建工程约30项，完成投资约7亿元。

2月28日，在玛雅岛酒店召开筹建指挥部第三次会议

三、绿化景观及相关设施建设项目 已完成项目总工程量的80%。完成永定塔群组建筑面积1.78万平方米总工程量的70%。永定塔主体结构封顶、文源厅、永定阁塔身二次结构砌筑、挂瓦、木构件安装等工程作业基本完工。公共区域绿化已种植乔灌木、花卉200余万株，园博轴3公里银杏大道完成800棵银杏种植，鹰山、鹰山北、河堤路两侧等重要区域已基本完成绿化景观的打造。锦绣谷占地22公顷，将种植乔灌4万余株，花卉草坪15公顷。土建施工和谷地园林景观布置已完成总工程量的80%。公共服务配套设施建设划分为两个标段，共包括8个门区、14个服务区，1个管理中心和2个污水处理站，以及地源热泵、光伏电站等配套设施正在进行地上结构施工，已完成14个单体建筑的结构封顶和室内外装修。园区道路、水系、电力等市政基础设施建设进度过半，河堤路改造工程基本完成。

9月20日，永定塔结构封顶

四、接待服务 全年共接待市、区各级领导及外省人员338批次，5720人次(招展接待82批次，共计726人次，政务接待256批次，4994人次)进行参观视察。

（李嫒）

4月1日，公共区域绿化

锦绣谷施工现场

开闭站、C2服务区施工现场

园区中轴路保养

园博湖

完工后的河堤路

1月30日，园区市政工程正式开工

3月7日，鄂州园开工仪式